人文社科
高校学术研究论著丛刊

新形势下的教育管理体系构建

曹建平　郭海娟　毛佳丽　编著

中国书籍出版社
China Book Press

图书在版编目(CIP)数据

新形势下的教育管理体系构建 / 曹建平,郭海娟,毛佳丽编著. --北京：中国书籍出版社,2019.6
ISBN 978-7-5068-7307-9

Ⅰ. ①新… Ⅱ. ①曹… ②郭… ③毛… Ⅲ. ①教育管理学—研究 Ⅳ. ①G40-058

中国版本图书馆 CIP 数据核字(2019)第 112672 号

新形势下的教育管理体系构建

曹建平　郭海娟　毛佳丽　编著

丛书策划	谭　鹏　武　斌
责任编辑	邹　浩
责任印制	孙马飞　马　芝
封面设计	东方美迪
出版发行	中国书籍出版社
地　　址	北京市丰台区三路居路 97 号(邮编:100073)
电　　话	(010)52257143(总编室)　(010)52257140(发行部)
电子邮箱	eo@chinabp.com.cn
经　　销	全国新华书店
印　　刷	三河市铭浩彩色印装有限公司
开　　本	787 毫米×1092 毫米　1/16
印　　张	17
字　　数	424 千字
版　　次	2021 年 4 月第 1 版　2021 年 4 月第 1 次印刷
书　　号	ISBN 978-7-5068-7307-9
定　　价	75.00 元

版权所有　翻印必究

目 录

第一章 走进教育：认识教育与教育管理 1
    第一节 教育的起源与发展 1
    第二节 管理及其意义 6
    第三节 教育管理的人文定位 10
    第四节 人文管理智慧和校园文化建设 14

第二章 内涵深化：教育管理的基本理论分析 16
    第一节 教育管理的内涵 16
    第二节 教育管理的过程与方法 24
    第三节 教育管理的现代化 36
    第四节 教育管理的学科基础 40

第三章 方向保证：教育管理思想的发展与演变探究 49
    第一节 我国历史上教育管理思想的演进 49
    第二节 外国教育管理思想的演进 68
    第三节 现代管理理论和教育管理发展 74

第四章 运行保障：教育管理体制探究 81
    第一节 多样化的教育投资体制 81
    第二节 多样化的教育行政体制 86
    第三节 教育办学体制及其改革 93
    第四节 学校内部管理体制的构建与改革 100

第五章 以学生为本：学生管理探究 107
    第一节 学生管理的内涵 107
    第二节 学生常规管理的内容分析 117
    第三节 以公平为前提的学生奖惩管理 124
    第四节 学生管理的趋势——学生自律自教管理 132

第六章 打造一流师资：教师管理探究 139
    第一节 教师管理的内涵 139

第二节　教师的科学任用与合理评价……………………………………… 143
　　第三节　教师专业发展及其管理策略……………………………………… 153
　　第四节　教师薪酬管理与激励策略………………………………………… 160

第七章　提升教学质量：教学管理探究………………………………………… 166
　　第一节　学校教学管理的基本任务与原则………………………………… 166
　　第二节　学校教学管理的规律与意义……………………………………… 170
　　第三节　学校教学管理的组织系统及其构建……………………………… 172
　　第四节　学校教学管理的组织系统及其构建……………………………… 177
　　第五节　学校教学质量及其科学管理……………………………………… 188

第八章　学术自由：教育科研管理探究………………………………………… 198
　　第一节　学校教育科研管理的内涵与意义………………………………… 198
　　第二节　学校教育科研管理的思路与过程………………………………… 202
　　第三节　学校教育科研管理的现状与创新………………………………… 211

第九章　全面提升：教育专项管理探究………………………………………… 217
　　第一节　德育管理与心理健康教育管理…………………………………… 217
　　第二节　安全管理与后勤管理……………………………………………… 225
　　第三节　项目管理与资产管理……………………………………………… 231

第十章　文化育人：学校文化构建探究………………………………………… 239
　　第一节　学校文化的内涵…………………………………………………… 239
　　第二节　学校文化的结构分析……………………………………………… 243
　　第三节　学校文化的建设与管理…………………………………………… 248
　　第四节　学校文化的转型与重构…………………………………………… 258

参考文献……………………………………………………………………………… 265

第一章 走进教育：认识教育与教育管理

对于现代社会的成员而言，教育已经成为其生存和发展的重要基础和条件。管理是一种社会现象，是人类得以生存和发展的重要条件之一。教育要想稳步向前发展，离不开科学有效的管理，于是就诞生了教育管理。本章将对教育的起源和发展、管理及其意义、教育管理的人文定位、人文管理智慧和校园文化建设进行阐述。

第一节 教育的起源与发展

一、教育的起源

教育起源，作为一个教育理论问题，它研究的固然是人类的教育，但这种教育并不是指今天人们可以随处看到的教育形态，也不是指历时 300 万年之久的在原始社会便已存在的教育事实，而是指地球上出现人类社会时，与此同时出现的教育这种社会现象，是什么原因才得以产生和出现的问题。它所要探索的，不是地球上业已出现和存在的这种教育现象和事实，而是要追究地球上初民之时的教育究竟因何起源的问题。它研究的不仅是一种人类最古老、最原始的教育形态，而且是要探明这种最古老、最原始的教育形态何以能够在人类社会出现与产生的终极原因。关于教育起源主要有以下几种学说。

（一）生物起源说

教育的生物学起源说以法国社会学家、哲学家利托尔诺和英国教育学家、哲学家和科学家托马斯·沛西·能二人的基本观点为代表。利托尔诺在《人类各种人种的教育演化》一书中认为，教育是一种在人类社会范围以外，远在人类出现之前就已产生的现象。他认为在动物世界里存在着如大猫教小猫捕鼠之类的教育，而且不仅在脊椎动物里，甚至在无脊椎动物里都有。后来出现的人类教育，不过是继承了业已存在的教育形式而已。所以，他认为，教育在人类社会中只是不断改变和演进，获得某些新的性质，人类教育的本质则依然犹如动物界。作为一个教育的生物学起源论者，他力主生存竞争的本能是教育的基础。在他看来，动物正是基于天赋——它们固有的保存自己种类的本能才把"知识""技巧"传授给幼小的动物。沛西·能认为："教育从它的起源来说，是一个生物学的过程，不仅一切人类社会——不管这个社会如何原始——都有教育，甚至在高等动物中间，也有低级形式的教育。我之所以把教育称为生物学的过程,意思就是说,教育是与种族需要相适应的种族生活,是天生的而不是获得的表现形式;教育既无须周密地考虑使它产生,也无须科学予以指导,它是扎根于本能的不可避免的行为。"

总之,教育的生物起源说认为教育是一种源于本能的生物现象,与我们把教育视为人类社会特有的现象,是存在着根本分歧的。这种学说只见动物世界,不辨与人类社会质的区别,只见教育的形式,不见人类教育质的飞跃,否认了人与动物的区别,否认了教育的社会性,不能解释教育起源的全部原因,因而是荒谬的。

(二)劳动起源说

劳动起源说者认为,教育起源于劳动,起源于劳动过程中社会生产需要和人的发展需要的辩证统一,其代表人物主要是苏联的米丁斯基、凯洛夫等教育史学家和教育学家。劳动起源说认为,教育的生物起源说和心理起源说,忽视了人与动物、人类的意识行为与生物本能活动之间的本质区别。论者以恩格斯的《家庭、私有制和国家的起源》和《劳动在从猿到人转变过程中的作用》等著作为基本武器,肯定了教育是人类特有的社会现象。认为从猿转变为人的根本原因是劳动,劳动创造了人,因而劳动必然是教育的本源。苏联教育史专家米丁斯基在其《世界教育史》一书中谈到关于教育的起源问题时写道:"只有从恩格斯'劳动创造了人本身'这个著名原则出发,才能了解教育的起源,教育也是在劳动过程中产生出来的。"

劳动起源说被视为马克思主义的唯物起源观。它自20世纪50年代由苏联传到我国,至80年代一直深受肯定。但从80年代初开始,有些论者开始对劳动起源说提出了质疑。从目前已出现的否定劳动起源说的观点来看,驳倒这一学说的主要论据是:劳动起源说是在错误理解恩格斯"劳动创造了人本身"这一论断的基础上产生的,是以恩格斯这句话为前提进行逻辑推理的结果,它撇开了恩格斯"以至我们在某种意义上不得不说"等字句,孤立地从"劳动创造了人本身"这句话推演出"人类教育起源于劳动"的结论,而恩格斯的原意,是指劳动是整个人类生活的一个基本条件。因此,这种观点是不能成立的。

(三)心理起源说

心理起源说主要以美国教育史专家孟禄作为代表。他从心理学观点出发,根据原始社会没有学校、没有教师、没有教材的原始史实,判定教育起源于儿童对成人无意识的模仿。他在《教育史教科书》中写道,原始社会的教育"普遍采用的方式是简单的、无意识的模仿""原始社会只有最简单形式的教育,然而,在早期阶段中,教育过程却具备了教育最高发展阶段的所有基本特点",即承认儿童对成人的无意识模仿便是最初的教育。心理起源说忽视了教育的社会性、实践性,而只注意教育的心理因素,更不知教育的心理因素和教育起源问题并不具有必然的相关关系,因此,它也不能正确解释教育的起源问题。

(四)需要起源说

需要起源说是劳动起源说的逻辑延伸,它包括三种略有区别的主张:生产劳动的需要说,社会生产和生活的需要说,社会生活和人类自身发展的需要说。

生产劳动的需要说,主要代表人物是沙毓英等。沙毓英在《教育是特殊范畴》一文中讲:"教育是在劳动过程中,由于生产劳动的需要而产生的;由于生产劳动产生的教育,从一开始便既与生产力又与生产关系有密切联系。"

社会生产和生活的需要说,主要代表人物是厉以贤、毛礼锐等。毛礼锐在其主编的《中国教育通史》中指出:"人们在根据历史唯物主义基本原理,联系教育发展的史实,深入研究这个问题的过程中,逐渐认识到教育起源不仅和劳动有关,而且还与人类赖以生存的物质生活有关,也就是社会生产和生活的需要产生了教育。"

社会生活和人类自身发展的需要说,主要代表人物是孙培青、胡德海等。胡德海在其《教育学原理》中提出:"研究教育的起源问题,不仅要从宏观的角度看到人类教育随人类社会而出现,实出于人类营谋社会生活的需要;同时,还要从微观方面看到,教育实出于发展个体的需要。"孙培青也在其主编的《中国教育史》中提出:"人类社会特有的教育活动是起源于人类参与社会生活的需要和人类自身身心发展的需要。"叶澜在其主编的《教育概论》中指出:"更确切地说,教育产生于原始社会整个社会活动的需要。它既包括原始社会作为整体的生存、延续和发展的需要,也包括作为社会成员的每个个体生命的生存、延续和发展的需要;既包括原始社会生产劳动的需要,也包括原始人生活和交往的需要。"

对此说持有异议的论者认为需要起源说是离开教育起源的本身,从人类教育的发展及其职能上来寻找关于教育起源的解释,因而所得出的结论,也是令人难以信服的。

二、教育的发展

教育作为人类社会所特有的一种社会现象,是伴随着人类社会的产生发展而逐步发展演变的。从远古的蛮荒时代到科学技术高度发达的现代社会,教育发生了一系列变化。我们可以按照原始社会、古代社会和现代社会这一时代演变轨迹来对教育的发展历程作一大致的描述。

(一)原始社会的教育

原始社会是人类第一种社会形态,此时,人类对自然及自身的认识甚少,生产工具主要是来自自然或经简单打磨的石器。这种知识的贫乏与工具的简陋既反映了早期人类实践水平的低下,又制约了早期人类实践的范围。在此基础上的教育具有如下特征。

1. 生产力水平低下,教育具有原始性

原始社会没有阶级与国家,因此也没有制度化的教育机构;教育在社会生活中进行,教育内容贫乏,老一代人在劳动中获得生产知识经验和技能并通过劳动向新一代人传授;教育方法也比较简单,主要以口耳相传和实践模仿为主。这种没有文字课本,主要是通过口耳相传和行动模仿进行的原始性教育,在后来的学校教育出现时,就被看作非正式的教育——广义的教育。

2. 教育与宗教活动密切联系,教育具有宗教性

此时的教育与原始宗教、宗教仪式紧密地联系在一起。比如冠礼、祭祀先祖、图腾崇拜等活动,本身具有教育功能,又可传递生产生活经验,约束和塑造人类的行为。

3. 教育机会具有原始的均等性

由于原始社会的生产关系是氏族公有制,共同生活的社会制度,教育资源为全体社会成员共享,教育是面向所有氏族、部落儿童的,尽管男女儿童教育上存在性别差异(如可能让女孩子学采集,男孩子学打猎等)。原始教育的统一、共同、平等性,自有阶级以后就不复存在了,所以我们把它视为原始社会教育的一大特点。

4. 教育与生产劳动和社会生活紧密结合

在漫长的原始社会,教育同社会生产和社会生活是融合在一起的,教育还没有分立为一种特殊的社会职能。原始社会中,教育没有从生产劳动和社会生活中独立出来,没有专门的教育机构和专职的教育人员,年长者就是教师,年幼者就是学生。教育是在生产劳动过程和人们日常生活中进行的,教育的内容就是向下一代传授生产知识和生活经验。如燧人氏教人"钻木取火,教民熟食,养人利性,避臭去毒"和神农氏教民"播种五谷,构木为巢"等历史传说,都表明了当时的教育是在生产劳动中进行的。

(二)古代社会的教育

当人类使用金属手工工具(主要是青铜器和铁器)进行生产时,人类社会就进入古代社会。古代社会经历了奴隶社会和封建社会两个时期。有明确的资料表明,在奴隶社会,学校教育便已产生了,并逐步形成了比较完备的学校教育制度。虽然奴隶社会的教育和封建社会的教育有所不同,但它们有许多共同的特点,所以这两个时期的教育合称为古代社会的教育,它们的共同特点有以下几个方面:

1. 出现了古代学校

对学校教育出现的具体时代,目前仍不能确定。部分学者认为:学校是在原始社会末期出现的。苏联教育史家沙巴耶娃根据人类学的资料,认为在原始社会末期出现了学校教育的萌芽形式——青年之家,这是一种养老和教育兼顾的教育机构。有考古资料和史料记载充分证明的学校教育是在奴隶社会。至于能够证明的最早的学校教育是出现在古代两河流域还是古代埃及,也存在不同的看法。根据已掌握的考古资料看,最早的学校教育似乎是出现在古代两河流域,而据明确文字的记载看,则好像是产生于古代埃及。在中国,根据文献记载,夏朝时期就已有了学校,称为"庠"。从字形看,"庠"就是饲养牛羊的地方。据推测,饲养牛羊是由老年人担任的。他们边管理牛羊,边照料小孩,久而久之,"庠"就变成了养老和教育儿童的场所。并且,殷朝有学校这一情况已经从甲骨文得到证实。所以,奴隶社会已经存在学校教育是毫无疑问的。当然,学校教育在奴隶社会存在并不是偶然的,有其存在的必要性和可能性。

学校教育的出现,标志着教育从人类社会生活实践中分离出来,成为相对独立的专门的社会活动和社会部门,大大提高了教育实施的自觉程度,只有在这种自觉实施的阶段上,才有可能总结教育经验、探讨教育规律,达到对人类教育活动的自我意识。

2. 鲜明的阶级性和严格的等级性

阶级性是阶级社会教育的共同特征。在古代社会只有统治阶级及其子女才享有接受学校教育的权利和机会,普通的劳动人民只能在家庭中接受简单的教育。等级性则表现为统治阶级内部对各个阶层的人员接受不同的学校教育有着严格的规定。我国唐朝官学中的"二馆六学"体制,就是一个典型的例子。

3. 学校教育与生产劳动相脱离

在古代社会,社会生产主要是农业和手工业,生产力非常低下,在生产的过程中劳动者不需要什么科学文化知识,只要有体力和一定的劳动经验就可以了。所以,当时学校教育的主要内容是传授礼仪道德和统治阶级的治人之术,很少传授生产方面和科技方面的知识,再加上统治阶级鄙视劳动和劳动人民,致使教育和生产劳动相互脱离,教育对生产所起的作用也不明显。

(三)现代社会的教育

现代社会的教育指第一次工业革命之后建立起来的教育,包括资本主义社会的教育和社会主义社会的教育。这两种教育虽然性质不同,但两者在许多方面有着以下共同的特点。

1. 学校教育制度逐步完善,实现普及教育,扩大了教育对象

18世纪以后西方各国根据各自的经济政治发展实际和文化传统,办起了各种类型的学校,逐步形成了从初等教育到高等教育的一套比较完善的学校教育体系。西方主要资本主义国家在世界上率先采用班级授课的教学组织形式,扩大教育对象,普及义务教育。到了18世纪后半期,一些先进的资本主义国家先后正式制定并通过了要求普及初等教育的法令,如普鲁士在1763年、奥地利在1774年、法国在1793年,都相继颁布相应法令。接着,美国在19世纪中叶、英国在1870年、日本在1872年,也先后颁布了义务教育法令。普及义务教育标志着现代学校教育的正式诞生。而且,随着现代化社会的发展,普及义务教育的年限在逐步延长,同时加强了职业教育和成人教育,使教育的公共性日益凸显。

2. 教育与生产劳动由分离逐步走向结合,教育的生产性日益突出

现代教育是现代生产的产物,教育与生产劳动相结合是现代教育的普遍规律。如果说在小农经济自给自足的状况下,不需要学习就可以靠自己的手艺生活的话,在现代社会中,不学习则难以生存;反过来,教育如果不与生产劳动相结合,脱离生产,脱离劳动,教育自身也难以发展。现代生产给教育提出两方面的要求:一是要求教育给生产者授予知识,使他们通晓现代生产的科学原理,掌握现代生产的技能;二是要求教育工作者与生产部门紧密联系,了解现代生产的要求,把教学、科研和生产结合起来,创造新的科学技术,促进生产力的不断发展。

3. 教育的内容上加强了自然科学的教学,教育的手段逐步现代化

随着人们对自然科学和技术在社会生产和生活上的应用价值的认识逐步加深,自然科学

知识逐渐进入基础教育行列。普通教育的课程体系中增设了与科学、技术发展密切相关的自然、数学、物理、化学、生物等课程。同时,西方资本主义国家也纷纷创办实科中学和职业技术学校,开设自然科学课程和工业技术课程,开展国家的科学技术活动,为资本主义国家的发展培养了大批高级技术人才。在教学手段上,幻灯、投影、广播、电影、电视以及多媒体网络等现代化技术手段的运用,使教育的效率极大提高并为教育的个别化和组织形式的多样化提供了物质条件。

需要特别注意的是,社会主义教育和资本主义教育虽然同属于现代教育的范畴,它们在共同拥有以上现代教育基本特征的同时,在教育的性质、教育目的、意识形态方面的教育内容、教育的领导权以及受教育者接受教育的实际机会与权利等方面却有着根本的区别。

第二节 管理及其意义

一、管理的一般概念

当今社会,"管理"是一个运用范围极广的词,诸如企业管理、经济管理、工商管理、信息管理等。"管理"又是一个使用频率极高的词,上到国家管理,下到家庭管理。就目前掌握的情况来看,管理学家关于"管理"的观点大致可以归结为以下几种:

科学管理之父泰勒认为,管理就是"确切地知道你要别人去干什么,并使他用最好的方法去干"。

职能管理理论的代表法约尔指出,管理是所有的人类组织都有的一种经济活动,这种活动有5项要素组成,即计划、组织、指挥、协调和控制。他认为"管理,就是实行计划、组织、指挥、协调和控制",是"一种分配与领导人与整个组织成员之间的职能"。法约尔关于管理的概念影响了整整一个世纪,它成为当今被普遍认同的管理定义的基础。

决策学派创始人、1978年诺贝尔经济学奖得主西蒙认为:"管理就是决策,决策贯穿于管理的全部过程。"这种说法主要强调了决策的重要性,说明在管理活动中人们需要不断根据变化着的情况进行分析和判断,做出新的决定。

行为科学学派管理学家把管理看成协调人际关系,激发人的积极性,以求达到共同目标,收到个人单独活动所不能收到的效果而进行的一种活动。

管理就是合理组织生产力,维护一定的生产关系和上层建筑的活动过程。这一定义从管理的终极目的来说明管理活动,是从马克思的管理二重性理论出发做出的界定。

美国著名管理学者德鲁克认为,管理是什么的问题应该是第二位的,"应该通过管理的任务来阐明管理",为使机构执行其职能并做出贡献,管理必须完成三项重要而又极其不同的任务:本机构的特殊目的和使命;使工作富有活力并使职工有成就;处理本机构对社会的影响和对社会的责任。

美国加州大学教授哈罗德·孔茨在其名著《管理学精华》中指出,人们活动的领域或许没有比管理更为重要的了,因为在不同类型的企业中,各级管理者都担负着创造和保持一种使人们在群体中相互配合工作的环境,从而达成精心选择的任务和目标。

《世界大百科全书》中关于管理的定义是:管理就是对工商企业、政府机关、人民团体以及其他各种组织的一切活动的指导。它的目的是要使每一决策或行为有助于实现既定目标。

从以上观点不难看到,对什么是"管理"至今没有一个统一的认识。可以说,有多少研究者及其著述,就有多少种关于管理的定义。这一方面说明管理是一个极为复杂的、立体的、多维的、动态的现象或活动,另一方面也表明了人类的认识角度的多样性和开放性。很难说哪种观点正确,哪种观点不正确。这种情况使人联想到盲人摸象。每个盲人都可以准确地描述出他所摸到的象的那部分,但却不能把握象的全貌。我们目前对"管理"的认识可能就处于这种状况。可见,进一步研究探讨是十分必要的。

本书关于管理的概念是:管理是人们运用一定的原理、方法和手段对人、财、物进行计划、组织、协调、指导、控制,以便更快、更好地达到组织目标的活动过程。这个概念告诉我们:

第一,管理是在一定的理论指导下进行的,即需要一定的原理和方法、手段。

第二,管理是管理者通过一定的管理行为和领导活动来进行的,也就是说,管理者有某些特定的职责性活动。

第三,管理工作的中心是促使组织成员努力工作,即调动和激发组织成员的工作积极性,使人们共同努力去实现组织的目标。

二、管理的基本理论

管理的基本理论很多,特别是随着现代社会的发展,人们的认识水平的不断提高,社会活动的不断丰富,社会财富与利益驱动机制更加强烈,新的管理理论也在创新、发展,就更加丰富了人们对管理的认知,丰富了管理的基本理论。而系统管理理论、目标管理理论、人本管理理论、模糊管理理论、组织管理理论、标准化管理理论、混合管理理论等只是众多管理理论中的一部分,它们既是管理的理论,也是管理的思想和方法。

(一)系统管理理论

系统管理理论指出,管理的任务就是协调系统中的各个子系统以及系统要素,以保持系统的动态平衡,取得系统最佳运行效果。这种管理理论及其方法的核心是把管理作为一个整体的系统,系统就要有系统要素,系统要素就是人、物、活动及其项目。这种管理理论和方法一般应用在大的军事战略、建设工程、大型活动(内容复杂、组织规模大、投入量大、长时间与长周期)较为合适,当然,这些也只是相对的,因为大和小本身就是相对的。

(二)目标管理理论

目标管理理论和方法是一种与利益相关联的刚性管理模式。这种管理理论和方法实际上是与价值理论密切相关的,甚至可以说是以价值理论为基础的。要有一个预先设置的价值目标,然后以这种价值目标的实现为核心而展开的管理活动。价值目标的认同是关键,是目标管理的前提。价值目标的确立也是十分重要的,价值目标必须通过全体成员认同,目标管理理论强调组织目标的制定要得到所有组织成员的认同,没有认同感的组织目标是不切实际的目标,是难以达到组织目标的。有人说目标管理只是注重结果,这是十分错误的,最新的目标管理理论不仅仅是注重管理活动的一头一尾,除了最先确定价值目标、最终对完成价值目标的检验结果外,还对过程实施严格监督,让目标按既定的方向完成,不要等到问题成了堆,最后成为一个很糟糕的结果,既成事实不是目标管理的目的,要让管理者与被管理者通过共同的努力,一步一步向既定目标靠近。实现以价值目标为中心而组织的目标管理活动,是一种刚性的量化管理,因此执行也是刚性的。目标管理理论除了注重价值目标外,具体的应用还有一个公平理论问题,这是由目标管理理论的刚性所决定的。

(三)人本管理理论

人本管理理论和方法是以人为中心的管理,实际上,这种管理理论与方法是最难做好的,如果把握不好,有时候甚至还会出现偏颇。有效的人本管理实质是人的权利的利用和利益的分配,在这种过程中,既要尊重人,又要让人的潜能充分发挥,是一对很特殊的矛盾,往往有时候存在一个两难的矛盾。以人为本的管理目的就是发掘人的最大潜能,这种潜能并不完全是指被管理者的,同时也包括管理者,管理者的潜能是工作的积极性和表现出来的工作效益,被管理者的潜能是管理者的思想和艺术施加结果的体现,二者的结合才能达到管理的最大效果。人本管理理论虽然是一个相对比较早的管理理论,但是在实践中成熟应用的并不是很多很好。究其原因,传统的、单纯的人本管理理论十分强调管理的"人"这个素质,可以说,低素质的人是绝对运用不好人本管理理论的,一个管不好自己的人同样也是管理不好别人的,更不用说有效地运用好人本管理理论。不过,现代的人本管理理论加入了一些新的元素,在人本管理中加入制度管理,人本管理加制度,形成一种新的意义上的人本管理理论,可以说是现代的人本管理理论的发展。

(四)模糊管理理论

这是一种现代的管理思想和方法,特别是在软管理方面,运用模糊数学的管理思想与技术进行管理。这是一种在高层次的人群中实施的行为管理,是一种软性管理。简单管理没有必要运用模糊管理,一般是在复杂的、庞大的、中长周期的、高智商的管理活动中实施。

(五)组织管理理论

组织管理理论和方法的实质是最高决策层通过设置管理的各级组织,规定各级组织的职能,通过领导核心、组织授权、组织实施等进行的管理。组织管理的重点是组织结构的设计,关键是组织职能的授权。同时,也有人把它归结到组织的层级管理理论、组织的能级管理理论、组织的行为管理理论。组织管理理论要有严密的组织结构,要有明确的组织目标和组织功能,同时,要有一套有效的组织运作机制,否则,再好的科学组织,再完善的组织功能,没有好的运作机制它不可能活起来,甚至导致组织管理活动不可能有效地展开。

(六)标准化管理理论

这种管理理论和方法是在专业化管理的基础上,由管理者组织专家制定管理的标准,要通过一定的法律法规程序予以确定。这种管理的思想十分明确,最朴素的道理就是"没有规矩不能成方圆"。标准化管理虽然是组织和专家行为,但标准并不是武断和空穴来风,既要有权威性,又要有社会基础和群众基础,通过科学的过程来制定。在这一过程中有两个十分重要的环节,一方面是标准的制定,另一方面是标准的执行。后者是标准化管理的要害,有时候可能还是成败的关键,在管理活动中,有了标准不好好地执行,或者执行起来走样,必将导致标准化管理的全面失败。当然,这不是标准化本身的问题,是实施标准化管理的实践问题。

实际上,我们通常的组织活动中,特别是比较大的组织系统中,运用比较多的是混合管理模式。混合管理是一种多种管理思想和方法的组合,在规模比较大的大型组织中,管理的内容比较复杂,头绪又很多,多种活动项目的性质差距较大,运用某一种方式来进行全盘的统领往往是不可能的,这就需要运用混合管理的理论和方法来完成。

三、管理的重要意义

(一)管理是人类社会普遍的现象

充满创造性的人类活动,很大程度上是由社会规则和规则体系进行组织和管理的。"管理"被当作人类社会活动的一种行为来研究,它是一种社会现象和文化现象,只要有人类社会的存在就会有管理的存在。"人类的管理能力,也就是有目的的组织能力,它是人类自身的天性,古老得就像拇指可以竖起来一样。"管理本身并不是职业管理者的专利,而是人人每天生活中都要面对的问题之一。管理无所不在、无时不在。实际上,"凡是想用最少量的时间、人力、物力、财力的消耗,来达到集体目标的有效的群体活动,都有一个共同特征,即它们都离不开管理。"管理是社会化产物,有了社会活动,也就有了管理。马克思曾经指出:"一切规模较大的直接社会劳动或共同劳动,都或多或少地需要指挥,以协调个人的活动,并执行生产总体的运动——不同于这一总体的独立器官的运动——所产生的各种一般职能。一个单独的提琴手是自己指挥自己,一个乐队就需要一个乐队指挥。"由此可见,马克思主义认为,管理是从人类社会生产劳动出现协作和分工开始的,也就是说,只要有许多人在一起共同活动,就需要有统一的指挥或协调,也就是管理。

(二)管理是社会组织运行的必要条件

组织是人类存在和活动的基本形式,是人类征服自然的力量的源泉。人的一生,为了生活、工作、信念,总要参与各种组织活动。而任何一个有组织的集体活动,不论其性质如何,都只有在管理者的科学管理下,才能朝着所要求的方向有效地进行,才能更快更好地实现组织的目标。换言之,组织机构的作用以及组织运行的效率有赖于科学、有效的管理。在一个社会组织中,如果没有管理,就难以彼此协调地工作,就无法达到既定的目的,甚至连这个组织的存在都是不可能的。无论是政府、企业、医院,还是学校,为了其自身的延续和发展,都离不开管理。当今,国外有人把管理和科学技术称为推动现代化社会前进的两个车轮。更有人认为现代西方社会及经济的发展,是"三分靠技术,七分靠管理"。上述看法可能有些偏颇,但也说明了管理的重要意义。管理工作的目标是合理地使用组织中的人、财、物等有限的资源,以获得最大的效益。显然,管理不善会导致对这些资源的利用率不高。我们不难看到,任何单位和组织的资源浪费总是和管理工作不善有关。办好学校,提高教育质量,师资、设备和资金是很重要的,但人们也必须认识到,有效的管理同样是办好学校、提高教学质量所不可缺少的。如果说师资、设备、资金是学校的重要组成部分,那么,管理则是把它们有效地结合起来并使之发挥作用的纽带。实践证明,一些学校不增添师资、设备和投资,只是换了教育管理方式,改进了管理工作,教育质量就大为提高。一些学校师资、财力、设备都很不错,可是由于教育管理水平低,致使这些资源难以发挥应有的作用。这充分说明管理出质量,管理出效益。因此,教育管理工作的改进是办好学校、提高教学质量的首要问题。

(三)管理能创造生产力

所谓生产力就是人们为满足自己的需要而改造自然以生产使用价值的一切力量。管理是决定生产力的重要因素,生产力中也包括管理。管理对生产力的作用,主要体现在以下两个方面:一是管理能形成生产力。影响生产力的因素众多,当这些因素单独存在时,它们只能是一种潜在的、可能的力量,而不是现实的力量。只有当它们有机地组织起来,有序地协调运转时,才形成现实的生产力。而要做到这一点,管理是必不可少的。二是管理能创造生产力。生产力不仅具有一个能否实现的问题,还有一个成效高低的问题。生产力诸因素的组合方式决定生产力水平的高低。科学的管理可以使生产力的结构优化,从而形成高水平的生产力。正如马克思所言:"通过协作不仅提高了个人生产力,而且是创造了一种生产力。这种生产力本身当然是集体生产力。"

第三节 教育管理的人文定位

一、教育管理的人文要件

教育管理的科学化实施离不开人文要件的作用,完整的教育过程须把人文理念、人文精神、人文关怀作为重要的人文要件,应用到教育管理的全过程中,使学生接受全方位的教育,从而推动学生的全面发展以及教育管理的科学化推进。

(一)教育管理需要人文理念的塑造

宁波大学孙玉丽教授认为:"只有领导者、教师和学生等学校主体都认识到对话交往不仅是学校领导者人性、德性和专业化的象征,也是教师、学生等获得尊重、权力和提升素质的标志,才能遵循和履行对话交往所提出的要求与蕴含的对话精神,并把对话交往融入到自己的教育、教学和管理生活中去。"可见,教育管理不是单一管理主体的个人行为,而是多元化管理主体进行有效沟通的人文理念塑造的产物。也就是说,作为教育管理的主体之一,无论是领导者还是教师或者学生,都须充分认识到自身所承担的教育管理责任,在配合教育管理有效实施的过程中,要用人文理念来实现自我净化。

首先,作为领导者,要保持公平公正的人文理念,做到一碗水端平,这样才能提高管理的实效性;其次,作为教师,要坚持教书育人的人文理念,做好传道、授业、解惑,用自身的实际行动去影响和教育学生;最后,作为学生,要保持乐观、积极、向上的人文理念,不断提高自身文化素质和德育修养,使自己成长为德才兼备的优秀人才。

当教育管理在人文理念的指导下,真正形成了领导者、教师、学生三位一体的管理体系,教育管理才能真正实现优化。

(二)教育管理需要人文精神的升华

现代教育管理追求的是人文精神的回归,通过人文精神主导的教育激励,来激发被管理者的人文价值追求。正如贵州大学高等教育研究所副所长安世遨教授所说:"教育是人之生存、发展的决定性力量,教育存在是人类存在的重要方式。教育的本质就在于它是人之主体自身的建构活动。"也就是说,教育对于人的全面发展具有决定性作用,也是人的主体建构过程,而教育管理则是保证教育有效实施的决定性因素,是管理主体人文精神的升华过程,应使教育管理在人文精神的指引下实现人本位的价值回归,从而实现教育的可持续发展。

在教育管理过程中,学生的潜力要得到有效激发,必须使学生能够充分认识到自身的价值所在以及自身发展的潜在能力,通过有效的管理手段,把学生提高到更高的层次和标准,从而能够更好地应对在日常的学习和生活中发现的问题。教育管理不是单纯的管理者一方面的管理行为,而是需要在管理者与被管理者之间架设人文精神衔接的纽带,从学生的现实需求出发,对学生实施人文化的教育,提升学生的综合素质,构建"管理者—人文精神—被管理者"灵活互动的管理体系,达到预期的管理效果。

(三)教育管理需要为学生提供人文关怀

在对学生进行教学管理的过程中,必须立足于学生发展的客观实际需求,充分考虑到学生的个性化特征,在硬性的理论知识传授中加入柔性的人文关怀,这样学生才能更容易接受。

为学生提供人文关怀可以从两个层面入手,首先,从教学管理内容的层面来看,教师须对教学管理的内容进行优化组合,保证教学管理内容的体系化,使学生能够接受全方位、立体式的教育,同时,教学管理的内容还要保证多样性的需求,实现理论教学与实践教学、素质教育与人文教育的辩证统一;其次,从教学管理载体的层面来看,教师须要根据教学内容的特点选择合适的教学载体,保证载体的选择具有人文性的特点,使学生接受的教育不仅仅是素质教育,更应该包括人文情感教育,而且教学载体还要突出灵活性的特点,使学生真切地感受到系统的人文关怀;从教学管理手段的层面来看,教师要摒弃灌输式教育的不足,采用灵活多样的教育手段,对各个教育环节进行优化配置,以人文为主线来实现教学主客体之间的有效衔接,以及各个教学要素之间的有效衔接。

二、教育管理的人文缺位

教育管理中出现人文缺位的话,一般都是因为教育对人文的重视程度不够。在现代社会,随着经济社会的持续发展,人们开始认识到教育的重要作用,对教育的重视程度也在不断加深,但是却出现了一种新的情况,那就是教育的素质化与教育的人文化之间的矛盾却日益凸显,当社会对教育的评价更侧重于素质指标评价时,人文指标常处于被冷落的地位,其根源在于教育管理中存在人文缺位的现象。教育管理中的人文缺位主要表现在以下三个方面。

(一)教育管理中行政管理的人文缺位

人是管理的主体,在进行教育管理的过程中,首先要保证运行的有效性,在这个前提下进而实现管理的和谐,要想实现这一目的,就一定要贯彻人文精神,一定要让被管理者感受到尊重。无数的实践证明,在教育管理中,行政化是不可避免的。换句话说,在实施教育管理的过程中,为了保证管理的有效性,必须要借助一定的行政手段。这就使得教育管理须要以教育制度为前提,用制度来指导具体的管理工作,从而使各种管理要素之间的关系得到理顺和优化,而作为管理主体的人如何在管理过程中保持公平公正的尺度就成为管理有效性的关键。毕竟教育管理不应该仅仅局限于制度管理的范畴,管理须要坚持以人为本的原则,这就使得制度管理与人文管理之间存在一定的矛盾成为一种必然。

实际上,教育管理须要摆脱功利主义的倾向,然而,当社会中一些不良风气席卷到教育领域,对教育管理产生了非常不利的影响,这与人文缺位存在着密切的关系。当教育管理被蒙上利益的面纱,当管理的评价尺度受到考核标准以外的因素影响时,势必对教育管理产生不良的冲击,公平公正的管理尺度和管理原则也将面临挑战,也恰恰是管理者人文底蕴的缺乏,才使得管理者的管理行为缺少了人文的气息。

(二)教育管理中学生管理的人文缺位

学生是教育的客体,但是需要注意,学生绝对不是孤立地存在于教育活动中,如果把学生孤立出来的话,教育就不是一个完整的过程了。实际上,教育客体需要与教育主体之间确立良性互动的关系,从而使学生能够享受到优质化的教育,推动学生的全面发展。实践证明,真正成功的教育管理不是把学生管得服服帖帖,不能把学生培养成为完全听话的"提线木偶",而是须要通过科学化的管理手段和管理技巧,使学生能够树立健全的人格品质,从而以积极乐观的心态应对学习和生活中的人、事、物。换句话说,对于学生而言,教育管理的真正目的是给予学生足够的人文关怀,并在这种人文关怀的影响下成为德智体全面发展的人才。然而,现实的教育管理中却常常忽视对学生的人文关怀,过分强调学生管理过程中的制度管理,用强制性的制度手段来约束学生的行为,把活生生的人完全限定在制度的框架内,显然这种管理过程中没有考虑到学生的主体性问题。另外,受到传统的素质教育理念影响,在学生管理的过程中,过分强调对学生的知识管理,把学生培养成为"考试的机器",高分低能,综合素质不高,这也是典型的教育管理中人文底蕴不足的表现。

(三)教育管理中教育教学管理的人文缺位

教学管理主张民主化管理,这是人文管理的一项重要内容,通过师生之间的情感交流来激发学生的潜能,发挥管理的实效性。然而,在具体的教学管理实施过程中,一方面管理的人文缺位使得教师的积极性受到制约,不能通过有效的教育手段来充分调动学生学习的积极性,长期的制度管理束缚也让一些教师责任心受挫,不利于教育教学的有效实施;另一方面管理的人文缺位使得学生的创造性受到束缚,不敢突破思维的局限来进行有效的创新,学习的过程变得更加的被动,从而产生学习的厌倦感。从一定意义上说,教育的本质要求是"传道、授业、解惑",而在具体的教育教学实践过程中,很多教师更加注重"传道"和"授业"两个环节,忽视了"解惑"的关键一环。实践证明,完整的教育教学过程不是单纯的知识技能传递过程,而是须要在教育教学过程中给予学生必要的人文关怀,使学生在接受教师给予的知识传授过程中,能够有所感悟,这种人文关怀是教育中不可或缺的。

三、教育管理的人文走向

随着教育改革的有序推进,教育管理的发展趋势也正在发生转变,正在由传统的制度管理向人文管理迈进,这是教育管理发展与进步的表现。把人文理念、人文精神、人文关怀融入教育管理的全过程是未来教育管理工作的根本需求。

(一)以管理者人文素养提升为前提的教育管理人文走向

教育管理是在教育过程中,管理者对被管理者进行管理的过程,而对于教育管理成效的评价绝不仅仅是以被管理者听话为指标,而应该以管理的优化程度为评价标准,换句话说,就是要通过有效的管理使各种关系得到理顺和协调,各要素能够形成凝聚力,教育的显著效果得到充分的体现,这就需要管理者不仅具备一定的管理才能,更应该具备足够的人文素养。实践证明,制度不是教育管理的唯一指标,单纯依靠制度也不可能实现教育管理的真正优化。教育管理更需要管理者具备足够的文化底蕴和人文素养,并通过系统的学习来提升自身的人文素养,用人文理念来指导管理过程的实施,既要坚持制度的原则性,又要把握制度的灵活性,既要发挥人文管理的自律优势,又要坚持制度管理的他律准则,实现制度管理与人文管理的有机统一,保证教育管理的科学化、人性化,推动教育管理的优化升级。

(二)以管理手段的人文内涵为原则的教育管理人文走向

教育管理的手段应该以人文内涵为原则,强调的是通过管理手段的优化来处理好各种关系,毕竟在教育管理的过程中会遇到各种关系矛盾,如教师与学校之间的关系矛盾、教师与学生之间的关系矛盾、学生与学校之间的关系矛盾等,只有这些关系矛盾得到有效的解决才能推动教育管理的优化。对于教师与学校之间的关系矛盾问题,应该坚持公平公正的人文原则,在切实保护教师的合法权益前提下,推动学校教育的跨越式发展,在教育管理实施的过程中可能会触及个别教师的利益,这就须要通过人文的管理手段来化解矛盾,使教师能够辩证地看待个体利益与集体利益、利益与奉献、权利与义务之间的关系,从而提升教育管理的效度。管理手段中要融入情感人文内涵,无论是对于教师的管理,还是对于学生的管理,都须要借助情感的交流和沟通,来提升广大师生对于教育管理的认可程度,激发学习和工作的潜能,保证教育管理工作的人性化发展。

(三)以管理过程的人文精神为依托的教育管理人文走向

人文关怀素养的重心是从精神层面关心学生,对学生进行心理疏导。在教育管理的过程中,时刻注意人文精神的引导和运用,从精神层面给予广大师生必要的关怀,使师生能够真切地感受到管理过程的人文精神实质,实现教育管理的人本位价值。在教育管理的过程中需要各关系要素之间形成必要的联系和互动,这种联系和互动不能被制度管理的模式所限定,而应该以人文精神为依托,去还原教育的本真,使得教育管理能够在民主平等的基础上,形成各管理要素之间的融洽关系。管理须要以文化作为依托,教育管理过程不能脱离校园文化,包括物质文化的外在标志、制度文化的引导和规范、行为文化的各种风气、精神文化的传统等,都须要把人文精神贯彻始终,为社会提供更为优质化的教育。

综上所述,教育管理的优化升级是推动教育事业科学发展的重要保证,随着教育改革的不断深入,教育管理也需要破除单一制度管理的瓶颈,在教育管理过程中加强人文要件的建构,填补管理过程中的人文缺位,坚持管理的人文走向,让教育管理在人文层面上实现平等对话,使管理的主体、管理的手段、管理的过程都伴随着人文理念、人文精神、人文关怀而有序推进,通过教育管理的优化来实现教育资源的优化整合,推动教育事业的蓬勃发展。

第四节 人文管理智慧和校园文化建设

一、行政管理与率先垂范相结合,引领教师享受教育人生

真正的教育引领应该是走进教师人心的管理,发挥领导的以身作则的示范作用会给老师们一个很好的榜样作用,会对教育教学工作起到事半功倍的效果。学校管理者以"教师"的角色出现在教师之中,这样才能与教师心理与感情的距离越来越近,才能与教师知心,成为教师"心灵知音"。不管是新兴的学校,还是已有多年创办经验的学校,在现代社会,都需要一种精神上的指引,站在学校管理层的角度看,更需要带领教师们在教育价值的追求和取向上奋斗。

发挥校长的引导作用,不仅要对全体教师起到领路、指引的作用,更要对教师的专业发展做到指导、引导。学校管理和一般的企业管理是不一样的,我们倡导具有人文关怀的教育管理,注意教育的细节,让每位教师都能够得到重视和尊重。发挥榜样的示范作用更是一种具有人情味的管理方法。

二、行政管理与激励相结合,调动教师积极性、创造性

一所新兴的学校,一切都要重新开始建立和磨合,包括教师团队的建设,刚毕业的大学生,引进的人才,所有的教师都要面对一个更崭新的环境,在这个陌生的环境里,需要形成一种激进的校园文化,让这种积极的氛围带动每位教师个体积极的发展。

新建的学校会有很多新的机遇和新的发展目标,这些都是带动学校整体发展的有利条件,正因为如此,在育人的氛围中更要注意管理手段与激励方式相结合,让每位教师都在尽快适应的基础上展现自己的教育特色,形成自己的教育风格。

作为对教师的考核更应该跳出教育看教育,不能仅仅局限于一张试卷的平均分,应该在整个的教育过程中让每位教师感受到来自学校的支持,一个积极向上的氛围的引领。我国著名管理心理学家俞文钊教授,在长期的心理学研究基础上,提出了一种同步激励法的主张。他提出公式:激励力量 = $\sum F$(物质激励・精神激励)。该公式表明,只有当物质激励与精神激励都处于高值时,才有可能获得最大的激励力量。两个维度中只要有一个维度处于低值,就不能产生最大、最佳的激励力量。

对教师的激励既要有物质上的,更要有精神上的。每个学期结束的时候学校都会召开新教师座谈会,一个轻松的氛围,亲如兄弟姐妹般的交流,都会在这个特殊的座谈会上呈现,想教师之所想,对教师生活和工作中遇到的小困难当作自己的事情来解决,这便是对教师工作最好的一种精神上的支持。管理者一双善于观察的眼睛,既能看到教师的进步和荣誉,更能够看到全体教师辛勤耕耘后的付出,在细节上关注教师,包括教师的家庭,这样一种其乐融融的氛围便会滋润教师们辛勤的脚步,工作虽然烦琐,但也就没有了累,某种程度上精神上的激励和关怀产生的效果要比物质上的更重要。让每位教师带着一颗快乐的心走进校园,让每位学生带着幸福的心走进课堂,这便是我们追求的人文育人氛围。

三、培养教师能力与多种学习相结合,提高教师素质

拥有出色高超的管理艺术和手段,会让教育管理者充满人格魅力,具有极强的号召力和凝聚力。凝聚力的核心在于不断激发教师的热情,让教师主动地提升自己,主动学习、乐于学习,并且善于反思和发现。当学习成为教师的习惯时,一所学校的校园文化便得到了升华。

我们都知道,没有好的教师,要想培育出好的学生可以说是不太现实的,但是关于好教师的"好",却没有一个非常具体的标准,我们可以明确的一点是,好教师的标准在无形与有形中可以激励着教师一直不停地向前进步。教师专业素养的提升,教师教育教学水平的提升,已经不能依靠教师们在大学中的所学了,丰富的教学经验虽然是教师们极为重要的部分,但不断的学习和创新更需要在教师群体中形成习惯,形成校园独具的特色。教师间互相听课是一种学习,教师间的交流切磋是一种学习,教师们围坐在一起以书为友也是一种学习。

第二章 内涵深化:教育管理的基本理论分析

教育管理是管理的一种特殊形式,其本质是一种实践。教育管理从其范围来看有宏观和微观的区别:宏观的教育管理是指国家各级政府教育行政部门对教育事业工作的领导和管理;微观的教育管理是指学校对教育工作的领导和管理。在这里我们是从微观的视角来研究教育管理的。本章将对教育管理的内涵、教育管理的过程与方法、教育管理的现代化进行研究。

第一节 教育管理的内涵

一、教育管理的概念和特点

(一)教育管理的概念

教育管理(即微观教育管理)是管理者按照一定原理,应用一定手段和方法,对学校的人、财、物、时间、空间、信息等因素进行计划、组织、协调、控制,以便更好、更快地实现学校预定目标的活动过程。教育管理活动是由管理者、管理手段、管理对象等基本因素组成的。

管理者(管理主体)。校长全面负责教育管理工作,是学校的首要管理者;教务主任、总务主任等干部是学校中层管理者;教师、职工也是学校具体行动的管理者,在校长领导下,共同管理学校。

管理手段。管理手段主要包括学校的组织机构和规章制度。学校的组织机构是管理学校的主要手段,是根据组织原理和工作需要建立起来的。大致可以分为决策机构、执行机构、监督机构、咨询机构。领导体制是教育管理的根本组织制度,它规定校长在学校的地位和作用、党政之间的关系等有关组织和管理的根本问题。学校行政机构,一般设教导处、总务处、办公室;教育、教学组织一般设教研组、年级组、教育科学研究室等。规章制度就是学校的"法",是管理学校的重要手段。作为师生的行为规范有行政人员守则、教师守则、学生守则,明确职责范围的有岗位责任制,协调工作学习的有会议制度、作息制度,确定各种工作程序的有课堂常规、实验室规则、财务制度。

管理的对象(管理客体)。教育管理对象首先是人,即教师、学生、职员。其次是财,指的是学校经费,包括国家拨款和预算外收入。最后是物,物指的是学校校舍、场地、设备、图书、仪器等。"事"也是教育管理的对象,事是人与人,人与财、物,以及财与物之间的关系在信息的作用下所形成的复杂活动。在工厂中的事主要是产、供、销等工作,学校的事主要是指教育、教学、体育、卫生、总务工作等。随着对管理认识的深入,空间、时间、信息也是教育管理的重要对象。教师、职员是在学校工作中起决定作用的人力资源,经费和物质设备是办学必要的物质资源。时间、空间和信息则是学校一切活动不可缺少的特殊资源。而教育、教学、体育、卫生以及人事、总务等工作,则是教育管理工作的主要内容。

(二)教育管理的特点

教育管理与企业管理、工商管理等方面的管理比较,除具有共性外,还有它自己的个性特征。

1. 其核心是正确处理人与人的关系

一般管理也要处理人与人的关系,但它们的根本目标是通过人对物的管理来提高物的质量和使用效率。教育管理是教育管理者通过对教师和学生的管理并吸收教师和学生参与管理,以提高教育质量,把学生培养成合格的人才。在这里,管理者、管理的对象和产品都是人。作为教育对象的学生,他们不仅接受教育,也在一定程度上参与管理。学校教学的质量,是教出来的,也是学出来的。教育管理中,既要依靠教师办学,也要重视学生自我管理,把管理与自我管理紧密结合起来。

2. 具有很强的教育性

学校是专门从事教育的机构。教育管理的目标,要服从学校教育的这个总目标。教育管理的过程,应该成为人才培育的过程。管理是教育的重要手段,管理和教育的统一是教育管理最重要的特点。在中小学,对学生的管理是学生教育工作的一部分。在日常学习、生活管理过程中培养学生的良好思想品德和行为习惯是中小学教育切实有效的重要途径。中小学其他方面的管理对学生同样具有重要的教育作用,如学校校舍、场地的完好整洁、布局合理,校园的绿化、美化,名人名言和肖像的张挂,各项设备、器物的井然有序,教职工尽职尽责的工作态度、为人师表等。这些在教育计划序列以外的教育,对学生起着重大影响。中小学生正是在这些学习、生活的环境中受到潜移默化的教育,这是最为实际的教育,它在理论上已经引起极大重视,并被概括为"隐性教育"或"隐性课程"。

3. 具有较强的常规性

学校的主要任务是培养人才。人才的培养与物质产品的生产比较,其过程更复杂,周期更长。中小学教育是以未成年人为对象的基础教育。未成年人的身心发展规律虽然随着时代的前进也有所变化,但总体来说是比较稳定的。中小学教育的方针、任务、培养目标、学制、课程、教学大纲、教材、师资规格、办学物质条件等也都具有较强的稳定性和规范性。教育管理的职责主要是贯彻国家的教育方针、政策、法规和上级指示,运用可以调动的人、财、物等要素,组织并实施教育过程,具体实现教育目标。教育管理与不断适应市场变化的企业经营管理比较,有着明显的稳定性和规范性。这些特点反映到管理上,在确立目标时,既要满足国家当前人才的需要,又要预测十几年甚至几十年后社会对人才的要求;在管理组织方面,既要充分发挥学校的管理职能，又要协调学校和社会、家庭的关系；在评价管理质量时，要充分考虑人的质量评价的特点，在重视定量分析的同时，发挥定性分析的优势，把定性分析与定量分析结合起来。

4. 基本上是面对面的直接管理

教育管理者承担着很重的教育职责，并以组织良好的教师集体为管理工作的重点，所以以中小学校长和教师之间关系为主要内容的教育管理，基本上是面对面的直接管理。在管理层次上，较大规模的中小学虽也分为校长、处室、年级组、教研组等层次，各自发挥职能作用，但与企业管理、政府行政管理中的决策层、执行层、操作层的严格划分有着很大的不同。学校内部的层级管理具有对校长工作辅助的性质，校长和教师之间具有较为直接的关系。在管理方式上，学校也要制定许多规章制度，实施常规管理，制订工作计划等。但是大量的日常管理是通过示范、指导、对话、研究讨论等口头的面对面的管理方式进行的。在管理权威上，校长也要运用行政权力，发布带有行政强制性的命令。但是行政权力在教育管理中的运用是较为有限的。教育管理者的权威更多地取决于自身的威望，即管理者本人的德、才、学、识，取决于自身的管理科学水平和艺术水平。此外，教育管理者也还要受到直接的、多方位的、每日每时的来自被管理者的监督。这一点也与企业管理、行政管理以及高校管理有着很大不同。

二、教育管理的原则

（一）动力激发原则

动力激发原则指教育管理必须正确运用激励手段，充分调动学校成员的工作积极性，使个人及其组织产生最大的管理动力，使教育管理活动得以持续而有效地进行。

人的需要是人从事社会活动的动力源泉。人的需要多种多样，它们相互作用凝结为推动管理运动的三种主要动力，即物质动力、精神动力、信息动力，这三种动力构成了一个完整的、协调的管理动力系统。

在具体的教育管理实践中，正确贯彻动力激发原则应注意如下三个方面。

1. 物质动力、精神动力、信息动力三者要综合运用

就每一个学校系统而言，三种动力都同时存在，每一种动力都离不开其他动力的推动，它们必须紧密结合、相互促进，才能使动力激励发挥功效。物质动力是其他两种动力产生和发挥作用的前提。精神动力是主导动力，一切动力因素都是在人有意识、有目的的活动中发挥作用的，离开了精神动力，其他动力也就失去了方向。信息动力是中介动力，是将物质动力和精神动力连接起来作用的推动力，离开了信息动力，其他动力就不可能充分发挥作用。但在不同的管理系统，三种动力的作用也不是绝对平均，而是各有差异。即使同一系统，随着时间、地点和条件的变化，三种动力作用效果的比重也会随之变化。因此现代管理者要及时掌握这种差异和变化，做到有的放矢、主次有别、辩证处置，使三种动力有机结合起来，产生统一的推动作用。

2. 要正确处理个体动力和集体动力的辩证关系

管理存在于学校之中,学校实质上是一种由若干个体组成的集体。学校有统一的共同集体目标,也有集体的物质动力、精神动力和信息动力。同样,每个学校成员也有自己追求的目标和相应的物质动力、精神动力、信息动力,集体的动力与个体的动力,相互之间并不总是完全一致的,会出现多种状况。现代教育管理必须正确处理个体与集体的关系,因势利导,综合平衡,有机统一,使其获得最佳效果。

3. 要注意掌握适宜的刺激量

这里的刺激量,是指运用各种动力因素进行激励的数量的大小。教育管理者在掌握刺激量时,应注意以下几点。

第一,必须适度。

第二,具有递增性。

第三,具有针对性,有明确的目的和标准。否则动力刺激就起不到应有的作用。

第四,具有适时性。教育管理者要把握好对师生员工激励的时机,在他们最需要的时候给予激励,才能起到动力功效高倍放大的作用。

第五,具有创造性。不要经常使用单一的动力因素,重复同一刺激方式,激励的内容和方式应随着管理情势的发展而有所变化和创造。

第六,应有比较性。刺激量的比较性是指个人与他人之间、部门之间、单位之间、地区之间,都存在着各种待遇的相互比较问题。

(二)弹性灵活原则

所谓弹性灵活原则是指教育管理者在管理中必须留有充分的余地,以便能够根据客观条件的各种变化随机制宜地对工作进行调节,达到预定的目标。教育管理是一个复杂的、多因素的、多变量的活动,它受到来自多方面的因素和环境变量的影响,而且,管理者和被管理者都是活生生的有思想感情的人,教育管理者要把握所有的因素、所有的变量是不可能的。正因为如此,实际中不存在"绝对正确"或"一贯正确"的管理决策、管理方法、管理措施。所以,有效的管理者做事往往会留有余地,有应急计划和措施,保持充分的弹性,以便能根据各种情况的变化做出相应的调整。

1. 要认识教育管理活动的特性,树立弹性管理的意识和观念

教育管理活动与其他行业的管理活动相比,具有周期长、变量大、见效慢、不确定因素多等特点。循此出发,教育管理人员在从事教育管理活动时,一定要注意保持管理方法、手段和措施上的灵活性。一些刚性或硬性的管理手段和措施,可以在经济管理活动中直接运用,但在教育管理中就不一定适合。譬如"任务承包制"可以在企业管理中运用,但就不适宜在学校的教育教学活动中运用。又如,下达明确的生产指标和任务并限期完成的管理方式,在企业管理中可以运用,但也不适合在教学管理和科研管理上运用。因此,教育管理活动必须根据自身的特点,采取弹性、灵活的管理方式。

2.要在管理方法上做到具体问题具体对待

对学校各项工作的管理,既要制定出明确的标准、严格的规章制度,在处理每一个具体问题时,又要注意做到因事、因人而异,因地、因时制宜,切忌机械呆板,僵化教条。那种"齐步走""一刀切""整齐划一"的做法,在教育管理中必须谨慎运用。

3.要发挥积极弹性,克服消极弹性

在教育管理工作中,有的领导为了使工作主动、留有余地,总结出了"留一手"的经验。所谓"留一手",就是把任务定少点、指标定低点、人员留足点、经费多报点,以便能够留有充足的余地和充裕的人、财、物、时等资源来完成管理工作。科学的教育管理活动应发挥积极弹性,所谓积极弹性,不是"留一手"而是"多一手",即多几分思考、多几种准备、多几套措施。这里需要特别提醒的是,实施弹性管理的目的是提高教育管理工作效益,而不是从部门利益或个人利益出发去看人、看关系、看面子行事。那种"疏者严、亲者宽","欺软怕硬"或"戴有色眼镜"的处事做法,不属于弹性灵活原则的范畴,而属于管理作风和道德品质问题。

4.要注意把握好"弹性"和"刚性"之间的度

刚性过强而缺乏弹性,容易造成教育管理工作中矛盾重重,甚至会经常出现"卡壳""夭折"等现象,也容易导致整个教育管理系统缺乏生机和活力。但如果弹性过强而缺乏刚性,则又容易引发整个教育管理工作涣散、疲软,以至出现无组织、无纪律、各自为政、一盘散沙的现象。因此,有效的教育管理必须做到刚柔并济,软硬兼施。

(三)能级分明原则

"能级"是现代物理学中的一个概念。它是指分子、原子、原子核等在不同状态下运动所具有的能量。这种能量值按大小排列,犹如梯级一样,所以称为"能级"。现代教育管理能级原则的含义是:在教育管理中,必须根据学校每个教职员工能力的大小来使用人和安排人,把他们放在相应层次的岗位上,分级使用,做到量才录用、各得其所、各尽所能,并形成合理的稳定的管理结构。教育管理是一种创造性的、综合协调的活动,在学校中,只有将具有不同素质、能力和专长的人进行科学的分类分级、优化组合,才能产生最佳效应,提高效率。一个总能量虽低但却能有效地分级分类而秩序井然的学校,完全可以比总能量虽高但却组织混乱的学校产生更多更大的功效。现代管理中运用能级原则主要应注意如下几点:

1.学校要建立一个稳定而有效的能级结构

现代学校中能级结构的划分必须服从于学校系统高稳定性和高效率的要求。各单元的能级划分不能随意确定,它们的组合也不能随便拼凑。如果由于种种原因不能合理划分和组织单元能级,那么,整个系统就失去了合理的、稳定的结构,必然呈现出低效率或负效应。

学校系统的能级结构,一般可以分为三个层次:最高层次是决策层;第二层是管理层;第三层是执行层。三个层次具有不同的功能和使命,其人员的能量差别按梯级排列,能级差异鲜明,不可混淆。

2.要按能级合理地使用学校各类人员

在学校系统中,各种岗位都有不同能级,每个人也有不同的才能,根据管理的能级原则,必须使相应才能的人处于相应能级的岗位上,做到人尽其才、才尽其用。譬如说,校长应该善于发现和思考问题,有较强的研究和思维能力与组织才能,会用人,有高瞻远瞩的战略眼光;办公室主任应该善于领会上级意图,有出众的组织才能、协调能力和公关能力,工作兢兢业业,任劳任怨;教导主任应该精通教学业务,头脑清晰,善于规划,巧于安排,能团结人、鼓励人;总务主任要会管物,善理财,办事认真、细致、讲原则,办事果敢,埋头苦干,任劳任怨。

现代教育管理必须善于将不同才能的人,安排在合理的能级上使用。我们说,只有混乱的管理,没有无用的人才。根据能级原则,教育管理者在具体安排人员的工作任务时,可以提出如下问题:他在既定工作范围内最适宜做什么?哪一项工作最有利于发挥他的专长和符合他的志趣?教育管理者应当为每个人展其所长、适其所用,创造有利条件,尽可能按照个人的专长和志趣安排工作、布置任务,使人们心情舒畅、精神愉快地积极工作。在择事任人时,工作的强度与难度一般应略高于接受任务者的能力,这样既有利于他们不断提高自己的工作能力,又能使其在完成工作任务的过程中产生成就感、使命感,从而进一步激发工作的积极性、主动性和创造性。

3.各类能级必须动态对应

各类能级的划分和组合要合理有序,保持稳定性。但它并不是凝固、静止的,各类能级必须动态地对应,保证学校成员在各个能级中适当地流动,通过各个能级工作的实践,发现、锻炼和检验他们的才能,使之各得其位。因为管理能级的划分和组合不可能一蹴而就,人们的能量也会随其素质、才能、知识、经验、年龄等因素的变化而发生变化。在此应该特别指出,学校能级结构不是封建等级制,不能搞垄断,不能搞特权和世袭。在现代管理能级结构中,"天生我才必有用","人无贵贱之分",每个人都应有达到相应能级的平等权利和展现才华的均等机会。

4.要对不同能级的人员授予相应的职位、权力、责任和利益

能级原则除了要求合理划分和组合教育管理系统的能级以外,还要求使教育管理系统中的各个不同能级与其职位、权力、责任、利益相对应。也就是说,能级原则要求学校的每个部门或个人,都能在其位,谋其政;量其才,授其能;行其权,尽其责;扬其长,补其短;奖其功,惩其误;赋其值,予其荣。

(四)系统有序原则

系统有序原则是依据管理学的系统性原理提出的。系统性原理着重揭示了管理对象领域中系统与环境、要素与要素之间的必然联系。任何管理对象领域都可以被看作为一个系统,系统是由若干个相互作用、相互依赖的要素结合而成的、执行特定功能、达到特定目的的有机整体;系统具有整体性、相关性、结构性、目的性等客观属性。根据系统性原理,教育管理活动应该坚持系统有序的原则,即一定要有系统思维,统筹观念,并要按照系统的目的性、整体性、相关性和结构性等各项开展教育管理工作。具体到一所学校的实际中,贯彻这一原则应注意做

到以下几点:

1. 要明确办学宗旨,紧扣培养目标做好工作

任何系统都具有特定的功能,社会系统还具有特定的目的性。学校作为一个由教师、学生、行政人员、教学设施、教学内容等多种要素结合而成的社会系统,其存在的价值就在于为了完成人才培养这一基本功能和目的。如果学校管理工作偏离了这一特定目标和特殊功能,那么就会丧失学校作为一个独立的社会系统所存在的价值和意义。

2. 要注意系统整体优化,防止部门本位主义

系统性原理认为,系统是由要素组成的,但若干个要素在组成了系统之后,系统便具有每一个单个要素所不具有的新特质和新功能。系统的功能不等于组成它的诸要素功能的简单相加,而应大于各要素功能相加之和,只有这样,系统才能顺利运行并取得较好的运行成果。就一所学校而言,学校各要素的局部性能越好,这所学校的整体性能也就越好,但又不是绝对的正相关。当要素局部功能的发挥超出了系统的总体要求时,就可能会冲击系统的整体优化。因此,贯彻系统有序原则,必须首先注意学校系统的整体优化,只有当学校各部门、各成员的工作密切配合、彼此互补、前后衔接、相携互济的时候,才能取得学校全局工作的成功。否则,如果各自都从本位主义出发,只顾部门利益,无视全局利益,以致出现部门之间各自为政,各行其是,甚或相互防范,彼此拆台,那么,学校的整体工作就会乱套,整体功能的效应也将难以确保和显现。

三、教育管理的模式

教育管理与学校教育同时产生,并随着学校的发展变化而发展变化。在教育管理的发展过程中,产生了三种管理模式:经验管理模式、行政管理模式、科学管理模式。

(一)经验管理模式

经验管理模式的主要特点:强调经验和实际操作在教育管理中的决定作用。一个学校办得好坏,主要取决于教育管理者个人或领导成员的经验。相信经验的价值,重视个人的智慧和才能的发挥,重视工作年限的作用,注意总结和吸取别人或自己成功的经验与失败的教训,并根据管理者自己的经验来做出判断、决策和对策,作为处理问题的行为准则,强调从实践经验出发来管理学校。我们可用下面的公式来表示经验管理模式:

$$工作绩效 = 经验 \times 知识 \times 能力$$

也就是说,经验随着工作年限而增长,成绩、效率也随年限和经验的增加而加大或提高。工作年限越长,经验越丰富,工作效益就越高。经验管理的信条是"姜是老的辣""老马识途""老将出马,一个顶俩"等。

经验管理在学校的发展中曾起过重要的作用。无论过去还是现在,也无论科学技术如何发展,经验不仅永远是管理者的宝贵财富,而且是管理理论不断发展和完善的基础。特别是在基层教育管理中,它更具有重要作用。因此,在今后的教育管理中,经验管理模式的优点还将继续发挥作用。但是,经验管理模式有明显的局限性,这种局限性是经验的局限性的反映。这主要表现在忽视理论的指导,不相信正确理论对经验的指导作用。我们常提倡要珍视经验,总结经验,吸取教训。但如果不重视理论的研究,经验就难以上升到理论的高度,而没有理论高度的经验,则不具有普遍的指导意义。凭经验办事,管理也可能成功,但很难避免失败。因为经验是在具体环境中形成的,离开具体环境条件,照抄别人的经验,管理的效果往往不一定明显,甚至产生相反的效果,所以只重视经验的作用,忽视理论的价值,管理往往会陷入盲目状态。

(二)行政管理模式

行政管理是19世纪后半期随着国民教育体系的确立而产生的教育管理模式。19世纪后半期,资本主义生产力的发展对教育提出新的要求,学校数量增多和规模扩大,班级人员激增,这时单凭原有的经验管理已经不够了,需要制定出一些规章制度、条例、法令,设立专门的教育行政管理机构及其专职的管理人员。于是便产生了行政管理模式。

行政管理模式,是指教育管理应以行政职能为中心,按教育行政系统来实施。这种管理模式源于19世纪德国行政学家施泰因的教育行政理论。行政管理模式,我们可以用下面的公式来表示:

$$工作绩效 = 法规 \times 组织 \times 程序$$

行政管理是我国学校采用最普遍的管理模式。行政管理模式的特征为:行政管理是以上级教育行政机构下达的指令条例、会议决议、文件及首长讲话作为管理的根据,强调上级机关的权威性。行政管理有明确的层次和分工,不同层次有不同的职责权限,职权不能随便超越。行政管理以行政手段作为管理的主要方法,如制定条例、章程、守则,发布指示、指令、文件,奖励、惩罚,提升、晋级、通报等。

这种管理模式的优点是:有章可循,有法可依,即便管理人员缺乏经验时,也不致给工作造成多大的损失,有利于工作规范化、秩序化。职、责、权分明,各级各层有自己的职责权限范围,民主集中关系明确,有利于行政效率的提高。管理手段带有强制性,上级指示,必须照办,对于大规模多功能的教育管理有积极作用。由于以上优点,我们到现在还十分强调行政管理,它是我国教育管理采用最普遍的管理模式。

这种管理模式的缺点是:容易生搬硬套条例、文件、指示,事事强调按文件办事,强调统一,强调集中,对复杂性和多样化视而不见,易于形成"一刀切""齐步走"现象;也易于形成教条主义、唯意志论,缺乏弹性和灵活性。僵化的教条、指令会束缚下级的手脚,抑制其创造性和主动性,难以从实际出发,因地、因时、因事制宜地进行管理。管理的层次越多,机构越多,条条框框也越多,相互扯皮,无人负责的现象也越严重,工作效果就不佳。易于造成领导者个人的意见和组织意见的混淆。有时容易把领导者个人的意见误认为是组织的意见。领导者的讲话,有时可能代表着组织的意见,有时可能仅是他个人的意见,可下级是难以区分的,只好照办。

(三)科学管理模式

20世纪初,在工业管理中出现了所谓科学管理运动,利用一些科学方法和手段对管理问题进行定量的研究,对人的行为的规律进行研究,并且取得了很大的成果,产生了一些管理理论。于是,一些国家开始把科学管理引入教育领域,尝试用科学管理来解决和处理学校中的各种问题。科学管理模式是一种以科学管理理论为指导的管理模式,它把科学管理的理论引入教育管理领域来分析和解决教育管理的各种问题。例如对教育管理对象和教育管理过程进行定性和定量的分析,然后提出改革教育管理的科学依据,采用现代统计、测量、实验、评估,以及计算机、音像等现代化技术和手段,增强教育管理的效果等。科学管理模式可以用如下公式表示:

$$工作绩效=理论\times 方法\times 素质$$

科学管理模式的优点在于管理思想新颖,思路清晰,手段先进。与经验管理和行政管理比较,科学管理模式的观念有大的更新,管理决策比较科学,管理效果比较明显。

科学管理方法的优点是显而易见的,但也有不足:科学管理不能对方针政策进行研究。在我国,方针政策是办学的指导思想和方向,它属于政治因素。科学管理注重逻辑分析,强调理性,但实际工作中有许多非逻辑因素和非理性因素。如情感、经验、技能、灵感、直觉、创造性、机会等,这些在教育管理中也起着重要作用。管理尤其是教育管理是个复杂的现象,许多东西难以定量。如教师没有完全重复的劳动,教师的劳动具有很强的创造性,带有很大的主观能动性。对教师劳动过程的因素的分析,就不能单纯运用数理统计的方法。

第二节 教育管理的过程与方法

一、教育管理的过程

(一)教育管理过程的理论

对管理过程的理论见解和主张,可以概括为以下几个方面。

一是主张从管理职能出发研究管理过程,从而形成了管理过程理论。在管理思想发展史上,法约尔较早地确认了管理的职能,认为计划、组织、指挥、协调和控制构成了管理的基本职能,并认为这也是管理过程的基本要素。

二是主张引进系统论、信息论、控制论的观点研究管理过程。从系统论出发,有学者认为,教育管理过程实质上是一个为实现学校组织系统目标,调整系统结构,有效发挥系统整体功能,使系统更适应于环境要求的有序运动过程;从信息论出发,有学者认为,管理过程就是信息的输入、加工、存贮、处理、输出的过程;从控制论出发,有学者认为,管理过程是一个施控系统对受控系统的有效支配和控制过程。

三是主张从管理者思维的角度研究管理过程。有学者认为,管理的过程实质上就是管理人员的思维过程,即"感受信息—判断—决策"的过程。

四是主张以各项具体工作的管理过程为主研究教育管理过程。这种观点不主张对教育管理过程作抽象的和一般意义上的概括,而主张深入研究学校中的教学管理、德育管理、总务管理等各项管理工作的具体过程,并认为这才具有最为适切和真实的意义。我国的不少教育管理学著作就是着重从这个角度来分析和阐述教育管理的具体过程的,而并不论及一般意义上的管理过程。

(二)教育管理过程的特点

1.育人性

概括地说,教育管理过程是对学校管理对象进行管理的客观程序。具体地说,它是对学校中人、财、物等进行合理调配、周密组织、精心使用,对受教育者施加教育影响,促进其德、智、体全面发展,顺利实现教育目标的过程。教育管理的本质在于培育人才,也因此它与物质生产部门的管理过程不同,它是一种对育人过程进行管理的过程。从学校大政方针的确定、规章制度的制定到思想政治工作的开展、教学活动的安排、体育卫生活动的进行、办学条件的改善等,都无不围绕着育人这个中心。所以,育人是学校管理的出发点。

青少年学生正处于身心发展的重要时期,可塑性大、模仿力强,学校的一切管理措施、步骤都要以是否有利于育人为前提来决定其取舍。学校管理者的职责在于优化管理过程,精心安排学校各项工作。每一项工作都要讲究其育人的实效性,那些与育人无关甚至有害的活动应完全杜绝;而看似在育人,实则是搞形式主义、"摆花架子"的做法也应停止。

学校管理过程的育人性,还表现在发挥学生自己的主观能动性,进行自我教育方面。学生既是管理的对象,又是自我管理的主体,因此,要善于调动学生主动学习、自我教育、自我管理的积极性,使他们成为学习的主人。

2.动态性与可控性

教育管理过程是一种活动过程,学校全体成员都是在活动过程中发挥作用,把学校资源转化为能量,并形成成果。师生的活动过程,能量的转化过程,成果的形成过程,无一不是动态变化的。一旦出现静态,就意味着教育管理运行的终止,就意味着教育管理生命的结束。但是,并不是说只要教育管理处于活动状态,管理过程就是有效的。

动态性意味着教育管理具有多方向性。因为教育管理过程是多因素参与的活动过程,尤其是人的因素具有主观能动性,直接作用于管理过程,既可能把握管理的正确方向,也可能改变管理的方向。动态性意味着教育管理过程可能出现左右摇摆,起伏波动甚至倒退的现象,不是方向正确就可以保证教育管理活动一帆风顺。因为人类对教育管理过程规律的认识还非常有限,当管理行为顺应了管理规律时,就能使管理过程顺畅而有效,反之则难免跌宕起伏。动态性还意味着教育管理过程的活动结果不是恒定不变的。管理效率是管理结果与管理投入之比,投入不变的情况下,结果越大,管理效率越高;在结果不变的情况下,消耗的资源越少,管理效率越高。在其他各项因素不变的情况下,只要时间在变化,管理效率就会逐渐下降。所以提高管理效率不仅涉及人、财、物的优化配置问题,也存在如何争时间抢速度的问题。

动态的教育管理过程是可控的。一方面,世界上万事万物都有一定的发展变化规律,教育管理过程也不例外。客观规律虽然不可控,但可以认识和利用。根据教育管理过程的活动规律来组织教育管理活动,就可以使教育管理过程受控于人的要求。另一方面,教育管理活动是人的意志活动,在很大程度上受人主观意识的左右。管理者可以通过确定管理目标,调节管理行为,改变管理资源的配置等方式,使管理过程为特定的目的服务。教育管理具有多方向性,但是正确的方向只有一个,而且管理过程不像时间流程,永远只朝着一个方向。要保证管理不偏离正确的方向,就需要加以控制。管理过程中各种资源也是可控的,管理的效益与资源的投入有关,更与资源的优化配置有关,资源配置就是一种有效的控制。控制论认为,管理过程就是一个控制过程,所以管理过程的成果,实质上就是控制的结果。

3. 有序性与可变性

教育管理过程的每一个周期,都是由计划、执行、检查、处理四个环节构成的,四个环节的活动有一定的顺序。首先是计划,没有计划,管理行动是盲目的。其次是执行,即把计划付诸实施。没有执行,再好的计划都不过是纸上谈兵。再次是检查,检查是为了掌握执行情况,没有检查就不能发现问题,积累经验。最后是处理,即处理检查中发现的问题。没有处理,检查就没有意义,下一周期工作的开展,还会受到上一周期问题的困扰。管理过程四个环节环环相扣,头尾相连,构成一个封闭的环,缺少哪一个环节,封闭就会打破,管理就可能出问题。

教育管理的有序性的根本原因在于学生身心发展的有序性,在于知识结构的有序性。一如昼夜轮回、四季交替是自然规律的表现,管理过程的有序性也是管理规律的一种反映。有序性意味着管理环节不可颠倒错位,管理进程不可逆转。试想学校工作先执行后制订计划,情况会怎么样。管理过程有序性意味着管理程序不能遗漏任何环节,必须步步到位。前面的环节是实施后面环节的基础,后面环节是前面环节的深化,一步有失,步步受牵连。有序性还意味着教育管理工作的稳定性。无论学校哪一方面的工作,都得按四个环节进行管理,形成稳定的工作秩序。

管理过程的可变性不是要改变管理过程的有序性,而是相对固定的管理模式而言的。上述管理四个环节的有序性是一种最基本的管理模式,在实际应用当中,由于各方面的工作性质不同,要求不同,可以形成多种变式。就是同一种工作,在相同的要求之下,也可以有多种变式。例如,有些常规工作可以一边制订计划一边执行,不必静等计划尘埃落定。检查既可以待某一阶段工作完成之后进行,也可以边干边检查。处理也一样,既可以随时发现问题随时处理,也可以分阶段处理,还可以集中做一次性处理。管理模式的可变性是由管理因素的复杂性决定的,也是人类对管理规律认识的结果。

4. 周期性与连续性

教育管理过程的周期性,是指教育管理过程是由不同环节构成的整体,这一整体及其环节总是循序重复出现,形成一个又一个的周期。每一个周期都要完成一定的任务,实现一定的目标。教育管理过程的周期性是由学校工作的周期性决定的。学校每年都有毕业生离校、新生进校,年复一年重复相同的工作,并形成常规。如果常规具有科学性,循环运用就可以大大减轻管理的难度。但是,周期性的特点并不意味着教育管理过程是一个简单重复的过程。周期性只是表明教育管理过程始终重复相同的环节,每一次重复意味着一次进步。就如车轮围绕着车轴循环旋转,每一次循环就推动列车向前运行一定的距离,列车依靠车轮无数次周而复始的循环达到目的地。认识教育管理过程的周期性特点,可以使我们向管理规律接近一步,因为周期性当中蕴含着规律,周期性是管理规律的一种表现。

连续性是与周期性密切相关的一大特点。只要学校存在,教育管理就不会消亡,学校所有的活动都随着时间的流程向前发展,教育管理过程就会由一个个的周期连接成连续的过程,这就是教育管理过程的连续性特点。但是,管理过程的连续性与时间的延续性既密切相关,又有很大的不同。时间的流程不以人的意志为转移,始终只朝一个方向,按相同的速度延续。时间是一切生命活动的载体,教育管理活动总是在一定时间流程中逐步铺开。但是时间的延续性不等于教育管理过程的连续性,时间可以免费把我们带到未来的某一天,但不会让我们不劳而获。

科学的管理要求管理过程必须具有连续性,连续是管理过程的理想状态。教育管理全程是无数个管理周期的连接,这种连接不是自然的连接,也不应是人为的连接。从表面看,是教育管理者计划安排和控制的结果,但真正的连续性应是教育管理者对管理规律的顺应。在实际管理中,我们经常可以看到,有的教育管理过程连续、平稳,有的则一波三折,上气不接下气,这就反映了管理者对管理规律的认识水平。管理过程的连续性特点要求管理周期具有衔接性。各个管理周期之间缺乏衔接性,管理过程的连续性就会受到破坏。连续性还意味着管理的规范性,无规矩不成方圆,管理的随意性越大,管理过程的连续性就越差。当管理走向规范,走向必然,管理过程的连续性才能得以保持。连续性意味着管理过程的发展性。管理周期是循环的,但不是叠加,不是原地踏步,而是螺旋上升。管理过程不连续,发展就会受到阻碍。

(三)教育管理过程的环节

1. 计划

(1)计划的含义和作用。

计划,也称工作方案或"蓝图",它是指管理人员在管理工作中预先拟定的行动纲领。制订计划是一切教育管理工作的起始环节,也是教育管理活动取得成功的前提和保证。计划在教育管理过程中的作用,具体可以概括为以下三个方面:第一,计划具有动员激励作用;第二,计划可以起到协调和控制作用;第三,计划可以起到科学评估的量标作用。

(2)教育管理计划的种类。

依据不同的分类标准,可以将教育管理计划划分为许多种类。实践中常见的分类方法主要有以下几种。

按计划实施的时间,可以将教育管理计划分为长远计划和短期计划。长远计划也称战略规划、远景规划等,它是一种带有全局性、长期性、战略性的发展计划,规定着在一个较长的时期内把学校办成什么样子,达到怎样的规格和标准。长远规划一般来讲,有十年规划、五年规划、三年规划等。短期计划是长远计划在一定时段范围内的具体执行计划,一般包括学年计划、学期计划、月计划、周计划等。

按计划的性质,可以将教育管理计划分为常规工作计划和专题工作计划。常规工作计划是指带有惯例性、周期性的一些工作计划,如学年计划、学期计划等。专题工作计划是指为完成某一项具有特殊性的专项任务而专门拟订的计划。按计划实施的范围,可以将教育管理计划分为学校整体计划、部门计划、个人计划等。整体计划是指统领学校各项工作的计划,它带有概括性、全局性和系统性的特点。一般而言,学校的战略发展规划就属于整体计划的范畴。

部门计划是指学校内部各个部门制订的工作计划,常见的有教学计划、总务计划、基建计划等。个人计划是指每位教师、员工、学生自行拟订的工作或学习计划,如教师的个人进修计划、学生的学习计划等。

(3)制订教育管理计划的程序。

制订教育管理计划,在程序上一般可以分为以下四个基本步骤:

第一,综合信息,分析依据。科学的教育管理计划必须有充分的信息依据。

作为学校领导在制订计划时,应着重综合四个方面的信息:一是上一个管理周期的结局和当前学校各项工作的实际状况;二是来自上级的各种指示精神和基本要求;三是国内外同类学校的发展趋势以及教育教学改革的动态;四是对未来经济社会发展和人才需求的科学预测与前瞻。

第二,群众参与,民主讨论。在制订学校各项工作计划时,一定要避免和克服"领导制订、群众执行"的不正确观念。教师是办学的主人,因此有关学校事业发展的重大计划必须经过教职工充分的民主参与和酝酿讨论,努力做到"从群众中来,到群众中去,集中上来,坚持下去"。

第三,多种方案,比较研究。由一种思路或一种方案而形成的计划往往不全面、不周密。事实上,在制订计划的过程中,任何一种设想或方案都是利弊并存、长短相伴的。因此,对几种方案进行比较研究,各取所长,融为一体,就可以使计划更全面、更合理。

第四,深思熟虑、果断决策。决策是计划形成的决定性阶段。前面的步骤是"十月怀胎",决策阶段就是"一朝分娩"。对计划的拍板定案,往往体现为学校领导成员在对各种计划方案进行了认真的比较分析后所做出的抉择。这种抉择过程是一种极为高级复杂的脑力劳动。在计划制订的过程中,既要防止过于专断和草率,又要防止因意见不一致而永无休止地争论下去。争论不休就是变相的扯皮。如果计划的讨论总是"七个人八个主意,空议多而难决",那么最终只能贻误战机,错失发展良机,使学校事业发展的速度受损。古人云:"当断不断,反受其乱。"因此,当计划酝酿到一定阶段,学校领导就必须当机立断,择善而从,拍板定案。

(4)制订教育管理计划的依据。

制订教育管理计划要有充分的科学理论依据和客观事实依据。这种依据主要来自以下四个方面。

第一,要依据党和国家的教育方针、政策法规及上级教育行政部门对学校工作的指示精神。教育管理计划绝不能在方向上、内容上与党和国家的教育方针、政策法规及上级教育行政部门的宏观规划和指示精神出现偏差甚或背离,要不折不扣地贯彻国家的意志,遵循和执行地方政府对教育事业发展的总体规划和基本要求。

第二,要有科学的理论依据。教育管理计划从制订的程序、步骤、方法,到指导思想和具体内容,都要有科学理论依据,遵循事物发展的客观规律,尤其是既要符合教育规律和教育科学理论,又要符合管理规律和管理科学理论。

第三,要密切结合本学校的实际。教育管理计划是学校未来发展的行动纲领,在可行性上是属于经过努力而能够实现的"理想"的范畴,而绝不是毫无根据的幻想或空想。因此,教育管理计划的制订,既要充满雄心壮志,放眼展望未来;又要脚踏实地,密切结合学校实际,使计划既具有愿景性又具有可行性。脱离实际、好高骛远的计划,描绘得再好,也是毫无意义的一纸空文,产生不了计划的真正效力和作用。

第四,要有对未来发展的科学预测。教育管理计划是指向未来的行动纲领,具有显著的实践后果问题。因此在制订时,一定要有对未来经济社会发展和教育事业自身发展的科学预测,尤其是要充分预见未来社会的政治、经济、文化以及市场对人才的数量、质量、规格特征等方面的需求和要求。只有这样,计划在实施若干年后,学校培养出来的人才才能符合经济社会发展的客观需求。教育是一个先导性、超前性的事业,因此在制订学校发展规划时,一定要具有前瞻性。

2. 实行

实行是指教育管理人员调动和运用各种资源来实施教育管理计划的活动过程。实行是教育管理过程的中心环节。实行阶段涉及的问题很多。作为学校领导,在实行阶段应重点抓好组织、指导、协调和激励四方面工作:

(1) 组织工作。

组织工作主要包括三个方面:一是进行思想动员,统一认识,使全体教职工明确计划的目标、任务、原则、方法和进程,从而使大家各就其位,蓄势待发,处于积极的备战状态;二是"调兵遣将,筹集财物",使人力、物力、财力得到妥当调配,合理安排。三是对资金、物资、设施的安排也十分重要,应努力做到财尽其利,物尽其用,地尽其力,货畅其流。

(2) 指导工作。

学校领导的职责不光是发指示、做决议,还应对实行过程中基层管理人员和教职工的思想、行为予以指导帮助。换而言之,作为领导不仅要让下属人员明确去干什么,而且当下属人员在执行过程中遇到困难、问题和障碍时,还要教给他们去怎么干、如何干,做出高屋建瓴、精辟得当的指挥、指导和点化,甚至能够以身示范,做出个样子让下属人员看。这也是领导与群众有所不同的地方。否则,如果下属人员遇到不懂、不会的问题,领导者也是茫然不知所措,那就丧失了领导的真正意义和水准。也是在这种意义上讲,领导干部一定要做内行。只有内行才能承担起指挥和指导的职能,这就如同导演对演员、教练员对运动员的作用一样。

(3) 协调工作。

协调是指学校领导人员促使学校各个方面的力量为实现统一目标相互配合、步调一致、和谐发展的活动。在计划实行的过程中,由于学校的外在环境和内在因素都在不断发生着变化,各种关系也都处于变化之中,因此必须通过协调工作来及时地加以调节、调整和润滑。在教育管理过程中,协调工作主要有两方面的内容:一方面是协调执行情况与原计划之间的矛盾;另一方面是协调部门间和成员间的关系。

(4) 激励工作。

激励是指运用精神鼓励或物质奖励的手段,激发教职员工的工作干劲,调动教职工的积极性和创造性。

3. 检查

(1) 检查的含义和作用。

检查是教育管理人员对计划执行情况进行监督、考核,并发现和解决计划实施过程中所存在问题的活动过程。检查阶段是实行阶段的必然发展。

检查的功能和作用主要体现在:第一,可以对计划的科学性及计划的实施效果进行全面的评估和考察;第二,可以对学校领导人员和管理人员自身的工作能力、管理水平进行考核和评价;第三,可以对教职工起到考核与监督的作用。

(2)检查的方式及要求

学校领导人员的具体检查方式很多,常见有巡视观察、考评打分、个别交谈、随堂听课、翻阅教案、参加活动等。

检查工作的基本要求是:要客观,不要主观臆断;要公正,不要自恃偏见;要深入,不要蜻蜓点水;要准确,不要模棱两可;要依靠群众,不要搞孤家寡人;要有改进措施,不要坐而论道。

4. 总结

(1)总结的含义和作用。

总结是指对一个管理周期活动或一个阶段的工作进行整体分析、全面评价的活动过程。总结是管理过程的终结环节,它既标志着一个管理周期的结束,又预示着一个新的管理周期的开始。做好总结工作极为重要,其重要性和作用具体体现在:第一,总结在两个新旧管理周期之内起承上启下的作用;第二,总结可以起到积累经验、探索规律的作用;第三,总结可以提高教育管理人员的管理水平。

(2)总结的基本要求。

为了能够做好总结工作,应注意以下几点:第一,注意做好平时的资料积累;第二,注意把总结和计划相对照;第三,注重比较和评价;第四,注意总结规律和经验总结的实质就是要把握教育管理工作的规律性,使经验上升为理性认识。

计划、实行、检查、总结这几个环节循序开展、有机结合就构成了教育管理活动的基本过程。其中,计划是起始环节,统率着管理的全过程;实行是整个管理过程的中心环节;检查是对实行的监督,对计划的反馈;总结是对计划、实行和检查的总评价。这四个环节相互关联,彼此渗透,互为促进,在各个阶段之间都存在着反馈回路,通过不断的反馈来确保教育管理过程在动态运行中保持协调与平衡。如图2-1所示。

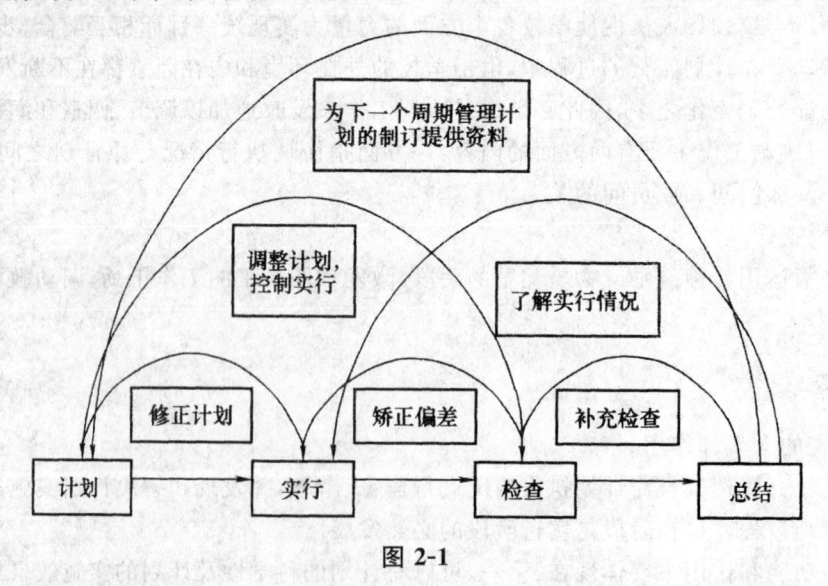

图 2-1

（四）教育管理过程的优化

1. 教育管理的内部环境优化

(1) 依靠全员管理学校。

教育管理最重要的是要依靠全体人员管理学校，调动所有人的工作积极性。因此，要充分调动学校管理者、教职工、学生等的主动性和积极性，发挥管理育人、教书育人、服务育人、自我教育的作用。

(2) 完善各种机构，建立和健全规章制度。

学校的组织机构是教育管理的主要手段，完善的组织机构是学校管理成功的必要条件。为此，要实现学校人力、物力、财力等因素的最优组合，必须建立和完善组织机构。此外，还必须建立和健全各种规章制度。

规章制度是教育管理的重要手段。其内容有：从宏观上讲，党和国家、上级教育行政主管部门制定的规章制度；从微观上讲，主要是学校制定的规章制度，如学校工作人员职责、部门管理制度、学生课堂常规、学生纪律守则、教学工作制度、图书室实验室管理制度等。

要制订科学、合理、可行的规章制度，使教育管理科学化、制度化；处理好制度的相对稳定与适时修订的关系，将民主管理与科学管理，动态管理与静态管理结合起来，以收到最佳的办学效益。

(3) 创设良好的育人环境。

教育管理活动总是在一定的环境中进行。环境是进行管理活动不可缺少的条件。教育管理活动的职能就是利用一定的教育设施和环境教育学生。良好的育人环境对于陶冶情操、启迪思想、激励情感具有重要作用。育人环境分为物质环境和精神环境。物质环境包括地理位置、建筑设施的空间排列顺序、颜色搭配、绿化、清洁卫生、空气、光线等。良好的育人物质环境不仅表现在教育设施的造型、空间关系上，而且还表现在建筑设施与其他设施的协调上。典雅明快、新颖别致、造型奇特的建筑物，无疑会激发学生的想象力、创造欲望，培养良好的行为习惯；而办公大楼、教学大楼、宿舍食堂、运动场、校办工厂、绿化带等的合理分布、自然协调、实用经济，又会使其形成一个完美的序列结构。清洁的校容，优美的校园，新鲜的空气，充足的光源，安静的环境，会激发师生乐观的情绪，形成健康向上的生活态度。

学校的物质环境优化可看作一种"硬件"优化，精神环境优化则是"软件"优化。精神环境包括校风、学风、教风、人际关系、生活方式、价值取向、精神状态等。它涉及课堂教学、社团活动、闲暇活动，涉及教室、办公室、俱乐部、图书馆、食堂等多个场所。良好的校风、教风、学风，和谐的人际关系，积极的生活方式，完善的文化娱乐设施等对于增加学生的知识、活跃生活起着巨大的作用；不良的校风、教风、学风，错误的舆论导向，消极的生活态度，枯燥的文化娱乐方式等会使不良习惯得以滋生和蔓延。校风与人际关系是学校精神环境的重要组成部分，对师生影响极大。因此，要创设良好的校风与和谐的人际关系，以及用教师良好的榜样作用和学校的优良传统来教育人。

2. 学校管理的外部环境优化

(1) 优化政治经济环境。

教育受政治经济制度的制约。政治制度的变迁、经济发展的水平及人民生活的水准,都从宏观上影响着教育,也必然影响着学校管理过程。故要大力加强物质文明和精神文明建设,改革和完善不适应社会发展的制度,保证实现人民的民主权利,健全法制规章,深化各方面的改革,建立具有中国特色的、充满活力与生机的经济体制,促进社会生产力的发展。同时制定、颁布、健全政策法令,尤其是关于教育工作的法规法令,为我国教育事业的发展,学校管理的顺利进行,创造良好的政治经济环境。

(2) 重视教育理论的学习和研究。

学校教育管理与教育理论研究有密切的联系。教育理论为学校管理活动的开展提供了理论依据。学校领导者要认真学习教育理论,端正教育思想,明确培养目标,提高教育理论素养。

(3) 优化社会环境。

要顺利进行学校管理,提高效率,必须从整体上优化社会环境,尽可能优化学校周围的社区乃至乡镇、市、县的社会环境,创造有利于学生健康成长的环境。利用积极的社会因素,克服消极的社会因素的影响。

学校应采取有效措施,充分发挥社会各种教育力量的作用,如与附近的乡镇、街道、工厂、机关、文化教育单位等建立固定联系,逐步建立学校与社会相互协作的教育形式。

二、教育管理的方法

(一) 教育管理方法的含义

教育管理方法是教育管理者实施管理活动,完成管理任务,达成管理目标的方式、手段、形式、途径、程序、格式和工具的总称。

管理活动的实质就是采用一定的方法,协调和控制管理系统的矛盾运动。管理方法是构成管理活动的特殊因素,是贯穿于管理过程始终的核心。管理者能够驾御管理过程,实现管理目标,关键就在于创造和应用由管理状况决定的管理方法和管理艺术。所谓管理活动,实质上就是一系列管理方式方法的创造和运用的生动过程。管理方法渗透和存在于一切管理活动之中。广义地说,管理方法是一个复杂的、有层次的、结构有序的大系统。管理系统是各式各样的,管理方法也是多种多样的。

(二) 教育管理方法的特点

1. 目的性

目的性指教育管理方法是为实现学校的管理工作目标服务的,每一种方法的运用都具有明确的目的。

2.多样性

多样性是指教育管理方法多种多样,对不同的管理对象要有不同的管理方法,对同一类对象,根据具体情况也应有不同的管理方法。

3.灵活性

灵活性是指教育管理方法的运用要根据管理工作的目的、对象、时间、空间以及其他各种客观条件灵活掌握,有时针对某一目的、对象采用某种方法,有时多种方法同时并用,有时某种方法也可能以不同的方式出现。

(三)教育管理的常规方法

1.行政的方法

教育管理的行政方法,与政府部门的"行政"既有联系又有区别。联系表现在,教育管理中运用行政方法的手段和形式与政府部门有相同之处,即要通过建立组织机构,下达行政指令,依靠行政领导权力、权威作用的发挥等来实施和维系管理活动。不同的是,政府部门的行政管理活动是对国家公共事务的管理,而学校行政方法的运用仅是指对学校法人内部事务的管理。据此,我们对教育管理的行政方法做如下定义:行政方法是依据学校内部的行政组织、运用行政手段来管理学校的一种方法。具体来讲,就是依靠学校内部组织行政机构法定的权力和权威,运用命令、规定、决议、指示、条例等行政手段,按照行政科层组织系统来管理学校的各项事务。

行政方法运用于学校之中,既反映了国家对学校教育事业发展的干预和介入,也说明了教育管理的组织形态、运行机构、常规手段等,与政府部门之间有相近、相同之处。在实践中,不能把教育管理与教育行政管理截然割裂开来。

在教育管理工作中,运用行政方法具有许多优点。首先,它有利于实行民主集中制。行政方法运用得好,既可以做到充分发挥民主,又可以做到高度集中。学校作为一个由多种要素所组成的社会系统,为了发挥特定功能、实现特定目标,必须在系统运行过程中保持意志和行动的高度统一。这就需要运用行政的方法来统一思想、统一政令。尤其当一个学校的工作出现软、涣、散的局面时,采用强有力的行政方法来加以整饬和治理,往往可以收到其他方法所无法替代的显著效果。其次,行政方法有利于管理职能的发挥。管理的基本职能有计划、组织、指挥、协调、控制等,这些职能可以在运用行政方法的过程中得到淋漓尽致、充分有效的发挥。再次,运用行政方法有助于面对新情况、新问题,采取机动灵活、断然有效的措施。在学校工作实际运行的过程中,经常会发生一些意想不到的突发事件,出现一些难以预料的突发矛盾。这些突发事件或矛盾若不能快速及时地得到控制与解决,往往会波及学校工作的全局,甚至危害学校的整个安定团结。在这种状况下,采用行政方法来加以干预或处理,往往会收到立竿见影的效果。坚强有力的行政方法往往可以挽狂澜于既倒,拧意志于统一,化凶险为平夷,从而使问题迅速得到解决,局面快速得到控制。

但是,行政方法运用于学校也存在着许多局限性。其一,行政方法的效果往往深受领导者个人的品德、能力、素质、水平、作风以及权威等因素的制约,难以摆脱"人治"之嫌。其二,行政方法在实际运行中容易滋长学校领导人独断专行、一言堂、家长制等官僚主义作风。行政方法强调上级领导下级、下级服从上级,久而久之,就容易造成上级官僚主义和下级唯命是从的现象。其三,由于行政方法是借助行政组织机构来进行的,因此容易造成管理系统叠床架屋,层次过多,从而出现机构臃肿、人浮于事的现象。其四,行政方法的过度运用,还容易导致对专家、学者学术权利的侵害和限制,继而会使教育管理出现严重的"衙门化"倾向,这极不益于学校尤其大学学术自由精神的培育和发展。

2. 法律的方法

法律是由国家制定和认可、体现统治阶级意志、以国家强制力保证实施的行为规则的总和。法律的概念有广义和狭义之分,狭义的法律是指由国家立法机关颁布、公民必须遵守的行为规范;广义的法律不仅包括国家立法机关颁布的法律,也包括各级政府及其职能部门所制定的具有法律效力的条例、规章、政策等,同时还包括各个法定的社会组织所自行制定的规章制度。法律方法就是人们通常所说的"法治",即通过法律规范的制定和实施来调节人们行为规范、维系组织管理活动的一种方法。

教育管理活动中的法律法规主要包括三个层面的含义:一是由国家权力机关制定和颁布的教育法律,如我国人大常委会颁布施行的《中华人民共和国教育法》《中华人民共和国义务教育法》《中华人民共和国教师法》《中华人民共和国高等教育法》等;二是由中央人民政府和地方人民政府及其教育行政部门制定颁发的各项教育政策法规;三是由各级各类学校根据国家的教育法律法规及上级的指示精神所制定的切合本校实际的各种管理规章制度。运用法律方法管理学校,就是指依据国家的法律法规,并通过制定和实施校内各项工作的管理规章制度来约束师生员工的思想、行为的一种方法。

在教育管理中运用法律方法具有很多优点。首先,它有利于促进教育管理工作的规范化和秩序化建设。由于法律、法规、政策、制度、纪律等是调节人们行为方式的一种规范,因而在教育管理中运用法律方法,就可以促使学校内部的各项工作走向法治化、规范化、秩序化。否则,如果失去了这些规章制度保障,学校内部的教育、教学、总务、后勤等各项工作就会因缺乏规范而陷入无序状态,继而导致教育管理工作出现失范和混乱。所谓"不以规矩,无以成方圆",讲的正是此等道理。其次,运用法律方法管理学校有助于促进教育管理工作的稳定性。学校教育是一种周期长、见效慢的社会事业,因此在教育管理工作中最忌讳"打摆子""扭秧歌""翻烧饼"或瞎折腾。由于法律方法具有高度的概括性和抽象性,因此也就决定了其具有相对的稳定性。只有在相对稳定的状况下,学校各项工作才能平稳推进,持续加强,取得成效,继而才能完成"十年树木,百年树人"的艰巨使命。再次,运用法律方法有助于推进教育管理工作的公平和民主。公平、正义、民主是现代社会管理所追求的基本价值取向。法律方法的基本特点就在于其"不别亲疏,不殊贵贱,一断于法"。因此,在教育管理中运用法律方法,无疑可以增强其整个管理过程中的公平、公正和民主,即一切都照章办事,在规章制度面前人人平等。

法律方法运用于教育管理之中也存在着一些局限性。这主要表现在:它过于机械、僵化和刻板,缺乏应有的灵活性和针对性。在现实生活中,人们的行为特征以及行为产生的原因总是十分复杂的。法律方法强调的是对所有的人和事都应坚持同一性、普适性原则,即"一视同仁"

第二章 内涵深化:教育管理的基本理论分析

"一把尺子量人",并主张应尽可能缩小和限制管理主体的自由裁量权。这种特性决定了当在遇到一些特殊案例或例外事件时,便很难做出富有弹性和灵活性的处置。例如,我们常常会遇到"合情不合法"或"合法不合情"的现象,面对这种境况,仅仅依靠法律的方法便很难做出合情合理的变通处理。因此,法律方法所强调的"一把尺子量人",既有长处也有短处。

3. 思想教育的方法

思想教育方法亦称为宣传教育的方法。它是指教育管理人员凭借真理、科学和道德信念的力量,运用思想观念的宣传、教育和精神力量的感化、濡染来影响学校成员的思想、情感和行为的一种管理方法。由于学校是传播知识、塑造人格、陶冶性情的场所,因此在教育管理活动中采用思想教育的方法,具有极为特殊的重要意义。

与行政的方法、法律的方法和经济的方法相比较起来,思想教育方法最突出的优点就在于它能从人的内在思想根源处解决问题,因而其一旦获得成功,所带来的效果和效应则是长远和巨大的。教师或学生如果因教育管理者的宣传教育和引导劝解而使其思想观念和行为态度发生了转变,那么将会对其一生的成长和发展产生巨大的影响作用。因此,思想教育的方法是能从根本上解决问题的一种方法,它非常适宜于在以教书育人为目的的教育管理活动中加以广泛运用。

当然,思想教育的方法也存在着一定的局限性。这突出表现为:其一,耗时长、见效慢。当教育管理工作面临一些迫在眉睫的紧急问题时,单纯运用这一方法很难立即见效。其二,对管理主体的素质和水平要求高。在思想交锋的过程中,如果管理者的思想认识水平与被管理者旗鼓相当甚至有所不及时,这一方法便难以收到预期效果。其三,由于管理对象——人的思想观念的形成和转变十分复杂,因而这一方法并不能对所有的被管理者都奏效,换言之,思想教育不是万能的。

综上所述,我们在教育管理工作中运用思想教育的方法时,应尽可能发挥其长处而避免其短处,同时要注意配合行政的方法、法律的方法、经济的方法等综合运用。

4. 经济的方法

经济的方法是指按照经济规律和原则,运用经济手段和措施来实施管理的一种方法。具体来讲,就是根据价值规律、市场供求关系和人的经济需求等,通过成本核算、利润统计、员工工资和奖酬发放,以及经济合同、经济责任制等方式来实施和维系组织管理活动的一种方法。经济方法主要运用于企业组织的管理活动之中。在教育管理中运用经济方法,主要包含三个层面的含义:一是对办学资源的争取和办学成本的核算需要运用经济方法;二是对学校所属的校办产业、企业以及其他经济创收部门的管理需要运用经济方法;三是根据师生员工的物质需要,利用经济手段来调节和激励人的思想与行为,以达到奖勤罚懒、充分调动师生员工工作和学习积极性的目的。

经济方法把职工的劳动报酬与劳动绩效密切挂钩,强调多劳多得、优劳优酬,这在很大程度上有益于充分调动人的积极性。在目前我国社会主义市场经济充分发展、人的经济理性普遍彰显的现实背景下,应用经济方法来管理学校更具有特殊的时代意义。它能够直接、有效地调动师生员工的工作和学习积极性,有助于奖勤惩懒,激励先进,鞭策后进。同时,经济方法的运用,还有助于增强办学过程中的效率和效益观念,强化竞争激励机制,推进节约型校园建设等。

运用经济方法来管理学校也存在着明显的欠缺和不足,这突出表现在它容易膨胀人的经济理性,而淡化人的精神理性,使用不当时,容易滋长"一切向钱看"的拜金主义风气。

5.目标管理的方法

目标管理既是现代管理学所倡导的一种基本理论,也是当代管理实践中颇为时尚的一种管理方法。目标管理的核心内容是组织的管理活动应由重视过程管理而转向重视目标管理。

在教育管理中运用目标管理方法的最大好处在于,它淡化了过程管理而强化了对目标和结果的关注。这样做,一方面有利于调动和激发基层部门和教职工的能动性和创造性,使他们能够不拘一格、方法多样、形式灵活地去实现既定目标;另一方面有利于学校领导人员从繁杂琐碎的文山会海和具体事务中摆脱出来,从而把时间、精力更多地集中到对办学目标和发展战略等重大问题的关注与思考上,真正做到"运筹帷幄,决胜千里"。同时,运用目标管理的方法也有助于提高教育管理的效能,使管理人员和师生员工能够把重心放在对工作绩效的关心和关注上。

目标管理的方法也有一些固有的缺陷,因为过程和目标结果之间总是密切地联系在一起的。如果只强调目标管理而忽视过程管理,那么当错误或不理想的结果一旦形成,"生米已做成了熟饭",这时很难采取措施进行补救,从而会给学校事业发展带来巨大的损失,造成严重的危害。因此,教育管理者在运用目标管理方法时,一定要扬其所长,避其所短。

第三节 教育管理的现代化

一、管理现代化

近年来,人们在讨论国家现代化的过程中,现代化不仅仅是以经济和技术指标为基础的物质标准上的现代化,还有社会关系、社会结构的现代化和人的观念、心理、人格上的现代化。社会关系和社会结构上的现代化,就是管理体制民主化、法制化问题。它是实现物的现代化不可缺少的条件。

关于管理现代化,学者们有各种各样的说法。

我国学者何健文先生认为,"管理现代化就是把管理工作信息化和最优化。信息化包括计算机管理。最优化包括行为科学的合理部分。换言之,管理现代化是以发展现代管理科学和管理工程为宗旨,以科学管理为基础着重用现代科学技术的理论、方法、手段来研究和处理管理工作中的规律性的问题,使管理工作更趋于完善。"按照这种观点,他们是把系统理论、决策论、运筹学方法、最优化设计、数理统计等科学方法在管理上应用以及计算机管理作为管理现代化的主要内容。这种观点主要是突出信息和信息技术手段在管理上的应用。

第二章 内涵深化:教育管理的基本理论分析

青年学者于中宁在其所著的《现代管理新视野》一书中,对工业时代的管理模式与信息时代的管理模式进行比较,把系统、创新、重新构建组织和管理"持续变革"的能力等思想引入管理现代化的选择之中。使近百年来被管理界崇尚的专业化分工理论、标准化管理理论、市场自由竞争理论以及经济人假设理论开始失效或动摇。这种观点是从当今世界变革的角度探讨管理现代化的新思路、新实践。

还有一些管理学家是以历史发展为线索研究管理现代化的历史轨迹。他们认为,管理现代化是一个发展的概念,从19世纪末开始直到20世纪90年代,人们都在对管理现代化进行探讨。在这一百多年内,我们可以把它划分为三个阶段:第一个阶段是从19世纪末到20世纪60年代。管理现代化是以提高劳动生产率为中心的。把企业或其他组织视为一种闭合状态的机构。管理就是解决在闭合状态下,如何对人、财、物、技术、制度等进行合理配置,以降低成本和规模效率为目标。如泰勒的"科学管理"就是从标准化管理和定额管理入手来解决提高劳动生产率的。梅奥的人际关系学说是从生产过程中职工的社会心理因素对劳动生产率影响提出的。还有一些人是从会计、统计、审计的角度着重研究物资和经费对管理效率的作用。

第二个阶段是从20世纪60年代到80年代之间。管理现代化由重点研究人、财、物等资源如何科学、合理地配置转移到对战略发展的研究。这是因为整个世界的发展日益复杂多变,相继出现了能源危机、不能再生性资源危机、粮食危机、人口危机以及东西方冲突和南北矛盾的加剧。在这种情况下,一个国家、地区或组织要生存和发展,就必须有预见性,从复杂多变的环境中去寻找机遇和条件,20世纪60年代以前的管理模式已经不再适应现在的需要了。管理的重点就由以内部管理为主转向到重视外部的管理为主,处理好组织的存在与外部环境的关系。美国卡内基—梅隆大学教授、诺贝尔奖获得者西蒙提出"管理就是决策"的著名论断,就是在这种历史背景下提出的。科学的决策是建立在充分获得内外部信息的基础之上的。调查、预测、规划、运筹、评估、诊断之类科学手段对收集、分析、应用信息有着十分重要的作用,也就是在管理上获得广泛的运用。

第三个阶段是从20世纪80年代以后,信息革命的浪潮对工业革命时代形成的管理模式进行了冲击。一大批著名企业相继倒台,于中宁认为:"信息时代对公司的要求不仅仅是多、好、省,而且要快,不仅生产要快,设计要快,而且要快速反映市场变化,IBM、DEC、GM、UTC、柯达、王安电脑等著名公司就是在决策太慢,不能及时把握市场新机遇,从而丧失市场时机而失败的。信息化大大压缩了市场的时间和空间,大大改变了公司与市场的联系方式,也大大改变了公司内部的信息流,质量模式没有从根上触动那些工业时代的基本程序和结构,成为阻碍公司快速反映市场变化的绊脚石。"于是新兴企业纷纷提出依靠信息流重新设计工作到重新构建公司的大思路和对权力的二次分离。

还有一批管理学家对各国管理模式进行比较研究,他们发现各国的民族文化在现代管理中起到了特殊的作用。于是管理学的研究转到组织文化的建设上。查尔斯·汉普登·特纳等合著的《国家竞争力——创造财富的价值体系》一书对美国、英国、瑞典、法国、日本、德国、荷兰七国经济、文化与管理的关系进行研究。作者提出民族传统和文化差异对创造财富的作用是巨大的,各国的差别不仅仅是财富多少的差别,而是对企业的日常作业方式、赋予工作的意义、企业的利益和相关人员利益分配形态、员工管理的风格、谈判的技巧等的不同。现在许多管理人员普遍重视树立企业自身的形象,对职工进行组织目标、信仰、价值观之类的教育,激发职工的自豪、忠诚、责任感。

总之,管理现代化有着十分丰富的内涵。它既是以现代管理意识为指导,又是以现代组织的民主化和法制化为载体,采用现代科学方法,对管理过程进行定性和定量的分析,找出它们的内在关系,实现信息化和最优化的管理模式。各国在管理现代化上的差异主要表现在文化上的差异。文化是国家发展的内在动力,也是管理的关键。

二、教育管理现代化

20世纪三四十年代,我国一些崇尚民主与科学的教育理论工作者已经提出了他们所构想的教育管理现代化模式。例如,罗廷光(炳之)先生在其所著的《教育行政》一书中就提出了教育行政管理的民主化、科学化和专业化的理想。所谓教育管理民主化是指:教员和学生有权参与教育管理;平民有受教育的权利;学校内部人际关系融洽,反对校长独裁统治。所谓教育管理的科学化是指:采用"业务分析"法对教育教学过程进行数量化研究,以提高教育工作的成果和效益;教育行政的各项工作都要建立科学的制度,聘请教育专家进行专业指导。所谓专业化主要是指各级教育行政人员、视导员、校长都要受过教育行政的专业培训。

中华人民共和国成立以后,我国教育管理在党中央和国务院的领导下,在吸取老解放区办学的优良传统的基础上,学习了苏联先进教育理论、办学经验,并进行了多次教育改革,为实现社会主义现代化教育走出了一条新路,取得了比较明显的成绩。我们在坚持社会主义办学方向,教育要为人民服务、工农知识化和知识分子劳动化、教育与生产劳动相结合、"两条腿走路"的办学方针、勤俭办学等方面取得了很大的成绩,积累了比较丰富的经验。但是有一个时期,由于受"左"倾思想的影响,阶级斗争扩大化,搞所谓的"政治建校"和"开门办学"之类活动,违背了教育的客观规律,造成了教育质量下降,教学秩序混乱和知识分子政策偏差。这一切又都不利于教育现代化的进程。党的十一届三中全会以来,在邓小平理论的指引下,在教育要面向现代化、面向世界、面向未来的号召下,我国制定了一系列教育法律、法令和法规,进行了教育体制的改革,对学制、教学计划、课程、教材、教学方法、教学设备、考试也进行了改革。20世纪90年代以来又提出由"应试教育"向素质教育转变。这些成就都为我国教育现代化和教育管理现代化奠定了基础。

教育管理现代化是现代社会的产物,它又是在继承和弘扬我国传统管理经验基础上的创新。现代教育管理本身也是在不断发展的过程之中。如果我们用早期的教育管理现代化和20世纪80年代以来的教育管理现代化进行比较,可以有五个相对的特点。

第一,由重视学校功能管理转到学校的效能管理。在早期的教育管理中,教育管理者主要是从学校功能的角度研究管理问题。也就是学校应该做什么。学校功能可分为学校的育人功能、学校的文化功能、学校的经济功能、学校的社会服务功能、学校的政治功能等。教育管理者通过招生、教学计划、教学过程、各种教育活动和社会性活动、考试、教育管理的组织措施来实现上述功能。人们评价教育管理的优劣也主要是看其是否完成了学校的主要功能。随着社会和教育事业的发展,人们越来越不满足于学校的功能目标,而提出了学校的效能目标。自从美国管理学大师彼得·德鲁克提出"有效的管理"理论之后,管理学界掀起了"有效热",大家都在热烈地讨论管理的效能问题。这就是说管理的作用不仅仅是应该做些什么,而是要怎样才能

第二章 内涵深化:教育管理的基本理论分析

做得更好,更有成效。学校存在的价值不仅仅是能够招到学生,有教学实验室、教室、教师能够按时上课,更为重要的是如何充分发挥办学资源的效能,减少对人、财、物的消耗。现在教育管理中流行的目标管理、全面质量管理、教育评价等都是立足于效能的大小作为教育管理行为的出发点。

第二,由重视各个职能部门的优化管理转到整体优化管理。早期的教育管理是把工作的重点放在以分工制为基础的各个职能部门的管理上,也就是说,只要每个职能部门的工作做好了,全校的工作自然就好了。如果某个职能部门出了问题,管理者就去解决某个职能部门的问题。这是一种"头疼医头,脚疼医脚"的管理思维方式。这种组织内部分工是很细的,每个部门承担着不同的职务和责任,拥有不同的权力。例如,主管教学的部门拥有组织、指挥和协调全校的教学工作的权力,但是他们没有人事权、财务权。而主管人事的部门拥有人员的招聘、任免、考核、培训、晋升之类的权力,但是他们从不过问教学问题。财务部门是按照财务政策和财务制度办事,也是从来不管教学与人事。这种分工管理的模式有利于职责分明和专业性强的特点,但是一旦部门之间发生了认识上或利益上的冲突时,就可能出现"内耗"现象。而现代的管理是以整体目标为依据的。学校各方面的工作都要从整体的利益和需要出发,当局部即部门的利益和整体发生矛盾时,大家都要顾全大局,不能有本位主义和小团体思想。为了实现整体目标,每个部门在整体中都是不可缺少的。但是各自在整体中的地位和作用又是各不相同的。领导者在决策论证时,对重点单位或关键性部门就要实行优惠政策,提供较好的条件。为了整体利益的需要,有些部门就得让步,甚至做出必要的牺牲。教育管理中的规划理论与方法、特色管理、对策理论与方法都是立足于整体优化的。

第三,由重视对教育管理过程的监督和检查为主转到以激励教职工的工作热情、责任感和成就欲为主的管理。早期的教育管理是建立在把教职员视为工具人、经济人假设的基础之上的。在管理者和被管理者之间,管理者是管理的主体,而被管理者只能是被动的。因此,他们在管理中十分重视指挥、监督、检查、控制的作用。也因此往往遭到教职工的抵制。而现代教育管理把教职工视为学校的主人,充分发挥他们的主体意识和责任感。学校的工作质量和教学成就都是全校人员共同创造的,是在事业心驱动下实现的。学校的质量和成就绝不是靠检查出来的。教育管理的重点应该放在赋予教职工强烈的工作动机、主动精神和创造才能的发挥。管理者采用心理引导的方式,让教职工自我追求工作完善,由外边激励深化为内部的自我激励。这种变化实质上反映了管理主体观的变化。

第四,以强调教育管理制度的规范化、标准化和制度化为主的管理,转到以权变思想为指导的,更加灵活多变的管理。早期的教育管理往往是线性的思维方式。所以,他们非常相信管理的规范化、标准化、制度化必然会达到预期的效果。其实,这种管理思维方式只适用于内外部变化很少的常规管理,而不适合于非常规的例外管理。现代教育管理认为,教育存在于复杂多变的环境之中,变化着的不稳定因素往往会打破已经形成的秩序、平衡和稳定状态。教育管理者要善于识别环境和条件的变化,随机制宜地选择工作方式方法。在平时工作中要多想几种可能性,不要被标准化,规范化所束缚。

第五,在教育管理方法上由重视行政管理方法为主转到行政方式和科学手段相结合。早期的教育管理,除了经验的方法之外,主要是采用行政管理的方式,把上级的指示、政府的文件、会议的决议作为管理行为的重要依据。他们重视组织内部的职务地位、权力和责任的大小以及组织间的利益关系。而现代教育管理认为,以法制管理和行政手段的管理是必要的,也是要坚持的。但是行政行为和行政手段又有它的局限性。因此,要把行政方式和手段与科学理论和方法结合起来。我们要把教育现象和管理行为视为科学研究的对象,采用定性和定量的方法,对教育现象和管理行为进行预测、评价、测量、诊断,为教育管理的决策论证和可行性分析提供科学根据。

第四节 教育管理的学科基础

一、马克思主义理论

哲学是关于世界观和方法论的学科。任何学科的研究都脱离不了哲学的指导。因此,教育管理作为一门综合学科同样离不开哲学的科学指导。

在我国社会主义条件下,尤其是不能离开马克思主义哲学的指导。不论是对教育管理实践活动的具体操作,还是对教育管理科学理论体系的构建,都应当在马克思主义理论的科学指导下进行。因此,要想把教育管理学的学科基础阐释清楚,就必须先要明白马克思主义哲学在教育管理学中的重要作用。

(一)马克思主义哲学内涵

马克思主义哲学,是以实践为基础的辩证的、历史的唯物主义;是关于世界的本质、存在和发展的一般规律的科学;同时,是关于人的本质、存在和自身全面发展的科学;也是无产阶级和进步人类的科学世界观和方法论。马克思主义哲学理论的根源是德国的古典主义哲学。批判性地继承了费尔巴哈哲学唯物主义的中心思想,抛弃了它的形而上学部分;继承了黑格尔哲学辩证法思想的中心部分,抛弃了它的唯心主义理论与内容。马克思、恩格斯在这些内容的基础上,根据科学材料和实践经验,把这些内容重新进行整理、改造与发展,从而将唯物论和辩证法有机地结合起来,将唯物辩证的自然观与历史观有机地统一起来,创立了崭新的马克思主义哲学。

马克思主义哲学是目前为止人类发展史上最为科学的哲学体系。因为在它之前,很多的旧哲学理论都是把自然观上唯物主义和辩证法相分离,没有认识到二者的内在联系。而马克思主义哲学对其进行了新的发展,将唯物主义与辩证法有机统一起来,创立了辩证唯物主义。与此同时,在社会历史领域,也第一次把马克思主义哲学应用到其中,将唯物辩证的自然观和唯物辩证的历史观统一起来,创立了历史唯物主义。历史唯物主义是马克思主义哲学的核心内容,也是该理论体系的重要组成部分。同时也是现代唯物主义哲学体系不可或缺的重要部分。

马克思主义哲学在人类发展史上有着重要的历史意义,是人类思想史上重要的智慧结晶,哲学因此而成为一门科学,它所阐述的世界观与方法论也都具有了科学的性质。它研究的是关于自然、社会和人类思维发展的普遍规律，而不是物质世界和精神世界中各个局部领域里的特殊规律，因此马克思主义哲学正确地解决了哲学的对象问题。也正是如此，它也就在哲学史上首次正确地解决了哲学和其他具体科学的关系问题。

马克思主义哲学是科学的、实践的、革命的学说，这也是该学说的根本特性。马克思主义哲学是在实践的基础之上形成的，因而具有科学性和革命性。马克思主义哲学的相关理论都是从实践中获得的，同时又要放回实践中接受检验，观察其是否正确。"实践是检验真理的唯一标准"是马克思主义哲学唯一认可的，这也是其成为科学理论的源泉。与此同时，由于实践是不断变化发展的，该理论也认为随着实践的发展而不断修正和完善相关理论是十分有必要的，这样才能始终保持理论的先进性和科学性。正如马克思所说："哲学家们只是用不同的方式解释世界，而问题在于改变世界。"选自《马克思恩格斯选集》除此之外，马克思主义哲学还有另外一个显著的特点就是阶级性。在以前，哲学往往是为剥削阶级服务的，属于剥削阶级的世界观。而马克思主义哲学是为无产阶级和全人类的解放服务的，是无产阶级的世界观，从而将哲学与推翻旧世界、创建新社会的革命实践结合起来。正是这一哲学功能的彻底变革，使"哲学把无产阶级当作自己的物质武器，同样，无产阶级也把哲学当作自己的精神武器"同上。

坚持实事求是，这是马克思主义哲学的基本原理和核心内容，人们的思想观念要根据客观事物的发展规律而不断与时俱进，并根据实践的变化而不断调整。马克思主义哲学也并不是一成不变的，它也经历了一定的发展阶段：在俄国，列宁主义对其不断发展；在我国，毛泽东思想、邓小平理论、"三个代表"重要思想和科学发展观对其进行发展。

（二）马克思主义哲学对我国当代教育管理学的意义

马克思主义哲学一经问世就受到了全世界无产阶级和进步人士的热爱，由于它具有科学性与先进性，对20世纪的整个世界都产生了极大的影响，推动了人类的进步与发展。即使在当今21世纪，马克思主义哲学依然产生了巨大的作用和价值，是一切无产阶级政党和国家的伟大旗帜。马克思主义哲学对我国的社会主义事业建设具有重要的指导意义，因此，我国教育管理学的理论建设和实践发展，也不能离开马克思主义哲学的指导。马克思主义哲学对我国教育管理学理论建设和实践探索的意义主要表现在以下几方面。

1. 我国的教学性质决定的

马克思主义哲学是关于无产阶级的世界观和方法论，是关于社会主义革命和共产主义建设的理论学说，我国是社会主义性质的国家，因此，应当接受马克思主义哲学的理论指导。在这一理论的指导下，培养社会主义事业的建设者和接班人，完善社会主义的相关制度，发展社会主义的政治经济，增强综合国力。因此，只要我国社会主义教育事业的性质没有发生改变，马克思主义哲学的指导地位就不能动摇。所以，社会主义的办学性质和方向是我们国家始终要坚持的，马克思主义哲学始终要作为我国教学事业的理论指导；要构建有中国特色的社会主义办学模式和教育管理模式，同样就必须坚持以马克思主义哲学为指导；要建设符合中国国情、适应时代要求的科学的教育管理理论体系，也离不开马克思主义哲学的指导。

2. 提高我国教育管理科学水平的实际需要

马克思主义哲学是科学的世界观和方法论。它是历史唯物主义和辩证唯物主义的有机统一体,为人类解决各种问题提供了科学的方法,并正确揭示了社会历史发展的规律以及本质。所以,我们应该在自然以及人类社会发展客观规律的基础上,坚持理论联系实际的原则,一切从实际出发、与时俱进、实事求是,构建具有中国特色教育管理科学理论体系。需要注意的是,在构建该体系的过程中,要防止教条、机械的经验主义的方式,必须坚持理论与实践的紧密结合,这样才能丰富和发展我国教育管理学的科学理论体系,也才能不断提高我国教育管理实践的科学化水平。

3. 防止以马克思主义哲学来取代教育管理科学的倾向

马克思主义哲学仅仅是作为一种理论依据,为我们提供分析问题和解决问题的世界观和方法论,但是并不是所有的实际困难都能够依靠它解决。加里宁就曾指出:"马克思主义给予必要的方法,而在你管理和主持的部门,在你领导或教授教育学的地方,你还应该充分地研究你所主管的科学。只有当你研究了这门或那门学科,并且在这个部门以亲身工作去研究的时候,你才将充分地和有成效地掌握辩证方法。"[前苏联]加里宁.论共产主义教育和教学.人民教育出版社,1979 同时,马克思主义哲学也强调,任何学说或者真理都是绝对真理和相对真理的辩证统一,它们只是在特定的时期内是相对真理,并不是可以一成不变的。因此,我们一方面要坚持马克思主义理论的指导,另一方面也要考虑新的历史条件下所出现的各种实际问题,机动灵活、富有创造性地加以运用,要在发展中继承马克思主义。

二、系统科学与当代教育管理

20世纪四五十年代所发展起来的系统科学是对"三论"的统称,主要包括系统论、信息论、控制论。它主要揭示了各门学科的特征及它们之间的联系,研究自然现象和社会现象的共同规律和法则。科学界通常将其称为"横断科学"(即研究的是诸多学科的横剖面)或者"亚哲学"(即仅次哲学的学科)。"三论"的提出,是科学发展史上的重要里程碑。人们考虑问题的角度,研究问题的方向都随之发生了相应地变化。它成为自然科学、社会科学和技术科学之间的纽带和桥梁,将现代科学的各个学科都紧密地联系在一起,成为一个整体。此外,人们的认识领域也有了进一步地开拓,从最初地认识实物,到后来的认识事物之间的普遍规律和联系,人们认识世界的范围逐渐扩大。

对于"三论"的研究成果,许多的科学研究领域都能够使用,并且以此作为理论指导。"三论"中的信息观念、系统思想、反馈观念等,对人类的发展更是具有积极的指导意义。因此,教育管理学中,成功的运用"三论"是非常有必要的。我们这里重点研究分析"三论"中的系统论、控制论。

(一)系统论

系统论就是研究系统的一般原理而不考虑具体物质形态的科学。它是美籍奥地利理论生

第二章　内涵深化：教育管理的基本理论分析

物学家贝塔朗最先创立的。在 20 世纪 30 年代，他提出了"一般系统论"。到 20 世纪 40 年代，他又发表了《关于一般系统论》的论文，为系统科学的产生奠定了坚实的基础。一般系统论对早期的系统理论研究产生了重要的影响。它主要是揭示自然、社会、人类思维三者之间的联系与差别、方法和规律，用科学的方法来解释系统的相关特征。

20 世纪五六十年代以后，系统工程学逐渐出现。系统工程学是运用一般系统论的原理和方法，来研究解决各个具体领域里系统的实际问题。它采用数学中定量的原则和方法，以实现系统的最优化。持系统论的观点认为，自然和社会都是一个普遍联系的整体，不管是自然还是社会又都普遍存在着内部的小系统，也就是说，任何事物都可以看作是一个系统。既然不同的事物处于同一个系统中，那么它们也就遵循着同一个规律和法则。系统论的最大作用就是用来揭示这些规律和法则的，它对组织管理的形成与发展产生了重要的作用。因此，系统工程学也可被看作是新兴的组织管理学。

1. 系统的概念

系统论的核心定义就是系统。但是对于这一定义，目前学界并没有形成统一的意见，尚且存在 30 余种定义。《牛津英语辞典》的定义是："一组或一堆彼此有关的或相互依存的事物，以至形成一个复杂的统一体，一个按照某种方案或计划有次序地排列的由多个部分组成的整体。"《韦伯斯托大辞典》对系统的定义是："有组织的或被组织化的整体；结合着整体所形成的各种概念、原理的综合；由有规则的相互作用、相互依存的形式组成的诸多要素的集体等等。"日本的 JIS 工业标准中，对系统的解释是："许多要素保持着有机的秩序，向同一个目的行动的事物。"

从上述不同的定义中可以得出，系统的定义为："系统是由多种要素组成的，执行特定功能、达到特定目的有机整体。"

结构也是系统论中较为重要的一个概念。从哲学的角度来看，物质的联系方式就是结构。这与系统论的观点基本是一致的。它认为系统中各要素的联系方式也是结构。系统是由结构构成，物质的结构由联系构成。结构在系统要素中起到了连接的桥梁作用。

2. 系统论的基本原则

系统论的基本原则主要有以下四点。

(1) 整体性原则。

系统是一个整体，它具有整体的属性和规律，系统中的各个构成部分都要以整体的属性和规律为依据。

(2) 联系性原则。

系统中的各要素不是互相孤立的个体，而是处在一定联系中的个体，它们彼此之间互相制约、互相依赖。系统中任何一个要素的变化都有可能引起其他的要素的改变，因此，要充分把握各个要素之间的内在联系。

(3) 动态性原则。

任何事物都是不断变化发展的，系统也不例外，总是处于动态的变化之中。这种变化不仅是指外部环境发生的改变，也指内在要素环境的变化。为此，系统就必须在动态的运行中保持自身与环境的平衡,并且保持系统内部各要素之间的平衡。

(4)有序性原则。

系统中的各个要素不是杂乱无章的,而是呈一定规律分布的。因此,在应用系统的过程中要充分考虑到这一特性,使系统中的各要素都能按照一定的规律和各自的地位进行运作。

3. 系统的共性

系统的共性是指所有系统共有的属性。这些属性主要集中在以下几个方面:

(1)有序性。

结构处于有序的环境中才能发挥作用。一方面,系统中的各个要素,根据各自的地位和层次关系分别产生不同的作用,并且构成了不同级别的母系统或子系统。系统具有无限性的特征。如就自然界而言,总体上有宇宙观、宏观、微观之分,而微观又有分子、原子、粒子等层次。另一方面,系统的结构确定之后,系统中的物质、能量、信息的流通和转换是以一定的渠道有序进行的。

(2)整合性。

系统不是单一的要素构成的,而是由两个或两个以上的要素组成的整体。例如,教学系统的基本要素是教师、学生、教材和教学手段等。若是只注重其中的一个方面,是构不成教学系统的。

(3)相关性。

系统内各要素都不是孤立存在的,而是互相联系和互相制约的。其中任何一个要素发生变化都会引起其他要素乃至整个系统发生变化。

(4)整体性。

系统中的各个要素相互联系、相互作用,形成了统一联系的有机整体。这种整体性不仅体现在系统的构成方面,还体现在系统中各个要素的发展都是以整体的发展作为方向和目标的。系统的要素在重新排列组合后,就具有了原来要素不具备的新功能和新特点。系统的目标和属性,也是通过整体性来表现的。

4. 系统的特性

根据系统的特性,可以将其分为无机系统、有机系统和人类社会系统三个部分。这也是对系统由低级到高级的一个层次划分。通常来说,高级系统特有的属性就是系统的特性,高级系统具有低级系统的属性,但低级系统并不都具有高级系统的一些属性。所以,系统的特性其实是指人类社会所特有的属性。系统的特性主要表现在以下几方面:

(1)目的性。

不论是生物系统还是社会系统,往往是有目的的系统。它们都会有较为明确的目标,所有的子系统都是为了整体的目标而运作的。例如社会系统,每个人都是一个小单元,不同的小单元构成了复杂的社会,人类在社会中谋求与自然的和谐发展,以实现长期的可持续发展目标。

(2)环境适应性。

系统论认为,对于任何一个系统来说,系统的环境都是由不同的子系统并列形成的。这些子系统在整体的环境作用下,能够进行自我的调节和控制。例如,生物系统和社会系统都具有种为适应外部环境而进行自我调节的性能。

(3)环境改造性。

环境改造性是社会系统所特有的属性。自然界的生物不具备这种属性，它们只能够被动的适应环境。而社会系统中的人有主观能动性，具有改造环境的能力。人类的生产生活活动，都是对环境进行的改造。

5. 系统的分类

系统是普遍存在的。对于系统的分类主要有以几种：
(1)根据物质运动的发展阶段划分。

根据物质运动的发展阶段划分，系统可分为三类：无机系统，如山脉江河系统、力学系统；有机系统，如各类生物系统等；人类社会系统，如教育系统、管理系统等。

(2)根据事物的性质划分。

根据事物的性质划分，系统可分为五类：自然系统，如太阳系统、气象系统、基本粒子系统、生态系统等；社会系统，如一个国家、社区、集团等；思维系统，如一门学科、一种理论体系等；人造系统，如文化系统、教育系统、金融系统、科技系统等；复合系统，如"人—机"系统、气象预报系统、水利系统等。

除此之外，还有其他的一些划分。例如封闭系统与开放系统、静态系统与动态系统、实体系统与概念系统等。

(二)控制论

美国教学家、电讯工程师维纳是控制论的创始人。在他发表的《行为、目的和目的论》一书中，提出用反馈来代替目的性行为。然而真正标志着控制论的诞生的是他在1984年出版的《控制论》一书。随后，这一理论得到了进一步的普及和推广，在经济、生物、工程、神经等学科领域相继出现了与之相对应的控制论。在1960年后，导弹系统、人造卫星系统获得了快速发展，控制论逐渐从研究单变量操动到多变量控制，从自由调节到迭代调节。1970年后，控制论则进入了大系统研究和人工智能研究领域。

控制论主要是要求系统的自动调节和控制，使整个系统处于一个有序发展的状态中。控制论是神经生理学、电子技术、自动控制、无线电通讯、生物学、数量逻辑、统计力学等多学科互相渗透的一门综合性学科。它通过理论概括和总结，将信息各方面的共性进行汇总，最终形成一套适用于各门学科的共同语言、概念、模型和方法。

1. 控制的概念

控制论最基本的概念就是控制。控制(control)一词最初来源于古希腊的"掌舵术"。控制论认为，所谓控制就是系统接受了外界信息后，使内部的各项资源可以合理流通，以达到最初的目的。"合理流通"是指系统内要素流通的种类、数量、方向、速度、时间、效率、准确性等达到了运动的最佳状态来实现相关的目的。简而言之，为了实现某种目的而进行的自我调节的活动就是控制活动。具备以下三个基本条件就能对过程实现控制：系统必须具备多种发展变化的可能性；目标状态是发展变化的可能状态之一；应具有必要的使系统向目标状态转化的能力。

2. 控制论的主要贡献

控制论的主要内容就是研究各种系统控制过程的基本原理。它所做出的最大贡献,就是对这一过程进行反馈。所以控制论的核心内容就是反馈原理。

反馈(Feedback),也就是回馈的意思。控制论中的反馈,也可以被称为回授,意思是系统的指令中心对输出信息执行情况的再回收或者再回归。系统在向既定目标的运行过程时,要持续地进行调节和控制,因为系统的内在环境与外在环境是不断变化发展的,想要达到这一目的,反馈就必须要做到位。因此,反馈是控制的基本前提和条件。具体来说,系统在下发指挥命令之后,实际情况会有一个不断变化的过程,因此命令不能是一次性的,它应该是在实际的发展过程中不断变化的,并且通过合理的反馈方式将情报收回,重新修订和完善指令,使其在实践的运用中更加合理、科学。任何的控制过程都必须要经过无数次的反馈和调节才能实现最终的目的。

在控制论看来,反馈可以分为正反馈和负反馈两种。正反馈是与原定目标差距更大的一种反馈。它破坏系统原有稳定状态,增加了系统的不稳定性。负反馈正好相反,它是与原定目标更为接近的一种反馈,增加了系统的稳定性。通常情况下,负反馈的应用最为广泛,它在教育、管理、人体及其他各种自动调节系统中都有所应用。

控制论提出了控制的基本方法也是一大贡献。主要从以下四个方面进行阐释。

(1)黑箱方法。

在复杂系统中,仍然存在有不可观察或者尚不可控制的变量,人们不能对其进行直接的观察与解剖,只能通过黑箱的方式进行研究,这种方法主要是采用观测、观察、实验及建立模型等来研究其属性。

(2)信息方法。

系统中的信息处于不断地变化之中,因此要研究系统的功能就要研究系统中的信息。信息方法揭示了机器、生物机体和社会活动等不同运动形态之间的信息联系。

(3)功能模拟法。

系统内部的要素进行暂时的忽略,重点分析整个系统的功能属性,描述和模拟它对外界影响的反应方式,通过对模型的研究来认识原型系统、预测系统的未知行为和功能。功能模拟法在整个研究领域都发挥着不可替代的作用,为现代科学技术的发展奠定了坚实的基础。它对传统的科学研究是一次大胆的突破与挑战,突破了传统思维方式和研究方法的束缚,揭示了技术系统与生命机体以及社会系统之间的共同控制规律,为研究解决新问题提供了方向,引发了人们对于思维方式的思考和社会变革的探讨。例如,电脑模拟了人脑之后问世,对当今社会产生了深远的影响。

(4)人—机对话法。

计算机是在人类的操纵下完成各种任务的。人类向电子计算机输入指令并且通过它转达指令信息,从而控制系统做有目的运动。人—机对话的方法,可以使计算机代替人来完成某项工作或者是活动,这样人类可以有更多的时间去做其他的事情,创造更多的财富。在使用计算机输入指令的过程中,主要是使用相应的数学模型来进行规划和研究的。数学模型法,即通过对被控系统的技术要求、性能指标(目标、任务、要求)等进行数学分析,给出数学表达,并且在试验法、综合法、统计法的基础之上,建立能够反映系统变量之间相互关系的数学模型(数学关系式)的一种方法。当这种数学模型输入计算机之后,人们就可通过人—机对话系统,进行不同参数的模拟试验和分析比较,从而选择出最佳参数,进行最优决策。

当然,系统论和控制论的重要意义远不止于此,它们的许多重要概念及理论,都在当代的教育管理活动中产生了广泛而深刻的影响。

三、当代教育管理学与相邻学科的关系

边缘学科都与其临近学科关系密切。作为边缘学科的当代教育管理学,其理论依据与管理学、教育学、心理学等主要邻近学科,有着十分密切的联系。

(一)教育管理学与管理学

管理学主要研究人类管理活动现象,并找出其规律的科学。在我国,教育管理学科在现行的学科与专业目录划分之中,已经被明确列为管理学科门类下面的一个二级学科。公共事业管理,是其所从属的一级学科。因为教育管理学研究的是教育领域里的管理问题,所以,管理学领域的一些成果尤其是管理科学所揭示的人类管理活动的一般原理、原则和方法,就可以被应用到教育管理学当中。因此,教育管理活动即受到教育规律的制约,同时也受到管理规律的制约。就研究的成果来看,教育管理学必须以教育学和管理学的已有研究成果作为理论基础和研究依据,并在此基础之上进行更深入的研究。从实践的效果来看,教育管理活动要想取得实质性的成果,必须要遵循教育与管理的双重规律。忽略其中的任何一个方面,教育管理学的研究都是不科学的,也是不完善的。

(二)教育管理学与教育学

教育管理学是教育科学和管理科学之间的交叉边缘学科。教育学与教育管理学两者研究的具体对象和侧重点尽管不同,但是都隶属于教育科学这一母体学科。教育管理学主要是通过相应的管理目标和方式来培养高素质的人才,研究对象主要被集中在教育领域。所以,教育管理学的基本理论依据是由教育科学、特别是教育学原理的已有理论构成的。例如,教育学所揭示的有关教育的基本规律、教学规律、德育规律以及教育、教学的原则、方法、组织形式等,对教育管理学研究和教育管理实践活动都具有普遍的理论指导意义。依照教育学所揭示的内在规律和原则促使全部教育活动有规律的开展,是教育管理学的最终目的。所以,教育管理学必须把教育学的相关理论和规律收为己用,在借鉴教育学的研究成果上,发展自己相应的理论。

(三)教育管理学与心理学

心理学是研究人类心理现象和心理活动规律的科学。在教学管理活动中,最主要的就是人与人之间的交往,人即是教学管理活动的主体,又是教学管理活动的客体,因此对人的心理分析就显得十分重要。整个教育管理活动都是人参与的过程,从管理者、被管理者到直接的参与对象学生等。这就要求教学管理活动必须与心理学的内容相联系。

《礼记》中说道:"人藏其心,不可测度也,善恶皆在其心,不见其色也。"因此,在教学管理活动中最难以捉摸的就是人心。教育管理者想要让自己的行为得到大家的认可,并且可以快速地实行下去,就必须要掌握心理学的相关内容,揣摩人的心思。比如,要想提高学生的品德和思想,就要掌握学生的心理活动规律;要想调动教师的积极性,就要掌握教师的心理。《孙子兵法》云:"知己知彼,百战不殆。"《增广贤文》云:"知己知彼,将心比心;责人之心责己,爱己之心爱人。"从这些名言中,我们可以看到心理学在管理活动中的重要作用。

(四)教育管理学与统计学

统计学是从数量方面研究随机现象总体特征的理论与方法的学科。统计学一般分为两类,一类是数理统计,主要以概率论为基础,对反映事物特征的数量关系进行抽象,概括出统计数据分析的模型、一般原理和方法。而另一类则是应用统计学,即将数理统计的原理与方法在自然和社会各领域中加以应用。作为教育管理者,要想对整个体系进行系统的研究,就必须要掌握统计学的相关方法。只有运用了这些方法,管理者才能对研究数据进行系统的处理,并得出有效的结论,以此作为参考,根据本校的实际情况制定相关的管理制度,依此来具体指导教育管理实践活动,使教育管理实践活动更加符合教育规律和社会发展规律。由此看来,教育管理活动与统计学的研究息息相关。

(五)教育管理学与经济学

经济学是研究社会经济增长和经济发展规律的一门学科。它的发展已经是由来已久,到目前为止,它的发展算是比较成熟。教育管理活动在开展的过程中,离不开各种资源的配合与支持。在经济学中,各种资源被统称为资本。经济学中对于资本的定义和相关研究,对教育管理学的研究有着重要的理论意义。教育活动虽然不是以资本运作作为主要目标的,但是资本对于整个教学管理活动的正常运行发挥着至关重要的作用。例如,学校要考虑本校的办学成本,教学资源如何配置可以达到最大化的利用等。因此,学校教育管理活动的许多方面都会涉及经济学的问题。许多的发达国家都已经提出了"经营学校"的理念。它的主要目的就是最大化的配置教学资源,减少办学成本。为了实现这样的目标,借鉴经济学的理论成果则是必不可少的。

(六)教育管理学与法学

当代社会最重要的就是法治。在法律的维系下,社会才能够稳定的发展。教育管理活动是人与人交往的活动,同样需要相关法律来进行约束。国家只有依靠强制的法律手段,才能维护整个社会的安定。教学管理活动也一样,只有在相应的法治条件下,活动才能正常运行。因此,管理者有必要了解大量的法律知识,了解我国目前的法律成果,在此基础上推动教育活动和教育管理活动法治化建设水平。

除了上述一些主要的相邻学科之外,还有许多学科的研究成果也被广泛地应用。例如社会学、政治学、人类学等。总之,要想使教育管理学能够成功地应用到实践中,就必须要以相关的科学理论作为基础。同时,教育管理学还应当与时俱进,不断地学习和借鉴最新的研究成果,才能使自己更完善、更全面,真正地走上科学化、成熟化的道路。

第三章 方向保证：教育管理思想的发展与演变探究

教育管理思想活动的规律遵循思想活动的四个规律：思想反映环境的规律、主观制约思想的规律、思想支配行为的规律、实践决定思想的规律。因此，教育管理者应根据教育管理思想的规律来管理学校。教育管理活动与学校教育活动和管理活动相关联，教育管理思想就不可避免地要与教育思想和管理思想发生联系。教育管理思想是人类管理智慧的结晶，是教育管理的先导，其对学校管理实践有着不同程度的影响，开阔了学校管理工作的视野，为解决教育管理工作中的实际问题提供了多种参考。本章就教育管理思想理论的演进进行阐述。

第一节 我国历史上教育管理思想的演进

我国教育活动源远流长，教育管理思想丰富多彩。老子思想中的"道法自然""无为而治"对教育管理中的生态管理、民主管理、人本管理产生了深刻影响。孔子的"仁""义""礼""智""信""和""中庸"的思想对后世的行政管理更是产生了深远的影响。管子的"天地为心""以民为本""与时变"的思想对后世教育管理中的人本管理、创新管理思想影响巨大。在漫长的封建社会，我国历代统治者多推崇儒家思想治国，尊师重教是我国社会的优良传统，教育管理思想成就突出。特别是统治者出于对管理人才的需要，形成了较为系统的人才培养和人才选拔思想，形成了科举制这种有效的教育选仕制度，对教育中的人才选拔产生了深远的影响。近代以来，教会学校、洋务学堂等一批新式教育机构的出现，激发了知识分子对现代教育管理知识的内在需求，西方教育管理思想不断被引入。当时，罗振玉、王国维均提出过教育管理学研究的重要性，陶行知、李建勋均开设了教育行政课程。同时，西方教育制度不断被引入，逐步形成了完整的近代教育制度。以下从历史演变的角度，对我国一些有代表性的教育管理实践和教育家的思想进行阐述。

一、稷下学宫：古代教育管理实践的典范

早在公元前2000多年前的奴隶制时代，我国就有了系统传授文化知识的机构——学校。伴随着学校的发展和变迁，人们在学校管理领域所积累的经验也越来越丰富，稷下学宫便是其中值得一提的学校管理范例之一。学校创办之际（距今约2 300多年）正处战国时期，当时的齐国君主（齐桓公）为发展国力，网罗天下贤才和培养新一代贤士，在齐国都城临淄的稷门地区

办起了这所学校。稷下学宫的办学体制属官方出资、私家主持性质。私家主持,是指学校实行门户开放,教者可自由讲学择徒,学者可自由求学选师。所有的教学和学术活动,由各家各派自主,官方从不多加干预。据史书记载,学校最兴盛时,儒、道、法、名、阴阳等各派学者竞相前来,集学者千余,大师 70 多位,堪称我国教育史上不多见的兼容各派、百家争鸣的学术殿堂。稷下学宫的教学过程将讲学、著述、育才等因素融合于一体。讲学包括讲演、讨论、辩论等活动,为学校主要教学形式。著述则为活跃学术研究气氛,稷下学者留下著作宏富,著名的如《孙卿子》《公孙固》《田子》《捷子》等。育才是办学的目的,学校对学生的饮食起居、衣着服饰、言行举止、尊师敬学等都提出了严格要求。三合一的教学管理形式,为学校的发展提供了良好的学术环境。稷下学宫在教师管理上做到学术不干涉,生活提供优厚待遇。对于成功讲学著述者,学校设祭酒、博士、先生等各种学术职衔,如荀况曾"三为祭酒",齐国君主则授爵封卿,给予优厚待遇和俸禄,如孟轲、荀况都曾被尊为卿,如此而使学者们免于生活所累,专心学问。宽松的学术氛围,严格的教学管理,良好的物质条件,这一切营造出一个非常良好的人才成长环境。稷下培养的人个个光彩夺目,他们对战国中后期的政治和学术活动的发展产生了极大的影响。

二、《学记》:历史上最早的教育管理文献之一

《学记》是我国儒家经典《礼记》中的一篇,成书于战国后期。《学记》篇幅不长,仅 1 200 余字,但其中蕴含着丰富的教育管理思想。

(一)关于学制与学年的设想

《学记》作者本着"建国君民,教学为先"的儒家德治精神,强调教育的重要性,主张从中央到地方按行政建制办学,即"家有塾,党有庠,术有序,国有学",这一主张成为以后历代政府进行重大教育改革和规划的蓝图。关于学年,《学记》把学校教育年限定为两段五级九年,前一段为七年四级,完成后谓之"小成"。后一段为二年一级,完成后谓之"大成"。从这些分段中,可以领略到最早的关于年级制的设想。

(二)关于教学管理的主张

《学记》中所体现的教学管理思想表现在以下几点:

(1)重视入学教育。《学记》要求将开学入学教育作为重要教学管理环节来抓,开学这天,要举行隆重典礼,君主率百官亲临学校,与师生共同祭奠先圣先师。

(2)教学过程中须有一定训诫仪式,如听见鼓声,打开书箧上课,以示敬业;备有诫尺,以作训诫等。

(3)君主每年夏季要到校视察,以体现国家对教育的重视。

(4)教学安排多样化,有课堂授课,也有课外活动和自习,"藏焉,修焉,息焉,游焉",张弛有节,劳逸结合。

(5)"学不躐等",教学要针对学生年龄,学习安排不逾越等级。

(6)坚持必要的考试制度,从第一年完毕时起隔年考查,由主管学校的官员亲临主持。

（三）关于教师管理

《学记》作者十分尊师，认为师尊然后道尊，道尊然后民众懂得敬学。为保证教师素质，教师必须有真才实学，"记问之学，不足以为人师"。此外还必须教学有方："道而弗牵，强而弗抑，开而弗达。"另外要有进取心："学然后知不足，教然后知困。知不足，然后能自反也；知困，然后能自强也。故曰：教学相长也。"

三、先秦诸子的教育管理思想

春秋战国时期，诸子蜂起，学派纷呈，一片学术繁荣、百家争鸣景象。在众多学者名流的著述或论说中，不乏管理及教育管理方面的真知灼见。

（一）儒家的教育管理思想

儒家管理思想有着十分丰富的内涵，从总体来看，其目标就是培养"出仕""治国"的人才，并据此目标，提倡"仁""礼"等，主张将个体的个人修养与治理国家的才能相结合，主张依据伦理秩序进行有序管理等。下面分别从儒家的"人本"管理思想与教育人本管理，儒家的"礼治"管理思想与教育组织管理，儒家的"以教化民"管理思想与教育目标管理，儒家的"为政以德"管理思想与教育领导管理，以及儒家的"中庸之道"管理思想与教育的过程管理五个方面，来探讨儒家管理思想的重要教育管理价值。

1.儒家的"人本"管理思想与教育人本管理

儒家管理思想十分重视人的作用，强调以人为核心进行管理，富含浓厚的人本思想。例如，孔子提出"民无信不立"（《论语·颜渊》），强调统治者必须取信于民；《孔子家语·哀公问政》记载："哀公问政于孔子，孔子对曰：'政之急者，莫大乎使民富且寿也。'公曰：'为之奈何？'孔子曰：'省力役，薄赋敛，则民富矣'"，将使人民富裕、健康作为为政的要事。孔子还指出"道千乘之国，敬事而信，节用而爱人，使民以时"（《论语·学而》），指出"爱民"是国家安定、富强的重要条件。孟子也提出"天时不如地利，地利不如人和"（《孟子·公孙丑下》），以军事中民心向背决定战争胜负，说明以民为本，获得民心的重要性，还提出"民为贵，社稷次之，君为轻"（《孟子·尽心下》）"民为邦本，本固邦宁"，提醒统治者重视民众，以民为本。

儒家特别重视人才的培养，强调能够有效实施管理的人才对于治天下的重要性。例如，荀子认识到"法不能独立，类不能自行，得其人则存，失其人则亡"（《荀子·君道》），用历史上朝代的兴替为例，说明有才能的君主的重要性。孔子提出"举直措诸枉，能使枉者直"（《论语·颜渊》），认为任用贤能的人当政，可以使邪恶的人趋向正道。荀子还提出"有治人，无治法"（《荀子·君道》），"有良法而乱者，有之矣，有君子而乱者，自古及今，未尝闻也"（《荀子·王制》），强调能够制定并推行实用之法的人，才是管理的根本。

管理中的"民本"思想与管理中的"人治"思想由"仁"这一儒家思想的核心统合起来，体现为"仁者，爱人"（《孟子·离娄下》），强调以"仁"来为政、做人、处理人际关系等。在为政方面，君主必须"爱人"，关心人民的疾苦，重视民心，这样才能得到人民的拥护。

儒家的"人本"管理思想为在教育管理中重视人本管理提供了理论的依据与实践的可能。教育组织作为培养人的组织,其管理者是人,被管理者也是人。教育管理的对象包括具有高度职业责任感、职业认同感的教师,还包括未来作为国家建设之栋梁的学生。这都要求在教育管理中,必须"以人为本",重视教师与学生价值的体现,重视师生的需要,按照管理对象的特点实施管理;以"仁"为准则,协调师生间关系、成员间关系、教育组织与社会间关系;重视在教育管理的过程中爱人,体恤师生,换得人心,营造良好的组织文化与氛围;同时,在教育管理者的任用和教师的聘用上,任人唯贤,使有能力者得其位,人尽其才。

2. 儒家的"礼治"管理思想与教育组织管理

"礼"是儒家思想的另一个核心,也是儒家重要的管理手段。儒家强调以"礼"来建构社会秩序,形成严明的等级,使每个人各司其职,各尽其才,社会秩序分明。具体来说,"礼治"的管理思想主要包括以下内容:

(1)宗法人伦等级秩序。

以伦理为原则建立社会秩序,使社会有序运行,君臣各司其职。例如,《孟子·滕文公上》提出"使契为司徒,教以人伦:父子有亲,君臣有义,夫妇有别,长幼有序,朋友有信",主张父子之间有骨肉之亲,君臣之间有礼义之道,夫妻之间挚爱而又内外有别,老少之间尊卑有序,朋友之间诚信有德,这是处理人与人之间关系的道理和行为准则。董仲舒创造出新儒学,提出了"三纲、六纪、五常",进一步强调以伦理制度保障社会的有序统治。

(2)礼与仁相结合。

儒家强调以"仁"为依据建立礼的秩序,以礼为保障来实现"仁"。例如,孟子提出"仁之实,事亲是也;义之实,从兄是也。智之实,知斯二者弗去是也;礼之实,节文斯二者是也"(《孟子·离娄上》),强调礼是实现"仁、义、智"的重要保障。

(3)礼法结合。

儒家在强调礼的同时,从未忽视过法的作用,而主张将二者有效结合起来,治理好国家。例如,主张"礼禁于未然之前,法施于已然之后"(《大戴礼记·礼察》);"刑罚不中,则民无所措手足"(《论语·子路》)。同时又强调,不能过分依赖法、刑罚等措施来管理民众,必须将法规制度、道德领导与礼治结合起来。

(4)儒家的"礼治"。

儒家的礼治管理思想,相对于周礼有了更大的改进,特别是在用人方面,强调"举贤任能""知人善任",使有能力的人才"在其位,谋其政",且职、权、责一致,维护好礼的秩序。儒家的"礼治"思想不仅强调外在的约束,还十分重视与教育相结合,使"守礼"内化为人们的自觉行动。如认为"恭敬之心,礼也""道之以德,齐之以礼,有耻且格"等。

儒家强调"礼治"的思想,主张社会组织的有序建构,强调管理中制度规范的作用,同时重视在清晰的管理层次之上,结合"仁"来进行管理等,对于我们的现代组织管理来说,都有着重要的启迪意义。在具有浓厚人文气息的教育组织管理中,我们必须重视以下几点:

第一,在教育组织建构过程中,重视规章制度的建立。明确分工,统一责权,使组织结构清晰,成员责任明确,形成合理有序的管理层次与管理秩序。

第二,在组织管理过程中,重视制度管理与人本管理的结合。过分依赖制度管理则组织刚

第三章 方向保证：教育管理思想的发展与演变探究

性有余、柔性不足，难免陷于僵化；过分依赖民主管理，忽略规章制度的规范作用则会一盘散沙。因此借鉴"礼法"结合、"仁礼"一致的思想，将外在的规章约束与组织成员内在的自我约束相结合，将更有益于组织的有效管理。

第三，在组织成员的管理中，重视管理教育的作用。应将"任人唯贤""人尽其才"与管理教育相结合，以维护组织机体的良好运行，营造组织发展的良好环境。

3. 儒家的"以教化民"管理思想与教育目标管理

儒家思想特别重视"以教化民"，将教育摆在教化民众，实现国家安定、富强的重要位置。儒家以培养"经国治世"的人才为目标，利用教育的手段，将领导者培养与人才的成长过程联系起来，强调"平天下"以治理好国家为前提，治理好国家以"齐家"为条件，齐家以"修身"为基础，不仅为国家培养了大批的统治人才，也使国家的统治得到稳固，达到了"以教化民"的治理目标。

在管理的实践方面，孔子在开办私学时，依据教育的目标组织学校机构，以《诗》《书》《礼》《乐》《易》《春秋》等为教材进行教学，采取多样化的教学方式，发挥学生管理的作用等，使管理的目标与学生自身的目标结合起来，使学生的理想与教育的现实结合，激励学生注重理想并提高能力，为成为优秀的领导者打好基础。其中隐含着浓厚的目标管理的思想。

因此，在教育管理的过程中，应当注意以下几点：

(1) 教育管理目标的确定。教育的社会服务功能决定了教育管理以培养人才为目标进而提供社会服务功能的特点，因此，在教育管理的目标确定上，必须考虑国家的人才标准，将社会的要求与教育管理的目标结合起来。

(2) 教育管理目标的细化。教育管理目标必须细化为教育组织中各个层次的具体目标，细化为教育组织成员的个人目标，使组织目标与个体目标结合起来，发挥目标的引领、激励、控制功能。

(3) 教育管理目标与教育管理对象的目标整合。特别要重视与教师、学生的发展目标相结合，只有这样，教育管理才更有效果，才能更好地发挥激励作用。

4. 儒家的"为政以德"管理思想与教育领导管理

对领导者素养的要求，构成了儒家对"君子"论述的主要内容，其中最核心的要求即为"为政以德"。具体包括重视诚信；以德服人；言行一致，敏言慎行；善于激励；谦恭、慎重；"知人善任"。

(1) 重视诚信。

领导者讲究诚信，这不仅是"仁"的表现，而且是实现民众归心、国家安定的必要条件。例如《论语》指出："信近于义，言可复也"（《论语·学而》），"人而无信，不知其可也。大车无輗，小车无軏，其何以行之哉？"（《论语·为政》）以及"自古皆有死，民无信不立"（《论语·颜渊》），"上好信，则民莫敢不用情"（《论语·子路》）等，均强调了领导者"信"的重要性。

(2) 以德服人。

领导者必须追求"道"，秉持"德"，这是使民心归附的重要条件。例如孟子提出："以德服人者，中心悦而诚服也。"（《孟子·公孙丑上》）孔子认为"君子求诸己""躬自厚而薄责于人，则远

恕矣!"(《论语·卫灵公》)

(3)言行一致,敏言慎行。

领导者的言行对下属起着表率的作用,必须言行合一,言出必行。例如,孔子强调"君子不失足于人,不失色于人,不失口于人。是故君子貌足畏也,色足惮也,言足信也"(《礼记·表记》);"古者言之不出,耻躬之不逮也"(《论语·里仁》);"君子耻其言而过其行"(《论语·宪问》);"其身正,不令而行;其身不正,虽令不从"(《论语·子路》)。同时,领导者也必须用"言行一致"的标准考察下属。

(4)善于激励。

在儒家管理思想中,多处提到了激励的方法。其中特别强调用"道""义""信"等进行理想激励,强调"舍生取义""杀身成仁"等。例如,孟子提出:"鱼,我所欲也;熊掌,亦我所欲也。二者不可得兼,舍鱼而取熊掌者也。生,亦我所欲也;义,亦我所欲也。二者不可得兼,舍生而取义者也。"(《孟子·告子上》)同时,儒家还十分重视赏罚激励,例如指出"唯仁者能好人、能恶人"(《论语·里仁》),即领导者作为"仁者"才能爱憎、赏罚分明。另外,儒家虽然强调"仁""义",但并不忽视人对物质的需要,强调依据人性特点进行激励,强调"君子爱财,取之有道"(《增广贤文》)。

(5)谦恭、慎重。

孔子指出作为领导者,应"居事恭、执事敬、与人忠"(《论语·子路》),要"毋意、毋必、毋固、毋我"(《论语·子罕》),即不要主观臆测,不要思想僵化,不要固执己见,不要唯我独尊;而要身先士卒、任劳任怨,"先之,劳之"(《论语·子路》)。在处理问题时,做到"知其所以,观其所由,察其所安"(《论语·为政》),"三思而后行"(《论语·公冶长》),而不贸然行事。

(6)"知人善任"。

要成为一名优秀的领导者,必须具备的一项基本能力就是"知人善任",实现"人尽其才"。孔子指出:"不患人之不己知,患不知人也"(《论语·学而》)。只有"知人善任",才能"得天下英才"而用,实现组织的发展。

作为教育组织的领导,特别是中小学校长,应当从儒家管理思想汲取营养,重诺守信、以德服人、言行一致、善于激励、谦恭慎重、知人善任。这是做好教育领导,领导学校走向成功的必由之路。

5.儒家的"中庸之道"管理思想与教育过程管理

中庸之道是儒家管理思想的重要原则。"中庸"即"中和""时中",即适度、恰当、不偏不倚、无过无不及。"中庸之道"强调执两用中,凡事把握好分寸与尺度。这是一种带有浓厚辩证思想的原则,对教育管理的过程有着重要的指导意义,体现为以下几点:

(1)在决策过程中,领导者必须重视决策的作用,"凡事预则立,不预则废;言前定,则不跲;事前定,则不困;行前定,则不疚;道前定,则不穷"(《中庸》);同时应注意与成员的沟通,掌握信息,把握尺度,做出有效决策。

(2)在组织、执行的过程中,一方面,引导组织成员循序渐进,不好高骛远,因为"君子之道,辟如行远,必自迩;辟如登高,必自卑"《中庸》;另一方面,应注意克服人性的缺点,掌握适度的原则,使组织的决策得以贯彻。

第三章 方向保证：教育管理思想的发展与演变探究

(3)作为领导者,必须掌握中庸之道。孔子说:"君子,中庸;小人,反中庸。"在指挥的过程中,注意权力运用的分寸,"在上位,不陵下;在下位,不援上"(《礼记·中庸》);做到"五美",即"惠而不费,劳而不怨,欲而不贪,泰而不骄,威而不猛"(《论语·尧曰》);摒弃"四恶",即对被管理者"不教而杀谓之虐;不戒视成谓之暴;慢令致期谓之贼,犹之与人也,出纳之吝,谓之有司"(《论语·尧曰》);重视"九思",即"视思明、听思聪、色思温、貌思恭、言思忠、事思敬、疑思问、忿思难、见得思义";做到"执两用中",有效指挥。

(4)在协调组织各群体之间的关系时,应该看到差异存在的必然性,从差异出发向共同的目标努力,"维齐非齐"(《尚书》),同时引导组织成员为了组织的共同目标、共同利益,求同存异,齐心协力,"故君子和而不流;强哉矫。中立而不倚;强哉矫"(《礼记·中庸》)。

(5)在管理的过程中,一方面,应重视运用激励手段时的尺度,另一方面,应重视多样化的激励,将正反激励结合起来。例如,儒家既强调取合"义"之财的重要,又强调在取"财"过程中遵循"道"的前提之必要性,"富与贵,是人之所欲也,不以其道得之,不处也。贫与贱,是人之所恶也,不以其道得之,不去也"(《论语·里仁》)。

综上所述,儒家管理思想所强调的"人本"管理思想、"礼治"管理思想、"以教化民"管理思想、"为政以德"管理思想以及"中庸之道"管理思想都对教育管理的理念、组织、目标、领导、过程等方面具有重要的启迪意义。

(二)道家的教育管理思想

先秦道家管理思想主要以老子、庄子的思想为代表。如果将儒家管理思想归为"人治主义",道家管理思想则可归为"天治主义"。道家管理思想在我国的历史中,也扮演着十分重要的角色,汉初的"文景之治"就是运用道家管理思想实现国家安定和谐的典型事例。其实,大凡朝代初立或干戈刚息之时,道家"清净""无为"的管理思想,往往会得到统治者的青睐。下面主要从道家思想关于管理的环境、管理的谋略、管理的人本思想及管理的辩证思想来论述其对我国教育管理的启示。

1."重道""清静"思想与教育环境管理

《老子》在第一章中就开章明义地提出"道可道,非常道",并在其后的思想中,一直贯彻"道"为最上并遵循这一宗旨。老子所提倡的"道"为"法自然"之道,是在天地出现之前就存在的,"人法地,地法天,天法道,道法自然"(《老子》第25章)。因此,我们可以将之理解为与自然运行相一致的规律,是客观存在的,决定着事物成长、发展的方向与过程。在社会管理的过程中,道家遵循"道"的宗旨,主张"清静为天下正"(《老子》第45章),主张顺应规律,使人、事、物自然和谐地发展,而不应该过分干涉。道家这种追求"清静""自然"的理念,不仅对于古代王朝的重农重积、休养生息有好处,也对塑造良好的管理环境、建设和谐的管理氛围有着重要意义。特别是对以人来管理人,并以人为管理的最终产品的教育管理来说,更应汲取这一理念的精华,塑造良好的管理环境,促进教育组织的良性发展,促进组织群体关系的和谐发展。

对于教育组织来说,应该重视探究教育管理过程中的规律,包括探究教育管理对象的特点,教育管理的目标、内容与方法的特点等,按照规律来进行管理。教育管理者有科学的管理理念,学校有合乎教育规律的办学理念。另外,应该注重"清静""自然"的管理环境的建设,创设民主、宽松的管理氛围,为组织成员提供广阔的发展空间。在教育管理的过程中,应遵循教育管理的规律,创造让师生良性发展的硬环境与软环境。完善管理的外环境,塑造管理的内环境,这对于实现教育管理的目标是十分重要的。

2."无为而治"思想与教育领导管理

道家思想在追求"道"的前提下,强调"无为而治",认为"道常无为而无不为"(《老子》第37章),即"道"没有为的私欲贪利动机,因而没有什么不能完成。这里的"无为"是指不为"不当之为",强调通过"无为"实现"无不为";倡导通过爱民,不生事于民众,使天下归心;认识到了以滋事扰民的行为取得权力,反而没有办法使人心归附的规律,即"取天下常以无事,及其有事,不足以取天下"(《老子》第48章)。因此,"无为而治"可以理解为顺乎自然,依据事物发展的自然之规律,为所当为,而不刻意去进行不当之为,最终实现自然治理的目的。

道家思想的"无为而治"对领导者提出极高的要求,要求领导者不仅注重个人素养,同时必须具有很强的谋略思想,以此来领导好组织,实现"治理"的目标。其具体要求即要谦虚、谨慎、不虚夸;要好虚静、不以个人的喜怒影响组织的导向;要戒贪、戒躁、不争;要宽容、谦和。因此,在教育管理的过程中,教育管理者必须具有良好的素养,依据教育管理的规律办事,同时又重视管理的谋略,以"无为"达到"无不为",达成管理目标,实现管理过程的和谐。

3."爱民"思想与教育人本管理

"爱民"思想是道家管理思想中极为重要的组成部分,主要体现为以下几方面:

(1)重视"人"的价值

道家学派认为"故道大,天大,地大,人亦大。域中有四大,而人居其一焉"(《老子》第25章)。还提出"圣人常无心,以百姓之心为心"(《老子》第49章),强调圣人是无私心的,以百姓的心意为心意。其强调人的重要性,具有浓厚的人本思想。另外,道家反对战争,爱惜民众。如老子强调"以道佐人主者,不以兵强天下。其事好还。师之所处荆棘生焉。军之后必有凶年。善有果而已,不敢以取强。果而勿矜。果而勿伐。果而勿骄。果而不得已。果而勿强。"(《老子》第30章)即认为循"道"辅佐君主者,不以兵力逞强于天下。即使不得已发生战争,"杀人之众,以悲哀泣之,战胜以丧礼处之",杀死众多的敌军官兵,也应该以悲哀的心情来对待,战胜了也以丧礼的仪式对待。这都体现了道家"爱人"的思想。

(2)公平的思想

《老子》第5章提出"天地不仁,以万物为刍狗;圣人不仁,以百姓为刍狗"。他认为天地、圣人都是无私的,对一切万物、对百姓一视同仁。道家还主张使人尽其才,"不弃人"。《老子》第27章指出"善行无辙迹。善言无瑕谪。善数不用筹策。善闭无关楗而不可开。善结无绳约而不可解。是以圣人常善救人,故无弃人。常善救物,故无弃物"。即认为圣人常常善于使人尽其才,所以没有被遗弃的人,常常善于物尽其用,所以没有被废弃的物品。

道家"爱民"的思想,特别是其朴素的人本思想、公平思想与"不弃人"的思想,对于教育管理中的人本管理具有重要的启迪意义。一方面,在教育管理的过程中,不能见物不见人,只强调组织的目标、任务而忽视教师、学生自身的需要,应该以师生之"心"为"心",想师生所想,急师生所急,将组织的发展与教师、学生的发展结合起来。另一方面,在管理的过程中,不仅要重视效率,更要提倡公平。教育组织应该是人本的组织、公平的组织,教育管理应成为人本的管理、公平的管理。公平不仅意味着要对所有的师生一视同仁,还意味着要鼓励、帮助有困难的教师与学生,使之适应组织的环境。

4. 辩证思想与教育的谋略管理

道家思想在辩证哲学上走得更远,其许多辩证思想对教育管理的战略、目标、过程、手段等都有着重要的启示。它强调了教育管理过程中的权变与因地、因时制宜,具有重要的谋略价值。主要体现为以下几点。

第一,贵柔、贵下。道家思想看到"柔""下"的重要性,认为"柔弱胜刚强"(《老子》第36章),"天下之至柔,驰骋天下之至坚"(《老子》第43章),进而提出"江海之所以能为百谷王者,以其善下之,故能为百谷王"(《老子》第66章),提倡"以静制动""以柔克刚""以退为进"等谋略。

第二,主张"避锋蓄锐,待机而动",认为在组织力量还比较弱小的时候,应避开强势一方的锋芒,保存实力,养精蓄锐,等待时机。这对处于弱势的组织战略的制定具有指导意义。

第三,强调物极必反,过犹不及,应该掌握分寸,懂得进退。如提出"物壮则老"(《老子》第55章),"持而盈之,不如其已;揣而锐之,不可长保。金玉满堂,莫之能守;富贵而骄,自遗其咎。功遂身退,天之道也。"(《老子》第9章)

第四,主张欲取姑与。"将欲歙之,必故张之;将欲弱之,必故强之;将欲废之,必故兴之;将欲取之,必故与之。"(《老子》第36章)

第五,强调要从正反两方面观察管理中存在的问题,避免褊狭。如明确"祸兮福之所倚,福兮祸之所伏"(《老子》第58章)。"曲则全,枉则直,洼则盈,敝则新,少则多,多则惑。"(《老子》第22章)"故善人者,不善人之师;不善人者,善人之资。"(《老子》第27章)

第六,主张循序渐进,看到欲速则不达。"合抱之木生于毫末。九层之台起于累土。千里之行始于足下"(《老子》第64章)以及"企者不立;跨者不行"(《老子》第24章)等。这些辩证的思想对于把握教育管理的过程有着重要的参考价值。

因此,道家"重道""清静""无为""爱民"的管理思想及其深刻的辩证思想,对教育环境的管理、教育的领导管理、教育的人本管理及教育管理的谋略都有着重要的启迪作用,特别是对学校管理的理念、战略、过程、方法等有很强的指导意义。

(三)法家的教育管理思想

法家学派以管子、商鞅、申不害、韩非子等为代表,其中韩非子为集大成者。在《韩非子》一书中,韩非将"法""术""势"结合起来,强调以法治天下的重要性。对教育管理而言,虽然强调组织的以人为本、柔性管理等十分重要,但借鉴法家管理思想,完善教育组织的管理制度,促进教育管理目标的实现,同样十分重要。下面主要探讨法家管理思想在组织建设、管理谋略、领导素质及管理手段方面对教育管理的启示。

1."以法为本"与教育组织建设

法家管理思想的核心是以"法"为本进行管理。这一思想对教育组织的建设有着重要的意义,主要体现在以下几个方面。

第一,依法建立组织机构,完善规章制度,提高组织管理的效率。法家将"法"放到关乎国家存亡、强弱的重要位置,指出"国无常强,无常弱。奉法者强,则国强;奉法者弱,则国弱"(《韩非子·有度》),认为君王(领导者)是否能依法办事,关系到国家的安危强弱。执法者能够杜绝谋取私利的歪门邪道而严正地执行国家法律,人民就会安居乐业,国家就会安定团结;能去掉谋求私利之心而克己奉公,国家就会强盛,敌人就会虚弱。另外,君王(领导者)依靠个人的能力去治理组织是有很大的局限性的,因此,以"法"来治理不仅可以有效弥补"人治"的不足,同时也是更为高效的治理手段,实现"法省而不侵","治不足而日有馀"(《韩非子·有度》),即法令简要而君主(领导者)的权威却不受侵犯,治理起来不费力气,使时间比较宽裕。

第二,重视法度实施的公平公正,发挥依法管理的效力。法家将"法"作为治理国家中的最高依据,强调"法不阿贵,绳不挠曲"(《韩非子·有度》),法度不偏袒地位高贵的人,就像墨绳不迁就弯曲的东西一样,还有"刑过不避大臣,赏善不遗匹夫"(《韩非子·有度》)、"法之所加,智者弗能辞,勇者弗敢争"(《韩非子·有度》)、"动无非法"(《韩非子·有度》),这样才能实现社会治理的目标。这一观点不同于儒家"刑不上大夫,礼不下庶人"的主张,而是强调了法度的客观、公正与权威,对于提高管理的效力有重要意义。

第三,不仅重视法规的确立,还重视法规的宣传,使其深入人心,以创造良好的法制管理环境。如法家强调在法确立后,要"布之于百姓"(《韩非子·难三》),使之深入人心;还要"以法教心"、"以法为教"、"以吏为师"(《韩非子·五蠹》)进行普遍的法制教育,以实现"唯法为治"的目标。

法家重视法制,强调依法治理组织,强调法制实施的公平、公正,强调法制确立与宣传、教育相结合的思想,无论是对于传统的教育管理,还是现今的教育组织建设来说都是十分适用的。在教育组织的建设中,应该明晰组织机构的权责,建立清晰的规章制度,与宣传、教育相结合使组织成员了解并认同规章制度,进而依据规章制度进行公平、公正的管理,特别是进行常规管理。

2. 重"势"、用"术"、用"中者"与教育管理的谋略

(1)重"势"与组织权威。

道家十分强调"势",提出"势者,胜众之资也""势者,君之马也""抱法处世则治,背法去势则乱"(《韩非子·难势》);认为没有"势",贤良都不足以使民众服从,有了"势"不肖之人都可以号令天下。法家所提倡的"势"可以理解为一种使被管理者服从、信服的权势、权威与威望,对于组织来说,就是将组织凝聚起来,并使成员认可、追随的必要条件。特别是对于正式组织来说,需要将组织的权、势结合,提高组织的权威性和凝聚力。

(2)用"术"与管理手段。

法家学派的代表申不害以用术著称,韩非子则提出君主应掌握"七术",明察"六微"来管理臣下。其中,"七术"分别为:"众端参观",即从各个方面去参验、观察;"必罚明威"即必须惩罚以显示君王的尊严;"信赏尽能",即对尽力效忠的臣下一定要兑现奖赏;"一听责下",即逐一听取意见,督促他们行动;"疑诏诡使",即传出可疑的诏令,诡诈地驱使臣下;"挟知而问",即掌握了事实反而问问臣下;"倒言反事",即故意说反话、做逆理的事情来刺探臣下。"六微"分别为:

第三章　方向保证:教育管理思想的发展与演变探究

"权借在下",即君主把权势借给臣下;"利异外借",即君臣利益的不同而臣下借用外力谋私;"托于似类",即臣下假托类似的事蒙蔽君主;"利害有反",即君臣利害关系彼此相反;"参疑内争",即等级名分上下混乱而导致内部争权夺利;"敌国废置",即敌国设谋按他们的意图任免大臣。法家强调依据人性进行管理,注重奖惩的手段、参验的手段,对于组织的管理仍是非常重要的,主要体现在以下几点。

第一,利用制度,规范人的行为。"好利恶害夫人之情也",人有趋利避害的本能,需要建立合理规范的规章制度,对人性中不利的因素加以约束,以避免其妨害组织的发展与公共目标的实现。

第二,领导者不能偏听偏信。领导者应该观察下属的行动来参验其言论,以确定事实。"知其言以往,勿变勿更,以参合阅焉"(《韩非子·主道》)。

第三,"赏罚分明""公正不偏私"。法家强调有功必赏,有过必罚,"无偷赏,无赦罚"是英明的领导者必须要做的,且在运用赏罚手段时必须秉承公正无私的原则。只要有功,"疏贱必赏",如果有过,"近爱必诛"(《韩非子·主道》)。强调赏罚分明与公正不偏私,对于激励组织成员为了共同的目标而努力是十分必要的。

(3)任用"中者"与组织的管理。

法家不仅看到"势"的强大力量,还认识到"势"的危害。"非能必使贤者用己,而不肖者不用己也",即如果"势"掌握在不肖之人的手中,则会"乱天下",用在不同的人手中,其作用也是大相径庭的,因此,在领导者、管理者的任用上必须慎重。像尧、舜那样的贤良之人是千载难逢的,而国家又不断地需要人治理,不能只等待贤良的再现,而应建立完善的法度,进而用"上不及尧、舜,而下亦不为桀、纣"(《韩非子·难势》)的中等之人依法治理。由此可以看出,法家也重视管理人选的确定,尤其要防止奸邪之人掌握权势,祸害组织。同时,更非常客观地看到人才的稀缺,强调将"法""势""术""人"相结合,以"法"为根本,以"势"为工具,以"术"为手段,选择中者来进行治理。

3.关于领导者素质的论述与教育管理领导的素养

法家思想中多有对领导者的素质的论述,特别是韩非子借鉴老子的思想,强调治理天下的君主应该"守道""虚静""自见""自胜"、戒贪等,同时,还从法家重"法""势""术"的观点出发,强调领导者要"去私心,行公义"等。

(1)"守道""虚静"。

韩非子的思想吸收了许多道家思想的智慧,主张领导者要"守道"。因为"道"为万物之本原,是判定是非的依据,英明的领导者应该把握"道",以此了解事物的由来及事情成败的原因。同时,领导者还要做到"虚静",不表露个人喜恶来影响下属,这样才能看到下属思想和行为的真实的一面,下属才会自知戒备、谨慎地工作,"去好去恶,臣乃见素;去旧去智,臣乃自备"(《韩非子·主道》)。因此,"治人者"应"适动静之节,省思虑之费也"(《韩非子·解老》)。

(2)"自见""自胜"。

韩非子借鉴老子的思想,强调"知之难,不在见人,在自见""志之难也,不在胜人,在自胜也"(《韩非子·喻老》)。作为领导者必须"自见""自胜",保持清醒的头脑,虚心听取意见,从善如流,靠"明法亲民"来治理好国家。

(3)去奢。

韩非子借鉴老子的思想,强调"圣人衣足以犯寒,食足以充虚",而反对奢侈、贪婪。

(4)"缘道理以从事"。

韩非子主张"夫缘道理以从事者无不能成"(《韩非子·解老》),"夫能有其国、保其身者必且体道"(《韩非子·解老》),认为领导者必须按规律办事,同时利用可能成事的客观形势和条件去处理事物"因可势""求易道"。

(5)去私心,行公义。

法家强调治国的根本是治人,要治人首先要治心,"心安是国安也,心治是国治也。治者,治心也,安者,安心也"(《管子·心术》),又看到"私义行则乱,公义行则治"(《韩非子·饰邪》)。因此,强调君主要"治心""安心"就必须"明公私之分""公正而无私"(《韩非子·难三》),依法公平、公正地治理天下。

(6)审察。

作为领导者,必须透过现象看到事物的本质,不能被偏见、现象迷惑,因为即使是同样的现象,其实质也可能完全不同,正如"狂者东走,逐者亦东走。其东走则同,其所以东走之为则异"。因此,"同事之人,不可不审察也"(《韩非子·说林上》)。

法家管理思想对于领导者素质的要求不仅对于治理国家的君主来说有着重要的意义,对于其他组织中的领导者同样具有重要的启示。作为教育组织的领导者,更应"援理"以从事,根据管理的规律管理教育;"去私心,行公义",在组织管理的过程中,塑造公平、公正的氛围;"审察"现象,去伪存真;在组织决策的过程中,谨守"虚静"的原则,不以个人喜恶左右决策的方向,造成"随风转"与"一言堂"的局面,等等。

综上所述,法家管理思想围绕着"法"这一核心,强调了"法、术、势"的重要,借鉴老子的思想,又用法家的独特视角进行解析,使之转化成为破解儒家"仁""义"思想、"德治"思想的理论武器,提出了有别于"人治"模式的"法治"模式,极大地影响了中国的管理进程。不过,教育组织不同于行政组织、经济组织,在教育管理过程中,一方面,应借鉴法家管理思想建设组织、完善制度,使管理工作有章可循;另一方面,又必须对其进行批判的吸收,重视教育组织的特点、教育管理过程的特点,将"法"与"人"相结合。

(四)兵家的教育管理思想

兵家管理思想以孙武、孙膑等为代表,主要体现在《孙子兵法》《孙膑兵法》《司马兵法》《六韬》等兵家著作中。先秦兵家管理思想深受儒、道、法思想的影响,又将三者融汇于一处,寄希望于通过治军思想体现治国之道,渗透着深厚的管理内涵。尽管《孙子兵法》一书作为军事著作来阐述谋略思想,但其中很多观点,都对我国传统的和现代的社会管理与教育管理产生了重要影响。下面内容主要以该书为代表,从兵家管理思想与教育组织决策、兵家管理思想与教育组织人力资源管理、兵家管理思想与教育组织的谋略及兵家管理思想与教育组织信息管理四个方面来论述兵家管理思想在我国传统与现代教育管理中的运用。

第三章 方向保证:教育管理思想的发展与演变探究

1. 兵家管理思想与教育组织决策

(1)庙算多者胜。

《孙子兵法·始计篇》开宗明义指出:"兵者,国之大事,死生之地,存亡之道,不可不察也。"而要实现战争的胜利,必须进行"庙算",即进行整体的运筹、谋划,进行战略决策,而且战略规划的多寡,对战争胜败有重要的影响,"多算胜,少算不胜"。因此,组织战略的制定对组织的生存与发展至关重要,必须加以重视。特别是对于处在激烈竞争中的高等教育学校、民办教育学校与职业教育学校来说,组织战略制定得好坏,直接关系到组织的生死存亡。

(2)据"道"而行。

《孙子兵法》在"始计篇"中,指出决定战争胜负的首要条件即为"道"。这里的"道"指的是"令民于上同意,可与之死,可与之生"。因此,它不同于道家所讲的"道",而应理解为为政之道。在战略的制定中,首先要考虑到是否符合组织整体的意愿,是否循"道"而行。

(3)考虑多种因素。

组织战略、决策的制定必须考虑多方因素。例如,《孙子兵法》强调战争决策必须考虑到"道""天""地""将""法"等因素,必须根据地形、军形等因地制宜灵活决策,强调在组织战略、决策的制定过程中必须考虑主客观多方因素,既注重决策的合理性,又注意灵活权变的原则。这也适用于通过提高组织决策的有效性以谋发展的教育组织。

(4)组织决策的目标应为"全利"。

兵家思想虽然主要研究兵法、作战等的谋略,但并不提倡战争,不主张穷兵黩武,而认为"百战百胜,非善之善也;不战而屈人之兵,善之善者也"(《孙子兵法·谋攻》),强调组织应以最小的代价获得最大的成功,实现"全利",并以此为组织决策的目标。

2. 兵家管理思想与教育组织人力资源管理

如果将"主"作为组织的领导者,而将"将"作为组织的管理者的话,《孙子兵法》从决定战争胜负的角度,对"主"(领导者)与"将"(管理者)的地位与素养进行了不同的论述,同时,揭示了"主""将"之间职责明确、各司其职的重要性。

(1)"主有道""将有能"。

开篇的"始计篇"将"道"("令民于上同意也")作为决定战争胜负的首要条件,而将"将"作为决定战争胜负的五个因素之一,且指出具备了五项因素还不够,还应该将这些因素与敌方进行比较来探索胜负的可能。对于"道者",孙武强调"令民与上同意也",即要求君主(领导者)必须拥有民心,上下齐心;对于"将者",孙武强调必须"智、信、仁、勇、严也",即要具备智慧、信任、仁爱、勇敢、严明五个条件;对决定战争胜负的五个条件"道、天、地、将、法","将"必须"莫不闻"。

(2)"主"与"将"职责明确。

在"主""将"之间的关系上,孙武强调"主"与"将"地位不同,职责不同,应职责清晰,各司其职,同时相互信赖,共同实现组织的目标。一方面,"夫将者,国之辅也,辅周则国必强,辅隙则国必弱"(《孙子兵法·谋攻篇》),即将领(管理者)是辅佐"君主"(领导者)的助手,辅佐得好则国家(组织)强盛,辅佐得不好,则国家(组织)必然衰弱。另一方面,君主对"将"不应妄加干预,越级指挥,否则将"患于军"。孙武主张:一方面"将"必须听从"君"的调度、安排;另一方面,"将在外,君命有所不受"。由上可见,兵家思想十分强调"主""将"之间的合理分工与职责明确,注重合理授权、分权的重要性,认识到这是实现组织目标(战争胜利)的必要条件。这为组织人力资源管理,特别是领导者、管理者关系的处理提出了重要的原则。

3. 兵家管理思想与教育组织的谋略

(1)重视"势""节"。

《孙子兵法》十分重视组织的"势",在"势篇"中指出"激水之疾,至于漂石者,势也;鸷鸟之疾,至于毁折者,节也",水以流速之快,竟可以漂起顽石;凶猛的鸟类由于冲击急骤和节奏恰当,急速飞行,竟可以捕杀小鸟。因此,善于作战的人,都要重视"势"。这里孙武所强调的"势",为态势、形势,不同于韩非子所强调的"权势"。但二者都看到了"势"的重大作用在于能形成一股强大的力量,有利于组织的发展以及目标的实现。

(2)"分数"治理。

治军如治国,当军队与国家的规模非常庞大时,管理不可能面面俱到,而应该明晰组织结构,进行层次管理,严密组织的编制,"凡治众如治寡,分数是也"(《孙子兵法·势篇》)。这一思想为组织的管理问题提供了重要启示。

(3)"奇正"相合。

孙武强调"凡战者,以正合,以奇胜"(《孙子兵法·势篇》),主张正兵当敌,奇兵取胜,"奇正"结合来达成目标;而且进一步强调,善于出奇制胜的将领战法变化无穷,"无穷如天地,不竭如江海",体现了鲜明的权变思想。借鉴兵家"奇正"思想,我们在组织的决策中也应注意将常规决策与风险决策相结合,将常规管理与权变管理相结合,"管理有法无定法"。这样才能适应组织环境、任务的变化,增强组织的灵活性与适应性,应对挑战。

(4)"置之死地而后生"。

孙武十分重视正反激励的结合,如强调将领要爱惜部下,以"怀柔"之法进行正激励,则部下就会全力以赴。同时,要适当运用反激励的方法,激发士兵的斗志,激发团队的战斗力,"置之死地而后生",如"投之无所往,诸、刿之勇也"(《孙子兵法·九地篇》),把军队置于无路可走的危地,每个人都会像专诸、曹刿那样勇敢。这对组织管理过程有着重要的启示,即应该重视正反激励的结合,赏罚的交替使用等,使组织成员形成安危意识,齐心协力致力于组织目标的实现。

(5)重视权变。

孙武非常重视权变。针对不同的情势、地形、将领、军心等,灵活地采用不同的作战方案,以求取胜。这对于教育管理来说同样重要,教育管理涉及的对象、目标、环境、方法等具有一定的特殊性和多变性,用权变的思想对具体问题做具体分析是必不可少的。

4. 兵家管理思想与教育组织信息管理

《孙子兵法》将信息的获取置于关系组织存亡的高度。"此兵之要,三军之所恃而动也"(《孙子兵法·用间篇》),"知己知彼,百战不殆;不知彼而知己,一胜一负;不知彼不知己,每战必败"(《孙子兵法·谋攻篇》)。强调要用观察、预测、探询等方法来获知、查验信息。这种对信息的重视对现代社会的各种组织来说极为重要。特别是在以信息、科技为标志的今天,信息关乎组织的存亡与发展。

四、隋唐的教育管理实践及教育管理思想

隋唐时期是我国古代教育发展的鼎盛期。这一时期,从文教政策的制定到教育管理体制的建立,从学校管理的制度化到科举考试制度的确立,反映出我国古代教育管理实践在当时已达到相当的水平。

隋唐时期实行的是"崇儒兴学、兼用佛道"的文教政策,前者包括尊孔立庙、儒术治国、兴办儒学学校等内容;后者包括宣扬佛道学说,提倡和利用佛教、道教等内容。这一文教政策适应了当时社会发展的需要,为形成隋唐时期光辉灿烂的文化提供了条件。

隋唐时期已形成较完备的教育管理体制,我国古代社会日渐形成了相对完善的教育系统,上有中央的教育管理机构、国学设施,下设州县教育管理机构、府学县学,上下连成一体,形成了庞大的教育制度。隋唐时期教育事业的管理由中央教育行政机构和地方教育行政管理机构组成,它们担负着不同的职责,具有不同的权限。在中央教育行政制度设置上,隋朝废止了以司徒、太常为教育行政长官的制度,同时设立了国子寺,作为专管学校教育的中央教育行政机构,并设置了最高教育行政长官——祭酒。隋文帝时期,国子寺内设祭酒一人,总管教育事业,下设主簿、录事等职各一人。隋炀帝大业三年(617),国子寺被改为国子监,从此拉开了中国古代教育史上设立中央教育管理机构与管理官员的序幕。到了唐代,国子监仍旧是专门从事全国教育行政管理职务的中央行政机构,主要负责管理"六学"及广文馆。国子监隶属于礼部,而礼部掌管着天下贡举方面政令的制定与发布,故成为实质性的全国最高教育行政机构。同时,在国子监之外还设置了一些其他特殊的教育管理机构,如专门管理宫廷贵胄教育系统的管理机构,它们成为中央教育行政管理机构的重要补充。隋唐时期,实行了州县二级制来管理地方教育的制度。636年,唐太宗把全国分为十道,唐玄宗李隆基于733年又改十道为十五道,道逐渐成为州以上的一级行政区划。这样,唐朝的地方行政就演变为三级——道、州、县。府州设立府尹、州刺史及少尹、别驾、长史、司马等官职,县设立县令、丞、主簿、尉等官职,其主要职责是"总治民政""劝课农桑""宣扬教化",同时监管着创办、管理地方教育机构等职责。唐代的地方教育长官是长史,负责管理州、县设立的官学,同时负责主持地方官学中的学生考试。司功参军也属于主管地方教育机构的官职,如官吏考察、学校兴办等。

教学管理制度在隋唐时期已相当完善,从入学到毕业几乎都有制度化的规定。如中央官学规定,学生从14—19岁开始入学,入学之初,要行拜师礼,以示尊师重道之意。学校每年要举行三种形式的考试:旬考、岁考和毕业考。放假也规定为旬假、长假等形式。由于隋唐官学教师都是政府品官,故教师的品秩、待遇、职责等也有严格规定,不同品秩的教师经济待遇上差异很大。对教师的考核一般是一年小考,四年大考,考核成绩分上中下三级九等,写有考评,当众宣读,考核结果与晋升、奖惩相结合。为保证教学秩序,政府部门还制定了有关的法令法规,如《唐令》中专门有《学令》,《唐六典》也以法规形式规定了学校管理的一些制度。所有这些隋唐时期的教育管理制度和方法,对以后宋、元、明、清朝代教育管理实践的发展都产生过深远的影响。

隋唐在教育管理制度上有较大建树,特别是建立起以科举制度为核心的教育管理模式。相形之下,在教育管理思想方面却没有多大突破,值得一提的是王通和韩愈的教育管理思想。

在教育思想上,王通继承了儒家传统的教育观念,并提出了"穷理尽性""推诚主静"等一套道德教育的原则和方法,开了理学教育思想的先河。主要著作有《续六经》《中说》。王通认为魏晋以来的当政者背弃了王道,故处于乱道。他说:"古之为政者先德而后刑,故其人悦以恕;今之为政者任刑而弃德,故其人怨以诈。"他以周公、孔子为典范,立志成为新时代的周公、孔子,实行王道政治。他认为君子得时为政,应学周公;不得时在野,应学孔子著述与讲学。教育也是实现王道政治理想的必不可少的手段,国家兴衰的根源在人才,政治得失的关键在教育。要实行王道,就必须重视教化。以仁德而施教化,是复兴王道的重要条件。他不认为参政是实行王道的唯一途径。自魏晋南北朝以来,儒、佛、道三教在文化教育领域的竞争日趋激烈。隋统一中国,王通提出"三教于是乎可一矣。"他指出,三教归一,首先,应该以儒家思想为基础,尤其是儒家的德育思想,是教育的核心。他说:"仁义,其教之本乎,先王以是继道德而兴礼乐者也。"因此王通主张以儒家的六经为基本教材。他说:"《书》以辩事,《诗》以正性,《礼》以制行,《乐》以和德,《春秋》、《元经》以举往,《易》以知来,先王之蕴尽矣。"另外,要吸取佛道中的有益成分,摒弃其不良成分。在王通看来,佛、道之中也有许多精华,应该批判地加以吸收。王通认为,像北魏太武帝和北周武帝那样用强制手段来取缔佛、道二教的办法是不足取的,愈禁愈烈,反而"推波助澜"。因此,不如吸收其思想中有用成分来加强儒家思想的力量,三教归一,确立一个中心,则异端自息。王通这种三教归一的管理思想,到宋代理学建立时才得到精深完备的发挥。

韩愈长期从事教育工作,有比较丰富的教育思想,对教育管理亦有一些独到的见解。韩愈继承了儒家重视德治的思想,把教育看作是首要的政治工具。他主张大力发展学校教育,使之既成为对人民灌输封建道德观念的中心,又成为训练能从事德礼教化的封建官吏的机构。所以要从全国各地选拔最优秀的人才,集中于国家,加以严格训练,使他们成为推行封建礼教的骨干力量。为了充分发挥学校教育的职能,韩愈担任国子祭酒后,从加强学校管理入手,对国子监进行整顿。首先,他对招生制度作了改革,稍微放宽入学的等级限制,太学由文武五品之子可入学放宽为八品之子,四门学由七品之子改为有才能艺业者也可入学,扩大了招生范围。其次,他严格选任学官,坚持以实际才学为标准,严格按照条件来选任学官。最后,他加强教学管理,建立了比较正常的教学秩序,使日渐荒芜的国学恢复了生气,师生研讨学问,砥砺品性,形成新的风尚。韩愈基于自己"四举于礼部乃一得,三选于吏部卒无成"的切身体验,抨击了当时一面埋没、压制、摧残人才,一面又叫嚷人才匮乏的社会现象,认为当时的科举取士制度是埋没人才的。他指出,天下有贤才,四海之内,定有奇秀,关键在于"千里马常有,而伯乐不常有"。执政者不能识才、助才,致使大量人才被埋没。他要求统治者首先必须爱惜人才,不拘一格地选拔人才。其次,要给予特殊管理,"策之以其道,食之尽其材,鸣之通其意",也就是把人才看作是一种特殊的人,要合理使用、优厚待遇、理解体谅。同时指出,人才有高下大小之分,但各有其用,唯有长短大小各种人才合理组合,才能发挥人才的最大效用。韩愈教育思想最突出之点在于他作《师说》,经典性地论述教师问题。第一,他强调"学者必有师","道之所存,师之所存",要求全社会都必须尊师重道。第二,他把教师的基本任务概括为传道、受业、解惑。传道,即传递儒家道统。授业,即讲授古文六艺之业。解惑,即解答学生在学习道和业过程中所提出的疑难问题。这一表述成为对教师职责最精辟的概括。第三，韩愈对教师的任职资格也提出了独到的见解。他提出教师要以"道"和"业"为标准来衡量，谁闻道在先，术业有专攻，谁就能成为教师。至于出身、年龄、资历、国别等，都不是择师的标准。第四，韩愈打破了汉代师法和家法的旧传统，从教育管理的角度提出要建立合理的师生关系。他认为师生之间的关系是一种道义和学问上的双边关系，师生在道和业面前是平等的，可以互相转化的，"弟子不必不如师，师不必贤于弟子，闻道有先后，术业有专攻，如是而已"。这种含有辩证法因素和民主平等的师生观，是韩愈教育管理思想中最精华的部分。

五、宋代教育家朱熹的教育管理思想

在我国教育发展历程中，宋代具有独特的地位，因为这一时期教育思想异常活跃和丰富，涌现出一大批有影响的教育思想家和实践家，王安石、胡瑗、朱熹、陈亮、叶适等就是其中杰出的代表。朱熹是南宋时期理学思想的集大成者，他的教育思想和实践对后人的影响极大。

中国古代很早就把学校教育划分为"大学"和"小学"不同的阶段。但这种划分并无理论上的阐述以及制度上的规范，各阶段间的界限也比较模糊。朱熹在总结古代教育经验的基础上，根据人的年龄和心理发展的特征，明确地把学校教育划分为大学与小学两个阶段，并且规定了大学小学的入学年龄、教育目标、教育内容和修业年限。他在《大学章句序》中指出："人生八岁，则自王公以下，至于庶人之子弟，皆入小学，而教之以洒扫、应对进退之节，礼乐射御书数之文。及其十有五年，则自天子之元子众子，以至公卿大夫元士之适与子凡民之俊秀，皆入大学，而教之以穷理、修己、治人之道。此又学校之教，大小之节，所以分也。"他把小学教育和大学教育看作是统一的教育过程中相互衔接的两个阶段。教育的总体目标是培养圣贤。小学阶段是"打坯模"的阶段，"古者小学已自养得小儿子，这里定已自是圣贤坯璞了"。因此要在小学阶段下功夫，打好基础。大学教育是小学教育的深化和提高，是在圣贤坯璞基础上"加光饰"，进一步精雕细刻，把他们培养成完美的治国之才。大学的重点是在小学"学其事"的基础上以"明其理"，即按照格物、致知、正心、诚意、修身、齐家、治国、平天下的步骤，使其"明明德"，最后达到"止于至善"的目的。

朱熹认为，教育作为治国之本，关系着一国命运的生死存亡，是朝廷治理国家的头等大事。他希望最高统治者能以《大学》为治国的纲领，推行教化，改变士风。在朱熹看来，人性虽善，但其气禀不齐，故天降圣贤代天施教改变其气质，恢复其自然本性。因此，只有上天和圣贤才有权主宰学校。他认为先古时代如此，后世有孔孟相继，亦是如此。到宋代则有二程接孟氏之传，成为受天命之托，实施教育改变人性的圣人。他希望当朝皇帝承担起"万民之师"的责任，实施并管理好全国的教育。

朱熹认为，要充分实现学校的育才功能，就要严格教学管理。将学校教育重新纳入先王之道中来。他主张严立课程，制订出细致的教学计划，认真地执行计划。他说："严立课程，宽著意思，久之自当有味，不可求欲速之功。"他认为教学既要按照教材内容的逻辑顺序，又要顺应学生的接受能力，"量力所至，约其课程，而谨守之。字求其训，句索其旨；未得乎前，而不敢求其后；未通乎此，而不敢志乎彼"。他主张设科分年考试，经、子、史、时务诸科当分定年数，以《易》《书》《诗》为一科，于子年试之；《周礼》《仪礼》及"二戴"之礼为一科，于卯年试之；《春秋》及三传为一科,于酉年试之。这种设科分年考试的办法,使课程设置和修业年限达到比较标准的水平,是改善学校教学管理的重要措施。

朱熹在教育管理过程中首先强调正面教育,尽量积极诱导学生。他认为义理是教育之本,规章约束是教育之末。他在《谕诸职事》中说:"尝谓学校之政,不患法制之不立,而患理义之不足以悦其心。夫理义足以悦其心,而区区于法制之末以防之,是犹决溠水注之千仞之壑而徐翳萧苇以扞其冲流也,亦必不胜矣。"因此他主张"小学书要多说那恭敬处,少说那防禁处",坚持正面的说理教育。在坚持正面教育的同时,朱熹也肯定管理规章在教育管理中的作用。他在《答潘叔昌》中指出:"学者须先置身于法度规矩之中,使持于此者足以胜乎彼,则自然在进步处。"因此他亲手制定了《童蒙须知》和《训蒙斋规》,并为其弟子程端蒙、董铢两人拟订的《程董二先生学则》作跋。其中《童蒙须知》对儿童日常生活、学习的各个方面,都作了极为详细的条文规定。

六、书院的教育管理实践

书院是我国历史上一种独特的教育组织形式。书院教育始于唐代,兴于宋朝。在整个宋、元、明、清时期,它都是与官学并行的教育机构。书院有私立、官办和官私合办三种形式,其学业程度可区分为高等和中等两类,前者相当于大学性质,后者相当于中学性质。在我国古代教育史上,白鹿洞书院、岳麓书院等都非常有名。书院一般选山林名胜之地为院址,不少著名学者讲学其间。在教学上,书院以研习儒家经典为主,采用个别钻研、相互问答、集中讲解相结合的方法。在管理上,书院带有自治色彩,表现在经费自筹、管理自主、办学方针自立、课程设置自定等方面。书院这种教育管理方式,对于我国后来教育管理实践的发展有着不容忽视的影响。

七、洋务运动和维新运动时期的教育管理

洋务运动和维新运动时期,通常是指19世纪60年代初至19世纪末的40年时间,这一时期是中国半殖民地半封建社会逐步形成的时期,也是资本主义教育在我国的萌芽和发展时期。在教育管理实践方面,这一时期最值得关注的是新式学堂的创办。由于受西方资本主义教育制度的影响,这一时期全国各地陆续创办了30余所新式学堂,如外语学堂、军事学堂、科技实业学堂等。尤其是1898年正式设立的京师大学堂,不仅是当时新式学堂的最高学府,而且是所有新式学堂的最高教育行政管理机构。新式学堂带来了新的学校管理方式,这表现在:其一,招生范围的扩大,凡符合条件者,不受门第出身限制,都可报考新式学堂。其二,学堂正式录取前,须对考生进行入学考试和入校甄别。其三,部分新式学堂还设有在职培训课程。其四,实行担保人制度,即学校出于学业上和经济上的考虑,要求学生有担保人,如学生无故退学,则由担保人赔偿学校经济损失。其五,学生分配制度。新式学堂的学生毕业后,一般没有择业自主权,根据学以致用的原则,由国家统一分配。其六,严格的教学管理制度。新式学堂在学生的入学、转学、退学、升留级、课程设置、考试等方面都有严格的规定。可见,新式学堂的管理,已非常接近现代教育的管理模式。在教师管理方面,新式学堂也有许多创新,教师大都

八、近代教育督导制及教育管理思想

用现在的眼光来看,我国封建教育长期以来一直实行"行政决策—学校执行"的管理模式。直到20世纪初,才在行政决策机关与具体执行的学校之间增加了一个中间环节——监督机制,这就是教育督导制度的建立。进入20世纪后,全国掀起了兴学热潮。为加强对学校的控制与管理,中央政府着手改革旧的教育管理体制,中央设学部,省设学务公所,县设劝学所。与此同时,各级监督机制也相继建立,中央设中央视学,省设省视学,县设县视学。为规范视学制度,1909年学部还奏请制定了《视学官章程》,章程共33条,将视学官资格、责任、视学区域、业务范围、经费等都作了具体规定。凡视学官都必须具备两个条件,一是"宗旨正大,深明教育原理",二是须精通外语及各种科学。视学官的业务范围极广,凡地方教育行政机关的工作、各公立私立学堂的教学、办学的经费、学生的风纪、教师的上课情况等,都在视学范围之内。视学官的权限也不小,下学堂时可不预先通知,可随时考学生,抽查教师的讲义,调阅有关资料等。对视学中发现的问题,视学人员有权督促当事者立即改正,同时将有关情况向上级教育行政部门反映汇报。20世纪初视学制度的建立,对改变当时教育管理结构、提高管理效率起到了一定作用。此外,它也为后来我国教育督导制度的发展和完善提供了经验。

我国近代在教育管理思想方面表现较为突出的是蔡元培。

蔡元培的一生几乎都在从事教育行政活动。他担任过学堂学监、书院院长、公学总教习、南京临时政府第一任教育总长、北大校长、大学院院长、中央研究院院长等职。就这一点而言,他无疑是一位有影响的教育管理实践家。与此同时,他也有着博大而精深的教育管理思想,这些思想多年来备受世人的推崇和赞赏。蔡元培对中国的实际及地区差别有着深刻的感受,主张根据各地的实际实施教育管理。他说:"往日学部定一教育章程,不问其对于全国各地适宜与否,而一概行之"①,正确的做法应该是,将普通教育的管理权下放给地方政府:"普通教育,由教育部规定进行方法,责成各地方之教育行政机关执行,而由部视学监督之,其经费取给于地方税。"蔡元培的这一主张,与今天我们所倡导的教育行政改革思路非常接近。

蔡元培积极提倡教育立法,在他任教育总长期间,先后审定并颁布了《普通教育暂行办法》《普通教育暂行课程标准》《大学令》等多部教育法规、规章,我国现代教育史上第一次教育立法的高潮由此形成。

蔡元培反对专制式学校管理,提倡用民主的精神管理学校。例如,他主张大学中实行"教授治校"的方略,在他亲自起草的《大学令》中,规定大学设评议会和教授会,参与学校的决策和重大事务的审议。他在北大任校长期间,还主张学校的校长由教授公举产生,并实行任期制。师资管理也要体现出民主化和法制化。在北大,他实行了当时轰动一时的"兼容并包"政策,即只要有真才实学,并能引起学生研究兴趣的学者,不管其政治见解如何,学术派别迥异,都可聘用。北大从此学术繁荣,名扬天下,这与蔡元培在北大时的管理实绩是分不开的。

---

① 孙培青.中国教育管理史[M].北京:人民教育出版社,1996:461.

对于学生管理,蔡元培历来主张学生自治。他对学生说:"我们既自认是人,尊重自己的人格,且尊重他人的人格,本无须他人代庖。"蔡元培认为,学生自治可以培养学生的自立能力,最终唤起国民自治的精神。为落实学生自治,他主张学校设学生自治委员会,以促使学生在体育、知识学习和品性修养三方面互相勉励。

第二节　外国教育管理思想的演进

西方国家在教育管理理论和实践方面也有着悠久的历史传统。从古希腊的学校到中世纪的教会教育,从近代学校的兴起到现代公共教育的建立,无不显示出人类在教育管理领域所表现出来的智慧和才华。

一、古希腊教育管理模式及教育管理思想

要研究西方教育管理的历史,最适当的起点是古希腊。古希腊最有影响的城邦国有两个,一个是斯巴达,一个是雅典。斯巴达实行的是一种国家集权式的教育管理制度,政府完全控制教育,教育行政高度从属于普通行政,专职教师和督学则从高级行政官吏中选拔,政府安排德高望重的长者对学生进行道德教育,并实施完全的免费教育政策,绝对禁止私立学校。所有这些都表现出国家对教育具有高度垄断权。古希腊的雅典或许是世界上最早尝试依法治教的国家,早在公元前6世纪,当时的执政者梭伦(Solon)就颁布了有关的教育法令,法令规定:双亲必须照管孩子的学习;国家为战争遗孤支付学费;指定学校的视导员;确定学校的规模、教育对象、开学及放假时间;委派教员,明确责任;确定学生在校时与成人交往的方式;成人不得进入学校,等等。不过,雅典的执政者非常高明,他们并不主张国家对教育干预得过多,因而在法令中对学校的教学科目和教学方法不作任何的规定。政府提倡多种形式办学,尊重人们选择教育机构和教育方式的权利。在雅典,绝大部分的初等学校为私立学校。学校内部管理的环境比较宽松。斯巴达和雅典代表了两种不同的教育管理模式,这两种模式对后来的西方教育的发展,尤其是教育管理体制集权与分权的分化产生了深远的影响。

古希腊人在教育领域中创立了较为完善合理的教育制度,还拥有苏格拉底、柏拉图和亚里士多德等教育家,为后世留下了宝贵的教育理论瑰宝。

苏格拉底一生勤于探究,但他述而不作,并未为后世留下任何文字的材料。他的教育思想散见于他的弟子柏拉图和色诺芬等人撰写的回忆录中。在苏格拉底看来,人生下来的天赋是有区别的,但不管这种区别多大,后天的教育与训练可以使人的素养得到改善,他说:"无论是天资比较聪明的人或是天资比较鲁钝的人,如果他们决心要得到令人称道的成就,都必须勤学苦练才行。"[①]苏格拉底反复强调教育的目的在于培养国家需要的德才兼备的人才,他应具有良好的品德,多才多艺,具有建设和保卫祖国的志向和本领。

---

① [古希腊]色诺芬.回忆苏格拉底[M].吴永泉,译.北京:商务印书馆,1984:10.

第三章 方向保证:教育管理思想的发展与演变探究

在苏格拉底的心目中,知识就是智慧,所以知识即美德也就等同于智慧即美德。从智慧与美德统一的观点出发,苏格拉底进一步指出,知识和智慧是可以通过学习来获得的,学习者通过学习在获得知识与智慧的同时,也获得了美德。由此,苏格拉底强调教育在建设民主国家中的作用。

在苏格拉底看来,教师的作用只是引导,因此他在教育学生时不是把问题的答案告诉给学生,而是佯装自己一无所知,向学生求教一些有趣的问题,让学生充分发表自己的见解,当学生提出问题的答案有错时,他不是马上纠正,也不指出错误所在,而是提出一系列补充性问题,使学生自己逐步认识到自己答案的错误所在,并在老师的指点之下获取正确的认识。在苏格拉底的学生色诺芬撰写的《苏格拉底回忆录》中记录了苏格拉底和雅典青年尤苏戴莫斯关于正义与非正义的谈话:

[苏]虚伪应当归于哪一类(行)?

[尤]显然应当归于非正义这一行吧。

[苏]偷盗、欺骗、奴役等应归于那一行?

[尤]应归于非正义一行。

[苏]如果一个将军惩罚了那些极大地损害了国家利益的敌人,并对其采取了奴役的手段,这能说是非正义吗?

[尤]不能。

[苏]如果他偷走了敌人的财物或在作战中欺骗了敌人,该如何评判?

[尤]这当然是正义的,我说的非正义是指欺骗朋友。

[苏]倘若一个将军所统帅的军队已经丧失了防守的勇气,他就欺骗他的士兵说,他们的援兵马上就要来了,从而鼓舞了士兵的士气,最后取得了战斗的胜利。这种行为如何判定?

[尤]这也应该算作是正义的。

[苏]如果一个孩子生病,却不肯服药,父亲欺骗他说药很好吃,结果治好了他的病,这种行为应该属于哪一行呢?

[尤]应该属于正义一行。

[苏]如果一个人看到朋友意志消沉,怕他自杀,把他的剑偷走,这种行为如何判定?

[尤]它们属于同一类的情况。

[苏]你不是认为朋友间不能存在欺骗吗?

[尤]请允许我收回我刚才说过的话。

这就是历史上著名的苏格拉底法,也叫作苏格拉底产婆术。这种方法有利于教育者调动学习者的积极性,使他们在积极主动参与的学习活动中获取知识,也有利于学习者认识能力的提高,帮助他们形成主动探究的习惯。

苏格拉底在依据这种方式进行的谈话中,往往是从对方所熟知的具体事物和现象出发的,进而得出结论,因此苏格拉底被亚里士多德称为归纳法之父。后世的启发法便是从苏格拉底这个方法发展出来的,西方教育界普遍认为苏格拉底是现代启发式教学方式的创始人。苏格拉底并没有形成系统的教育思想,但他关于教育问题的见解直接影响了他的弟子柏拉图、色诺芬等人,并通过他们对西方近现代教育的改革与发展产生了重大的影响。

柏拉图同意苏格拉底提出的"知识即美德,无知即罪恶"的观点。他说,如果我们赞同苏格拉底的这个观点的话,就可以看出受教育的人在品德方面是不完善的,通过教育可以帮助人们获取知识、发展智慧,帮助他们成为国家所需要的人。他认为教育在改善人性方面,在消除社会危机、促进社会变革方面具有巨大作用,国家的统治者必须重视发展教育,要建立面向全体国民的教育制度,为理想国培养管理者和保卫者。

柏拉图从教育在建设理想国过程的巨大作用出发,强调国家应该创办学校和管理学校,反对把教育交由私人办理。按照柏拉图的观点,公民的子弟为国家所有,他们的养育和教育训练就要由国家负责。在柏拉图看来,国家的任何事情,无论是建设国家或保卫国家都不是靠男性独立完成的,没有女性参与的国家是不完善的。因此柏拉图强调在理想国的教育中,不能忽视女子的教育,强调要让理想国的女性和男性一样,接受同等的文化知识教育和音乐、体育训练。

柏拉图在继承古希腊教育先哲智者派、苏格拉底等人教育遗产的基础上,高度重视教育在建设国家、促进社会发展中的作用,提出了创立理想国教育体系的设想,他的教育学说丰富和发展了自苏格拉底以来古希腊的教育思想,对西方乃至全球后世的教育改革产生了极其重大的影响。

亚里士多德的教育思想主要散见于其代表作《政治学》和《伦理学》之中。亚里士多德高度重视教育在教化民众、培养人才方面的作用。他认为要把国家建成文明幸福之邦,除了要有一个好的政体大力发展本国经济以外,还要依靠教育的力量使本国民众成为具有良好素养的民众,他们应该既具有远大的抱负,又能够勤劳善良,自觉遵守国家的法律和秩序。他认为一个国家的统治者应该高度重视教育的作用,要用法律的手段促进国家教育的发展,保障国家所有的人都能够享受同样的教育。

亚里士多德在继承苏格拉底、柏拉图等人教育遗产的基础上,创造性地提出了教育要适应自然,教育要促进人的和谐发展,通过博雅教育为社会培养和谐发展新人的设想,对西方教育的改革与发展产生了极其重大的影响,后世教育家夸美纽斯、卢梭等人倡导的教育要适应人的天性,要通过博雅教育培养身心和谐发展的新人等思想显然是受到了亚里士多德教育思想的影响。

古代西方另一位值得一提的人物是古罗马时期唯一留下系统教育著作的教育家昆体良。除大多数教育家都坚信的那些教育思想,如教育在人的形成中起巨大作用等,昆体良在教师、教学和学生管理方面也都提出了一些可行的见解。关于教师,昆体良提出,应该让那些德才兼备的人当教师,合格教师的首要条件是德行,其次才是学识、懂得爱护学生、掌握教学艺术。关于教学管理,昆体良认为专业教育不该急于求成,应建立在广博的普通知识的基础之上。各学科教学也不该是某一门单科独进,而应交替进行,教学必须照顾学生的个别差异,采用因材施教的方法。关于学生管理,昆体良特别提到体罚和学生过度疲劳等问题,他认为对孩子的体罚是一种耻辱的教育方式,只会造成儿童心情压抑、沮丧和消沉。儿童的学习不能过度疲劳,要做到劳逸结合,特别是通过游戏来消除疲劳。昆体良的这些精辟论述,在西方的教育管理思想史上自然可占重要一席。

二、文艺复兴时期以人为本的教育管理理念

14世纪至16世纪末,在经历漫长的黑暗时代后,西欧迎来了激动人心的文艺复兴运动。文艺复兴带给教育的也是一片新生,以人为本的理念,占据了这一时代教育管理思想的主流。

教育以人为本,培养身心和谐发展的人,这一目标是与中世纪通过教育培养压抑人性、盲目服从上帝和教会的人的目标是格格不入的。为实现这一教育理念,意大利著名教育家维多利诺办起了名为"快乐之家"的学校。在这所学校里,维多利诺改革了课程,扩大了学习内容,努力使教育过程适应儿童的天性和个别差异。在管理"快乐之家"的过程中,维多利诺采用了多种的教学形式,如游戏、演说、短途旅行、体育、绘画等,他还倡导自由教育,主张学生自治,减少惩戒,禁止体罚。维多利诺的这些办学实践,对欧洲后来的教育发展产生了极为深远的影响,他本人也被称为这一时期"第一个新式学校的教师"。

文艺复兴时期是一个人才辈出的时代。这一时期涌现出一批虽没有直接办过学、但具有强烈革新愿望的教育家。他们视学生的发展为最高目标,强烈呼吁教育要尊重儿童的个性,教师对学生不要管得过紧。例如,法国人文主义教育家蒙田宣称,教师限制过多,就会窒息学生的能力成长。另一位法国人文主义教育家拉伯雷也提出,儿童生活的原则应该是"随心所欲,各行其是",学校则应根据这一原则安排儿童的各种学习活动。对旧教育的不满导致人文主义教育家在教师管理方面持一种谨慎的态度,如北欧人文主义大师伊拉斯谟认为,选择教师要慎重。事实上,发现和训练理想的教师,要比描绘理想的教师难得多,而教师一旦被选上,就不要频繁地更换。他还建议要对教师的工作进行系统的训练。除上述学生管理、教师管理方面外,人文主义教育家们在学校德育管理、体育甚至美育管理方面也有出色的论述,这些论述对近代西方教育管理思想的发展起到了极大的启蒙作用。

三、夸美纽斯的教育管理思想

17世纪捷克教育家夸美纽斯被人们尊奉为"现代教育科学的真正奠基人",他的教育管理思想主要体现在以下几个方面。

(1)国家应担负起管理教育的责任。夸美纽斯认为,教育对于社会、国家和人的发展起着巨大的作用,基于这一思想,他主张国家的当权者应义不容辞地担负起管理教育的重任。国家应该普遍设立学校,选择合适的人担任国家督学,督学的职责包括对教育管理者进行培训、检查校长教师的工作、了解学校教学情况等。

(2)建立全国统一的学校制度。为使所有儿童都有上学机会,夸美纽斯提出了统一学制的主张。他设想,每个家庭有母育学校,每个村庄有国语学校,每个城市有高等学校,每个省有大学,儿童依次在这些学校中接受学前教育、初等教育、中等教育和高等教育。夸美纽斯这一统一、分段而又连贯的学校制度的设想,对以后的教育管理制度的发展和完善起到了不可估量的影响。

(3)学年制和学日制。17世纪以前,欧洲学校的教学计划是混乱无序的,没有固定的开学日,学生随时可入学。夸美纽斯不满于这一现象,在其代表作《泛智学校》中提出,学校应该有

基本固定的开学日和结束时间,这一时间可放在每年的秋季。除此时间外,不应收任何人入学,这样才能使儿童的学习进度一致起来,也便于学习结束时的考试和升级。每个学年还可分成若干阶段,其中可以有4次较长的休假日。学生每天的学习也要合理安排,每日可安排4小时上课,每上课1小时休息半小时,每周三、周六的下午是自由活动时间。夸美纽斯的这些主张,与我们今天的学校安排非常相似。

(4)班级授课制。过去的学校教学形式松散不一,同一课堂中学习的内容和进度都不一致,教师只对学生个别指导。针对这一现象,夸美纽斯第一个提出班级授课制的主张。他建议,把学生按年龄和程度分班,作为教学的组织单元。每个班级有一个教室,以免妨碍其他班级。每个班配备一位教师同时对全班学生进行教学,这样教员可以少教,但是学生可以多学。可以说,正是有了班级授课制,才使今天学校教学管理的制度化、标准化成为可能。

(5)考试制度。为检查教学效果,夸美纽斯制定了一套严密的考试制度。他设想,依学时、学日、学周、学月、学季、学年而建立不同的考查形式,如学时考查可通过教师在课堂上口头提问进行,学年考查则让学生集中在操场,通过抽签进行口头检查和考试,考试结果作为是否升级的依据。

(6)学校人事管理。夸美纽斯认为,学校应由三部分人所组成,即学生、教师和学校管理人员。在其著作里,已出现校长、副校长、主任这些专门的人员称谓。夸美纽斯特别提到了学校校长的管理职责,认为校长作为全校的支柱和核心,应负责协调和领导全校的工作,如管理教师、监督学校规章制度的执行情况、管理学校的档案等。

(7)学校纪律。夸美纽斯非常重视纪律在学校管理中的作用,他的名言是:"学校没有纪律便如磨坊没有水。"维护纪律的办法有三种,一是及时监督,二是谴责,三是惩罚,惩罚要既严格又温和,以利于错误行为的纠正。

夸美纽斯是西方教育史上第一个全面系统地论述教育管理的思想家,他的很多主张直到今天仍具有积极的价值。

四、赫尔巴特的儿童管理思想

作为哲学家的赫尔巴特,极力主张教育的心理学化,期望以此把教育学引向科学的轨道。为达到教育的心理学化,赫尔巴特认为,必须把培养学习者的兴趣作为教学的出发点,培养儿童多方面的兴趣。为发展兴趣,教学中应提倡儿童的主动思维,他说:"仅仅引向死记硬背的学习,会使大部分儿童处于被动状态,因为只要这种学习继续下去,就会排斥儿童通常可能的其他思想。"[①]然而,对学习兴趣的重视,却一点没有妨碍赫尔巴特在儿童管理方面所持的严厉立场。他认为儿童的天性是盲动、顽劣、不驯服和不守秩序的,如果听其发展,就会扰乱成人的计划,近期会妨碍教育教学的顺利进行,远期则会发展为"反社会的东西"。为克服儿童这种不驯服的烈性,最好的办法是严加管束。赫尔巴特为此提出了种种管束的方法,如威胁、监督、命令、禁止、惩罚等。他甚至提出惩罚性威胁是管理儿童的第一手段,特别是当儿童年龄较小的时候,由于道德观念未树立,说教作用不大,要通过必要的暴力手段来维持学校的纪律。学校

---

① 赵祥麟.外国教育家评传(第2卷)[M].上海:上海教育出版社,1992:104.

可以规定种种命令和禁律,设置惩罚簿,专门记载儿童的过失,以达到威胁的目的。学校还可以采取种种体罚手段,如站墙角、剥夺自由、停课、禁止吃食物、关禁闭、用戒尺打手等。与此同时,还要对儿童进行严格的道德规范训练,并使他们的学业负担饱满紧凑,没有空闲时间,免得他们"无事生非"。

五、杜威及其实验学校的管理实践

杜威的不少教育理念,如教育是经验的不断改组和改造、从做中学、学校即社会、教育即生活等,长期以来在各国的教育界广为流传。特别是他于20世纪初在中国的两年多时间,又把他的思想带到中国,对现代中国教育的发展产生了巨大影响。

1896年,杜威在美国芝加哥大学教授哲学和教育学,为了实践其教育思想,曾在大学附近创办了一所儿童实验学校,即"杜威学校"。在办学的过程中,他原先的朦胧想法逐渐明朗和成熟,最终写出了《我的教育信条》《学校与社会》《儿童与课程》等恢宏巨著。

杜威十分看重学校管理,他在《民主主义教育》中声称:"学校工作有三个主题:教材、方法和行政或管理,这三者是三位一体的。"他的管理思想也十分明确,核心就是把儿童放在一个重要位置上,为儿童提供全面、有效的活动,使儿童积极主动地学习、发展,这在当时传统教育盛行的年代简直是一种反叛式的学校管理风格。在杜威学校里,学生不按年龄分年级,而是按学生发展阶段分为若干小组;学校没有考试,没有升留级;教学围绕不同形式的主动作业展开,如纺织、烹饪、金工、木工等;课本以儿童的生活经验为核心来编写;儿童的管理实行充分的民主化等。在杜威看来,儿童的世界不是事实和规律的世界,而是有其自己的特征,然而现在学校的一门门互相独立的学科却把儿童的世界肢解了。当时,有两种课程观:一种认为课程教材比儿童的经验重要得多,教育者的任务在于以确切的方式,在课堂上提供有关的教材,让儿童被动地接受;另一种认为儿童是起点,是中心,一切科目相对于儿童的成长来说只处于从属的地位,教材不该从外部灌输进去,而应该从儿童的经验着手,学习是主动的过程,决定学习质量的是儿童而不是教材。杜威的思想显然偏向于后一种观点。他努力使其实验学校成为儿童生活的乐园和智慧园。学校一切教育和管理活动都要服从儿童的兴趣和经验的需要。

杜威的主张和实践虽然有其历史的局限性,但是不可否认,他向世人展示了一种全新的教育理念和学校管理模式。这套理念和模式至今对于我们进行教育改革仍然有着积极的价值。

六、欧美新教育运动中的学校管理

19世纪末、20世纪初,欧美世界一批思想开放、志在革新的教育家纷纷走上教育的前台,试图通过他们的实践—创办新学校,唤起世人对教育创新的重视,这就是西方教育史上所谓的"新教育运动"或"进步教育运动"。作为一种教育的革新,新教育运动在学校管理方面让人耳目一新。首先,在学校设置方面,新学校大多建在风景宜人的乡村或市郊,并采用寄宿制,如英国教育家雷迪办的阿博茨霍尔姆学校,德国教育家利茨办的乡村寄宿学校,法国教育家德穆林办的罗歇斯学校等,都属于这种形式。其次,在教学管理方面,新学校毫无例外地打破了固定、呆板的管理形式,学校不硬性规定课程,不强制灌输知识,不单纯强调智力成绩。课程设置力求切合现代生活需要,特别倡导开设体育、手工、社会教育、艺术等科目。教学方法也力求灵活而富有弹性,着重培养学生兴趣、能力和探索精神。最后,在学生管理方面,新教育家们不满传统的束缚儿童个性发展的管理模式,他们大声呼吁要尊重儿童,为其活动和发展留下更多空间。

发生在世纪之交的欧美新教育运动,对20世纪西方学校管理的格局产生了一种近似革命性的影响。相对东方学校的管理模式而言,现在西方中小学表现出的那种较为宽松、灵活和开放的管理气氛,无疑与这种影响有关。民主管理、主动参与、尊重个性、培养能力,这些在当时还被大多数教育管理者所怀疑的东西,今天已经成为我们时代教育管理的基本理念。

第三节 现代管理理论和教育管理发展

教育管理理论和实践发展到今天,历史上教育先驱的影响固然不可忽视,20世纪兴起的现代管理理论的影响却更值得一提,因为没有后者,很可能教育管理直到今天依然停留在零散的、局部的和经验管理的阶段,更不用说会发展成一门独立的研究学科。

一、现代管理理论

这里所说的现代管理理论,主要是指20世纪所发展起来的现代管理科学。由于现代管理理论最早出现于工业管理领域,也被人们称为工业管理理论;又由于其对社会各行各业的管理都产生了巨大影响,因此学术界常常称之为一般管理理论。现代管理理论主要包括社会系统学派、决策理论学派、系统管理学派、经验主义学派、权变理论学派、管理科学学派、学习型组织理论和第五代管理理论等。各个学派的思想和原理,既有渊源上的联系,又有观点上的论争。其中比较有影响的是社会系统学派,在这一学派的理论体系中又发展衍生出决策理论学派和系统管理学派。

社会系统学派的主要代表巴纳德认为,社会的各级组织都是由一个个相互协作的个人组成的系统。它包括三个要素:协作的愿意、共同的目标、信息的联系。而非正式组织则与正式组织相互创造条件,并对正式组织产生积极的影响,并进而要求各级经理人员在系统中作为相互联系的中心,对协作的努力进行协调,以保持组织的活力。

决策理论学派是在第二次世界大战之后发展起来的新兴的管理学派。它是以社会系统论为基础,吸收了行为科学和系统论的观点,运用电子计算机技术和统筹学的方法而发展起来的一种理论。以西蒙为代表的决策理论认为,决策贯穿于管理的全过程,决策是管理的核心。他系统地阐述了决策原理,提出了决策过程的四个阶段,并对决策的程序准则、程序化决策和非程序化决策的异同及其决策技术等作了分析。在决策标准上,他主张用"令人满意"的准则代替"最优化"准则。

系统管理学派也是从社会系统学派中衍生出来的,它侧重于从系统的观点来考察和管理企业,以提高生产效率。这一学派强调各个系统和有关部门的相互联系网络的清楚有效,对当

第三章 方向保证:教育管理思想的发展与演变探究

代系统管理经济中的自动化、控制论、管理情报系统、权变理论的发展有重要影响。

经验主义学派代表人物是杜拉克和戴尔等人。他们认为,以往的"科学管理理论"和行为科学已不能适应现代管理的需要和多方面的期望,强调要注意当今的企业管理现状和实际需要,主张注重大企业的管理经验,以此作为当代经济管理理论的基点。

权变的观点认为,没有哪一个理论、程序或规则是在所有情景中都是行得通的:特定管理途径的有效性取决于所管理的情景特征。由于权变思想的影响,组织管理和管理心理学理论开始把研究重点从寻求具有一般意义的管理规则转移到探索特定理论的关键条件。在研究的构思上,日益注意到理论和关键因素的层次性。20世纪70年代以来,出现了一系列具有权变思想的新理论。

管理科学学派是一种狭义的管理科学,创立者伯法等人认为,管理就是运用数学手段来表示规划、组织、控制、决策等合乎逻辑的程序,并通过电子计算技术求出最优的解答,以达到企业的最终目标。

学习型组织理论的代表人物美国学者彼得·圣吉在他的《第五项修炼》中第一次提出了这个全新的概念:学习型组织。圣吉认识到,学习型组织应该是这样一个群体:"其中的每个人都在不断提高自己创造未来的能力。"因此。组织的领导者应该是"学习的设计师",领导的修炼就是不断设计和参与学习。圣吉将领导者的五项修炼概括为:自我超越、改善心智模式、建立共同愿景、团体学习和系统思考。

第五代管理理论是存20世纪90年代以来人们基于对知识资本的认识而提出来的管理理论。"第五代管理"一同源于美国管理学家查尔斯·M·萨维奇的著作《第五代管理》。第五代管理理论研究的核心内容是知识资本的管理。知识资本是继商品资本、货币资本、人力资本之后出现的一种资本形态。该理论认为,在以知识为主要资源的经济中,企业是否具有创造、传播、使用知识的能力正成为其生存发展的决定性因素。一般来说,知识管理是运用先进的信息和通信手段,将企业知识作为"资本财产"来进行管理的一套独特的企业管理实践活动。

以上是西方国家现代经济管理理论的一些主要学派,除此以外还有组织行为学派、社会技术系统学派、经理角色学派、经营管理理论学派等,这里不再展开。

现代管理理论如何影响教育管理,这首先涉及其发展阶段的划分问题。在这一问题上,管理学界至今意见不一。

一种意见认为,20世纪以来的管理理论的发展可分成三个阶段,即古典管理理论阶段(代表人物是泰罗、法约尔、古利克、厄威克)、人际关系理论阶段(代表人物是福莱特、梅奥、罗特利斯伯格)、行为科学阶段(代表人物是巴纳德、西蒙)。另一种意见认为,20世纪以来管理思想的发展经历了四个阶段:一是工业管理,代表人物是泰罗、法约尔;二是人际关系,代表人物是梅奥、巴纳德;三是结构主义,代表人物是韦伯;四是开放体系,代表人物是帕森斯。国内管理学界倾向于把20世纪以来的管理理论发展分成三个阶段:一是古典管理理论,代表人物是泰罗、法约尔、韦伯;二是行为科学,代表人物是梅奥;三是当代管理理论,代表人物是巴纳德、西蒙等。综合以上几种分法,这里将现代管理理论分成四个阶段:古典管理理论、人际关系理论、结构主义、行为科学。

二、现代管理理论影响下教育管理的发展

(一)古典管理理论:提倡制度化的教育管理

古典管理理论兴起于 20 世纪初,由于其迎合了当时生产力发展的需要,也为现代工厂制度的管理提供了理论依据,因此在 20 世纪二三十年代十分盛行。古典管理学家阵营十分强大,有美国的泰罗、古利克,法国的法约尔,德国的韦伯,英国的厄威克等。虽然这些人在论述管理过程时侧重点不同,但就他们的思想倾向来说却是非常接近的,故学术界把他们归于同一流派。古典管理学派的基本主张包括以下几点。第一,把高效率地完成组织任务视为管理工作的最高目标,认为"效率原则是衡量任何组织的基础"。第二,分工和专业化,认为这是管理活动的最基本手段。第三,统一指挥,即组织内部应建立一套自上而下的明确的权力等级系统,每个成员都要严格服从上级的指挥。第四,工作标准化,将工作细分成若干部分,从而使员工依标准程序展开工作。第五,注重严密的规章制度,认为这是实现组织目标的根本保证。第六,看重经济上的奖励和惩罚制度。第七,重视正式组织的作用。第八,坚信管理是有规律可循的,管理原则就是管理规律的最好体现。

古典管理学派的主张有其积极的意义,在当时被社会各界的管理工作普遍采纳。直到今天,古典管理学家所倡导的那些原则仍在广泛应用。古典管理理论对教育管理产生的影响,很多教育管理研究者对此进行了分析。从积极方面看,今天学校管理中的很多做法都证明了这一理论的价值,如表 3-1 所示。

表 3-1　古典管理理论在教育管理中的价值

古典管理理论	适合于教育管理的例子
建立权力等级结构	控制的层次:教育局长—校长—教导主任—年级组长—教师—学生
工作任务和作业水平的科学度量	全面测试学生在学科领域、能力和成就方面的情况,并按学习水平分类
规定工作的科学程序	三年级的知识要有别于四年级的知识,并为四年级的知识作准备,依次类推
建立劳动分工	语文教师、数学教师、英语教师、历史教师、体育教师、教学辅助人员、校工
确定适当的控制幅度	中小学师生之比为 1∶40,正副校长之比为 1∶3
制定行为规范	学生手册、教学常规管理条例、教师奖励办法
招聘人员以能力和专业为基础	进入教育部门工作的人要有教师资格证书
制定出完成任务的最佳方法	学校不断寻求语、数、外等课程的最佳教学方法
在雇员中建立纪律	学生要遵守学校规章,教师要服从教育规范,为人师表

其实更重要的是,古典管理理论给教育管理人员这样一种观念上的启示:教育管理活动是可以控制的,通过设计一个合理的组织结构,编制一套完善的规章制度,遵循一系列科学的管理原则,再辅之以严格的奖惩手段,学校组织也能像其他一切组织一样,在有限的条件下实现最佳的管理目标。

(二)人际关系学说:改善学校中的人际关系

针对古典管理理论过于强调制度化管理,把人当成只注重眼前利益的"经济人",忽视人的社会需要等缺陷,20世纪30年代起开始流行的人际关系学说提出了一套全新的管理理念,人际关系理论的主要代表人物有梅奥、罗特利斯伯格等。他们在长达八年的工厂管理实验的基础上,提出了以下观点。

(1)经济刺激并非唯一的刺激动因,实际上非经济的社会因素限制了经济动因的效力。
(2)工人是以非正式团体成员的身份,而不是以单个个人的身份对待管理的。
(3)与人的生理能力相比,非正式组织的社会准则对产量的影响更大。
(4)专业化并不一定导致最有效的生产组织。
(5)工人们往往利用非正式组织来捍卫自己,以免受专断的管理之害。
(6)非正式的社会组织与管理是相互作用、相互影响的。
(7)狭窄的控制幅度不是有效管理的先决条件。
(8)非正式的领导常常跟正式的管理人员同等重要。
(9)人不是机器中被动的齿轮,而是能动的生物体。

很显然,上述观点与古典管理理论完全不同,更强调人的动机、工作满意度、非正式组织的意义等对提高劳动生产率的价值。可以说,在人和组织这两头之间,古典管理学派看重的是组织,而人际关系学说更看重人。人际关系理论家坚信,只有充分调动人的工作积极性,改善组织中的人际关系,才能达到有效管理的目的。

人际关系理论对教育管理学界的影响主要是在20世纪的四五十年代。这些影响反映在以下几点。第一,提倡改善学校人际关系、民主管理学校的著作、论文在当时大量涌现,推动了人际关系理论在教育界的传播。第二,学校行政人员对满足教师心理需要、提高教师士气的意义有了一定认识。第三,有识之士呼吁学校在制订计划时倾听教师的意见,做到民主参与决策,以求改善学校中上下级关系。第四,部分教师开始有意识地向学生灌输合作意识,以提高学生的人际交往能力。

(三)结构主义:学校组织性质的再认识

所谓结构主义,其实就是以当代最负盛名的管理思想家马克斯·韦伯的"科层制"(bureaucracy,又译"官僚制")理论为代表的管理学说。韦伯的理论之所以被人称作结构主义,原因是其"科层制"学说特别注重组织内部的结构设计。韦伯认为,现代社会各种组织中,最理想、最有效率的组织是所谓科层制组织。这种组织具有以下特征:分工和专业化;非个人取向,即做事不讲情面,不受个人感情色彩影响,公事公办;权力等级体系,即组织中每个成员按其职务和权力大小排列成一个自上而下的系统,每一个职务低的人受到职务高的人的严密控制,以保证上级指示被严格执行;规章制度,即组织中要有严密的规章制度,以规范组织的运作;职业导向,即主要依据能力、成就、资历等来提拔、晋升员工,以鼓励员工对组织保持忠诚。

韦伯的理论及其对组织结构的分析,对工商业及政府机关的管理实践有着巨大的指导意义,对教育管理学的研究也产生了深刻影响。对照韦伯的理论,研究者最感兴趣的是,学校作为一种组织,算不算韦伯所说的"科层制"。有些人认为,学校组织毫无疑问是一种高度发展了的科层制组织。这种观点认为,学校组织的性质本质上与其他组织没什么不同,故其他部门的管理方法,在学校中同样可以运用。另一些人认为,学校不属典型的科层制,有科层制一面,更有教学的专业化一面。科层制与专业化之间通常会产生很多冲突,故韦伯的理论应用于学校有其局限性。在各种学校组织性质的讨论中,最引人注目的是科恩、韦克等人提出的"松散结合系统"理论。这一理论认为,科层制理论解释教育组织并不合适,因为后者具有特殊性质。它具体表现在以下三个方面。

第一,教育组织的目标不是具体明确的,这些目标总是用委婉、抽象的语言陈述出来,对清晰的决策起不了什么指导作用,把这些目标转变成明确的行动方案也是困难的。例如,什么是"优秀""教育质量"等,根本不可能有一致的看法。

第二,教育组织所运用的技术也是不清楚的,模糊的,"何为教学?学习过程何时发生?什么对此负责?"不论在哪一个层次上,大多数教师都是在一种试验和错误的基础上行动的,行得通,就干下去,如果不行,再换别的。

第三,教育组织呈现出一种"流动式参与"的特点,人员流动性大,决策过程异常复杂,影响决策的因素也往往把握不定,不同的问题会吸引不同的利益集团和个人加入教育的决策过程等。

由于存在上述特点,教育组织"与其把它们说成是一个具有内聚力的结构,还不如把它们说成是一个观念上松散的结合体"①,学校系统和学校事实上是以结构松散为特征的。学校有很大的自主权和自由,在教室上课的教师只是极其一般地受到校长的控制和指导。科恩等人20世纪70年代初提出的松散结合系统理论,在一定程度上揭示了学校组织的特殊性质,对指导学校管理工作有极大帮助。

(四)行为科学:教育管理学从经验走向科学

从20世纪50年代起,管理科学步入行为科学阶段。行为科学是一门全新的学科,它运用心理学、社会学、政治学、经济学、人类学等多学科知识,探讨人的行为问题。到20世纪60年代,行为科学进一步发展成组织行为学,着重研究人在组织中的行为问题。巴纳德是最早运用行为科学方法研究组织问题的人。他的代表作《经理人员的职能》一书,对行为科学的创立起到了重要的作用。巴纳德的理论内容丰富,包括对组织性质的分析、组织要素的理论、正式组织和非正式组织关系的论述、组织决策过程的分析等。由于巴纳德特别强调组织是一个内外协作、平衡的社会系统,因此在管理学上他也被看作社会系统学派的代表人物。西蒙是当代行政学的代表人物,决策理论的创立者。西蒙在其理论中重点阐述了决策的意义、类型和过程,并对组织决策的合理性问题作了深刻分析。他还主张以行政行为的研究替代行政学的传统研究方式,包括行政组织、人际关系、人员激励、行政程序等。

---

① [美]R.欧文斯.教育组织行为学[M].孙绵涛,等译.武汉:华中师范大学出版社,1987:34—37.

第三章 方向保证:教育管理思想的发展与演变探究

行为科学最引人注目的研究成果集中在对领导行为的研究方面。从20世纪50年代以来,这一领域取得了长足的发展,出现了一大批观点和学说,其中最重要的包括以下几方面。以斯多格迪尔、汉姆菲尔、哈尔平等为代表的美国俄亥俄州立大学的研究及他们多次修订的"领导行为描述问卷"(简称LBDQ);以李克特、卡茨等为代表的美国密西根大学的研究及他们所提出的"以员工为导向"和"以生产为导向"领导两维层面理论;布莱克和莫顿的"管理方格理论";菲德勒的"权变理论"以及他所编制的"最难共事者问卷"(简称LPC);赫塞和布兰查德的"情景领导理论";豪斯的"路径—目标理论";哈尔平、李克特等有关组织气候的研究以及他们各自修订的"组织气候描述问卷"(简称OCDQ)和"组织特征测量图"(简称POC),等等。

如何激发行为动机,调动员工的生产积极性,这也是行为科学家关心的问题,这方面的研究一般称为激励理论。行为科学家在激励方面的研究包括马斯洛的"需要层次理论";麦格雷格的"X理论、Y理论";赫茨伯格的"双因素理论"(也称"激励保健理论");弗鲁姆的"期望理论";亚当斯的"公平理论";莫尔斯和洛希的"超Y理论"等。

除上述领域外,行为科学家还在人际沟通、组织发展和变革、角色冲突、组织文化、参与决策等方面进行了广泛的探讨。

行为科学兴起以后,在欧美管理学界产生极大反响,其实证研究方法被广泛运用于企业、机关、银行等各个部门的管理。与此同时,行为科学对教育行政管理也造成巨大的冲击。行为科学对教育管理的影响,可以从理论、研究方法和学科建设三个方面来加以分析。

从理论角度来说,20世纪50年代以前,教育管理领域的理论要么属抽象的哲学思辨,要么是单纯的经验总结。在学院里,"按照惯例,教育管理一直由以前的教育局长们教授,他们的专业知识主要来自他们多年在第一线工作中辛辛苦苦获得的经验"[①]。20世纪50年代中期以后,在行为科学的影响和启发之下,教育管理领域进行了大量的理论化工作,如围绕学校组织的性质、作为社会系统的学校的意义、教育领导、教育决策、学校人际沟通、学校组织气氛、教师激励等,研究者在实证调查的基础上提出了大量的理论,这些理论极大地充实了教育管理的理论体系。难怪后来有不少学者评说,这一时期是教育管理的"理论运动"和科学化运动时期。

在研究方法上,行为科学出现以前,教育管理研究的主流属"根据常识的价值判断",实证研究虽有但不被重视。而行为科学基本的研究手段就是实证研究,包括编制问卷、访谈调查、实地观察、个案分析等。这些研究手段被大量运用到教育管理领域之后,打破了以前的研究框式,使得教育管理的研究更为严谨和科学。

在学科建设方面,由于采用了行为科学的理论和研究方法,教育管理学的学科建设出现了极大改变,科学的成分大大增强,学科的体系也日趋严密和完善。

(五)后现代主义思潮影响下的教育管理思想

后现代主义思潮是指20世纪六七十年代以来在西方国家兴起的具有广泛影响的社会文化思潮,它涉及哲学、文学、历史、艺术、建筑、语言、教育等社会文化诸多领域。后现代主义思潮内容庞杂。涉及面广,重心不一,但在认识论上仍有一些共同点,如拒绝科学技术的霸主地位,认为科学不可能面对纯粹的事实,人类对一切社会和自然的认识都不可避免地渗透价值、

[①] [美]R.欧文斯.教育组织行为学[M].孙绵涛,等译.武汉:华中师范大学出版社,1987:25.

信仰、意志、体验等因素；认为知识本身具有多样性、多元性、发展性的性质，它是特定历史条件下创造的结果，等等。总之，对神圣科学的怀疑、信仰多元化、提倡通过主观体验认识世界等，构成了后现代主义思想家认识上的共同特征。

后现代主义思潮在 20 世纪后半叶几乎渗透西方学术界各个领域，当然不可避免影响到教育管理研究领域，由此出现了一批具有后现代主义色彩的教育管理思想家，其中最著名的有持主观主义立场的格林菲尔德、霍金森、英格里西等，有具有批判论色彩的福斯特、贝茨等，还有主张女性主义思想的教育管理研究专家等。

以格林菲尔德为代表的主观主义理论家认为，过去的教育管理理论，尤其是行为科学影响下的"教育管理理论运动"，存在着许多缺陷，如盲目地崇拜组织的自然属性，否认教育管理中的价值问题等。而在这些研究者看来，组织其实不是纯粹的自然实体，而是人为了适应社会自行创造的产物；组织的目标反映了人的意志、权力和价值；组织的结构也不是预先建构好的，而是组织成员相互作用的产物；既然是人为的产物，因此组织也不存在统一、客观、普适性的理论；教育管理面对的问题不仅是事实问题，更重要的是价值问题，在教育管理活动中，事实和价值不能截然分离；如果教育管理者只关注组织的结构、形式和工具意义，就会把更重要的教育目的置于脑后，这样教育管理的意义和价值就会被大大削弱。

以福斯特、贝茨等为代表的批判论者认为，教育管理研究应该更多地提倡人本主义，而不是科学主义和实证主义。例如，教育管理不仅要考虑学校的科层制问题，更要考虑民主化问题，如审视学校组织及管理是否促进了社会的自由、公正和民主化发展；教育管理者不能满足于现状，而应该成为一名批判色彩鲜明的人文主义者，他们应对所有"理所当然"的假设、常识进行质疑、反思和批判；应当把组织管理理论看成是一门道德科学，它必须时时关注管理中的道德问题，尤其是道德两难问题；教育管理问题应置于更宽广的文化和政治背景中去考察，而不仅仅局限于所谓的类似于自然科学式的研究；不能仅仅把学校视为上学读书的地方，更应视为展现各种文化和价值观念的地方等。

后现代教育管理思想虽然在很多方面存在种种不足，但毫无疑问，它们对今天的教育管理研究和教育管理实践具有深刻的启发意义。后现代教育管理思想反映了在新的社会背景下，人们对教育管理问题有了新的思考，如关注教育组织的特性和差异性问题。重视教育管理过程中的以人为本，重视教育管理活动中诸如学校宗旨、学生发展、学校与社会关系等与价值关系密切的问题等。通过对后现代教育管理思想的适当了解，有助于我们从更宽阔的视野理解教育管理问题，进而更准确地把握未来教育管理思想和实践的发展趋势。

综上所述，20 世纪以来，管理思想每发展一步，几乎都对教育管理的理论和实践产生重大的影响。其中古典管理理论或许对教育管理的实践影响大些，而人际关系理论、行为科学、后现代思潮等则对教育管理的理论研究影响更大。

第四章 运行保障:教育管理体制探究

教育管理体制是学校人员配备、机构设置、机构隶属关系和权力范围等方面的体系和制度的总称,主要包括教育投资体制、教育行政体制、教育办学体制、学校内部管理体制四个方面的内容。它解决的是国家、地方及各级各类学校领导和管理教育事业的根本制度问题。随着社会的进步、教育的发展,教育管理体制也在不断地发展完善。

第一节 多样化的教育投资体制

当前,我国已经形成以公有制为主体,多种所有制成分共同发展的基本经济制度,生产资料所有制和经济体制的深刻变革,改变了政府单一经济主体和决策主体的格局,形成了政府、企业、公民个人等经济主体的多元化;在教育领域,随着社会主义市场经济体制的确立,公共教育服务的供给方式也发生了深刻的改变,已经从政府提供公共教育的单一格局转变为政府和市场共同提供的格局,这为教育投资体制的变革提供了制度保障。

一、投资、教育投资

投资是经济学概念,一般是指将一定的资金投入某项事业,以便未来能获得所期望的收益或效益的活动。在宏观经济学中,投资指的是一定时期资本存量的增加;其中包括新建的建筑物、新增加的机械和设备以及存货的变动。前两项是对固定资产的投资,后一项则是对实物流动资产的投资。投资是国民经济增长的主要动力之一。一个国家的经济要发展,必须使社会再生产规模不断扩大,这就必须有一定数量的投资,投资的多少,直接影响着经济规模的变动程度,在投资效益既定的前提下,经济增长率与投资率成正比关系。

进入20世纪50年代以后,随着人类对人力资源质量提升研究的深入,开始将教育作为人力资本的投资用以开发人力资源的一种方式,提出了教育投资的概念。将投资概念引入到教育,并不是将教育投入和一般经济投资完全等同,而是为了更好地推进以人力资源为支撑的经济发展。教育作为一项社会公益性事业,其投入既有经济方面的收益和回报,更有社会多方面的利益;既有可以测算或估算出的效益,更多的则是无法直接测算的效益;既有全社会性的效益,也有受教育者及其家庭多方面的经济的、非经济的效益。我们将教育投入看作是一种投资,旨在强调教育对于社会经济和个人人力资源水平提升,进而推进社会经济快速发展的作用。教育投入有与经济投资共性的一面,但从其主体而言,依然属于社会公共部门的范畴。从这一意义上来说,教育支出和教育投资两个概念几乎是可以通用的。

教育投资和教育经费是既有区别又密切联系的两个概念。教育投资因引入经济学分析框架,其概念内涵比教育经费的概念含义更广。教育经济学将教育投资定义为包括社会的、个人的直接的教育投资和间接的教育投资。直接教育投资是指各级政府、企事业单位、团体的教育投资以及国内外个人对教育的投资。间接教育投资是指在教育活动中消耗的、在政府和家庭开支中不予计算的教育费用。例如,学生因就学所消耗的时间资源及所放弃的个人收入;国家因支持教育发展制定的优惠政策而失去的对学校财产、教育用品、学校捐资的特别免税收入等,这些都不作为教育活动的直接消耗,因此不计入教育费用,均称为间接教育投资。

在我国,教育投资由国家预算内教育经费和各种预算外教育经费(包括各级政府征收用于教育的税收、集资捐资办学经费、勤工俭学和社会服务收入、企业办学经费、社会团体和公民个人办学经费、学杂费等)组成。

二、教育投资体制的概念与教育投资体制效率

(一)教育投资体制的概念

教育投资体制是确定教育投资的来源渠道、教育经费的筹措及其负担主体、教育投资在各级各类学校的配置及经费管理和使用的制度规范。教育投资体制是整个国家投资体制的一个组成部分,也是整个国家教育体制的一个有机构成部分,其形成与发展受到国家的经济体制、财政体制和教育体制的制约以及经济社会发展水平的制约。

(二)教育投资体制效率

效率是指投入与产出或成本与效益之间的关系。这里的产出或收益,指的不是任意的物品,而是能够为人们提供满足的有用物品,从经济的角度看,最终的产出就是人们的满足即效用。而投入或成本,从一般的意义上说,就是利用一定的科学技术生产一定产品所需的生产资源,包括劳动力和物质资源。因此,所谓"效率",在最一般的意义上指的就是现有生产资源与它们所提供的人类满足之间的对比关系。当我们说一个经济单位"有效率"的时候,指的就是这一经济单位用一定的技术和生产资源为人们提供了最大可能的满足。所以,产出或收益是指广义的产出和收益,既包括经济产出或收益,也包括社会产出和收益。

新制度经济学理论认为经济体制是决定经济效率的重要因素。不同的体制具有不同的激励机制,因而表现出不同的经济效率;而体制一定,一个经济体运行的最高效率就是一定的。所以,经济体制的效率可以表述为:一个经济体在一定的运行机制与管理制度下所具有的最高投入产出关系。相应地,某种教育投资体制的效率反映的是在该体制下教育所具有的最高投入产出关系。由此可知,某种教育投资体制所具有的效率是通过该体制下教育机构的服务效率反映出来的。这里的投入是指教育投资的社会总成本,包括各种资源的直接成本和间接成本,产出则是指教育投资所带来的社会总福利增量,包括经济利益和社会利益等。由于教育的投入(人力、物力、财力资源)和教育的最终产出(社会总福利)之间的关系不是直接表现出来的,而是要通过教育服务产品—人力资本和知识产品的价值实现来显现,所以教育投资体制的

效率包含了质的规定和量的规定两个方面。

教育投资体制效率量的指标是指在教育服务质量一定的情况下教育资源的利用效率,主要有三类指标:人力资源的使用效率、财力资源的使用效率和物力资源的使用效率。人力资源使用效率指标包括师生比、学生教职工比;财力资源使用效率指标包括生均经常性费用、教学性开支占经常性费用的比例,人员性开支占经常性费用的比例、生均教学性开支;物力资源使用效率指标包括教室平均利用率、实验室平均利用率、图书周转率。

三、我国现行的教育投资体制

中华人民共和国成立以来,为了适应经济和行政体制要求和社会发展需要,我国教育投资体制不断改革,已经建立起了以政府投入为主多渠道筹措教育经费的筹资体制、非义务教育阶段的教育成本分担机制、义务教育经费保障新机制以及教育经费监测评估体系。通过《中华人民共和国教育法》《中华人民共和国义务教育法》《中国教育改革和发展纲要》《国务院关于基础教育改革和发展的决定》等一系列法律规章制度的出台,我国的教育投资体制改革逐步纳入法制化的轨道,在规范投资主体、建立多元化的投资拨款方式、科学的预算管理和评估体制等方面也进行了卓有成效的改革。[①] 具体来看,我国现行的教育投资体制主要包括以下几个方面。

(一)义务教育经费保障新机制

2015年4月24日,新修订的《中华人民共和国义务教育法》正式施行。修订后的《中华人民共和国义务教育法》在经费保障机制方面确立了省级统筹、以县为主、追求均衡的教育管理体制。对于长期困扰我国义务教育健康发展的家庭负担过重的学杂费问题,该法规定:"国家实行九年义务教育制度。义务教育是国家统一实施的所有适龄儿童、少年必须接受的教育,是国家必须予以保障的公益性事业。实施义务教育,不收学费、杂费。国家建立义务教育经费保障机制,保证义务教育制度实施。"并提出建立义务教育经费保障的问责机制,规定"未履行对义务教育经费保障职责的,由国务院或者上级地方人民政府责令限期改正;情节严重的,对直接负责的主管人员和其他直接责任人员依法给予行政处分"。

在农村义务教育投入体制方面,2005年12月24日,国务院印发了《关于深化农村义务教育经费保障机制改革的通知》,提出了农村义务教育经费保障的新机制。自2006年实施农村义务教育经费保障机制改革以来,义务教育逐步纳入公共财政保障范围,城乡免费义务教育全面实现,稳定增长的经费保障机制基本建立,九年义务教育全面普及,县域内义务教育均衡发展水平不断提高。但随着我国新型城镇化建设和户籍制度改革不断推进,学生流动性加大,现行义务教育经费保障机制已不能很好地适应新形势要求。城乡义务教育经费保障机制有关政策不统一、经费可携带性不强、资源配置不够均衡、综合改革有待深化等问题,都需要进一步采取措施,切实加以解决。为此,国务院在2015年下发了《关于进一步完善城乡义务教育经费保障机制的通知》(以下简称《通知》),以进一步推动我国义务教育经费保障机制的完善。《通知》

---

① 黄永林.新中国60年教育经费筹措与管理体制与机制的改革与创新[J].教育财会研究,2009(10):3—4.

要求要进一步整合农村义务教育经费保障机制和城市义务教育奖补政策,建立统一的中央和地方分项目、按比例分担的城乡义务教育经费保障机制。具体内容如下。

1. 统一城乡义务教育"两免一补"政策

对城乡义务教育学生免除学杂费、免费提供教科书,对家庭经济困难寄宿生补助生活费(统称"两免一补")。民办学校学生免除学杂费标准按照中央确定的生均公用经费基准定额执行。免费教科书资金,国家规定课程由中央全额承担(含出版发行少数民族文字教材亏损补贴),地方课程由地方承担。家庭经济困难寄宿生生活费补助资金由中央和地方按照5:5比例分担,贫困面由各省(区、市)重新确认并报财政部、教育部核定。

2. 统一城乡义务教育学校生均公用经费基准定额

中央统一确定全国义务教育学校生均公用经费基准定额。对城乡义务教育学校(含民办学校)按照不低于基准定额的标准补助公用经费,并适当提高寄宿制学校、规模较小学校和北方取暖地区学校补助水平。落实生均公用经费基准定额所需资金由中央和地方按比例分担,西部地区及中部地区比照实施西部大开发政策的县(市、区)为8:2,中部其他地区为6:4,东部地区为5:5。提高寄宿制学校、规模较小学校和北方取暖地区学校公用经费补助水平所需资金,按照生均公用经费基准定额分担比例执行。现有公用经费补助标准高于基准定额的,要确保水平不降低,同时鼓励各地结合实际提高公用经费补助标准。中央要适时对基准定额进行调整。

3. 巩固完善农村地区义务教育学校校舍安全保障长效机制

支持农村地区公办义务教育学校维修改造、抗震加固、改扩建校舍及其附属设施。中西部农村地区公办义务教育学校校舍安全保障机制所需资金由中央和地方按照5:5比例分担;对东部农村地区,中央继续采取"以奖代补"方式,给予适当奖励。城市地区公办义务教育学校校舍安全保障长效机制由地方建立,所需经费由地方承担。

4. 巩固落实城乡义务教育教师工资政策

中央继续对中西部地区及东部部分地区义务教育教师工资经费给予支持,省级人民政府加大对本行政区域内财力薄弱地区的转移支付力度。县级人民政府确保县域内义务教育教师工资按时足额发放,教育部门在分配绩效工资时,要加大对艰苦边远贫困地区和薄弱学校的倾斜力度。

统一城乡义务教育经费保障机制,实现"两免一补"和生均公用经费基准定额资金随学生流动可携带。同时,国家继续实施农村义务教育薄弱学校改造计划等相关项目,着力解决农村义务教育发展中存在的突出问题和薄弱环节。

(二)非义务教育阶段教育成本分担机制

依照接受教育是否为强制性可将教育分为义务教育和非义务教育两个阶段。在义务教育阶段,教育的公益属性更强,一般而言,世界各国都实行免除学费和杂费、全部由政府承担教育经费投入的体制。义务教育既规定了政府投入的义务,同时也意味着适龄儿童少年的家长或监护人有送子女接受教育的义务。在非义务教育阶段,主要包括高中阶段和大学阶段,其公益属性弱于义务教育阶段,接受教育的收益更多地具有一种个人属性,在世界各国,一般都会实行非义务教育阶段的教育成本分担制度。

在计划经济时代,即使在非义务教育阶段,我国实行的也是政府单一主体投资完全免费的制度,这一方面与非义务教育的基本属性不符,同时也使得政府的教育经费捉襟见肘,义务教育阶段和非义务教育阶段的教育投入长期处于不平衡的状态。建立非义务教育阶段的教育成本分担机制十分必要。为此,中共中央、国务院颁布了《关于深化教育改革全面推进素质教育的决定》指出:"在非义务教育阶段,要适当增加学费在培养成本中的比例,逐步建立符合社会主义市场经济体制以及政府公共财政体制的财政教育拨款政策和成本分担机制。"目前,非义务教育阶段的教育投入已经基本形成政府财政拨款、学生家庭缴纳学费、学校校办产业创收、社会各界捐资助学以及建立贷学金等多种成本分担机制。

应当指出,非义务教育阶段建立成本分担机制不是要在高中和大学教育阶段弱化政府责任,而是通过成本分担机制的建立,更加科学合理地在义务教育阶段和非义务教育阶段配置政府财政性教育经费,实现教育经费的政府投入与非政府投入、教育经费在各级教育投入比例的合理化。实践证明,实行非义务教育阶段的成本分担机制对于正确引导全社会范围内的教育消费、保障教育事业的可持续发展都具有重要的作用。

非义务教育成本分担要达到合理程度并促进全国的非义务教育能长期可持续发展,需要建立相应的协调机制,以解决非义务教育发展中存在的共性问题:社会受教育机会不公平问题;教育投资主体负担失衡问题;民办教育投资主体权益保障问题;非义务教育公立教育办学主体发展不平衡问题等。随着上述问题的解决,我国的非义务教育将步入和谐可持续发展的轨道,因此,为了确保非义务教育成本达到"合理分担"的程度,有必要建立和完善与之相配套的协调机制。

一方面,实行教育成本分担,政府首先要保障投入,尽到责任。国家是教育的最大受益者,办教育,培养各级各类专门人才,能极大地提高社会生产力。现阶段国家投入比例要逐步上升,随着居民个人收入水平提高将逐步下降,集中财力办义务教育。另一方面,实行教育成本分担,凡有就读者的家庭负有义不容辞的"分担"责任。市场经济条件下一条重要的投资原则是"谁投资谁受益,多受益多投资",教育事业已不再是一项完全的福利事业,受教育者接受教育层次和类型与受教育者未来获得的社会地位和给个人、家庭带来了经济性和非经济性的收益,作为教育直接受益者,他们理应承担一定的教育费用。国民收入分配长时间地向个人倾斜大致占GDP的2/3,使相当一部分人确实有了分担一部分数额教育成本的能力。实行教育成本分担已具备可行的时机。我们必须科学测算各级各类教育的费用成本,并充分考虑城乡居民的经济承受能力和心理承受能力,据此确定个人缴费在费用成本中所占的比例与数额,然后从费用成本中扣除,剩下的大头由国家和社会承担。家庭教育支出占家庭总收入的比例:高中10%~20%,普高与职高投入25%左右,大学25%~30%,都是合理的教育负担。就非义务教育而言,收取学费则以费用成本的25%~30%为宜。由于地区经济发展水平差异和就业回报率不同,向学生收取学费,不必强求一致,应根据不同地区的具体情况规定适宜的收费办法。非义务教育办学成本作为收费基数、个人负担以其25%~30%为宜。随着居民可支配收入的逐步提高,其比例也将逐步提高。尤其是农村贫困家庭和城市下岗职工家庭的增多,学校中特困生的问题已经受到各级党政、教育部门和学校的重视,实行教育成本分担,必须制定相应配套的行之有效的政策。如特困生基金的建立,特困生勤工俭学制度,国家助学贷款制度等。

(三)财政拨款为主,多渠道筹措教育经费的筹资体制

根据《中华人民共和国教育法》第五十四条的规定,我国的教育投资体制是以政府财政拨款为主、其他多种渠道筹措教育经费为辅的体制。《中国教育改革和发展纲要》提出,在政府财政拨款之外,其他教育经费投入主要包括征收用于教育的税费(教育税费附加)、收取非义务教育阶段学生学杂费、校办产业收入、社会捐资集资和设立教育基金等多种渠道。为了明确政府责任,规范政府对教育投资的义务,国家提出了政府财政性教育经费支出占国民生产总值的比例要逐步达到4%的目标,并以教育基本法《中华人民共和国教育法》的形式确认:各级人民政府教育财政拨款的增长应高于财政经常性收入的增长,并按在校学生人数平均的教育费用逐步增长,保证教师工资和学生人均公用经费逐步增长。在规定政府教育投入责任的同时,我国从20世纪80年代开始征收教育税费附加,并广泛拓展教育经费投入渠道,形成了社会捐资集资、成立教育基金、教育贷款(助学贷款)等其他多元化的教育经费筹措方式。

在中央政府和地方政府教育经费投入的分担机制方面,明确了中央和地方的投入责任,实行中央与地方分担,以地方财政为主的制度。自1985年教育管理体制改革以来,基础教育经费主要由地方负担和筹集,中央只给予少量专项补助并给予一定的统筹规划。高等教育经费根据学校隶属关系,分别由中央和地方财政负担。此举体现了教育预算管理中的事权与财权的统一,明确了中央与地方的权利和义务,有助于增加地方对教育的投入。

在教育经费政府投入的保障机制建立方面,目前我国实行政府教育经费支出在国家预算中单列的制度。《中华人民共和国教育法》第五十六条规定:"各级人民政府的教育经费支出,按照事权和财权相统一的原则,在财政预算中单独列项。"单独列项制度的建立具有重大的实践意义,对于教育经费政策的有效执行发挥着重要的作用。过去,我国政府用于教育的支出,在国家预算科目中级次较低,缺乏透明度,不利于各级人大和公众的监督。同时,在教育经费的预算分配与管理中财权与事权分离,教育经费需求与财政供给相脱节。目前,这一制度在全国范围内逐步实施并取得了很好的效果。

我国现行教育投资体制明确了政府教育经费投入的义务,同时建立了投资主体多元化、投资形式多样化的格局,一方面明确了国家财政的主渠道作用,保证了财政性教育经费和财政用于教育的拨款伴随经济发展而稳定增长,在一定程度上缓解了教育经费短缺的压力;另一方面也释放了社会投入教育的积极性和潜力,增加了教育经费供给,为教育投入的稳定和可持续增长奠定了基础。

第二节 多样化的教育行政体制

教育行政体制是关于特定国家教育行政机构的设置及其职权的基本制度。教育行政管理体制属于教育管理体制的宏观领域,它对一个国家整体教育事业的运行和发展具有十分重要的制约和影响作用。

一、教育行政体制的概念

教育行政体制,又称教育行政管理体制。教育行政体制的含义首先取决于对"行政"的理解,对行政的看法不同,导致对教育行政的解释也不尽相同。教育行政体制主要涉及教育行政部门的职权以及和学校的关系,对国家而言,这主要是事权,而教育财政体制研究的是财权,即规范国家各级政府对教育的财政资源置。一般而言,事权和财权是统一的,故一个国家的教育行政体制直接决定其教育财政体制,甚至有学者将财政体制放在教育行政体制中加以研究,从这个意义上说,广义的教育行政体制包括教育财政体制。

教育行政体制是国家管理教育的组织制度,是整个教育行政管理的中心和关键,是对教育事业进行组织和管理的各项制度的总和,即教育行政权力的确立与划分、教育行政机构的设置、各级教育行政部门之间的隶属关系、权限划分等方面的体系和规范的总称。它是在一定的政治、经济和文化制度背景下建立起来的。

一般情况下,教育行政体制主要涉及教育行政组织和教育行政制度两大部分。一个健全的教育行政组织是由相互联系的机构组成的。根据分工和职能,教育行政组织又可以分为行政机构、立法机构、审议机构、视察机构、咨询机构与研究机构等。教育行政制度则是教育行政组织的运行规则,主要体现在教育行政组织的权力划分、隶属关系、运行机制等范畴上。可见,教育行政组织是教育行政制度中的组织,教育行政制度则是教育行政组织的制度,二者密不可分。

教育行政体制要回答的问题是:一个国家的教育管理权力如何确立和划分;中央与地方各自设置什么形式的教育行政机构;这些机构之间是否表现出一定的隶属关系;国家对教育的管理总体上是集中管理还是分散管理,等等。其中,教育管理是集权管理还是分权管理,或是独立管理还是从属管理的问题,是教育行政体制的核心问题,即各级教育行政部门的设置与构成以及各级政府与教育行政部门、教育行政部门与学校围绕教育事权方面的权限划分。总之,教育行政体制是教育行政系统中的机构设置、职责范围、隶属关系、权力划分和运行机制等内容。

二、教育行政体制的类型

根据一个国家教育行政权力在教育行政机关的分配和组织形式,可以把教育行政体制划分为以下几种类型。

(一)教育行政从属制和教育行政独立制

1. 教育行政从属制

教育行政从属制又称教育行政完整制,它是指各级教育行政机构隶属于同级政府,作为同级政府下属的一个职能部门而接受同级政府及其首脑的领导。这种制度中,各级教育行政部门是各级政府领导下的一个职能部门,有利于政府在区域内统筹规划,协调本地区教育事业发展与当地经济社会发展之间的关系,并可以因地制宜地发展本地区的教育事业。但是,在这种制度下,由于地区间的政治、经济、文化水平存在差异,容易导致区域间教育发展水平的不平衡;受地方政府行政长官任期制的限制,在教育事业管理上容易导致短期行为出现;当地方政府财政困难时容易削减教育经费,延缓教育事业发展等。

2. 教育行政独立制

教育行政独立制又称教育行政分离制,它是指地方的教育行政机构并不隶属于同级地方政府的领导,也不属于同级地方政府的一个职能部门,而是受上一级教育行政机构或中央教育行政机构的直接领导。教育行政独立制有利于统筹规划全国教育事业的发展,保持各地区教育发展水平的整体平衡和协调;有利于避免一般行政事务的干扰,提高教育行政效率;教育行政指令从中央到地方传输快、指令力度强,便于令行禁止等。但是,教育行政独立于地方一般行政之外,不利于调动和发挥地方兴办和管理教育的积极性,不利于因事制宜、机动灵活地发展各地的教育事业,不利于各地教育事业发展与当地的经济社会发展紧密结合,并且容易导致全国"齐步走""一刀切"。

(二)中央集权制和地方分权制

1. 中央集权制

教育行政中央集权制就是教育行政管理的权力主要集中在中央一级政府和教育行政部门,地方政府和教育行政部门主要是奉命行事,以贯彻执行中央政府的决定为己任,地方自主的思想居于次要地位。一般来讲,教育行政中央集权制主要有以下特点:教育的领导权、管理权主要集中在中央,地方政府管理教育的权限较少;全国教育事业发展和教育管理活动具有整齐划一的特点,如教育方针和目标统一、学制统一、教学计划和课程设置统一、教育质量的评价标准统一、教师资格统一等;教育的法律法规和重大方针政策由国家统一制定,并对地方的教育事业发展具有绝对的约束力;教育经费主要由国家负担;教育行政管理体制以直线式的垂直领导为主等。教育行政中央集权制的优点在于:有利于统一的国家教育方针的制定和贯彻落实;有利于制定统筹全局的教育事业发展规划;有利于协调区域间教育发展不平衡的状况,加强对落后地区教育事业的扶持和帮助;有利于实行统一的教育标准,系统评价和检查全国教育事业的发展状况;有利于在全国范围内统筹调配各种教育资源;有利于形成坚强有力的指挥中心,便于应对各种教育危机和进行较大力度的教育改革。但是,这种制度也有缺点,就是容易造成不顾地方特点,强求一致,不利于因地制宜地发展教育事业;不利于调动和发挥地方政府管理和发展教育事业的积极性、主动性、责任感;容易导致教育体制和教育事业发展僵化,缺乏生机和活力;容易导致办学模式和管理风格雷同、千校一面;容易导致教育管理决策效率不高,使决策缺乏针对性、适切性和实效性,尤其是中央决策一旦出现失误或偏差,就会影响到全国教育事业的整体发展,造成重大的损失。

2. 地方分权制

地方分权制是指教育行政管理权力由中央政府和地方政府分别执掌,地方政府居于主要位置,中央政府仅居于监督和辅助地位。在这种体制下,中央教育行政机关和地方教育行政机关的关系并不是体现为一种命令与服从的绝对从属关系,而主要体现为一种指导、合作的对等关系,地方政府及其教育行政部门在教育管理活动中扮演着主要角色,发挥着主导作用。地方分权制的特征是:在中央一级不设或只设权力有限的教育行政部门;教育被看作是地方的事业,地方自主管理占据主导地位;教学计划、课程设置、教学大纲、教材选择、教师资格等一些最基本的教育制度由地方规定,中央不做统一硬性要求或至多只提一些指导性或咨询性的意见;教育的大多数法律法规由地方制定;教育经费主要由地方负担等。教育行政地方分权制的优点是:教育行政管理权力分散,有利于因地制宜地发展教育事业,使教育能够适应地方经济和社会发展的需要;有利于调动和激发地方政府办学的积极性、主动性和创造性,增强地方政府兴办教育事业的责任感;有利于增强教育行政决策的针对性和实效性,提高教育行政管理效率;有利于增强区域教育事业发展的活力,强化竞争意识,创办特色教育等。这一体制的不足之处是:权力分散,不易统一政令;不利于对教育事业发展进行统一规划、统筹兼顾;由于各地政治经济、文化发展水平不平衡,容易造成区域间教育事业发展水平出现巨大差距和失衡;不利于地区间在教育事业发展上的相互支持与合作等。

(三)教育行政专家领导制和教育行政非专家领导制

1. 教育行政专家领导制

教育行政专家领导制是指教育行政机构中的负责人特别是决策者主要是由教育类专家来充任,他们必须具备一定的学历、专家资格及从事过教育工作的资质和经历。这种体制有利于教育行政的专业化管理,提高决策的科学性,容易按教育规律办事。其不足之处在于:容易囿于教育事业内部的各种关系,忽视教育与其他各项社会事业的联系和协调,容易导致就教育论教育的现象。

2. 教育行政非专家领导制

教育行政非专家领导制是指教育行政长官或领导者由非教育专家来充任,即非教育类专家的管理人员承担教育行政的领导和管理工作。这种体制有利于密切教育与其他社会事业的联系,使教育与其他各项社会事业统筹规划,协调发展;有利于加强学校与社会社区、家长之间的联系与合作,创造良好的育人环境;有利于促进全社会都来关心教育事业。其不足之处是:教育决策的专业化水平不高,容易出现长官意识或不按教育规律办事;容易导致教育部门与其他行业部门产生利益之争等。

三、我国现行的教育行政体制

我国教育行政体制的建立与发展受到国家政治体制、行政管理体制和历史文化传统等多种因素的制约。《中华人民共和国宪法》规定:"中华人民共和国是工人阶级领导的、以工农联盟为基础的人民民主专政的社会主义国家。""中华人民共和国的国家机构实行民主集中制的原则。""中央和地方的国家机构职权的划分,遵循在中央的统一领导下,充分发挥地方的主动性、积极性的原则。"我国的政治和行政体制坚持三个基本原则,即党领导行政管理的原则、民主集中制的原则和人民群众参政议政的原则。在教育行政体制上,坚持党对教育行政领导的根本原则;在教育行政的运行机制上,实行国家教育行政部门统一领导下的分级管理。

(一)党对教育行政的领导

《中华人民共和国教育法》第三条规定:"国家坚持以马克思列宁主义、毛泽东思想和建设有中国特色社会主义理论为指导,遵循宪法确定的基本原则,发展社会主义的教育事业。"党对教育行政的领导是社会主义国家教育管理体制的基本特征,也从根本上保证了教育行政代表人民利益。党并不直接行使教育行政组织的基本职能,而主要是进行政治路线、政策的领导以及重大人事的领导,保证全国的教育工作能够按照国家的教育方针和政策沿着正确的方向进行。如《中共中央关于教育体制改革的决定》《中国教育改革和发展纲要》等一系列事关教育改革与发展的重大方针政策都是以执政党决议的形式颁布的。在这种体制下,各级教育行政机关都受其相应的党委领导,在党的领导与监督下完成自己对各类教育事务的管理。

(二)统一领导下的分级管理

从中央与地方的关系上看,我国的教育行政体制属于中央集权制;从与一般行政的关系上看,我国的教育行政体制属于完整制。党和国家通过制定教育大政方针,颁布教育法律法规,统筹管理全国范围内的教育经费、人事制度、课程设置和各级各类学校的招生考试工作,从宏观上统一领导我国教育事业的改革与发展。通过统一领导下的分级管理,实现教育的基本宗旨:"教育必须为社会主义现代化建设服务,必须与生产劳动相结合,培养德、智、体等方面全面发展的社会主义事业建设者和接班人。"

四、中国教育行政体制的改革与教育行政职能的转变

(一)中国教育行政体制的改革

市场经济体制的建立与经济多元化的形成和办学主体的一体化产生了矛盾。我国现行的教育行政体制认为国家是唯一的办学主体,影响了地方和社会各界对教育的需求,削减了他们办教育的热情。我国现在经济发展很不平衡,地方间的差异较大,但是教育又要求均衡发展,有的地方政府根本无力承担教育经费,使当地教育面临困境。同时,我国实行的是议行合一的国家管理权力结构形式,影响了教育行政体制的确立与改革。此外,在法律上,依法行政又对传统教育管理方式形成了挑战。因此,在新时期,对中国教育行政体制进行改革十分必要。关于我国宏观教育管理体制的改革,根据《国家中长期教育改革和发展规划纲要(2010—2020年)》的要求,进行中国教育行政体制的改革可从以下几个方面入手。

1. 转变政府教育管理职能

各级政府要切实履行统筹规划、政策引导、监督管理和提供公共教育服务的职责,建立健全公共教育服务体系,逐步实现基本公共教育服务均等化,维护教育公平和教育秩序。改变直接管理学校的单一方式,综合应用立法、拨款、规划、信息服务、政策指导和必要的行政措施,减

少不必要的行政干预。

提高政府决策的科学性和管理的有效性。规范决策程序,重大教育政策出台前要公开讨论,充分听取群众意见。成立教育咨询委员会,为教育改革和发展提供咨询论证,提高重大教育决策的科学性。建立和完善国家教育基本标准。整合国家教育质量监测评估机构及资源,完善监测评估体系,定期发布监测评估报告。加强教育监督检查,完善教育问责机制。培育专业教育服务机构。完善教育中介组织的准入、资助、监管和行业自律制度。积极发挥行业协会、专业学会、基金会等各类社会组织在教育公共治理中的作用。

2. 健全统筹有力、权责明确的教育管理体制

以转变政府职能和简政放权为重点,深化教育管理体制改革,提高公共教育服务水平。明确各级政府责任,规范学校办学行为,促进管、办、评分离,形成政事分开、权责明确、统筹协调、规范有序的教育管理体制。中央政府统一领导和管理国家教育事业,制定发展规划、方针政策和基本标准,优化学科专业、类型、层次结构和区域布局。整体部署教育改革试验,统筹区域协调发展。地方政府负责落实国家方针政策,开展教育改革试验,根据职责分工负责区域内教育改革、发展和稳定。

3. 加强省级政府教育统筹

进一步加大省级政府对区域内各级各类教育的统筹。统筹管理义务教育,推进城乡义务教育均衡发展,依法落实发展义务教育的财政责任。促进普通高中和中等职业学校合理分布,加快普及高中阶段教育,重点扶持困难地区高中阶段教育发展。促进省域内职业教育协调发展和资源共享,支持行业、企业发展职业教育。完善以省级政府为主管理高等教育的体制,合理设置和调整高等学校及学科专业布局,提高管理水平和办学质量。依法审批设立实施专科学历教育的高等学校,审批省级政府管理本科院校学士学位授予单位和已确定为硕士学位授予单位的学位授予点。完善省对省以下财政转移支付体制,加大对经济欠发达地区的支持力度。根据国家标准,结合本地实际,合理确定各级各类学校办学条件、教师编制等实施标准。统筹推进教育综合改革,促进教育区域协作,提高教育服务经济社会发展的水平。支持和督促市(地)、县级政府履行职责,发展管理好当地各类教育。

(二)教育行政职能的转变

教育行政是一种客观有序的国家管理教育的活动,即以计划职能的行使为始端,以指导、法制、督导、评估职能为中介,最终落实到服务职能上,因此,教育行政体制的改革必然也要求进行教育行政职能的转变。为了适应新形势的要求,在以往实施教育行政改革的基础上,《教育规划纲要》明确提出了转变政府职能,形成政事分开、权责明确、统筹协调、规范有序的教育管理体制。为此,教育行政职能亟须加快实现以下几个方面的转变。

1. 建立服务型政府

日益发展的市场经济对政府职能提出了新挑战,同时也为了顺应世界公共行政发展的潮流与趋势,革除传统控制型教育行政的弊端,于是实现教育行政现代化成为我国教育行政发展

的必然选择。"行政现代化的一个重要特征就是实现了统治性行政向服务性行政的转变。"因此,树立教育行政部门的服务意识,建设服务型政府,发挥教育行政的公共服务职能是转变传统控制型教育行政的主要途径。《教育规划纲要》第四十五条规定:"健全统筹有力、权责明确的教育管理体制,提高公共教育服务水平。明确各级政府责任。"在服务型教育行政体制下,为民服务成为政府决策的根本出发点和归宿。由传统的控制管理职能向公共服务职能转变,这种行政职能表现出的人性化特征,即服务内容、服务方式,均是围绕着怎样才能使公众得到更大满足而展开的,因而最能够服务于公民的教育行政才是好的行政。

2. 正确处理中央和地方的关系

改革开放以来,以往那种国家集中计划与政府直接管理学校的体制,已经逐步转变为政府负责宏观管理、学校面向社会自主办学的体制。但在教育行政职能的处理上,如何协调好中央集权与地方分权之间的关系,仍然是人们普遍关注的重要问题。在西方,经过西方理论家的阐释和发展,通过国际组织和西方国家的政治与行政实践,逐渐形成的指导公共管理实践的治理理论代替了传统的政府统治理论和市场模式理论,我国教育行政职能由中央集权管理向分权管理提供了参考。具体说来,分权行政主要表现在两个方面。

(1)职能的削减和转移。即"政府从不应该干预的领域退出或将中央政府的某些职能转移给地方政府或半公共组织中去。"我国在《教育规划纲要》中对如何处理中央与地方的关系进行了规定,提出:"中央政府统一领导和管理国家教育事业,制定发展规划、方针政策和基本标准,优化学科专业、类型、层次结构和区域布局。整体部署教育改革试验,统筹区域协调发展。地方政府负责落实国家方针政策,开展教育改革试验,根据职责分工负责区域内教育改革、发展和稳定。""加强省级政府教育统筹。进一步加大省级政府对区域内各级各类教育的统筹。完善省对省以下财政转移支付体制,加大对经济欠发达地区的支持力度。根据国家标准,结合本地实际,合理确定各级各类学校办学条件、教师编制等实施标准。统筹推进教育综合改革,促进教育区域协作,提高教育服务经济社会发展的水平。支持和督促市(地)、县级政府履行职责,发展管理好当地各类教育。"

(2)权力的非集中化,一方面,将权力下放给地方政府或基层政府,让下级政府承担更大的责任;另一方面,在政府的运作、决策方面,提倡参与管理,让那些底层的官员和服务的对象参与决策和管理,让他们更多地介入到公共活动中来。分权不仅仅是对过分集中的反映,而是试图在国家发展上促进有效的大众参与,以改进政府的服务质量和扩大基层民主。

3. 由直接管理向间接管理转变

受传统"全能政府观"的影响,政府在管理教育事务时往往采用的是直接通过行政手段来进行管理。这样的行政管理方式往往导致了教育行政职能"错位""越位"和"缺位"现象的发生,导致教育行政权限范围内与权限范围外的角色偏离,主要角色与次要角色的偏离,给政府自身和学校发展都带来了负面影响。为了解决教育行政管理过于直接所带来的弊端,间接管理、宏观调控的管理方式得到越来越多的认可。与直接管理相对,间接管理是在"有限政府观和间接干预理论指导下的行政职能理论方式,以教育事业和非政府机制(如市场机制、第三部门机制)建立起联系为前提。在这种职能模式下,政府不充当直接的办学者,更不介入具体的办学事务。在管理方法上,可以通过引入绩效责任制,采用间接的管理方式对学校发展进行管理。国外很多国家也都是通过成立各种审议会、咨询会将社会力量引入到教育行政活动中,并采用绩效责任制等方式方法,实现对教育的间接管理和宏观调控。

第三节 教育办学体制及其改革

学校是现代教育制度的主体。在特定的制度环境下,由谁办学、如何办学、办学主体在办学过程中享有的权利和需要履行的义务等问题,是教育办学体制需要探讨的基本问题,也是教育管理体制改革需要研究的基本问题。

一、教育办学体制的概念

教育办学体制是指在国家法律法规规定的原则下举办各级各类学校的组织制度。不同的社会主体举办的学校及其他教育机构构成整个国家的教育体系。办学体制规范了举办学校应当符合哪些基本要求,哪些社会主体可以举办学校,哪些行政部门具有审查、批准举办学校的权限等。办学体制作为一项规范举办学校的行为规则,规范着举办学校的基本条件、对办学主体的基本要求以及审批权限等方面的基本制度。

关于举办学校的基本标准,《中华人民共和国教育法》第二十七条规定,设立学校及其他教育机构,必须具备四个基本条件:有组织机构和章程;有合格的教师;有符合规定标准的教学场所及设施、设备等;有必备的办学资金和稳定的经费来源。这些规定意味着,满足了上述基本条件的社会单位和公民个人都有权利向教育主管部门申请举办学校。

关于学校的举办主体,《中华人民共和国宪法》第十九条规定:"国家举办各种学校,普及初等义务教育,发展中等教育、职业教育和高等教育,并且发展学前教育。""国家鼓励集体经济组织、国家企业事业组织和其他社会力量依照法律规定举办各种教育事业。"可见,国家举办的学校及其他教育机构在整个教育体系中占据主导地位。国家办学主要表现为各级人民政府及其有关部门使用国家教育经费举办学校。

《中华人民共和国教育法》第二十六条规定:"国家制定教育发展规划,并举办学校及其他教育机构。国家鼓励企业事业组织、社会团体、其他社会组织及公民个人依法举办学校及其他教育机构。以财政性经费、捐赠资产举办或者参与举办的学校及其他教育机构不得设立为营利性组织。"企业事业组织、社会团体、其他社会组织及公民个人等社会力量办学,是我国社会主义教育事业的重要组成部分。对社会力量自筹资金举办学校的行为,国家在用地、税收、基本建设计划安排以及办学的审批与经费等方面给予必要和适当的帮助。对于社会力量举办的民办学校,根据《中华人民共和国民办教育促进法》的规定,国家实行"积极鼓励、大力支持、正确引导、依法管理的方针"。同时,各级人民政府应当将民办教育事业纳入国民经济和社会发展规划,实现民办教育与公办教育的共同发展。民办学校与公办学校具有同等的法律地位,国家保障民办学校的办学自主权。

二、教育办学体制的类型

纵观人类教育史上的学校所有制形式(即办学体制的种类),主要有国家所有、政府部门所有、政党所有、社会团体所有、企业所有、民族所有、个人所有,以及若干个所有权人共同所有等形式。其中,在学校属国家所有的形式中,还存在着学校分属中央政府所有、地方政府所有等形式;在学校属社会团体或组织所有的形式中,还存在着学校分属宗教团体所有、慈善机构所有、民间自治组织所有等形式;在学校归属若干所有人共有的形式中,还存在着西方国家的学校由全体纳税人共有(俗称公共学校)和我国存在的集体所有制学校(如乡、村通过集资办学所建立的学校)等形式。以上的学校所有制形式或办学体制形式尽管林林总总,各式各样,但从本质上我们可以将其划分为以下三种基本类型。

(一)公办学校

公办学校亦称为公立学校。我国的公办学校主要是指由各级政府、政府有关部门和国有企业举办的各类学校,同时还包括由乡人民政府和村民自治委员会合资举办的学校。国外的公办学校一是指由政府财政拨款举办的学校,二是指由社区全体公民缴纳教育税举办的学校。

就我国来说,公办学校的主体是国立学校或政府办学。国立学校或政府办学是指由国家通过财政拨款渠道办学、其所有权归属国家的学校。它主要包括由中央政府和地方政府分别设立的其所有权分别归属各级政府的学校。国立学校或政府办学,在我国古代称之为"官学",中华人民共和国成立以后,我国逐步将国立学校改称为"政府办学"。就现阶段而言,我国的政府办学主要包括中央政府所办的学校和地方政府所办的学校。中央政府办学是指由中央人民政府直接出资举办的学校。目前我国相当一部分大学特别是一些名牌大学如北京大学、清华大学、复旦大学等,就是由中央人民政府直接出资举办的,这类学校直接隶属于教育部或中央其他有关部委统辖,其书记、校长等学校领导成员也直接由国务院或所属部委任命。我国地方人民政府办学分为省、市(地)、县、乡各级人民政府所办的学校。目前,省级人民政府主要承担着举办高等学校和一部分中等职业技术学校的任务,市级人民政府主要承担着举办一部分中等专业技术学校和示范性高中、初中、小学以及职业中学的任务。我国的普通中小学(基础教育)主要由县、乡两级人民政府主办,其中"以县为主"。农工职业中学在城市主要由区级人民政府主办,在农村主要由县级人民政府举办。

(二)民办学校

民办学校是我国的一个特有概念。在我国,它是指除国家机关、国有企事业组织、集体经济组织、农村基层自治组织以外的各种社会组织或个人自筹资金举办的学校。具体来说,就是由国内各民主党派、社会团体、民营企业(主要是外资、合资、私人企业)和个人举办的,其教育投资所形成的资产属于各学校举办者所有的学校。在范畴上,它包括各级各类的民办学校,其中以普通中小学民办学校、中等职业技术民办学校和高等教育民办学校为主。

在国外,一般无"民办学校"的说法,而更多的是"私立学校"的称谓。国外私立学校的主要特点是:其举办者以宗教组织、慈善机构、私人财团和基金会为主;其服务对象以贵族、中产以上富裕阶层子女为主;其办学条件比之国立学校和公立学校相对优越,教育质量也较高;其办学以非营利性目的为主;其管理体制一般实行校董事会领导下的校长负责制或校务委员会责任制;政府根据需要对其给予适当财政补助或支持等。

我国的民办学校主要有以下特点:其教育场地、设施、设备等由其举办者投资租借或购置、建造,其日常教育经费主要由举办者筹措或提供;其以国家或当地政府的有关考试或招生的基本制度为基础,招生对象范围广泛并有自主权;其根据当地政府的收费政策实行收费入学制度;其享有更多的办学自主权和管理自主权,其法人代表由举办者或校董事会任命并对举办者和校董事会负责。

(三)混合所有制学校

所谓混合所有制学校,即学校的财产及其来源既包含国有或公有的成分,又包括私有的成分。目前我国的混合所有制学校主要有两种类型:一种是公办民助学校,另一种是民办公助学校。

1. 公办民助学校

我国的公办民助学校主要是指一些公立学校在接受以政府投资为主的同时,也接受来自社会团体、民间组织、民营企业或私人的资助。这种资助有两种性质:一种是集资、借资性质的资助。从严格意义上讲,集资、借资所形成的公立学校的财产所有权既不属于国家也不属于学校,而应属于资助组织或资助人所有。集资者之所以集资资助学校,往往是想与学校进行某种利益的交换,如获得子女的入学就读权或与学校按收益进行比例分成等。另一种是捐资性质的资助。根据我国有关法律,如果公立学校作为法人是受捐者,那么所捐资产就归学校所有,并不归学校的举办人(即所有人)及捐资人所有。

2. 民办公助学校

民办公助学校是指以各民主党派、社会团体或组织、民营企业(主要是外资、合资、私人企业等)、集体企业、农村集体经济组织、村民自治组织及个人等资助的,其教育投资所形成的资产分属各投资方所有的学校。这种学校主要有三种类型:一是政府或集体组织捐助,包括捐款、捐物、捐工(即为民办学校提供义务工时);二是政府进行政策扶助,包括无偿提供土地的使用权或以优惠价格向民办学校批租土地、提供物资等;以优惠政策向民办学校进行银行贷款;建立有效机制允许公办教师去民办学校任教;制定减免有关税费的政策等;三是政府直接投资,包括有形资产和无形资产的投资。此类民办学校通常也对"公助"方承担一定的义务。

三、我国现行的教育办学体制

从20世纪80年代初至今,经过近40年的发展,我国逐渐改变了政府包揽办学的格局,逐步建立起以政府办学为主体、社会各界共同办学的体制,一定程度上呈现出多元化发展的特征。

(一)办学体制开放且多元

从阶段划分,我国的学制系统主要包括幼儿及学前教育、义务教育、高中教育、高等教育、职业教育与成人教育等形式。不同类型的教育形成不同的办学体制,呈现出多元发展的特征。

1. 义务教育阶段办学体制

近年来,地方各级人民政府及其教育行政部门根据国务院的部署,采取多种有效措施,全面实施《中华人民共和国义务教育法》,积极普及九年义务教育,努力规范义务教育阶段公办学校的办学行为,使义务教育阶段公办学校择校生、乱收费现象得到遏制,大中城市推进小学毕业生就近免试升入初中的改革取得显著成效。同时,各地在党的十五大精神指引下,以《中国教育改革和发展纲要》及其实施意见为依据,进行了"公办民助""民办公助"等不同形式的办学体制改革试验。这对逐步建立以政府办学为主、社会各界共同办学的体制;对合理配置教育资源,吸收社会资金投入教育;对加强基础薄弱学校的建设,增强学校的办学活力;对规范义务教育阶段公办学校的办学行为,治理乱收费,缓解择校的压力等,起到了积极的作用。

2. 高中教育阶段办学体制

《国务院关于基础教育改革与发展的决定》提出:"普通高中教育在继续发展公办学校的同时,积极鼓励社会力量办学。"目前,我国高中教育属于非义务教育,这一阶段的政府办学占据主导优势,为此,国家鼓励在已经"普九"的地方,通过学校布局调整、高初中分离、重点学校与薄弱学校联合办学、灵活多样的授课制等形式,挖掘潜力,扩大现有公办普通高中的招生规模。鼓励重点职业学校、特色专业扩大招生规模;在教育行政部门的指导下,办学质量较高的重点职业学校可以根据社会需求与办学条件的可能,自主确定招生规模,可以在本省(自治区、直辖市)范围内跨地区招生,少数重点骨干示范性职业学校、专业可按照国家有关规定跨省(自治区、直辖市)招生;有条件的地区,农村职业学校可以免试招收农村应届初中毕业生或具有同等学力的学生入学;有条件的成人中等专业学校可以根据条件扩大招收应届初中毕业生;加强示范性高中的建设,扩大示范性高中的招生规模,努力满足人民群众对高质量高中阶段教育的需求。

3. 高等教育办学体制

高等教育主要包括综合大学、理工院校、农业院校、林业院校、医药院校、师范院校、语文院校、财经院校、政法院校、体育院校、艺术院校和民族院校等类型。《中国教育改革和发展纲要》规定:"必须充分发挥各级政府、社会各方面和人民群众的办学积极性,坚持以财政拨款为主、多渠道筹措教育经费。""改变政府包揽办学的格局,逐步建立以政府办学为主体、社会各界共同办学的体制。……高等教育要逐步形成以中央、省(自治区、直辖市)两级政府办学为主、社会各界参与办学的新格局。"同时,《高等教育法》进一步明确:"国家鼓励企业事业组织、社会团体及其他社会组织和公民等社会力量依法举办高等学校,参与和支持高等教育事业的改革和发展","高等学校应当面向社会,依法自主办学,实行民主管理"。至此,我国在新时期高等教育办学体制上的最新制度安排得以确立,即以政府办学为主体、社会力量共同参与、公办学校和民办学校相辅相成的多元化发展模式,主要内容包括法律确认国家和社会各方的办学者地位,以及高等学校的办学自主权。

4. 职业教育和成人教育办学体制

职业教育和成人教育实行在政府统筹管理之下,依靠行业、企业、事业单位办学和社会各方面联合办学。《职业教育法》规定,政府主管部门、行业组织应当举办或联合举办职业学校、职业培训机构,组织、协调、指导本行业的企业事业组织举办职业学校、职业培训机构。在办学层级方面,县级政府及其主管部门与行业组织主办或联合主办职业、成人教育;省、自治区、直辖市人民政府主办综合性、社区性职业技术学院,普通本科高等学校经教育部批准可主办高等职业技术学校。

(二)办学权力重心适当下移

当前我国已基本改变政府包揽办学的格局,逐步建立了以政府办学为主体、社会各界共同办学的体制。基础教育的办学体制是以地方政府办学为主;高等教育逐步形成了以中央、省(自治区、直辖市)两级政府办学为主、社会各界参与办学的新格局;职业技术教育和成人教育主要依靠行业、企业、事业单位办学和社会各方面联合办学。在中等及中等以下教育阶段,由地方政府在中央大政方针的指导下,实行统筹和管理。国家颁发基本学制、课程设置和课程标准、学校人员编制标准、教师资格和教职工基本工资标准等规定,省、自治区、直辖市政府有权确定本地区的学制、年度招生规模,确定教学计划,选用教材和审定省编教材,确定教师职务限额和工资水平等。省以下各级政府的权限,由省、自治区、直辖市政府确定。办学体制的权力重心下放到了省级政府,基础教育实行省级统筹,以县办学为主的体制。办学体制权力重心的下移对于激发地方政府举办教育的积极性、促进教育与地方经济体制协调发展具有重要意义。

四、教育办学体制的改革

党的十八大以来,以习近平总书记为核心的党中央,坚持把教育摆在优先发展的战略位置,全面深化教育领域综合改革,一批标志性、引领性的改革举措取得明显成效,教育公共服务水平和教育治理能力不断提升,中国特色社会主义教育制度体系进一步完善,我国教育总体发展水平进入世界中上行列,为13亿多人民提供了更好、更公平的教育,为经济转型、科技创新、文化繁荣、民生改善、社会和谐提供了有力支撑,中国特色社会主义教育自信不断增强。

(一)教育办学体制改革的指导思想

教育办学改革的指导思想是:全面贯彻党的十八大和十八届三中、四中、五中、六中全会精神,以邓小平理论、"三个代表"重要思想、科学发展观为指导,深入贯彻习近平总书记系列重要讲话精神和治国理政新理念、新思想、新战略,紧紧围绕统筹推进"五位一体"总体布局和协调推进"四个全面"战略布局,牢固树立和贯彻落实新发展理念,认真落实党中央、国务院决策部署,全面贯彻党的教育方针,坚持教育为人民服务、为中国共产党治国理政服务、为巩固和发展中国特色社会主义制度服务、为改革开放和社会主义现代化建设服务,全面深化教育综合改革,全面实施素质教育,全面落实立德树人根本任务,系统推进育人方式、办学模式、管理体制、保障机制改革,使各级各类教育更加符合教育规律、更加符合人才成长规律、更能促进人的全面发展,着力培养德智体美全面发展的社会主义建设者和接班人,为实现"两个一百年"奋斗目标、实现中华民族伟大复兴的中国梦奠定坚实基础。

(二)教育办学体制改革的基本原则

(1)坚持扎根中国与融通中外相结合。继承我国优秀教育传统,立足我国国情,遵循教育规律,吸收世界先进办学治学经验,坚定不移走中国特色社会主义教育发展道路。

(2)坚持目标导向与问题导向相结合。坚持以人民为中心,着眼促进教育公平、提高教育质量,针对人民群众反映强烈的突出问题,集中攻坚、综合改革、重点突破,扩大改革受益面,增强人民群众获得感。

(3)坚持放管服相结合。深化简政放权、放管结合、优化服务改革,把该放的权力坚决放下去,把该管的事项切实管住管好,加强事中事后监管,构建政府、学校、社会之间的新型关系。

(4)坚持顶层设计与基层探索相结合。加强系统谋划,注重与《国家中长期教育改革和发展规划纲要(2010—2020年)》等做好衔接。尊重基层首创精神,充分调动地方和学校改革的积极性、主动性、创造性,及时将成功经验上升为制度和政策。

(三)进一步深化教育办学体制改革的措施

自1985年《中共中央关于教育体制改革的决定》颁布以来,我国在办学体制改革方面已迈出了很大的步伐。但就目前而言,深化办学体制改革的任务仍十分艰巨,构建有中国特色的社会主义现代化办学模式,仍将是一项长期的任务。纵观我国目前办学体制的现状,我们认为,今后应着力在以下几个方面继续深化改革。

1. 进一步明确政府举办教育的主要职责

与医疗卫生、公共安全一样,教育是一项基本的社会公共服务,尤其在义务教育阶段,更是如此。在非义务教育阶段,教育的改革与发展也离不开政府财政的支持。进行办学体制改革,首先要明确政府举办教育的主要职责,坚持教育的公益性基本原则。随着经济发展和国力的增强,未来将会逐步把幼儿教育、学前教育以及高中阶段教育的普及提上日程,无论是否将这三类教育纳入义务教育体系,从这三类教育的社会公益属性上看,政府都应当承担重要的办学职责。通过办学体制改革,要健全政府主导、社会参与、办学主体多元、办学形式多样、充满生机活力的办学体制,形成以政府办学为主体、全社会积极参与、公办教育和民办教育共同发展的格局。进一步激发教育活力,满足人民群众多层次、多样化的教育需求。

2. 按照政事分开原则扩大学校办学自主权

长期以来在计划体制下形成的"政事不分",政府包揽一切、政府直接干预学校管理的旧观念、旧体制在目前仍未得到彻底解决。因此,在坚持政府宏观调控的前提下,应进一步简政放权,扩大学校的办学自主权,使学校真正成为面向社会自主办学的独立法人实体。简政放权、扩大办学自主权,既有利于增强各级各类学校的办学责任与压力,激发办学动力和活力,也有利于形成学校自我发展、自我约束的机制,使学校真正成为相对独立的办学实体,同时还有利

第四章 运行保障:教育管理体制探究

于使各级各类学校积极地发展办学特色和个性,创办特色学校。

强调政事分开,扩大办学自主权,并不是要弱化政府对学校的领导权力和干预机制,而是要转变政府对学校教育领导和管理的方式,即从过去那种包办一切、直接干预学校内部管理事务的方式中摆脱出来,把重心放在对教育事业发展及其运行过程的宏观调控上,即通过健全教育政策法规、制定教育事业发展规划、划拨教育经费、开展教育督察和评估、提供教育信息咨询服务等方式和途径对教育事业实施管理与领导。

根据《中华人民共和国教育法》规定,各级各类学校在遵守国家的法律、法规,贯彻国家的教育方针,执行国家教育教学标准,保证教育教学质量的前提下,享有九项自主权:(1)按照章程进行自主管理;(2)组织实施教育活动;(3)招收学生或其他受教育者;(4)对受教育者进行学籍管理,实施奖励和处分;(5)对受教育者颁发相应的学业证书;(6)聘任教师及其他职员,实施奖励或处分;(7)管理、使用本单位的设施和经费;(8)拒绝任何组织和个人对教育教学活动的非法干预;(9)法律、法规规定的其他权利。对于以上九种办学自主权,各级政府及教育行政管理部门要实实在在地放给学校,并且要在具体的办学和管理的过程中不直接干预。

3. 继续推动办学体制的多元化发展

公办学校的办学体制还需进一步深化,即通过立法手段和财政手段,积极鼓励支持行业、企业及公民个人等社会力量参与公办学校办学,如通过联合办学、学校委托管理等形式,扩大优质教育资源,增强办学活力,提高办学效益。在非义务教育阶段,通过完善税收、土地等方面的优惠政策,鼓励公办教育和民办教育的公平竞争,鼓励社会力量兴办教育,改进非义务教育阶段教育公共服务的提供方式。民办教育是教育事业发展的重要增长点和促进教育改革的重要力量,各级政府要把发展民办教育作为重要的工作职责,鼓励出资办学,促进社会力量以独立举办、共同举办等多种形式兴办教育。政府要通过财政、行政等方面的措施,清理并纠正对民办学校的各类歧视政策,依法落实民办学校、学生、教师与公办学校、学生、教师平等的法律地位,支持民办学校提高质量,办出特色。通过确立公办学校和民办学校的平等地位,为各级各类学校创设公平竞争、共同发展的制度基础。

4. 加强对民办教育的正确引导和管理

改革开放以来中央对民办教育所采取的"积极鼓励,大力支持,正确引导,依法管理"的方针是极为正确的。发展民办教育有利于调动社会团体和公民个人的办学积极性,加速教育事业的发展;有利于吸纳社会资金,增大教育投入,缓解和补充政府对教育投入的不足;有利于强化教育内部竞争机制,促进公立教育增强办学活力,提高教育质量;有利于强化全社会的教育意识,对社会和公民个人教育消费导向起到积极的作用。然而,近些年来,民办教育在发展的过程中也出现了一些问题,对于这些问题应按照中央"正确引导,依法管理"的方针,及时地加以预防、矫正和规范。

首先,要防止民办教育单纯以盈利为目的。经济学界的人士指出,在目前国内的市场中,几乎所有的商品都变成了"买方"市场,而唯有教育是"卖方"市场。在这种背景下,不少人便把办学变成了谋取高额利润的特殊产业。一些人以创办学校、利国利民为名,而行"盈利""捞钱"之实。诚然,在民办教育发展之初应允许其获得一定程度的经济回报,否则民办教育的发展将会丧失动力。但经济回报或经济补偿应当有一定的限度,否则就会扭曲教育的功能,改变教育的性质,偏离教育的宗旨。为此,在发展民办教育事业时,一定要采取法律的、行政的和宣传教育的手段防止其朝着盈利化的方向发展,只有这样,我国的民办教育才能走上健康发展的道路。

其次,要引导民办学校贯彻党和国家的教育方针,培养德智体美全面发展的社会主义现代化建设者和接班人。前些年,我国一些私立学校公开声称自己是"贵族学校",这种观念和提法极其错误。面向什么人、培养什么人,这是办学的根本问题。在我国以公有制为主体、多种所有制形式并存的条件下,一些先富起来的公民想让他们的子女享受到比一般普通教育更为优质的教育,这是可以理解的。但是,任何学校都不能标榜自己是贵族学校或特权学校,更不能以培养贵族为宗旨。在我国社会主义条件下,无论是公办学校还是民办学校,都必须坚持社会主义办学方向,贯彻党的教育方针,培养德智体美全面发展的社会主义建设者和接班人。

最后,要加强和规范对民办学校的管理。《中华人民共和国民办教育促进法》提出的"积极鼓励、大力支持、正确引导、依法管理"十六字方针,是加强和规范民办教育管理的根本依据。目前,应严格按照《民办教育促进法》和《民办教育促进法实施条例》的要求,依法加强对民办学校的监管,规范其办学行为。对于违犯法律法规的行为,一经查实要坚决依法处置,要切实维护受教育者的合法权益。同时应依照《民办教育促进法》的精神,进一步制定和完善促进民办学校健康发展的政策法规,使政策法规能覆盖到民办教育运行的各个方面。只有在政策法规的保障下,民办学校才能逐步由无序走向有序。

第四节　学校内部管理体制的构建与改革

一、学校内部管理体制的概念

学校内部管理体制是指维系学校人群集合体、保证其正常工作和有效运转的组织体系与制度的总称,它与教育行政体制和办学体制存在着密切的联系。可以说,学校内部管理体制的基本性质与特征,是受教育行政体制和办学体制所决定的。但是,它们彼此所涵盖和反映的对象、内容、范围则有所不同。教育行政体制和办学体制重点反映的是国家对于教育事业实行宏观管理的基本制度,学校内部管理体制重点反映的是国家对于各级各类学校内部实施领导与管理的基本制度。

二、学校内部管理体制的内容

总体上来看,学校内部管理体制主要包括学校内部的领导体制、组织机构和各项工作管理规章制度三个方面的内容。

(一)学校内部的领导机制

学校领导体制是关于学校领导机构的设置及其管理权限划分的基本制度,它规定学校由谁来领导和实施领导与管理的基本组织原则。简而言之,就是学校确定什么样的领导机构,成立什么样的领导班子,其施行的职、权、责的范围以及活动方式是什么等。在学校内部管理体制中,领导体制居于核心地位。国家赋予学校领导人员的职责范围、权力大小是依据学校的领导体制所决定的。学校领导体制设置合理、科学、正确,就可以加强学校领导者的责任感,调动他们管理的积极性,提高学校管理的效能。反之,如果学校领导体制设置不当,就会压抑学校领导者的积极性,制约他们领导职能和管理权限的发挥,从而降低学校管理的效能。目前我国学校内部的领导机制主要分为中小学领导体制和大学领导体制两种。

1.中小学领导体制

我国的中小学领导体制施行的是中小学校长负责制,校长负责制指在上级教育行政部门领导下,校长全面负责学校的日常教育教学和科研活动,校长对外代表学校,是学校的法人代表,对内部各项工作具有决策权、指挥权、人事权和财务权。具体包括:学校在校长的领导下,承担贯彻国家的教育方针,执行国家教育教学标准,保证教育教学质量,维护受教育者、教师及其他职工的合法权益的责任;学校在校长的领导下,依照办学章程自主管理,组织实施教育教学活动,招生并对学生进行学籍管理、实施奖励或处分,对学生的学业成绩进行评定并颁发相应的学业证书,聘任学校教职员工并实施奖惩,学校有权管理、使用本校的设施和经费;根据国家法律法规的规定,学校应当组织以教师为主体的教职工代表大会、党支部等多种民主管理形式,充分发挥教职工的工作积极性,使教职工真正成为学校的主人,保障全体教职员工民主参与学校的管理,对学校工作进行监督。

依据我国教育法律法规的规定,我国的中小学校长负责制主要包括党组织保证监督、校长全面负责和教职工民主管理三个方面。

(1)党组织保证监督

在校长全面负责学校工作的同时,党组织在学校的政治核心地位依然不能忽视,学校应在校长的领导下充分发挥党组织对学校各项工作的监督和保障作用,从而确保学校全面贯彻党和国家的各项方针政策。

(2)校长全面负责

校长对学校的管理承担全面责任。校长是学校的法人代表,根据相关的规定行使职权、履行职责并且对外代表学校。学校的教学和内部行政管理工作,由校长负责。具体来说,校长对学校工作全面负责所行使的权力主要包括决策指挥权、干部任免权、教职工奖惩权和学校财经权等。

(3)教职工民主管理

校长对教职工的管理必须民主,《中华人民共和国教师法》明确提出教师有权"对学校教育教学、管理工作和教育行政部门的工作提出意见和建议,通过教职工代表大会或者其他形式,参与学校的管理"。教职工代表大会是学校的教职员工参与学校管理、行使自己民主权利的基本途径和主要方式。学校教职工代表大会在校党委领导下,在校行政和广大教职工的支持下,紧密围绕学校的中心任务开展工作,履行听取讨论、审议通过、讨论决定、民主评议四个方面的职权。

2.大学领导体制

党委领导下的校长负责制是高等学校领导体制的重要类型,在这一体制中,高校党委是高等学校整体工作的领导核心,校长是高校各项工作的指挥和管理中心。对于这一体制的内容,我们大致可归纳为以下几个方面。

(1)党的领导和行政领导的关系

坚持中国共产党的领导是我国政治体制的核心问题,在各个领域都不能缺少中国共产党的领导。中国共产党的领导可以保证各领域沿着社会主义方向前进。在高校管理中,如果中国共产党在重大问题上不参与决策,不对工作方向施以监督,党的领导就会有名无实;但是,如果中国共产党对高校管理的每一件事都参与决策和指挥,就会让中国共产党的领导取代行政领导,形成党包办学校的现象,这与党组织的地位和作用是不相符的。因此,在高校管理中,必须要处理好党的领导和行政领导之间的关系,同时要将二者进行有机结合,不能走向极端。

(2)领导者和被领导者的关系

在高校管理中,领导者和被领导者之间的关系是高校领导体制必须要解决的一个重要问题。在高校中,不仅领导者是主人,广大的教职员工也是主人,尤其是一些学术人员,他们都是所属学科专业领域的专家,因此在管理中,高校领导者需要重视被领导者的地位和作用,要让被领导者也参与到管理工作中来,要充分发挥学术委员会的作用,以保证管理决策的科学性和民主性,形成全员参与、团结一致共同办好学校的局面。

(3)职责和权力的关系

职责和权力相统一是管理科学的一条重要原则,这条原则要求管理者需要承担责任,同时也要拥有相应的权力。在高校管理中,"要使学校各方面工作有效运转,就要授予校长相应的决策权、指挥权和人事权,否则校长就无法负责"[1]。需要注意的是,校长的权力需要受到一定的限制和制约,只有这样才能避免出现独断专行的局面。

(4)个人负责和集体负责的关系

高校工作是由个人负责还是由集体负责是高校领导体制中一个非常重要的问题。如果由个人负责,实行"一长制",可能出现独断专行的局面。如果由集体负责,实行"委员制",则有可能出现互相推诿和议而不决的无效率现象及官僚主义作风。因此,高校领导体制需要将个人负责和集体负责二者有机地结合起来。

(二)学校内部的组织机构

要维系学校人群集合体的有效运转,不仅需要设置责权明确、坚强有力的领导体制,还需要从上至下建立起目标明确、层次清晰、职责完备、体系健全、运转协调的学校管理组织机构系统。我国学校内部的组织机构大致上也可以分为中小学内部的组织机构和大学内部的组织机构两种。

---

[1] 杨德广.高等教育管理学[M].上海:上海教育出版社,2006:93.

第四章 运行保障：教育管理体制探究

1. 中小学内部的组织机构

我国中小学现行的组织机构，从宏观上可以分为两个系统：一是党支部（规模较大的学校设党总支）及其领导下的党的基层组织和群众组织，包括党小组、教育工会、教职工代表大会、共青团、少先队、学生会等；二是校长领导下的审议机构、行政机构、教学组织、生产组织和办事机构，包括校务委员会、教导处、政教处、总务处、校长办公室、各科教研组、年级组、班级等。

2. 大学内部的组织机构

我国大学的组织机构，从体系上可以划分为两个系统，一是党委领导下的党的基层组织、群众组织和党委职能管理部门，二是校长领导下的行政机构和教学、科学、生产组织等；从层级上又可以划分为三个层次，即最高决策层、中间管理层、基础操作层。

我国高校的决策层组织机构主要包括党委和校长。党委作为高等学校的核心领导机构，主要以党委会的形式对学校发展的重大问题进行决策。校长是高等学校行政工作的主要负责人，主持全校的行政管理工作。校长通常以参加党委会、常委会或全委会的方式参与对学校重大问题的决策，同时以领导校长办公会或校务会的方式以及个人自由裁量的方式对学校的日常行政管理工作进行决策。

我国高校中间管理层组织机构主要由学校机关党政职能部门和各院（系）、部、所的党政机构组成。学校机关的组织机构主要由党委领导下的党委职能部门和办事机构与校长领导下的行政职能部门和办事机构所组成。院（系）、部、所等教学、科研实体性组织是高等学校中间管理层的主体。20世纪末，在教育部倡导下，大多数高校，尤其是一些规模较大的综合性大学，开始按照美国和欧洲大学的模式逐步实行"校、院、系三级建制，两级管理"的校内管理模式改革，即在校下设院，院下设系，形成了校、院、系三级建制的组织架构。其中，管理职能和权限主要由校、院两级承担和行使，系仅为从事教学、科研的基层性组织，不设立办公室，不行使人事、财务等管理权限。学院作为大学基本的教学组织单位，其内部的基本组织机构主要包括院党总支、院长、副院长、系和系主任等。

我国大学的基础操作层组织机构主要由学校机关各职能部处下设的科室及科长、科员，学院下设的党政办公室及主任、秘书，以及系主任、教研室主任等组成。他们的主要任务是按照决策层和管理层的指令信息，具体操作实施各项管理工作和业务工作。

（三）学校内部各项工作管理的规章制度

所谓学校管理规章制度，就是指学校全体成员在工作、学习和生活当中必须遵循的行为准则。良好的学校管理规章制度，不仅可以对师生员工起到管理作用，而且也可以起到教育作用。从管理意义上来看，规章制度的建立和实施，可以使教职工有章可循，有法可依。从教育意义来看，一定的规章制度，是一定社会的道德规范、思想规范和政治规范的具体体现。因此，规章制度在实施和执行的过程中，就会对师生的思想和行为发生潜移默化、熏陶感染的教育影响。只要坚持不懈，持之以恒，规章制度中的思想内容就会逐渐内化为师生的个性心理品质和行为习惯，使师生对制度的遵循由他律走向自律。

学校内部管理规章制度包含的内容十分广泛，原则上它应涵盖学校工作和生活的各个领域、各个方面。从总体上,学校管理规章制度可以分为全校性和部门性两种。以普通中学为例,全校性的常规管理制度主要有:岗位责任制度;考勤制度;奖惩制度;考核评估制度;作息制度;会议制度等。部门性的规章制度涉及学校各个管理职能部门。就普通中小学而言,主要有教导处颁布的各项制度和总务处颁布的各项制度。由教导处颁布制定的有:教师工作量和岗位责任制度;备课、上课制度;作业批改制度;考试评分制度;升留级制度;学生操行评定制度;学籍管理制度;图书管理制度;卫生保健制度;课堂规则;考试规则;作业规则;集会纪律;等等。由总务部门制定的常规制度有:门卫制度;伙食制度;物资采购、保管和供应制度;财产保护制度;职工劳动纪律等。

一般来说,学校的管理规章制度制定的越细致、越规范,学校各项工作就越能够做到有章可循、有法可依、有条不紊、秩序井然。因此,加强学校内部各项工作管理规章制度建设,是提高学校管理法治水平的一个重要途径。

三、学校内部管理体制改革

(一)学校内部管理体制改革的成效

1999年5月,教育部召开了"高等学校内部管理体制改革座谈会"。全国高校普遍开始了以人事分配制度为重点的新一轮内部管理体制改革。此后,我国接连下发了多部有关学校内部管理体制改革的文件,如《关于当前深化高等学校人事分配制度改革的若干意见》《关于深化高等学校人事制度改革的实施意见》等。在国家的引导下,我国的学校内部管理体制改革已经有了一定的进展,并取得了一些成效,这主要体现在以下几个方面。

1. 完善了学校领导体制,提高了办学效益

随着校长负责制的推行,各地加强了对校长的选拔、培训和考核力度,校长的政治思想水平和管理水平不断提高,校长队伍不断优化。同时,为了使校长在工作中尽职尽责,充分发挥作用,把学校办出特色,校长拥有了更多的办学自主权。这些都大大提高了办学效益。

2. 严格实行岗位聘任制,激发了教师的积极性

通过学校人事制度改革,教师队伍中的冗员大幅度减少,结构更为合理。同时,由于学校开始启动一系列竞争机制,有能力、有责任心的优秀教师能充分发挥才干和潜力,能力平庸而又不思进取的那部分教师也产生了危机感,有了压力,从而开始积极提升自己的教育教学水平,促进了学校教育教学质量的提高。

3. 核编定员,定岗定责,促进了学校管理科学化

通过实行岗位责任制,规定学校人员的编制,明确教职工的岗位责任,促进了学校领导用科学的方法管理学校,向管理要质量,向管理要效益,向管理要发展。责、权、利统一的校长负责制和岗位目标责任制的推行,大大提高了学校行政工作的效率,促进了对人、财、物、事的科学管理。

（二）进一步完善学校内部管理体制的意见

1. 加强民主制度建设，坚持民主管理实践

学校要完成教育教学工作就必须充分调动广大教职工的积极性和创造性，必须自觉树立全心全意依靠教职工办学的思想，突出以人为本，重视民主管理工作的制度化、规范化建设。

（1）要健全工会制度。学校有专门的工会委员会，有专职主席，明确职责，充分发挥工会桥梁与纽带作用。学校工会工作紧紧地围绕党组织和学校的中心工作，从关心和维护教职工的根本利益出发，协助党组织做好深入细致的思想工作，引导教职工正确处理各种矛盾和利益关系。

（2）建立民主理财制度。学校财务管理是学校运行的基本保障。管好财和用好财是两个不同层次的过程，管好的目的是用好，只有把有限的资金用于教学一线，学校的发展才有保障。

（3）狠抓教职工代表大会制度建设。教职工代表大会对学校重大决策的讨论过程也就是广大教师认同学校发展思路的过程，教师参与讨论和决策，使教师主人翁意识得到增强。讨论的过程不仅仅只是让教职工参与决策过程，更重要的是激发广大教职工的主人翁意识，使全体教职工真正从主人翁的角度思考、研究学校的发展和管理工作。

2. 实施内设机构改革，推行扁平化管理

教育规划纲要指出："教育要发展，根本靠改革。要以体制机制改革为重点，鼓励地方和学校大胆探索和试验，加快重要领域和关键环节改革步伐。"为了实现内部管理改革，学校首先要能简政放权，以便充分调动以年级为单位的教学实体的工作积极性。例如，将教师任用和经费使用的权利下放到年级部和年级处，使得年级部和年级处变成工作实体，同时使得学校的所有工作都要围绕教学开展，特别是后勤和行政工作要树立为教学一线服务的意识，切实保障稳定有序的教育教学秩序，使各年级处能够真正把主要精力投入到各年级的教育教学管理上。

3. 进一步推动学校各项规章制度的完善

造成我国学校内部管理问题产生的一个重要原因就是各项规章制度不健全，因此，要想进一步推动我国学校内部管理体制的改革，就需要不断健全学校各项规章制度，具体要做好以下几个方面的工作。

（1）坚持正确的指导思想

规章制度是否能够激励人们努力工作，最大限度地调动人们工作的积极性，关键要看制定规章制度的指导思想。在学校中，师生员工的主动性和创造精神对学校教育功能的实现具有重要的作用，因此学校的规章制度应该要以调动师生员工的主动性和创造精神为指导思想，实现为教学和科研工作服务，为广大教职员工和学生服务，要让规章制度成为被管理者乐于接受、乐于遵守的行为准则。学校的规章制度应该从维护全体教职员工和学生的权利与利益出发，以提高管理工作的水平为目的，在遵循依法治校原则的前提下，实现规章制度的合理性和正当性。

(2) 完善规章制度的制定程序

规章制度的制定不应该是由领导者拍脑门决定的,它需要有一系列规范的制定程序,并且要严格按照规范来执行,具体来说,要完善规章制度的制定程序需要做到以下几点。

第一,在起草工作开始之前,起草部门应当对拟起草的规章制度进行必要性和可行性论证,同时,学校也应该按期编写计划。此外,起草部门在起草之前还要采取多种形式,如书面征求意见,召开座谈会、论证会和听证会等,来听取有关部门、教职员工和学生的意见,以便增加相关部门、教职员工和学生对规章制度的认同感,另外还可以起到民主监督的作用。总之,只有经过深入调研、充分论证、各方面条件都比较成熟的规章制度才能够进入起草阶段。

第二,在起草阶段,规章制度的表述需要观点明确、言简意赅,同时要保证规章制度之间相互协调,不能存在矛盾。

第三,在审查阶段,应该制定出明确的审查标准。在涉及重大或者疑难法律问题上,还应当邀请有关法律专家进行咨询论证。

第四,在正式出台前,应该有试行阶段,以便能够及时发现问题,总结经验,对规章制度不完善的地方进行改进,从而使正式出台的规章制度能够具有权威性和可行性。

第五,在审议和决定阶段必须要按照规定的程序进行审议,经审议确定的规章制度需要在全校范围内进行公布,以便能够使广大的教职人员和学生都对其有所了解。

(3) 合理确定规章制度的内容

学校规章制度的制定除了要遵守一定的原则外,在内容上还需要注意合理性,要注意从实际出发,不能生搬硬套。规章制度所规定的内容应该符合"只要经过努力人人都可以做到"的原则,不能把不符合实际的高要求列入规章制度中。

(4) 确保规章制度的与时俱进

时代在发展,学校制定的规章制度并不总是与时代相符合,而这会阻碍学校管理工作的效果。因此,应确保学校规章制度与时俱进,及时清理那些不符合实际情况的规章制度,以保证学校规章制度与客观实际的一致性以及自身的有效性。

除此之外,高校还应制定科学的绩效分配制度,由于这部分内容在本书后面会进行专门论述,因此这里不再赘述。

第五章 以学生为本：学生管理探究

　　学生管理是学校管理者组织、指导学生，按照教育方针所规定的教育标准，有目的、有计划、有组织地进行各种教育，使学生在德、智、体、美、劳等方面都得到发展，成长为社会主义事业接班人的过程。它是学校管理甚至是教育管理的重点，对其进行研究是非常有意义的。本章主要从内涵、常规管理、奖惩管理以及自律自教管理这几个方面来探讨学生管理的相关知识。

第一节 学生管理的内涵

一、学生管理的概念

　　学生管理，即学校对学生工作的综合管理。具体来讲，学生管理是指为实现人才的培养目标，实现学生德、智、体、美的全面发展，学校通过一系列决策、计划、组织和控制，对各种资源进行充分有效的利用，以服务和指导学生的成长成才过程。

　　学生管理的主体，一般都会认为是学校。其实，学生管理的主体并不是唯一的。学校、教育行政管理部门和学生都是学生管理的主体。只不过，学校是学生管理最重要的主体。教育行政部门则主要通过制定法律、法规以及各种规章制度，对学生的学习和活动做出明确的规定，以此在宏观层面上对学生进行管理。

　　学生既是管理的客体，又是管理的主体。因为学生在被管理的同时，也可以参与到学生管理的活动中。这种参与的过程正是学生主体性不断形成的过程。此外，学生是管理的主体还表现在其对管理活动结果具有建构作用，也就说学生能够将自己建构成认识主体，既认识管理对象也认识自身。

　　学生管理既有管理的基本属性，又有其特殊性。这主要表现在以下几点。

　　第一，管理总是有一定目的的，学生管理的目的是以人才的培养和发展为中心的，即学校要实现国家预定的人才教育目标，实现学生的协调健康发展，培养一批富有创新意识和生产实践能力的知识分子，为中国特色社会主义社会提供建设者和接班人。

　　第二，学生管理的组织具有特殊性。学生管理主要由学校这一特定社会组织来实施。管理活动通常是在学校环境中进行的。学校是专门培养人才的社会组织，其首要和基本任务，就是教育和培养学生。学生管理就是围绕这一任务而实施的专门管理活动。

第三,学生管理的实质是使学校的各种资源得到优化配置,指导和服务于学生的成长和发展。例如,指导学生顺利升学、毕业,帮助学生健康成长,引导学生行为,资助家庭经济困难的学生等都在学生管理范畴之内。实现这些任务,需要科学的策划、安排和控制,实现资源的最大化利用。

二、学生管理的基本原则

(一)方向性原则

在学生管理中,方向性原则是最为基本的一个原则。学生管理要有一定的方向指引,对于人才培养的规格、方式和模式这些根本性问题,要有明确的认识。学生管理贯彻方向性原则,就是要使学生管理的目标与学校教育教学工作的总目标相一致,要与党和国家在大政方针和法律法规中规定的有关教育目标、管理目标等相符合。只有坚持这一原则,才能保证学生管理工作沿着正确的轨道运行,才能有效促进学生的全面健康发展以及自我价值的实现。

在进行学生管理时遵循方向性原则,应注意以下几个方面。

首先,管理者要根据时代和社会需求的变化,及时调整和改革学生管理的目标。学生管理坚持正确的方向,就是要在实际的管理活动中能够充分地服务于党和国家的中心任务。随着时代的变化,党和国家的任务也会有所变化,对人才的要求也会有不同的认识。因此,学生管理要紧跟时代的步伐,依据实际情况改革管理目标,创新管理模式。

其次,管理者要树立明确的政治意识。所处的社会不同,学生管理的目标体系、理念、方法等也会出现明显的差异。因此,为了坚持学生管理的正确方向,必须培养管理者的政治意识。

最后,管理者要制定合法的规章制度。学生管理要坚持正确的方向,就要在中国共产党的领导下,贯彻党的方针政策。这些方针政策在学校中,以各项制度的形式出现,与党的政治方向和价值取向相一致。学校在制定相关的各类学生管理制度时,要与国家相关的教育法律法规相协调。合法的规章制度,往往融入了一定的政治方向,能够有效地指导管理的执行。

(二)激励性原则

学生管理的激励性原则,是指管理者在实施学生管理工作中,要运用一定的激励手段或方式,引导学生的思想行为朝着预期的目标发展,使学生的积极性和创造性得到调动,从而最大限度地挖掘出每个学生的潜能,最终实现管理的目标。坚持该原则非常有助于提高学生的学习能力,促进学生的全面发展。

在实施激励原则的过程中,管理者要根据学生的实际情况、满足学生的学习需要、激励学生的内在动力,有针对性地采取合适的手段或方式,最终获得激励的效果。为了更有效地贯彻激励性原则,首先,管理者要采用正向的激励手段,正向激励可以从以下两个方面来实行:一是物质上的激励,主要是指财物方面的奖励和鼓励;二是精神上的鼓励,主要指表扬和赞许。正向的激励,可以产生巨大的正能量,使学生将外部的作用力转化为内在的奋斗精神,挖掘自身的才能,实现自身的不断发展和进步。其次,管理者应树立榜样,发挥示范作用。榜样往往能够带动学生的效仿,使学生在学习和生活中,有一定的目标和方向可循。在学生管理中,要善于树立榜样,宣传和鼓励榜样,激励学生争相效仿。

(三)自主性原则

在学生管理中,管理者要提倡民主管理,促使学生从被动地接受管理变为积极主动地参与管理,促使学生运用自己的聪明才智,自主解决自身的问题,实现自我管理。这就是学生管理要遵循的自主性原则。

贯彻自主性原则,学生管理者需要注意以下几个方面。

首先,唤醒学生的自主管理意识,充分照顾学生的自主需求;使学生体会自主管理的好处,享受自主管理的成果。

其次,指导学生进行自主管理。自主管理并不意味着放任自流,需要管理者的指导和帮助。具体来说,管理者要告诉学生工作的方向和目标,也就是要达到的效果;要定好相应的标准,做好监督工作,关注学生工作的进展情况;要及时获得反馈信息,确保学生工作方向的正确性。

最后,为学生自主管理提供一定的平台。辅导员要充分"放权",以班委会、团支部等学生组织为载体,为学生提供自主管理的平台,建立健全自主管理的运行机制,保证学生能够真正做到自主管理。

(四)发展性原则

随着我国社会政治的发展、经济实力的增强、文化的不断丰富,社会生活瞬息万变,复杂而深刻,学生管理工作所面临的形势、所处的环境、所实施的对象、所需完成的任务都会有很大的改变。这就对管理的运行机制、模式、目标和方法提出新的要求,因此,学校管理要遵循发展性原则。学生管理的发展性原则一方面是指学生管理工作自身要不断更新和发展,另一方面是要通过学生管理工作实现学生的全面发展。

一般来说,通过学生管理促进学生的全面发展需要注意以下三个方面。

首先,管理者要拥有发展的观念。很多管理活动都是在一定的思想指导下进行的,理念不同,管理方式和结果就会发生相应的变化。坚持发展性原则需要树立发展的观念,以学生的全面发展为基础,打破思维定式,以新的发展观念指导和设计管理的决策和计划。

其次,管理者要合理安排学校资源的整体规划,形成合力,以更好地促进学生的发展。为此,学校要协调各管理部门之间的工作、活动和关系,加强彼此之间的沟通与联系,从而有利于组织内部的和谐统一,实现学校资源的优化配置,使管理对学生培养和教育的作用得到最大限度的发挥。

最后,管理者要不断进行管理创新,以保证自身发展的活力,促进学生的全面发展。管理创新要为学生的全面发展服务,符合学生管理的一般规律和内在规律,开拓创新,在继承的基础上实现新的创造,开展富有创造性的工作,实现学生的成长成才。当前阶段下,学生管理工作中不断有新的问题冒出,对学生的思想造成了极大的困扰和迷惑,学生的思想观念出现多元化的倾向。如果墨守成规,仍然使用传统的管理方法,必然不可能解决今天的问题,无法适应现在的发展。因此,实现管理的创新应该成为当前学生管理工作的重要任务。

(五)协调一致性原则

学生管理要贯彻协调一致原则,这是因为,学校是一种复杂的管理活动,往往受到诸多因素的影响。为了获得较好的效果,管理者应主动组织协调影响学生的各方面教育力量,互相配合,共同合作,步调一致地做好学生管理工作。

贯彻协调一致原则,学生管理的管理者要重点做到以下三个方面的要求。

首先,协调好团队组织和班委会。团队组织和班委会是学生集体的核心,是教师开展工作的依靠力量,因此,管理者要充分做好协调工作,以充分发挥他们在班级管理中的积极性、主动性和创造性。

其次,充分发挥教师集体的作用。学生管理与任课教师的密切配合是分不开的,因此,管理者应当努力促成一个团结一致的教师集体。

最后,广泛地调动家庭、社会以及学校内部各方面的力量,使之密切合作,相互补充。家庭、社会和学校是影响学生成长的主要外部因素。管理者若能协调好这几个方面的因素,则能有效促进学生管理效果的达成。

三、学生管理的方法

(一)自我管理和参与管理相结合

学生的自我管理指学生对自己的生活、学习、交际等进行设计、安排和调控的活动,这一活动可以培养学生的自主性。学生的参与管理则指学生投入到学生群体中自我管理的活动,它可以培养学生的责任心。

1.培养学生主体意识和参与管理能力

主体、客体是两个关系范畴,两者相互依存、互相规定,教师为主体,学生就必为客体。不过,教师为主体与学生为客体的关系,在一定条件下也可以发生转变。

学校工作包括教学和管理工作,教学又包括教师的教与学生的学。从教学过程看,一个阶段是,教师传授教育内容,学生接受新知识。这一过程中教师是作为主体存在,作用于学生,学生作为客体存在,接受教师的主动影响。另一个阶段是,学生把教师传授的新知识,同化到自己原有的知识结构中去的过程。这一过程中虽然有教师的导向、催化作用,但不起决定性作用。这一过程主要还是学生自主、自觉地实现知识内化、构建新知识体系的过程。此时,学生是主体,客体是教师所授的知识,教师只是条件。还有一个阶段,就是学生完全独立地自学的过程,学生在自己的兴趣、好奇心的推动下,激发出强烈的求知欲,在没有教师的直接作用下,自主、自觉地学习科学文化知识,这一过程完全是学生的主体能动活动。学生是学习的主体,科学文化知识是客体。

发展学生的主体意识,就是要使学生意识到,从某种意义上讲,学生在学校教育、管理活动中是处于主体地位的,是活动的主体。同时,特别是从学校管理角度的分析中可以看到,发展学生的主体意识与学生参与管理、发展学生参与管理的能力密切相关,只有让学生参与管理,自己管理自己,学生才能在一定程度上处于管理的主体地位。而要发展学生的主体意识,必须让学生自我管理、参与管理,培养学生自我管理和参与管理的能力。

2. 培养学生自我管理和参与管理能力的途径

(1)创设良好的环境

创设良好的环境,指的是创设良好的校园文化环境,特指要在学校内部建立良好的民主管理制度,营造学生自我管理和参与管理的氛围。学生是学校的主人,应该对学校的发展负有一定的责任,但是学生往往没有意识到这一点,没有一种"当家做主"的主人翁意识,对学校的事务漠不关心,更别谈参与管理。这就需要在学校内部开展民主意识的双向教育,既要对学生进行主人翁意识和责任感的教育,又要使学校领导和教职工懂得:学生是学校的主人,有必要也有能力自我管理和参与管理;学生是具有主体性的社会个性,而且在现今这个信息社会,学生通过各种媒体所接受到的信息,所掌握的知识,比有些教师还要多;学生有权利,也有义务进行自我管理和参与管理,校方要保证学生的这种权利得到行使,义务得到实现。

(2)积极引导学生参与学校管理实践活动

人的能力是在实践活动中形成和发展起来的,学生的自我管理和参与管理能力也只有通过学校管理的实践活动才能形成和发展。在创设良好的学校管理文化环境后,就要通过各种形式,有意识地引导学生进行参与管理活动和自我管理活动。例如,通过设立由教师、学生家长、社区名流、学生代表等组成的校务委员会,对学校的重大问题的决策进行咨询和商议;通过实行校务公开,引导学生充分运用自己的权利如发言权、监督权等,对学校事务的管理献计献策,监督帮助形成校长的决策意见以及各项规章制度和计划;让学生自己建立各种班、组、队、会、团的组织,产生各级各类学生干部,建立自己的各项规章制度,开展各种各样的自我管理活动,培养和发展学生参与管理、自我管理的能力。

(3)培养学生优良的个性品质

首先,学生参与管理和自我管理的动机会影响参与管理和自我管理能力的发展。动机强,学生就会在实践中自觉积累管理经验和知识,从而不断提高自身的管理能力;动机弱,参与管理的意识和行为淡薄,就不会在管理实践活动中主动地积累经验和知识,更谈不上发展能力了。

其次,管理活动中,学生谦虚好学的态度,有利于管理能力的发展。活动中有不理解之处或难以决策的地方,谦虚好学的学生乐于请教学校领导、教师或其他有经验的同学,无形中就增长了自身的经验和知识,发展了自己的能力。

最后,坚强的毅力有助于能力的增长。在管理实践活动中,总会遇到一定的困难,没有克服困难的毅力,就无法完成活动任务,更谈不上能力的增长。即使是管理能力较差的学生,只要有毅力,百折不挠,勇于克服困难,其能力最终是会得到发展和提高的。

(二)个体管理和群体管理相结合

学生管理是为学生的教育工作服务的,学校要对每个学生个体实施优质的管理,为优化教育提供保障。同时,学生会与其他学生个体结成这样或那样的联系,组成这样或那样的群体,从而对学生管理工作提出了新的要求,学生管理必须注意个体管理与群体管理相结合。

1. 学生个体的管理

(1) 学生的需要与学生管理

学生的需要多与学习相联系,如希望得到教师的表扬,希望得到好成绩等;从其满足的方式来看,多是由外部的刺激而获得间接或外部满足,如家长、教师、同学、亲友对学生的评价。从其水平来看,水平较低,多以现实性需要和情境性需要为主,且较易从外部行为表现中观察到。学生管理就是要针对学生个体的不同需要采取不同的处理方式,尽量满足其合理需要,转变其不合理需要;引导学生发展较高水平的社会性需要;在不同的发展阶段,树立不同的合理的主导性需要,引导学生不断地健康成长。

(2) 学习动机与学生管理

培养和激发学生的学习动机是学生管理工作的一项重要任务。学生的学习动机十分复杂,学生管理工作要引导学生以正确的动机从事学习活动,要以为现代化建设服务的动机为主导动机,形成合理的动机系统。培养学生的学习动机要创造各种条件,增强学生的学习需要和兴趣,还要注意合理利用学习结果的反馈效应,激发和培养学生的学习动机。此外,开展适当的竞赛活动,合理利用奖惩手段,也可以有效地激发学生的学习动机。在竞赛过程中,学生的成绩动机或获得自尊与成就的需要较为强烈,学习兴趣和克服困难的毅力就大大增强,学习效果会有很大提高。若对比赛结果给予恰当的强化,则效果会更明显。

(3) 学生的感情与学生管理

学生管理工作要培养和保持学生积极的感情。引导学生积极感情的产生如爱国主义情感、正义感、集体主义情感等,将有助于学生树立正确的学习目的,自觉地刻苦学习。学生管理者也应对学生满腔热情,以积极的感情培养学生,管理学生。

(4) 学生的态度与学生管理

学生对学校工作如果持积极的态度,就会做出积极反应,反之,就会做出消极反应。因此,学生管理工作要通过创设一定的活动情境、对话情境、规范情境等,引起学生对人生、对社会、对学校的积极的态度。

2. 学生群体的管理

所谓群体,是指为了实现特定的目标而组织起来的,按照一定的规范相互作用、共同活动的组织团体。按照学生群体的形成方式,可以将学生群体分为正式群体和非正式群体。

正式群体是按学校正式文件的规定,在校领导者、班主任、教师的指导下,组织起来的学生群体,如学生会、少先队等。非正式群体是学生在相互交往中,自发地形成或组织起来的群体,如自发形成并私下活动的兴趣小组等。由于对正式群体的管理有明确的规章制度指导,这里主要分析对非正式群体的管理。

(1) 正确对待不同类型的非正式群体

非正式群体可以分为积极型、中间型、消极型和破坏型。积极型的非正式群体,对学校正式群体、组织的发展有促进作用,学生管理者对其要加以保护和利用。

中间型非正式群体是与组织若即若离,其活动与班集体或学校组织目标,有时一致,有时不一致,对其要采用教育和引导的方法。消极型非正式群体的活动与校组织、班集体的目标不一致,对班集体、校组织会产生消极影响,但行为后果较轻,对其应采取改造的办法,主要是从改造他们的思想、认识入手,加强思想教育来改造他们的行为。破坏型非正式群体属于反学校组织或班集体的非正式学生群体,其活动后果较严重,而且具有违法违纪性质,如学生盗窃团伙、流氓团伙等,应配合公安机关了事,要力争通过学校教育使其向好的方面转变。此外,要做好预防工作。

(2)加强正式学生群体的建设

搞好学生正式群体的建设,不仅可以有效地实现组织目标,还可以对非正式群体起到有效的控制作用。要注意,只要非正式群体对正式群体无害,就不要排斥它、解散它。允许无害的非正式群体的存在,与正式群体建设并不矛盾,因为这样可以给学生更多的自由,更多的自我满足的机会,学生对正式群体会产生更强烈的归属感,而不会把过多的精力花在非正式群体上。

四、学生管理制度

学生管理制度在学生管理中发挥的作用也是不可低估的。它可以帮助学生培养良好的学习、生活和行为习惯。鉴于此,学校应加强学生管理制度的建设,制定体现育人目标、利于学生发展的管理制度,并合理落实。

(一)学生管理制度的类型

学生管理制度涉及学生学习、生活的方方面面,因此类型很多。根据不同的标准可将学生管理制度划分为不同的类型。以下是两种常见的分类。

1. 根据不同层次分类

学生管理制度根据不同的层次可划分为国家制定的管理制度和学校制定的管理制度。

(1)国家制定的管理制度,如学生学籍管理制度、学生日常行为规范、学生守则、贫困生补助制度等。

(2)学校制定的管理制度,如校规、学习制度、思想教育制度、卫生制度、值日制度、宿舍管理制度等。

2. 根据不同的学生管理内容分类

学生管理制度根据不同的管理内容可划分为学生学习管理制度和学生生活管理制度。

(1)学生学习管理制度,如学生学籍管理制度、课堂纪律、学生考试评价制度、学生奖惩制度、请假制度、图书馆借书守则等。

(2)学生生活管理制度,如宿舍管理制度、学生思想教育制度、心理教育制度、作息制度、卫生制度、食堂规则等。

但要注意的是,学生管理制度内容多样,有些内容互相交叉,不能单一划分,只有彼此互相协调、配合,才能起到管理育人的效果。

(二)学生管理制度的作用

第一,学生管理制度有利于保证正常的学生管理秩序。在学生管理过程中,科学合理的学生管理制度能够使学生管理工作有依有据、有条不紊地进行,能够营造良好的生活、学习、工作秩序,保证较高的管理工作效率。

第二,学生管理制度有利于学生养成良好的行为习惯和思想品质。学生管理制度对学生起着一定的导向作用,它能够引导学生的行为,约束学生的行为、举止,从而使学生养成良好的学习和生活习惯。与此同时,贯彻执行规章制度也是培养学生良好思想道德的重要手段。

第三,学生管理制度有利于形成良好的校风,培养高质量人才。制定并实施一定的政策、法规和行为规范,对学生的行为进行一定的约束,能够在很大程度上促进校园精神文化的建设,对学生进行潜移默化的影响,从而培养出高质量的人才。

(三)学生管理制度的制定原则

学生管理制度的制定应当遵循以下几个基本原则。

1. 以育人为目标原则

学校教育目标主要是育人因此,制定学生管理制度的基本出发点和归宿都应当是育人,即促进学生的发展。遵循以育人为目标原则,管理者在制定学生管理制度时,就应当切实注意以下两点。

第一,充分研究学生的心理与生理特点,从学生的实际出发来制定。

第二,调动学生的积极性,让学生参与到学生规章制度的制定中来,结合学生的意见与建议,制定出既切合实际,又有利于学生发展的制度。

2. 全面统一性原则

学生管理规章制度虽然包含着众多的内容,体现着学生管理的各个方面,但在大目标一致的情况下,它们是相互依存、相互补充、相互作用,具有统一性的。因此,在制定学生管理制度时,制定者一定要遵循全面统一性原则,力求学生管理制度的健全和完善,涉及学生管理的方方面面;要使学生制度全方位地贯穿于学生的学习、生活中。

3. 可行性原则

学生管理制度的制定需要遵循可行性原则,如果不便于执行,就没有存在的必要。遵循可行性原则要做到以下几个方面。

第一,充分考虑国家教育政策、方针、规范的要求,如国家制定的学生日常行为规范、守则,以它们为依据来制定学生管理规章制度。

第二,从学校的实际条件出发,充分考虑学校的具体特点,从而制定出可行性强的管理规章制度。

第三,制定出来的规章制度文字表达要简明、准确,要易于理解,便于执行。

4. 动态性原则

社会经济在不断发展,社会对学生的教育管理也就会不断提出新要求。同时,学校学生管理所面临的形势、政策与具体条件在不断变化,因此要求学生管理制度也要不断完善与修正。而且每个时期的学生都会呈现出各自的特点,都会发生一定的变化,因而规章制度也应相应地做出变化。所以,学生管理制度要遵循动态性原则,管理制度的制定者要用动态的眼光来看待各种规章制度。

(四)学生管理制度执行中的注意事项

1. 进行制度宣传教育

学生对制定的制度毫无了解,这不能够使制度得到有效的执行。因此,管理者应当花费一定的时间和精力进行制度宣传教育,以便让学生知晓制度的内容,并自觉地将其内化为行为习惯。

2. 将自觉行动与检查监督充分结合起来

执行学生规章制度应当是学生的一种自觉行为。因此,管理者要努力通过各种灵活多样的教育形式,让规章制度内化为学生的行为习惯,使其自觉地遵守。当然,在规章制度的执行过程中,应当进行必要的检查监督。因为正在处于成长阶段的学生多方面的状况还不稳定,自制力不强。如果规章制度的执行完全依赖学生的自觉性而没有必要的检查,那么制度将难以贯彻下去。

3. 宽严结合,奖罚分明

宽严结合在制度的执行中是非常必要的,在执行学生管理制度时,学生管理者首先应做到有法必依、严格执行,从而充分体现规章制度的严肃性与约束力,同时,又不能过于严格,阻碍学生的发展。此外,在学生管理制度的执行中,还应注意运用一定的奖惩手段。奖惩一定要分明,对于在规章制度执行过程中表现优秀者要给予一定的奖励,树立典型,从而发挥以点带面的作用;而对于违反规章制度者,要给予必要的处罚,从而树立规章制度的严肃性。

五、学生管理的注意事项

(一)树立正确的学生观

当前阶段下,学生管理要想获得较好的效果,管理者不仅要树立起科学的管理观念,还应当树立起正确的学生观,即个性发展的主体观、和谐发展的整体观以及交往沟通的平等观。

1. 个性发展的主体观

学生管理者面对的学生都是一个个具有独特个性的人,这就决定了管理者必须坚持个性发展的主体观。这一观念要求学生管理要唤起学生的主体意识、主动精神,帮助学生创造乐观、自信、朝气蓬勃的人生。为此,学校管理者应始终坚持以学生为主体,将学生的发展与需求放在核心位置上,积极主动地启发和诱导学生的自觉能动性,提高其自我意识,尊重学生,让他们自觉地接受管理者的管理。此外,管理者还应倡导教育的针对性,做好因材施教,使学生个性得到良好的发展。

2. 和谐发展的整体观

理想的学生观更应体现时代精神和新教育观的综合性,在人的认知能力、道德、个性、精神力量等方面应体现出多方面的和谐发展。要坚持和谐发展的整体观,学生管理者应领导教师以现代意识和时代精神来考察学生的个性发展,深化教育教学改革,从德、智、体多方面为学生整体素质打好基础,促进学生的和谐发展。

3. 交往沟通的平等观

在学生管理工作中,管理者与管理者、管理者与教师、管理者与学生之间的交往和沟通是极为重要的。因此,管理者要增强民主平等的意识,树立交往沟通的平等观,尽量保持民主精神和平易近人的作风,把学生看成是一个独立的个体,关心、尊重和帮助他们,缩短自己与学生之间的心理距离,使学生以开放的心态,轻松地学习,健康地成长。

(二)加强对学生的情感管理

管理者不能一味地以制度约束限制人,还要注重情感管理。对学生进行情感管理,就是指在学生管理过程中,要考虑学生丰富的情感,要讲道理、摆事实,循循善诱,用柔和的方式帮助他们提高思想认识。加强这种情感管理,学生管理者应注意动之以情、晓之以理、情理融合。所谓动之以情,就是指学生管理者要在思想方面热情地关心学生的进步,在生活方面热心地照顾学生,在学习方面细心地指导学生。所谓晓之以理,就是指学生管理者要针对学生出现的问题,利用科学的道理和有说服力的典型事例,由浅入深地向学生讲明道理。而情理融合则是指学生管理者要既能够在管理制度方面做到严明公正,一丝不苟,又能在情感方面做到善解人意,以诚待人。总之,在学生管理的过程中,运用适当的情感方式进行各项管理工作,能够有效促进管理目标的实现。

(三)教育与管理相结合

在学生管理过程中,管理者应当时刻注意把对学生的教育工作和管理工作辩证地统一起来,一方面要坚持正面引导、耐心教育学生,另一方面要用必要的规章制度要求学生,约束其行为。

第二节 学生常规管理的内容分析

常规指经常性的规章制度,是保证学校各项工作正常运转的规矩,对学生加强常规管理的目的在于培养学生良好的行为习惯。

一、学籍管理

学籍管理是学校教学运行管理的内容之一,也是学校一项政策性、原则性较强的工作。学校应根据上级有关规定,制定本校的学籍管理办法,并建立学籍档案。学籍管理主要包括以下几方面内容。

(一)学生注册制度的改革与管理

学生注册是学校学籍管理最基本的手段之一,要维护注册制度的严肃性,建立严格的学期注册制度。在注册制度的基础上,结合学校的实际情况,积极探索建立具有高等职业教育特色、适合行业岗位特点要求的以弹性制(包括学分制、选课制、导师制、辅修制、弹性学期制)为基础的教学管理新制度和教学运行新机制,更好地适应学生与社会对教育教学的多样化需求,不断提高高等职业教育人才培养质量。

(二)升学、降级、休学、停学、退学管理

学生学完本学年教学计划规定的课程或学分,经考核成绩合格,准予升级。如果成绩较差,则可降级学习或跟班试读。

如果学生因身体原因需停课治疗休养占一学期总学时三分之一以上,或因其他合理原因不能坚持正常学习,可以准予其休学。学生可以分阶段完成学业,学生在校最长年限不得超过学年制两年。学生休学一般以一年为期,累计不得超过两年。学生因病休学期满,应于学期开学前向学校申请复学。保留学籍学生在期满前一个月,向所在系(部)申请复学。学生在休学、保留学籍期间如有严重违法乱纪行为,学校将取消其复学资格。

学生因特殊困难等原因需中途停学,但又不符合休学条件的,经本人申请,学校批准,可保留学籍一年。保留学籍的学生不享受在校生和休学学生待遇。保留学籍期满,不办理复学手续者,取消学籍。

学生留级一次后成绩考核再次达到留级条件,或在校学习时间超过其学制两年的(不含服兵役),或休学期满逾期不办复学手续的,或申请复学审查不合格而不准复学的,或经学校指定医院诊断患有疾病或意外伤残无法继续在校学习的,或超过学校规定期限未注册而又无正当事由的,或未请假离校连续两周未参加学校规定的教学活动的,应予退学。

(三)毕业管理

首先,学校对毕业生进行全面鉴定和审核。鉴定和审核内容包括德、智、体、美等几方面,做出评定,肯定成绩,指出差距及努力方向。

其次,有正式学籍的学生,修完教学计划规定内容,德、智、体、美达到毕业要求,准予毕业,由学校发给毕业证书。

二、学习管理

学生在学校的主要任务是学习,教育行政部门和学校有责任帮助学生顺利完成学业,这是学习管理的根本目的。建立正常的教学秩序,规范日常的教务工作,能够为学生的学习提供适宜的条件。因此,学习管理是学习活动的基础性工作。

学习管理覆盖了从招生入学到毕业离校的整个学习过程,大致可以分成以下三个阶段。

(一)开端管理

开端管理主要包括招生和编班两个部分。

招生是十分烦琐且政策性很强的工作,教育行政部门和学校必须高度重视、认真组织、通力协作,确保招生工作的顺利进行。近年来,各地纷纷取消了小学升初中的考试,采用划片对口、就近入学的政策,这就更加需要提高招生工作的透明度,严格执行既定的程序,杜绝弄虚作假、徇私舞弊的现象。在高中阶段的招生工作中,要做好报名、试卷命题、考场安排、阅卷等一系列工作,并保证录取环节的科学、公正与高效。

招生录取工作完成后,还要进行编班工作,为了保证教学质量,学校(尤其是优质教育资源集中的学校)必须将班级人数控制在合理的限度内。而有条件的地区,可以推行小班化教学。此外,学校应当以平行编班为主,尤其是在义务教育阶段不应分设重点班和普通班。为适应学生不同的兴趣和专长,可以采用"走班制"的方式。

(二)过程管理

过程管理主要包括对学生出勤与纪律情况的考察、课堂学习常规与课外学习常规的执行、作业与考核的管理等。

课堂是学生学习的主要场所,为提高课堂教学的效益,应对课堂学习的各个环节提出具体可行的要求,如要按时进入教室,备好学习用具,保持课堂安静;正式上课后要认真听讲,积极思考,不开小差等。

学习活动并不仅仅局限在课堂上,课外学习已经成为学生学习生活的重要组成部分。课外学习应更多地考虑学生的兴趣爱好与特长,因而课外学习常规不能简单套用课堂学习的规章制度。在课外学习的管理中,要给学生一定的学习自主权和更多的选择机会,培养学生的主动学习精神和善于选择的能力。

作业的布置与批改是教学过程中必不可少的环节,因此加强作业管理是必要的。作业管理的重点在于控制家庭作业量,提高家庭作业的有效性,有条件的不妨尝试分层作业。

考核能够鉴定学生现有的发展水平,了解其长处与不足,预测其发展的趋势,激励学生更加努力地学习。因此,管理者要制定科学合理的考核标准,并一视同仁。

(三)终端管理

经过一个学年的学习,需要根据学生的学习情况,对其做出不同的安排。学业成绩合格者,准予升入高一个年级继续学习;对于学习出类拔萃的学生,可以免修教学大纲中的某一段内容,跳级学习;而成绩不合格且补考仍未通过者,则要留在原来的年级重新学习。

三、学生行为管理

学生行为管理的目的是培养学生文明的行为习惯。文明行为主要包括:尊重他人,关心他人;同学相处要团结友爱、相互关心,做到互帮互学、共同进步;讲究卫生,仪表整洁,展现当代学生风貌;遵守公共秩序和纪律,爱护公共财物。

(一)行为管理的基本原则

1.学生工作为先

学校在学生培养环节上,必须把学生工作放在第一位考虑,通过加强学生的行为规范管理,让学生在做人上有所感悟,先学会做人,然后在不断提高自身修养的基础上钻研专业技能,成长为德才兼备的优秀人才。

2.宽严结合

学校学生的最大弱点是自控力差,只有从严治校,严格管理,才能培养出高质量的人才。学校的学生工作者必须严格执行学校的各项规章制度,做到明辨是非,赏罚分明,让学生在严格制度约束下不断提高自身修养。

3.持之以恒

学生的行为规范管理实质上就是良好习惯养成教育。一个人的良好习惯的养成靠一朝一夕是很难奏效的,必须打持久战。要想让学生改掉坏习惯,养成好习惯,学校的学生工作者必须坚持以"勤"育人,时时对学生的行为规范进行指导,不走过场,更不能时紧时松。

4.齐抓共管

学校为学生提供了一个广阔的舞台,单靠几个人是不能完成育人工作的,需要学校的各个部门、每一名教职员工都要形成共识,看到学生不良的行为习惯都能及时予以纠正,做到齐抓共管,处处有人育人,让学生在校园这个大氛围中逐渐养成良好的行为规范。

(二)行为管理的有效途径

1. 创新学生工作理论

学校做好学生工作的前提是全体学生工作者有一个正确的工作理念,在思想上正确认识学生,重视学生工作,做好学生工作。学生工作任务艰巨,并且学生工作面临着许多新形势、新情况、新问题。要解决这些问题,学生工作者承担着义不容辞的责任和义务,必须清醒认识到自己肩负的责任和使命。

与此同时,所有学生工作者必须牢固树立学生主体地位思想,学校要以关心人、塑造人、发展人为宗旨,转换学校、教育者、受教育者的角色,根据市场需求,根据学生特点,对各自角色重新定位。教师的工作内容从单纯教学发展为全方位地指导学生学会学习、学会做人、学会做事、学会生存。学生也要发扬主动性,主动学习,积极参与到学校教育教学的全过程中,锻炼自己,提高自己。

此外,所有学生工作者必须牢固树立"三为""三全"的育人思想。"三为"即"一切为了学生,为了一切学生,为了学生一切"。"三全"即"全面育人、全源育人、全程育人"。全体教职工必须在思想上重视学生工作,树立新时期全新的育人理念,做到全时空、全方位、全身心育人,达到培养目的,完成培养目标。

2. 创新学生工作机制

学生工作机制就是在学生工作理念的指导下,采取各种积极措施,多渠道、多方式把学生工作目标变为现实。为保证学生工作的落实,必须建立新型的学生工作机制。首先,要营造人人育人的育人氛围,即在学生工作上建立起责任制、督察制。学生工作者要分工负责,实行责任制,实施阵地化育人。其次,发挥辅导员的育人作用,辅导员是学生工作队伍的重要组成部分,是学校对学生进行思想政治教育和管理工作的组织者和实施者,是全面贯彻党的教育方针,培养德、智、体、美等全面发展的社会主义事业建设者和接班人的不可缺少的重要力量。最后,将素质教育纳入教学计划。教学工作是学校的核心,将素质教育纳入教学计划是把素质教育落到实处的一条有效途径。学校要把素质教育分为必修和选修两部分,测评出合理的分数,纳入教学计划,要求学生在一定时期内完成这些课程,从中提高自身素质。

3. 创新学生工作制度

首先,建立保障制度。规章制度本身具有教育、激励、约束、管理的功能。学校应继续贯彻落实已有的行之有效的管理工作规章制度,还要根据国家的法律法规,结合学校的实际情况,建立起适合本校学生特点的保障制度,使学生的各项活动有章可循、有法可依,树立良好的班风、校风。

其次,建立激励制度。学校学生工作要充分发挥学生的主体性,体现以人为本的理念,提倡学生自我管理,从制度上鼓励学生关心和参加一些学校的管理工作,充分调动学生的内在积极性,实现学生工作从以约束为主向以激励为主转变。

四、生活管理

除了做好学习管理,学校还须强化生活常规管理,以培养学生的日常行为规范、自理能力和生活技能。

我国历来就有学规、学则,用以规范学生的日常行为。为提高行为规范养成的有效性,应当注意以下几个方面:一是注重实际训练。行为规范的养成要靠说服教育,但更离不开实际训练,因为良好的行为习惯只有在不断的练习和强化训练中才能形成。二是加强经常性检查。没有经常性的检查,学生的行为习惯就会陷入放任自流的境地。通过检查,能够让学生了解自己的行为离标准的差距,也可使学校明确改进工作的重点。三是开展评比,树立典型。评比能够激发学生自觉遵守行为规范的积极性,树立典型可以为学生提供直观的学习楷模。它比管理者单纯的说教,或者强制性的条规约束,更能为学生所接受。

加强对学生生活技能的培养是一项不可或缺的任务。如今,人们已经将生活技能教育提上议事日程,并且进一步丰富了生活技能的内涵。它不仅包括基本的生存技能(如做饭、洗衣)的训练,而且包括个体与他人和谐共处、融入社会的能力。

五、考试考核管理

学校要根据上级有关规定,加强对学生考试考核的管理,做好以下几个方面。

第一,制订详细、周密的教务安排细则。教务处组建考试中心,全面负责试卷印刷、试卷归档等各项教务工作。学校聘请教学工作态度认真、作风严谨、有实际工作经验的教学管理干部深入考场担任巡视工作。

第二,教学计划中规定开设的课程(包括实践教学项目)都要对学生的学业成绩进行考核,着重检查学生掌握所学课程的基本理论、基本知识和基本技能的情况和实际应用能力。

第三,若理论考试采取笔试形式,需实行考、教分离。要加强对实践教学的考核管理,不论实践教学环节长短,均应安排专门的考核时间,采用笔试、动手操作和答辩等形式,依据《实践教学项目考核标准》,对每一个学生进行考核,并结合平时表现综合评定成绩。

第四,校、系均应建立相应的试题库或试卷库,分别聘请校内外专家命题。命题应遵循教学大纲,要有足够的覆盖面,试题应有相应的审批手续,考试评卷后应有试卷分析。

第五,积极鼓励教师改革考试考核内容和方法,逐步建立符合学校教育发展需要的以能力考核为主、常规考试与技能测试相结合的考试考核内容和方法体系。

第六,在考试考核期间一般不准请事假,有病应事先持校卫生所诊断证明请假,经教务处批准方可缓考。因事、因病缓考,成绩不及格不予补考,计入留、降级门数。

第七,学生因事、因病缺课,累计超过本学期该门课程学时的1/3者,不准参加该门课程期末考试,成绩以不及格处理。学生旷课视情节应给予批评教育或纪律处分,旷课累计超过某门课学时的1/3,则该门课的成绩以不及格处理,计入留、降级门数,不予正常补考。

第八,凡考试违纪者,本次考试成绩以零分记载,计入留、降级门数或学分,并视情节轻重,予以记过、留校察看甚至开除学籍。

第九，教务处组织教师实行封闭式流水阅卷，要求教师评卷认真、公正、客观。督察室对试卷进行复核、抽检。

第十，学校应加强学生的基本技能和职业资格证书技能的培训工作。各校要根据本校实际情况，明确规定本校学生毕业时必须具有的职业教育资格证书种类，实行真正意义上的"双证制"，逐步实现与人才市场就业准入制度的顺利接轨。

第十一，学生的成绩均记入成绩单，一式两份，一份存入学生本人档案，一份交由学校档案室保存。

第十二，学业成绩按学期记载。理论课考试采用百分制，实践教学考核采用五级分制（优、良、中、及格、不及格）。应允许学生取得相应的社会考试成绩或证书替代相应课程的成绩，具体方法可由学校根据实际情况而定。

六、心理健康管理

学生的成长，不仅是指身体的发育和思想的成熟，而且意味着心理的日益健全。在关注学生的生理变化和思想动态的同时，学校要关心其心理状况，必须加强心理辅导。

（一）重视学生的心理健康教育

在我国，学校以"培养德、智、体等方面全面发展的社会主义事业的建设者和接班人"为目标。这一目标的达成需要心理辅导的支持，因为德智体等方面的发展在一定程度上受制于心理健康状况。心理学大量的对比研究发现，品行端正、学业优良、身体健康的学生，通常其心理健康水平也较高；而心理健康状况不良，往往会妨碍学生思想品德的提高，降低其学习能力，损害其身体健康。因此，学校应当通过教育提高学生的心理健康水平。

（二）完善心理健康教育的内容体系

心理健康教育不仅仅是为那些存在心理问题的学生服务的，它是面向全体学生的。在每个学生的成长历程中，总会遇到这样或那样的心理问题。学校的任务主要是解决轻微的心理失调，如焦虑、自卑、孤独、妒忌等，要能够鉴别出神经衰弱、强迫症、神经性抑郁等各种神经症和严重的心理疾病，以便及时将患者转介给医疗单位进行心理咨询与治疗。除了要帮助心理失调的学生做好调适工作，还要指导正常的学生做好心理问题的预防工作，并增进其心理健康，挖掘其内在潜力。学校要做好学习辅导、生活辅导和职业辅导。有的学校利用校本课程的空间，将心理健康教育排入课程表，形成了时间上持续性、对象上全覆盖、内容上序列化的课程体系。

（三）将心理健康教育贯穿整个教育过程

心理健康教育全面渗透到整个教育过程中，形成教育工作者、学生组织、家长三级教育群。教育工作者，尤其是辅导员、班主任、思想政治教师和政工人员，要能够掌握学生心理教育和咨询辅导的基本理论及方法，自觉使教学和德育活动成为有助于提高学生心理素质的载体。学生组织，主要是共青团、学生会及心理健康协会，都应该为提高学生心理健康水平提供丰富的活动平台,通过创建文明健康的校园环境来引导学生心理的健康发展。家长应主动配合学校宣传心理卫生知识,共同关心学生的心理健康教育。

(四)加强对心理健康教育的组织管理

在我国,心理健康教育起步较晚,加强对心理健康教育的组织管理十分必要。一方面,教育行政部门要转变观念,做好心理健康教育工作的规划与执行,建立相应的领导机构,调拨一定的经费,加强师资队伍建设,组织适应本地需要的教材编写;督导机构应制定科学的评价指标体系,对学校的心理健康教育工作开展督导。另一方面,学校要按照《中小学心理健康教育指导纲要》的要求,"逐步建立在校长领导下、以班主任和专兼职心理辅导教师为骨干、全体教师共同参与的心理健康教育工作体制",用制度保证心理健康教育的有效实施。构建校、系、学生社团和班级三级心理健康教育机构,推进心理健康教育工作高效运行。校心理健康教育与咨询中心负责落实领导小组的意见,具体负责全校学生心理健康教育与咨询工作的安排、协调、组织、指导以及学生心理健康教育专业性、技术性工作。全校心理健康教育教学、宣传(含互联网心理网页)、讲座、心理健康普测、预警干预及各类心理问题处理等均由学校心理健康教育与咨询中心负责。各年级成立心理健康教育辅导站,负责本年级心理健康教学、讲座、辅导,配合校心理健康教育与咨询中心开展普测及预警干预工作,协助处理有心理问题学生。各班级要培训心理健康教育辅导员,在各年级心理健康教育辅导站指导下开展工作。学生心理健康协会在校心理机构的指导下,开展形式多样的心理健康主题教育活动。

(五)建立一支专业的心理健康教育、咨询队伍

建设一支以专职为骨干、兼职为主体的高素质心理健康教育与咨询工作队伍,也是促进学生心理健康发展的一个重要举措。专职队伍指校学生心理健康教育与咨询中心人员和从事心理学教育工作的教师;兼职队伍包括专职学生思想政治工作人员、"两课"教师。要加强专兼职队伍建设,按规定配齐心理学教师,分期分批外送培训,举办专业培训班,并通过多种形式提高他们的业务素质。

(六)建立多形式心理健康教育和宣传平台

逐步建立多形式心理健康教育和宣传平台,普及心理健康知识,加强与学生的心理沟通。建立和健全"心理驿站"网页内容及模块,发挥网络信息渠道快捷的作用。在院报上开设心理健康教育专栏,广播站设立"心灵悄悄话"节目,每学期制作橱窗、板报宣传两次。

七、学生安全管理

学生安全教育管理的主要任务是宣传、贯彻国家和学校有关安全管理工作的方针、政策和法律、法规,依法对学生实施安全教育及管理。学生的安全教育管理,要坚持以人为本、预防先行、预防为主、保护学生、明确责任、管理结合、依法办事、妥善处理的原则,做好学生安全教育及管理和安全事故处理工作。

首先,学生安全教育要根据实际和学生特点适时开展。从学生入学到毕业,每学期都要集

中对学生进行安全教育活动。在各种教学活动和日常学习生活中要以适当方式经常对学生进行防盗、防火、防传销等的安全防范教育，使学生安全教育工作落到实处。

其次，学校要把安全教育及管理工作纳入领导任期的责任目标，建立和健全学生安全教育及管理规章制度，明确职责，严格管理，努力做好各项安全教育和管理工作，保护学生人身和财产安全。

再次，学校要成立学生安全教育管理委员会，其职责是全面规划和领导学生安全教育及管理工作，指导和监督有关部门和单位对学生进行安全教育及管理，研究决定学生重大安全事故的处理。学工处、保卫处是学生安全教育及管理工作的主管部门，也是学生安全教育管理委员会的办事机构。学工处侧重对学生进行安全教育、行为管理，并参与学生安全事故处理；保卫处侧重进行校园安全防范、设施安全检查的组织实施和学生安全事故的调查处理，并参与学生安全教育工作。

最后，学生应在各项教学活动和其他活动中，遵守纪律和有关规定，应自觉学习安全防范知识，积极参加安全教育活动，增强安全意识和法制观念。学生必须严格遵守国家法律、法规和学校的各项制度，自觉抵制各种淫秽书刊、封建迷信等非法出版物，不参与酗酒、打架斗殴和赌博，禁止学生携带、私藏管制刀具和其他危险品，严禁制贩、吸食毒品，自觉维护消防及其他安全设施，注意防火、防盗、防止其他各种事故的发生。

此外，学生安全教育要与学生心理健康教育有机结合，要通过心理健康教育，帮助学生克服因各种原因造成的心理障碍，使学生保持健康的心理状态，把因心理障碍发生的事故消除在萌芽状态。

第三节 以公平为前提的学生奖惩管理

奖惩是管理学生最重要和常用的手段。奖惩制度是否合理，奖惩行为是否落实到位，直接关系到学生管理的公平与效率，关系到学校教育与管理目标的实现。因此，研究学生奖惩管理非常有意义。

一、学生奖惩管理的内涵

（一）学生奖惩管理的概念

学生奖惩管理，即对学生奖励和惩罚的管理。它是学校学生管理中普遍使用的方法之一，是学生管理的重要内容，是指学校根据自己的学生管理目标，依据法律和政策规范，科学配置奖惩资源、优化奖惩制度、合理实施奖惩行为的过程。

（二）学生奖惩管理的分类

学生奖惩管理根据不同的分类标准，可分为以下几种常见类型，如表 5-1 所示。

第五章 以学生为本：学生管理探究

表 5-1 学生奖惩管理的类型

	分类		含义
学生奖惩管理	制度管理与执行管理	制度管理	对学校一些常规性的奖惩活动制定规章制度,进行规范化、系统化、程序化的管理活动
		执行管理	对执行奖惩制度具体行为的管理活动
	学习类奖惩管理与非学习类活动的奖惩管理	学习类奖惩管理	针对学生学习活动进行的奖惩活动管理
		非学习类活动的奖惩管理	针对学生学习活动以外的活动,如对学生文体活动进行的奖惩活动管理
	奖惩实体管理与奖惩程序管理	奖惩实体管理	对奖惩的具体内容进行的管理,主要解决奖励什么、惩罚什么的问题
		奖惩程序管理	对奖惩的程序进行的管理,主要解决怎么奖励和惩罚以及学生如何申诉的问题
	奖惩效率性管理与奖惩公正性管理	奖惩效率性管理	为了提高奖惩活动的效率而实施的一系列管理活动,主要是为了合理配置奖惩资源,提高奖惩的效率
		奖惩公正性管理	为实现奖惩的公正性而实施的管理,主要是为了促进奖惩的公平
	校方实施的奖惩管理与学生自治组织和集体实施的奖惩管理	校方实施的奖惩管理	对学校相关部门和院(系)、中心、所等组织制定奖惩制度和实施奖惩行为的管理
		学生自治组织和集体实施的奖惩管理	对学生社团、班级等学生自治组织和集体制定奖惩制度和实施奖惩行为的管理

（三）学生奖惩管理的目标

奖惩管理的目标可以从直接目标和间接目标两个层次来阐述。奖惩管理的直接目标是不断优化大学奖惩制度的制定与实施,保证奖惩活动的公平与效率;而奖惩管理的间接目标(终极目标)则是通过确保奖惩制度的有效实施,引导学生在学习和实践活动中的思想和行为。

（四）学生奖惩管理的实现途径

首先,学校应该在科学调研和充分发扬民主的基础上,结合本校的实际情况科学制定出系统的奖惩制度。

其次,在广泛宣传和引导的基础上,严格执行有关的奖惩制度。

再次,必须观察和了解奖惩制度实施的反映和效果,并对相关评价与反馈进行研究总结,及时调整奖惩的制度和行为方式,确保奖惩的有效性。

最后,对新的制度和实施方式进行进一步解释和宣传,并严格实施。

二、学生奖惩的主客体与对象

(一)奖惩主体

1. 奖惩主体的类型

制定奖惩制度和实施奖惩行为的主体,狭义上是指学校的相关部门、院系、中心以及学生组织和社团;而广义上的奖惩主体除了狭义主体之外,还包括政府、企业、社会组织和其他个人(不过学校以外的这些主体,一般只可能作为奖励主体,而不可能作为惩罚主体)。有时师生个体也有可能作为代表参与奖惩过程而成为奖惩的主体。

2. 对奖惩主体的要求

(1)主体适格。

奖惩的主体必须有制定和实施奖惩制度的合适的资格。如果不具备资格则不能制定奖惩制度和实施奖惩行为,或者其制定的奖惩制度和实施的奖惩行为归于无效。

(2)鼓励学生参与。

合理的奖惩制度得以有效执行无疑对维护良好的学习生活秩序,鼓励先进有积极的促进作用。学生是奖惩的直接承受者,也应该是奖惩制度的最密切的利益相关者,他们对制定和执行好的奖惩制度应该最有积极性,对奖惩的实施效果也最有发言权。因此,鼓励学生积极参与到奖惩制度的制定和执行中来,对奖惩管理的科学性有重要意义。此外,学生参与到制度的制定和执行中,有利于发挥学生的作用,也让学生在参与的过程中进一步认识到奖惩制度的意义,利于制度在学生中的宣传实施。

(二)奖惩客体

奖惩客体一般包括两种类型,即奖惩对象的成果和行为。

1. 奖惩对象的成果

学校的奖励措施有一部分是专门针对学生在学习、竞赛和社会实践工作中所取得的成果,如针对专业学习成绩的奖学金制度、科技竞赛的奖励制度、文体竞赛的奖励制度、专业实习成果的奖励制度,等等。

2. 奖惩对象的行为

学校的奖惩制度,一部分是针对学生的"行为"而进行的。就奖励制度而言,比如,对学生"见义勇为"行为的奖励,对学生积极参与社会公益活动行为的奖励,对学生认真学习行为的奖励,等等。

而就惩罚制度而言,学校针对学生行为进行的惩罚措施则比较常见。比如,对学生旷课行为的惩罚、对学生考试作弊行为的惩罚、对学生破坏公私财物行为的惩罚,等等。

通常,奖惩制度的客体是被综合考虑的因素,如学校在评审奖学金的时候,除了要求重点考查学生学习成绩之外,也还要考虑学生是否存在值得加分奖励的行为或违法违纪行为等。

(三)奖惩的对象

奖惩对象主要包括学生个人、学生组织和集体。

1. 学生个人

学生个人往往以不同的身份接受学校的奖惩,如同一个学生可以以团员(党员)、学生干部、社团成员等不同身份受到不同方面奖惩的激励。学生参与学生生活的广泛性决定了他个人身份的多样性和受到奖惩激励的多元性。

2. 学生组织和集体

学生组织和集体包括学生社团、学生会、年级、党支部、团支部、班级、宿舍、专业等。现在学校学生组织的类型繁多,且总是在不断更新变化中。学校必须能观察到新组织形式的产生,了解这些组织对学生的影响,及时把一些学生组织纳入奖惩制度规范中去,加强对学生组织的引导和规范。

三、学生奖惩的基本原则

在优化奖惩制度的过程中,学生管理者必须确立一些基本的原则,并将其贯穿于整个奖惩制度,成为制定制度的基本精神,保障制度体系的完备和协调。一般来说,学生奖惩的基本原则主要有以下几个:

(一)育人为本原则

学校实施奖惩是为实现教育目标服务,奖惩本身不是目的,奖惩应该体现学校培养人才的特点,激励学生成长成才,因而育人为本是学生奖惩中最重要的原则。

各个学校的奖惩制度既应该有共性也应该有自己的个性和特点。在制定和执行相关奖惩制度时,应该体现本校育人的传统和特色,体现学校在教育管理方面最新的成功经验,体现在本校发展的不同阶段的育人目标和理念,与时俱进。

(二)法治原则

学生奖惩的法治原则是指在学生奖惩制度制定和实施过程中,应当以国家制定或认可的法律为基础,规范奖惩权力行使程序,形成合理的奖惩权力执行机制和执行监督机制,把法律作为学校学生奖惩制度制定和实施中的最高权威。这一原则是依法治校思想在学生管理中的重要体现。

法治是现代社会管理最重要的原则,其对学校的奖惩管理提出了许多要求。主要有以下几个方面:

第一,奖惩主体的权限要合法。在制定奖惩制度时,学校要清楚哪些奖惩制度是法律法规授权学校来制定的,哪些是学校不能越权制定的。在学校里有不同的部门,他们制定奖惩制度的权限也应该合乎学校的管理规定和基本原则。在执行奖惩制度时,执行者要有合乎制度的权限来执行奖惩规定,否则其执行结果无效。

第二,奖惩制度的内容必须合法。学校的规章制度只能在授权范围内、在法律法规规定的范围内,就其职权管辖范围内的事务制定相应的、更具有针对性和操作性的校内规范制度,不能与宪法、法律法规以及行政规章等上位法相抵触。

第三,奖惩制度制定及奖惩的实施程序要规范。学校在奖惩制度的拟定、征求意见、讨论通过、公布、执行、修改以及废止等方面,都应该有一个完善的程序,保障奖惩制度的民主性和科学性。奖惩实施也应该有相关法律规范,使奖惩的实施符合法律规范的基本要求。

第四,奖惩的监督和救济机制要健全。学校应该建立一定的监督机制,保障奖惩过程的公正有效。对于涉及学生重大利益的奖惩制度的制定和实施,应考虑引入听证制度,给予学生申诉和申请复议的途径,并保证在学校奖惩存在过错时对学生利益给予合理补偿。

(三)公正原则

首先,奖惩制度必须公开、明确和相对稳定。学校制定出来的学生管理规章制度也必须经过合理的方式公布才能生效,而且学校还应该进行必要的规章制度的宣传、学习,尽可能地使学生了解和理解。学生只有充分了解规章制度,才可能知道学校的奖惩内容和尺度,从而规范自己的行为。奖惩制度中应当尽量使用明确的、而不是模棱两可、含糊的语言,明确表示规章制度的含义。此外,奖惩制度还应尽量保持稳定。

其次,奖惩比例合理。即奖惩的力度应该与做出的积极行为和消极行为的程度相匹配,即大善则大奖,小善则小奖;大过则大罚,小过则小罚。避免奖惩比例设置失衡会让人感受到不公正,从而影响制度的权威性。

最后,奖惩制度的执行应该是公平的,有关部门和人员必须严格执行每一条奖惩制度,平等地对待每一个学生,做到每个人都应该遵守有关制度,适用奖惩条款要一视同仁。

(四)效率原则

首先,奖惩目标要明确,标准要合理。要弄清楚奖惩针对的是哪些人和哪些行为,然后确定一个合理的目标,这样才能提高奖惩效率。奖惩标准应该切合实际,不应过高或过低。奖励过高会降低学生的进取心,过低则会失去奖励的激励作用;惩罚过重会让学生心生叛逆,过轻又起不到威慑作用。

其次,奖惩资源要优化配置。管理者应该充分认识到奖惩资源的稀缺性,用有限的奖惩资源达到及奖惩行为最好的奖惩效果。

再次,奖惩要体现及时性、明确性和连续性。所谓的"及时",就是操作与强化之间时间段的最小化。值得奖励的事迹的发生时间与奖励的时间差距越大则表扬的激励效果越小。"过期"的奖励不仅削弱了奖励的作用,还会使人们对表扬产生淡漠心理。所谓"明确",是指奖惩信息对客体行为的针对性、合理性。"连续"则是指奖惩信息保持合理的频率。

最后,奖惩的效果要进行评估。为了使奖惩真正达到教育学生的目的,学生管理工作者应定期对已实行了的奖惩进行效果评估,以检验奖惩是否准确、方法是否得当,将其作为提高奖惩效率的重要环节。管理者可以通过定期调查相关群体(学生、老师或家长)对奖惩制度的态度和意见来评估奖惩制度的效率,也可以通过对奖惩措施实施后学生行为改变情况做实证研究来评估奖惩效果。

四、学生奖惩的方法

(一)物质奖惩与精神奖惩

物质奖惩是通过给予或者剥夺物质利益的方式(奖励如颁发奖学金;惩罚如收回奖学金)来实施奖惩。

精神奖惩是通过给予或者剥夺精神利益的方式(奖励如给予荣誉称号的奖励;给予通报批评的惩罚)来实施奖惩。

一般来说,这两种方法是结合使用的,学生除了基本的物质需要外,精神需要又表现出创造、成就需要的强烈性和自尊、荣誉需要的关切性等特点,只有把物质奖惩和精神奖惩有机结合起来才会满足学生物质和精神的双重需要,使奖惩产生实际的、持久的、强有力的激励作用。

(二)个体奖惩与集体奖惩

个体奖惩就是针对不特定的个人实施的奖励和惩罚的方法,集体奖惩则是针对不特定的集体实施的奖励和惩罚的方法。

虽然奖励的是个人,但激励的目标是整个党员群体。也就是说,就对象而言,个体奖惩与集体奖惩的对象可以是一样的。之所以要针对同一群体采用不同的奖惩方法,是为了双管齐下,越是在个人能自己独立完成的事情上,设个人奖越有效果;越是要集体合作才能完成的事情上,设集体奖越有效果。这种方法可以强化集体与个人的联系,鼓励个人关心集体,为集体服务。

(三)单项奖惩与综合奖惩

单项奖惩指采取单一奖惩措施的方法,如授予三好学生称号,给予记过处分都是单项奖惩;综合奖惩指同时采取多种奖惩措施的方法,如对考试作弊的学生给予记过处分并不授予学位就是综合惩罚。综合奖惩是对单项奖惩的加强。采用单项奖惩方法还是综合奖惩方法,取决于管理者对行为性质的认识和奖惩力度的把握。同时,我们还必须考虑学校不同管理制度之间对同一行为奖惩措施的协调,使其不冲突、不重复,达到最佳匹配效果。

五、学生奖惩程序管理

(一)学生奖惩程序应遵循的基本原则

1.公开原则

除规定的特殊情况以外,程序一律公开。从内容上说,公开包括作为处理依据的相关规范处理机关及其工作人员等必须是公开的;从对象上看,公开包括对所有的当事人、利害关系人和社会大众公开;最终处理的结果也应该在适当范围内公开。

2.公平听证原则

公平听证原则主要包括给予当事人有被合理告知的权利、给予当事人了解处理部门的论点和根据的权利以及给予当事人为自己辩护的权利。

3.避免偏私原则

避免偏私原则即程序的执行者、裁判者应严守中立,不受各方当事人(包括当事人委托的代理人)意见的支配,不偏袒任何一方。

(二)学生奖惩正当程序的具体要求

1.奖励的正当程序要求

(1)评奖程序。

第一,发布评奖信息。发布的信息一般应包括评奖的奖项、参评的条件、评奖的标准、评奖的机构及负责人等内容。发布信息应该在合理的时间范围内,并有恰当的媒介。

第二,接受申报。有关部门在接受学生个人或集体参评申报时,应该审核申报人或集体是否在规定的时限内、按照规定的条件和方式进行申报。

第三,组织评审。评审应该按照一定的民主程序进行评审,避免随意性和"一言堂"。评审机构应该按照之前公布的评审成员来组织评审,成员如果有变动的,应该另外再公示。

第四,公示及接受质询。评奖机构应将初评结果公示,并允许学生个人和集体在合理的时间范围内提出质询,有关机构应对质询做出解释并再次公示。

第五,报批及发文公布。公示结束无疑议后,按规定时间向上一级部门上报评奖结果,上级审核通过后应以公文的方式公布最终评奖结果。

此外,如有必要,还可以举办表彰大会,扩大宣传效应,进一步鼓励先进,激励更多的学生进步。

(2)评奖复议程序。

在公示期内,学生个人或集体对初评结果有异议的,可向所在院系提出口头或者书面复议申请,院系在接受复议申请后若干个工作日内作出答复;如学生个人或集体对本院系的答复仍有异议,可在若干个工作日内向学校有关主管部门提出书面复议申请,学校在接受复议申请后若干个工作日内进行复查,复查结果通知学生本人或集体,此处理意见为最终处理意见。

(3)奖励的撤销程序。

在颁奖后,评奖机构或组织发现获奖者在获奖后的一定期限内有不符合奖励宗旨的行为,或发现获奖者在参加评奖时有违规行为以致影响当时评奖的公正性时,可以考虑撤销有关奖励。撤销奖励实质上是一种惩罚措施,所以其程序应该和惩罚的基本程序大概一致。

第五章 以学生为本:学生管理探究

2.惩罚的基本程序要求

学校惩罚学生的方式有很多,如纪律处分、剥夺荣誉或机会、禁止评奖、经济处罚等。其中,纪律处分的惩罚方式应用最为广泛,同时纪律处分的程序要求也最为严格,在惩罚方式中具有典型意义。所以,这里主要探讨纪律处分的程序问题,其他处罚的程序可以参照纪律处分程序。构建纪律处分的正当程序,应分别从处分程序和处分申诉程序两方面来设定。

(1)处分程序。

第一,立案。立案是学校学生违纪处分的启动程序。立案的程序包括立即向主管部门和领导汇报;立即纪录有关情况并保留相关证据;根据情况尽快组建问题处理的专项小组。

第二,调查。为了保证程序的中立性,避免偏私,调查应当遵循全面、客观的规则,既要收集对当事人不利的证据,也要收集对其有利的证据。调查工作应遵守法律规定,不能采用违法手段,要保护学生的合理权益,如保护学生的隐私,尊重学生的人格尊严,保障证人的权利。对于违纪行为嫌疑人的陈述和辩解,调查人员应该予以客观的记录。

第三,听取学生或者其代理人的陈述和申辩。听取学生陈述和申辩时应该做好笔录,在结束时由违纪嫌疑人或其代理人签字确认。笔录材料应交有关部门保存,并在作出处分或不处分决定时作为参考材料。

第四,处分的决定。处分决定应该由有相应权限的部门作出,纪律处分应当与学生违法、违规、违纪行为的性质和过错的严重程度相适应。学校应当针对每个被处分的学生分别制作处分决定书。开除学籍的决定应由校长办公会最后作出。

第五,处分的送达。学校可以采取适当的方式在校内予以公布,并将处分文件送达学生本人。违纪学生在接到处分决定书时应当在送达通知上签字。

第六,处分的公布。不应过于广泛地公布学生的处分决定,但有必要在一定的范围内公布,以便于监督和警示。

第七,执行与备案。对于学校的违纪处分,违纪行为嫌疑人有申诉的权利。只有在规定的时间内,违纪行为嫌疑人没有申诉的,学校的相关部门才可以将违纪处分规定的相关内容予以执行。开除学籍的处分决定书报学校所在地的省级教育行政部门备案。

(2)处分申诉程序。

第一,申诉机制。学校是第一级接受申诉的机构。学校应当成立学生申诉处理委员会,受理学生对取消入学资格、退学处理或者违规、违纪处分的申诉。省级教育行政部门是第二级处理申诉的机构,对于学校申诉委员会的违法决定,可以向省级教育行政部门申诉。

第二,申诉处理期限。学生对处分决定有异议的,在接到学校处分决定书之日起5个工作日内,可以向学校学生申诉处理委员会提出书面申诉。学生申诉处理委员会对学生提出的申诉进行复查,并在接到书面申诉之日起15个工作日内,作出复查结论并告知申诉人。需要改变原处分决定的,由学生申诉处理委员会提交学校重新研究决定。学生对复查决定有异议的,在接到学校复查决定书之日起15个工作日内,可以向学校所在地省级教育行政部门提出书面申诉。省级教育行政部门在接到学生书面申诉之日起30个工作日内,对申诉人的问题给予处理并答复。从处分决定或者复查决定送交之日起,学生在申诉期内未提出申诉的,学校或者省级教育行政部门不再受理其提出的申诉。

第三,建构公平合理的裁决程序。所谓公平合理的裁决程序,是指理想的学生申诉制度,其裁决程序必须注意管理权的适当性、程序履行的正当性等。

奖罚管理是学生管理最重要的内容之一,是学校激励和约束学生的最重要的方法和手段。当前,依法治校观念已经渐渐深入人心,学生奖惩管理必须符合大学发展的潮流,结合学校本身的办学理念,与时俱进,这样才能通过奖惩管理实现正确的价值引导,真正贯彻国家的教育方针。

第四节 学生管理的趋势——学生自律自教管理

学生管理工作应更多地以学生为主体,进行学生自我管理、自我教育,将原来的管理者退居到辅助者的位置。学生自律自教管理将是当今学生管理的趋势。

一、学生自律自教管理的概念

学生自律自教管理涉及学生的自律和自教管理两个方面。

自律,通俗来说,就是要用正确的原则要求自己、自己约束自己、自己管理自己,使自己的行为受到"应当"的规范。

自教,即自我教育,是个体根据教育主体的要求和自身的发展需要,有目的、有计划、自觉地对自我提出任务,确定自我实现的目标,自主设计行为方案,主动采取措施,自觉进行思想转化与行为控制,把自我作为认识和改造的对象,通过自我认识、自我选择、自我反省、自我调控等方式,提高和完善自我道德品质与综合素质而进行的一种教育培养活动。学生的自我教育包括两部分:一部分是学生个体对自我的教育;另一部分是以学生群体为主的学生自我教育系统。

可见,自律和自教是两个相对独立而又紧密相连的概念,概而言之,自律与自教就是一系列与自我管理和自我教育相关联的概念的统称。

二、学生自律自教管理的基础

(一)学生自律自教管理的时代要求

长期以来,学校体制行政化,权力高度集中在校长或书记手中,学生自律的空间仅局限在学生会。随着市场经济的发展,互联网的普及,学生的自我意识明显提高,独立自主观念显著增强,要求维护其正当权益的呼声日益高涨。近些年来,随着民主化进程的加快,校园民主也成为各学校发展的一种主流价值。在此趋势下,作为学校重要主体之一的学生一方面在接受教育时享有法律规定的正当权利,另一方面在学生事务中也发挥更加积极的作用,这种作用的发挥体现在学生自律与自教上。最大化地让学生自己去处理自己的事情,并积极吸纳学生参与学校的各项决策、管理,成为学校民主化建设重要内容和发展趋势。对学生进行自律与自教管理已成为新时代新形势下的迫切要求。

(二)高等教育发展现状与学生自律自教管理

加快高等教育发展,扩大学校招生规模,迅速造就规模宏大的专门人才队伍,不断满足人民群众日益增长的对于高等教育的强烈需求,是党中央、国务院根据经济和社会发展形势的变化而做出的一项重大决策,体现和维护了广大人民的根本利益,对增强综合国力、提高国民素质、促进经济发展和社会进步具有深远的意义。第三次全国教育工作会议后,高等教育规模持续扩大,中国高等教育的发展进入了一个崭新的时期。我国高等教育在规模、师资力量、教育投资等各方面都有很大提高,并逐步与国际接轨,向发达国家靠拢。要让我国的高等教育适应高等教育国际化的发展要求,使中国高等教育融入世界、赶上世界先进水平,我们必须学习和借鉴世界先进的办学理念、办学模式,首先就要确立学生是教育主体的思想。当前的教育体制改革,引起学校与学生的关系向平等有偿的服务关系转变,同时教育行政管理权力逐步下放,这样将会带来学校内部学生权力的增长,从而学校的学生自律也能够逐渐实现并趋于成熟。在这样的发展过程中,需要充分利用、发挥学校现有学生组织如学生会和学生社团的作用,让学生自律与自教思想得到有效的实践。

学生会有着同校方的密切关系、比较完善的机构设置、比较成熟的工作方式及程序、素质良好的学生干部队伍,等等。虽然学生会构成的流动性较大,但其具有传统的影响力,促进现有的学校学生会向正式的学生自律组织转化,在学生自律的实现过程中将起到主要的作用。

在逐渐实现学生自律的同时,还应该在校园中营造出自我教育的良好氛围,把自教培养成为学生的自觉行为以至习惯,从而使学生自律与自教有机地结合起来,在自律中自教,通过自教促进自律。

(三)班级体制与学生自律自教管理

随着学校教育的发展,"班级"作为学生的基层组织,已不再是教学管理的唯一方式,并且正在逐渐被新的方式所替代,"班级"的界限越来越趋于淡化。班级作为一种社会组织得以建立,不仅是为了提高教学效率、便于学校管理,更重要的是基于其成员即学生自身的奠基性学习的必要。在现代社会中,学生的奠基性学习尤其是"社会文化"的奠基性学习不可能在个体独处的空间里完成,而班级组织正是社会向学生提供的一种在校期间群体生活的基本环境,它对其成员的社会性发展有重要影响。从这一方面讲,班级就仍有存在的必要,对当前学校班级管理进行讨论就仍有其积极的意义。

随着高等教育的发展,班主任经过了一个从管理者到服务者的角色转换,并且正在逐渐淡出。班级界限逐步淡化,班主任角色也逐步淡出,因此,学生自律自教是大学班级管理的必经之路,学校应给予学生更多自主管理的权利。在班级体制下,学生自律自教主要体现在以下几个方面:一是由学生干部、骨干、高年级学生等进行班级管理,建立完善的管理机制,形成一定的规范;二是给予学生充分信任,在遵纪守法的大前提下,让他们自己约束自己,自己给自己制定规章制度,自己执行,并在实践中不断完善,达到"自律";三是提倡学生在学业修习和道德修养上以其自身学习、思考、研究为主,同时教师给予启发、指导。需要注意的是对学生实施自律自教管理，并非完全放任自流。

(四)学分制教育与学生自律自教管理

学分制是以学分计量学生学习量的教学管理制度。学分制的实施就是要实现学生自律，即学生自我教育、自我管理、自我服务、自我发展、自我创造，从而完成大学过程的自我塑造。与之相对应的学生管理制度应能给予学生积极、正确的引导，帮助学生走向成熟。

学分制的实施，使得学生对自己的时间有了更加充分的支配。合理地安排自己的课程，就会省出更多的空余时间。在这种情况下，一个学生自我约束能力的好坏就显得尤为重要。所以在实施学分制的情况下，培养学生的自我约束能力就显得迫在眉睫。通过自我激励，调动由自我动机或愿望而产生的一种内在的驱动行为，也是激励自我向所期望的目标前进的心理活动过程。

另外，还要把严格的管理与自我教育有机地结合起来，在管理过程中，创造一个既有集中，又有民主，既有纪律，又有自由，生动活泼的育人环境。学生有强烈的自主意识，便会自觉地用社会公认的道德规范去约束、指导自己的行为。学校应充分利用现有资源，为学生实现自律提供保障并加以扶持。首先，可以成立以校学生工作部为龙头，以学生党员、系党总支部、系团总支部为链条的校学生自律委员会。其次，以此为基础，下设各系、学生班的自律小组。由校自律委员会领导各自律小组，开展相关工作和活动，并制定相关的纪律制度和奖惩措施，让自律委员会的工作"有章可循，有纪可遵"，让自律委员会的工作深入到课堂、学生活动场所、公寓等领域。对学生中的各种违纪和违反公德的言行进行劝诫，以引导全体学生遵纪守法，提高自身的全面素质组合，建立相应的监督反馈机制，将自律委员会的工作置于有效的监督管理之中。

(五)学生会模式与学生自律自教管理

学生会作为在校学生的自律组织，承担着学生"自我教育、自我服务、自我管理"的重要职责，在加强和改进学生思想政治教育工作中发挥着不可替代的积极作用，同时也是校园文化建设的主力军。学生会积极沟通学校各职能部门，充分维护学生的正当权益，是同学参与学校管理和学校建设的重要渠道。

学生会是广大同学进行自我教育、自我管理、自我服务的带头人。在组织形式上，它是由学生的代表组成。广大同学在民主的基础上开展自我教育活动，以主人翁的态度参与学校的管理、维护自身利益。学生会组织加强自身建设应着重从以下几个方面着手：

1.坚持党、团组织领导

积极争取党组织的领导和团组织的指导，确保学生会组织的思想建设，使学生的自律不偏离方向，更好地贯彻党的教育方针，发挥自我教育功能。由团委派专人任学生会秘书长，亲自指导，密切了党团和学生会的联系，做到互相支持，共同为学生会解决实际问题。在宏观指导下，把自律权充分下放给学生会，使其能够独立自主地开展工作。

2.加强制度建设，使学生会工作规范、系统

学生会在开展工作的同时，要逐步建立健全规章制度，如《社团管理条例》《安全保卫条例》

《体育运动奖励实施办法》《精神文明评比办法》《宣传工作条例》等。应该明确工作职责,提高工作效率,做到年初有计划,年终有总结。学生组织形式既有民主又有集中;各部门既分工负责又密切配合。这样可以克服一遇大活动就临时"抱佛脚"、搞突击的现象。

3. 学生干部的选拔和培养是学生自律、开展自我教育的重要环节

学生会是学生自己的组织,是由学生中品学兼优的成员组成的。学生会应充分体现学生自律的广泛性,创造更多的条件和机会,让更多的同学参与到学生会工作中来,起到更广泛的带动作用。注意学生会要实行公开招聘。在工作的同时,注重对学生干部的培养。通过在实践中锻炼和集中进行理论培训来实现。可以通过举办学生干部培训班和征集学生干部工作论文、召开研讨会等形式进行培养,全面提高学生的素质。此外,还可以将成熟的学生干部及时吸收到党组织中来,使他们以党员的先锋模范作用带动学生会工作。这样,就能保证了学生自我教育的效果。

4. 学生会组织要以"自我教育、自我管理、自我服务"为职能

学生会可以说是一个部门齐全、分工明确、管理和教育相结合的独立系统。职能部门分为办公室,生活部、学习部、社团部、文艺部、体育部、女生部、宣传部、信息部、实践部等。学生会每个职能部门本身又是一个管理和教育的结合体。各部门可以通过开展丰富多彩的主题活动,开展自我教育、自我服务、寓教育于活动之中。通过宣传橱窗、广播、板报和《信息报》广泛宣传学生生活中的人和事,及时信息反馈,把握活动方向,提高活动效果。

总之,学生会在学校学生管理教育工作中处于其他部门不可替代的重要地位。学校党政部门要多关心、支持学生会的工作,不断探索学生会建设新路子。

(六)党团组织的建设与学生自律自教管理

党团组织作为学生群体自我管理、自我教育的组织,拥有覆盖面广、体系完整、深入基层的特有优势。学生党团组织应该深入到周围同学的身边,充分发挥桥梁和纽带作用,通过学生组织将学生与学校党团组织紧密相联,积极推进学生自律自教管理。

要使党团组织和学生干部在学生自律和自教管理工作中发挥更为积极的作用,学生党团组织的内部建设则是必不可少的。很多学校采取了与学生干部座谈交流、开展学生干部培训班等措施,在推动学生干部培养的同时,很好地促进了学生党团组织内部的建设。

(七)学生社团管理与学生自律自教管理

学生社团是大学中十分重要的组织,自学生组织产生之时就在孕育着学生社团。学生社团一直都和学校一起,在不断的前进中承载和创造着学校的历史。学生社团在学校中具有的作用不可轻视。

1. 学生社团塑造学生的社会主体性

参与自律性的学生社团,对成员的社会主体性有着显著的影响。学生参与社团可以被认为是学生在校生活中最重要的动力。在参与社团过程中,自由和约束这两者具有双重性,是一

个相互转化的过程。学生通过参与自律社团,创造了新的网络关系,给自己打开了新的窗口,有益于个性的表达。

2. 学生社团是学校校园文化的重要载体

学生社团是学校校园文化的重要载体,是学校第二课堂不可缺少的重要组成部分,它与学生会组织共同构成了学生活动的两翼。学生社团通过自律,实现自我管理,使社团生活真正融入学生生活之中。

3. 学生社团构成了学生参与学校管理的组织基础

学生社团实质上是学校制度的一部分。学生社团构成了学生参与学校管理的组织基础,学生社团不仅是锻炼学生工作能力的场所,也是学生能够有效地参与学校管理的重要保证。而且,学生社团自律有利于培养学生的参与意识和参与能力。

三、学生自律自教管理的主要环境

(一)思想政治教育与学生自律自教管理

思想政治教育一直是学生教育的基础性内容,它对确立学生按照党和国家的路线学习、生活和工作有着举足轻重的作用。学生是未来社会主义建设事业的主力军,他们的思想政治教育是任何一个教育工作者都无法忽视的重要任务。

随着市场经济越来越成熟,作为新生一代的学生,越来越要求个性的解放与独立,越来越要求在个人追求与个人志趣上要体现其作为独有个体的特殊价值。学生强盛的独立性使得对其进行思想教育的强行灌输变得越来越吃力,而建设中国特色社会主义事业又要求我们必须万众一心,思想政治教育义不容辞。这在"自我教育"那里找到了两者的切合点。

第一,自我教育是加强思想政治教育工作的必然选择。引导学生进行自我教育,改变过去那种单纯把学生置于被教育、被管理的地位,为他们创造民主、平等的教育环境,能够激发学生自我教育的主动性与积极性,增进学生对思想政治教育活动的理解、认同和配合。在思想政治教育中,只有通过启发、引导学生内心潜在的自我教育的积极性、自觉性、主动性和创造性,把学生当作是具有主体意识、能动地选择的独立个体,思想教育工作才能取得理想的效果。

第二,培养学生良好的自我教育能力,是实现学生思想政治教育最终目标的根本保证,这将直接关系到学生思想政治教育的成败。思想政治教育只有建立在个人自觉的基础之上,不断提高自我省察和克制的能力,才能获得成功。学生利用自我教育,通过自我内部因素,能够自觉地接受先进的、正确的教育影响,抵制消极影响,进行思想转化和行为控制,真正成为德、智、体、美全面发展的社会主义合格建设者和可靠接班人。

(二)校园文化建设与学生自律自教管理

校园文化指的是学校所具有的特定精神环境和文化气氛,既包括校园建筑设计、校园景观、绿化美化等物化形态的内容,也包括学校的传统、校风、学风、人际关系、集体舆论、心理氛围以及学校的各种规章制度和学校成员在共同活动交往中形成的非明文规范的行为准则。校园文化在学生自我教育中主要起到以下几个作用:

第一,导向作用。校园文化,特别是培养目标、校训、校风,就是一面鲜明的旗帜,引导着学生成才的道路和方向。

第二,塑造作用。校园文化为学生提供了个性自由发展的广阔天地,学生可以最大限度地实现自我个性与潜能。

第三,规范作用。比如学校的校庆等独特节日,以学校群体价值观和群体行为规范的方式熏染着学生。

第四,凝聚作用。校园文化的核心是追求和树立一种全体的共同价值观,从而对广大学生形成一种无形的向心力。

第五,激励作用。校园文化作为学校内部的精神环境,起着一种催人奋进的积极作用。

校园文化建设和学生自我教育之间具有相辅相成、相互渗透的依赖关系。良好的校园文化具有强大的凝聚力和吸引力,能较好地调节、激励学生的思想行为,陶冶学生的情操、启迪学生心智,引导学生开展自我教育,促进学生的全面发展。校园文化的完善,就是充分发挥了教育导向、开发创造、娱乐调节、激励凝聚等功能,为育人营造了最优化的环境,从而实现教育目标。同时,学生自我教育又有利于推动校园文化建设,学生通过开展良好、积极的自我教育,养成健康的身心素质和朝气蓬勃的精神,可以反作用于校园文化,使校园人文精神得以振奋和升华。

因此,学校在加强学生自律与自教管理的时候,应该考虑到校园文化建设所具有的积极作用,切实做好校园文化建设工作,在校园中创造学生自主管理的良好风气和环境。要想建设好校园文化,关键在于营造一个良好的氛围。学校只要在工作中营造出高品位的文化氛围,就能让学生不断完善自我。在校园文化建设中大力宣传学生自律与自教思想,使自律自教观念为学生普遍认同,将有助于推动学生自我管理和自我教育的顺利进行和开展。学生又可以在校园文化建设过程中充分实现自我管理和自我教育,不断提高自我管理能力和自我教育能力。

(三)社会实践活动与学生自律自教管理

社会实践是突出学生主体的活动,是学生脱离熟悉的校园环境后的试飞,是学生实施自我教育的重要手段。学生社会实践作为课堂教育的补充,作为理论知识和实践知识的联系纽带,有着实践学生自我教育独特的机制,即自我认识机制、自我检验机制和自我评价机制,对实现自我教育的四个阶段即自我认识、自我检验和自我评价、自我发展,有着独特的育人效果。因此,学校应该充分发挥社会实践的自我教育功能,促进人才的健康成长。

广大学生经过多年的系统教育,已经具备了一定的认识水平,但要将获得的知识内化为个人品质并外化为日常行为,并不断在更高实践层次上得到提高,离不开社会实践这一环节。对学生的修养来讲,实践始终是自我教育最好的途径。

随着学生社会实践风气的形成,近年来学生在社会实践时遇到的阻力越来越小,学生的自主性在提高,学生管理者应从长远利益看待社会实践,做好以下几个方面工作,激发出高涨的自我教育积极性。

第一,加强实践意识的渗透教育,建立课堂内外齐头并进、教育和自我教育相结合的育人观念。引导学生自主参加各种形式的社会实践,依靠自我教育建立完整人格。

第二,建立导师制,专门指导学生实践,帮助学生完成自我教育的目标。学校应该以指导学生社会实践为落脚点,建立有关制度,架起师生沟通的桥梁,帮助教师更好地理解当代学生,同时使学生在实践中事半功倍,解决好各种矛盾冲突,在老师扶持下,健康走过青春的沼泽地。

第三,将有限的资金投在学生身上,将实践重点放在学生力所能及的活动上,让更多的学生得益。

第四,学生社会实践的评定必须由学生自己完成,在实践结束后及时总结交流,并展示成果。这样有利于形成群体评价氛围,为学生形成健康的自我评价提供参照,同时也鼓励了学生的实践积极性。

第六章　打造一流师资：教师管理探究

教师是向受教育者传递人类积累的科学文化知识和进行思想品德教育的专业人员,是人类社会进步和人类文明发展的桥梁和纽带,是现代化建设中的一支骨干力量。由于教师职业是与学校教育共始终的职业,而且教师的素质影响着学校的教育教学质量,因此在开展教育管理时,不能忽视教师管理这一重要领域。

第一节　教师管理的内涵

一、教师管理的含义

教师管理是指教育行政部门和学校对教师的任用、培养、考评、待遇、晋升、奖惩等工作进行管理的过程,包括教育行政部门对教师的管理和学校对教师的管理两个方面。教师管理的最终目的是以发挥教师的自主性、主动性和创造性为核心的教师工作能力、效益和职业精神的全面提高,培养教师的自我效能感是提供教师自我发展的动力。

二、教师管理的重要性

在我国的学校教育活动中,教师管理的重要性主要表现在以下几个方面:

(一)教师管理能够促进学校管理水平的整体提高

教师是学校组织中一个最基本的组织元素,也是最直接的教育活动执行者,需要依据政府和学校的要求以及学生身心发展的规律、特点,创造性地对教育教学计划进行贯彻、执行,有计划地对学生进行教育和培养,进而培养出与社会要求相符合的合格公民。

作为政府和学校来说,为了使教师能够对国家的教育方针有合理、准确的理解,对学生的身心发展规律、特点有科学、正确的认识;也为了最大限度地调动教师教育教学工作的积极性和主动性,以保证教育教学工作的质量,就必须制定相关的教师管理制度和规范。

由此可见,教师管理是学校管理的一个重要组成部分,而且教师管理水平的提升将在很大程度上带动学校管理水平的提高。

(二)教师管理能够为教师的成长与发展提供重要的条件

关于教师的专业成长与发展,一方面有赖于教师自身的终身学习意识和自我完善的要求,另一方面取决于政府和学校为教师的专业成长所提供的客观条件。因此,现代的教师管理应当是一个含义宽泛的概念,它不仅是指对教师的使用和管辖,而且应包括如何通过建立集体教研、梯队建设、专业发展等方面的制度和措施,为教师的成长发展提供良好的环境条件。

(三)教师管理能够在一定程度上保证教育改革的成功

对于世界各国的教育事业发展来说,进行教育改革、促进教育的进一步发展是一个永恒的命题。客观来说,教育改革只强调变革事实,不涉及价值判断,因此教育改革和教育进步是不相等同的。只有当教育改革取得成功,它才能具有进步的、积极的意义。可是,教育改革的成功需要诸多保障条件,其中教师的素质是一个相当关键的因素。原因在于,教师是新的教育思想、新的教育内容、新的教育方法、新的教育措施的最终贯彻者和执行者。为了使教师队伍的素质条件符合教育改革的要求,政府和学校往往需要制定一系列教师管理的新政策、新措施,从而在保障教师素质的同时,激励教师积极参与到高校教育改革之中。由此可见,教师的有效管理是教育改革取得成功的重要保障。

三、教师管理的理念基础

教师管理的实践活动,通常来说会受到教师管理理念的支配,而教师管理理念是以一定的基础为支撑的。具体来说有以下几个:

(一)教师的职业性质

有关教师的职业性质这一问题,其焦点主要集中在教师是专业人员还是非专业人员上。而依据全国人大常委会在1993年颁布的《中华人民共和国教师法》第三条规定:"教师是履行教育教学职责的专业人员,承担教书育人,培养社会主义事业建设者和接班人、提高民族素质的使命",可以明确教师是专业人员。

但是,法律认定的教师职业性质能否被社会各界完全认同、能否在教师队伍管理实践中得到充分体现,还需要人们对反映教师职业性质的关键特征进行更加深入的认识。而所谓的教师职业性质的关键特征,具体来说有以下几个:

(1)教师必须经过长期的专门教育。
(2)教师应有反映其专业特点的职业道德。
(3)教师必须享有相当的独立自主权。
(4)教师必须不断地进行在职进修。

(二)教师的基本素养

有关教师的基本素养问题,当前国内外学术界并未达成共识。在这里,我们主要介绍一下我国学者叶澜所概括的面向21世纪新型教师的理想基本素养,具体见表6-1。

表6-1 新型教师的基本素养

项目	主要内容
基础性素养	·个人价值取向和发展的内动力,包括事业心、责任心、爱心和自我发展的内在追求等。 ·宽厚扎实的文化底蕴,包括文、史、哲、艺的基本人文素养和科学、技术的基础素养等。 ·实践创生的思维能力,包括在发现、处理和解决问题中表现出来的创造性以及在实践中进行探究与策划、反思及开拓的思维能力等。
专业素养	·学科专业素养,包括熟练掌握所教学科的知识体系与结构,学科发展的历史趋势;熟悉相关学科的知识范围、性质与相关程度;了解学科知识与人类多种实践(从社会、生产、研究到生活、人生发展)的多重关系,以及它在实践中的多种表现形态;掌握进一步学习和研究所教学科的基本途径与方法,适应知识更新、满足培养学生创造意向和能力的要求。 ·教育专业素养,包括对学校教育、教学实践和学生的内在认识,以及用这种内在认识去研究、策划和改进、创造自己的学科教学的实践和行为的本领。

四、教师管理的目的

教师管理的目的,概括来说主要有以下几个:

(一)为了教师

学校既是教师工作的地方,也是他们发展、生活的地方。我国有相当一部分教师几乎整个职业生涯都是在一所学校度过的。在每一天的时光中,教学成为他们的主要事务,同事成为他们的主要朋友,学校成为他们活动的主要场所。在学习社会、终身教育的时代,对教师的知识储备量的要求不再是"一桶水",教师必须源源不断地获得新知识。学校不仅仅是培养学生、促进学生发展的场所,对教师也有同样的培养、促进作用。因此,教师需要持续发展以适应教育的变革及革新要求,教师需终身受教育以提高自身素质。教师任职的学校是教师专业发展的主要场所,学校应成为教师成长的土壤和摇篮。

(二)服务教师

教师以教育学生作为自己最大的任务,但学生是活生生的、有着复杂性和差异性的不同个体,因而教师在进行教育活动时,必须依据自己与学生的实际情况进行科学的构思与灵活的安排,同时要对遇到的新问题进行积极主动的探索、研究和解决。

基于此,教师管理必须为教师发挥自身的主动性、能动性与创造性提供广阔的空间,为教师顺利地完成教育教学工作提供良好的环境和条件,为教师做好各自的工作提供服务。总之,教师管理必须要服务教师。

（三）发展教师

对于管理来说,其真谛在于"发挥人的价值、发掘人的潜能、发展人的个性"。在学校中,学生的发展以及整个学校的发展在很大程度上取决于教师的发展水平,因此教师管理不能仅仅停留在单纯地对教师的"要求""使用"和"管束"上,而必须将目标定位于促进教师的发展上,并将教师的成长与发展作为教师管理的最终使命。我国学者李保俊就曾指出,"教师管理的最终目的是以发挥教师的自主性、主动性和创造性为核心的教师工作能力和职业精神的全面提高,让学校成为教师生命价值实现的绿洲。"[①]

五、教师管理的特点

教师管理的特点,具体来说有以下几个:

（一）灵活性

教师管理的灵活性特点,主要指的是对教师的日常管理应有灵活性。例如,教师除课堂授课,其余的工作时间和空间应相对开放,不实行坐班制,可自主选择最有利于提高自己工作效率的环境;学校不应对教师的教育手段和教学方法进行硬性的规定,而应该鼓励教师经常选用丰富多样的教育手段和教学方法,以使教师的创造性得到充分发挥;学校在对教师的工作进行评价时,不应单纯地依据学生成绩的优劣,而应选择多种评价方式,对教师的工作成绩进行综合、全面、恰当的评价等。

（二）参与性

教师管理的参与性特点,主要指的是在教师管理过程中应体现出较强的参与性。具体来说,学校应鼓励教师积极参与学校重大事件或决定的讨论与决策,以发扬民主,集思广益;还应努力增加教师的认同感和责任感,以提高教师管理工作的效率。

（三）精神性

教师管理的精神性特点,主要指的是在教师管理过程中应重精神轻物质。具体来说,学校在进行教师管理时,应注重建立和谐的学校人际关系,注重发展教师的思想道德,注重提高教师的专业发展等。

六、教师管理的内容

从历史的角度来看,教师管理的内容是随着教育事业的发展而逐渐丰富完善起来的。一般来说,现代教师管理的基本内容主要包括教师的任用、教师的评价、教师专业发展的领导和

---

① 李保俊.发展性教师管理的基本策略[J].广东教育学院学报,2004(1):2.

教师的激励等几个方面。当然,对这几个方面的内容还可以再作进一步的细分。例如,"任用"还可细分为"资格证书""招聘遴选""岗位聘任"等。从世界范围来看,自第二次世界大战结束以来,上述教师管理的内容已基本为各国政府所接受,且在各国的教师管理实践中稳定下来。然而,这并不意味着现代教师管理的内容是统一而凝固的。事实上,就教师管理的内容细节而言,不仅各国之间存在着较大的差异;而且,随着社会对教师职业性质认识的深化和对教师专业要求的提高,在不断地发展和变化。

七、教师管理的任务

教师管理的任务主要是合理组织教师队伍,提高教师素质,为教师工作学习提供服务,调动教师的工作积极性。具体而言,教师管理的任务主要有以下几个:

第一,根据国家对教师的资格条件要求和教育主管部门的具体规定,选聘合格的教师。

第二,根据学校工作需要和教师的专业特长,合理安排教师的工作岗位。

第三,制定教师岗位责任制和其他各种必要的管理制度,落实教师的职责要求。

第四,创设良好的工作环境,为教师的工作、学习、生活提供必要的条件。

第五,制订教师培训计划,多种形式提高教师业务水平。

第六,按照教育部门有关规定,做好教师考评、职务评聘和劳动报酬工作。

第二节 教师的科学任用与合理评价

一、教师的任用

教师的任用是教育行政部门、学校按照一定的规则和程序,选用一定资格的人从事学校的教育教学工作的行政行为。各国教师的任用都包括两个方面,一是一定的资格标准,二是通过一定的方式。教师要正式取得教师职位,就必须具备一定的资格条件,履行一定的手续。反之,教师要代表国家、学校实施教育,也必须经任用明确身份,规定其权利和义务、职权和责任。同时任用也是对考试和考绩成果的肯定。因此,教师的任用是实现教师人事行政职能,保证教师质量的关键环节。

(一)教师的任用资格

教师的素质在很大程度上影响着教育的质量,因此,为了保证教育的质量必须确保教师有较高的素质。为了保证教师的素质,许多国家都规定了教师任职的资格标准,或建立起教师许可制度或教师资格证书制度。各级各类教师的任职资格标准是教师资格制度的基本内容,主要由学历标准和职业道德要求所构成。它是国家对从事教师工作人员的基本要求,也是教师人事行政规范化、科学化的标志,是教育发展水平的反映。就我国来说,实施教师资格制度是提高我国教师素质,加强教师队伍建设的实际需要的重要举措。1986年颁布的《中华人民共和国义务教育法》明确提出和规定了"国家建立教师资格考核制度,对合格教师颁发资格证书"。1993年颁布的《中华人民共和国教师法》和1995年颁布的《教师资格条例》,对我国教师资格制度作出了详尽的规定,其基本内容除了对教师资格条件的规定外还包括教师资格的分类和适用、教师资格考试、教师资格认定等规定。

1. 教师资格的要求

根据《中华人民共和国教师法》的规定,中国公民凡遵守宪法和法律,热爱教育事业,具有良好的思想品德,具备法定的学历或通过国家教师资格考试,有教育教学能力,经认定合格的,可以取得教师资格。受到剥夺政治权利或者故意犯罪受到有期徒刑以上刑事处罚的,不能取得教师资格;已经取得教师资格的,丧失教师资格。此外,取得教师资格应当具备的相应学历是:幼儿园教师应当具备幼儿师范学校毕业及其以上学历;小学教师应当具备中等师范学校毕业及其以上学历;初级中学教师应当具备高等师范专科学校或其他大学专科毕业及其以上学历;高级中学教师应当具备高等师范院校本科或其他大学本科毕业及其以上学历;高等学校教师应当具备研究生或者本科毕业学历。

需要指出的一点是,教师资格是充任教师的起码条件,学校聘任教师只能等于或高于此标准,否则国家不予承认。随着我国教育形势的发展,特别是素质教育的推行,对教师素质提出了更高要求。由于中等师范学校已基本取消,因而今后所有中小学教师的学历要求都将在专科以上。

2. 教师资格的认定

《中华人民共和国教师法》根据不同情况具体规定了我国教师资格认定机构:中小学教师资格由县级以上人民政府教育行政部门认定;中等专业学校、技工学校的教师资格由县级以上人民政府教育行政部门组织有关主管部门认定;普通高等学校的教师资格由国务院或省、市、自治区教育行政部门或者由其委托的学校认定。

此外,《中华人民共和国教师法》规定,取得教师资格的人员在首次任教时,要有必要的试用期。

(二)教师的任用方式

自中华人民共和国成立后,我国实施的教师任用制度主要有任命制、代用制和聘任制。其中,任命制是指在定编、定员、定岗、定职责的基础上,按照确定的学校教师职务的结构比例,由教育行政部门对符合任职条件的教师进行任命,任期由学校根据工作需要确定,教师的升、迁、转、调、退均由教育主管部门统一管理。代用制是在教师数量不足的情况下,选择不具有教师资格的人员担任教师工作的制度。代用制为解决中小学师资不足的问题发挥过重要作用,但是代课教师缺乏系统、正规的师范训练,素质参差不齐,劳动报酬低,管理上存在诸多问题。改革开放以来,随着计划经济向市场经济的转轨,国家对教育事业管理体制的改革,许多地方和学校开始在教师任用方式上进行了改革,即采用聘任制。1995年颁布的《中华人民共和国教育法》、1993年颁布的《中华人民共和国教师法》、1999年颁布的《关于当前深化高等学校人事分配制度改革的实施意见》、2000年颁发的《关于深化高等学校人事制度改革的实施意见》等都充分肯定了这种教师任用方式,并将其确定为我国今后教师任用的基本方式。因此,我们在这里着重分析一下教师聘任制。

1. 教师聘任制的意义

对于我国来说,实施教师聘任制具有十分重要的意义,具体表现在以下几个方面。

第一,教师聘任制的存在与实施,可以使教师更好地对自身存在的不足与问题进行诊断,进而有针对性地安排学习,以使自己的能力与教学水平等不断得到提高。此外,学校通过实施教师聘任制,可以更好地认识到教师队伍存在的不足,有计划、有步骤地安排不同学科、不同层次、不同年龄的教师进行培训,安排进修,帮助教师进行职业规划设计,引导教师树立"终身学习"的观念,促进教师不断成长,实现学校和教师共同发展和进步。

第二,学校要实现教师人力资源的合理优化配置,就必须利用竞争机制,积极实行教师聘任制,或是选拔出优秀的教师对教师队伍进行充实,或是对与聘任条件不符的教师进行解聘或调换工作岗位,以尽可能克服人才积压和浪费的现象,真正实现人尽其才、才尽其用。

第三,教师聘任制是一种权责统一的劳动契约关系制度,而学校与教师之间的劳动契约关系,建立在双方平等、自愿的基础上,并通过签订聘用合同对双方的劳动关系、权利、义务进行确定。教师一旦成功应聘了学校的某一职务,就必须履行并保质保量地完成相应的岗位责任,而且只有这样才能获得相应的职务岗位工资待遇。当然,教师要是在成功应聘后不能完成学校规定的教学、科研任务,将会面临被解聘或是被调离工作岗位的处理,工资待遇肯定也会发生相应的变化。同时,学校在成功聘任教师后,要尊重其合法的劳动权益,同时要注意对劳动合同中的纠纷进行协调。这样将会极大地调动广大教师的积极性,也有助于提高学校的教育、教学质量。

第四,教师聘任制遵循公开、公平、竞争、择优的原则,学校在严格定编、定岗、定责的基础上强化岗位聘任和聘后考核,强化竞争机制,建立优胜劣汰、能上能下的用人环境,打破了脱离实际工作需要的职称终身制,淡化"身份"评审,强化岗位责任,突出了对教师履行职责的考核和聘任期内的管理,促进了教师管理由"身份管理"向"岗位管理"的转变。鼓励教师在公平、竞争的环境中刻苦钻研,为实现人生的价值和自我发展而努力奋斗,从而有利于提高教师队伍的整体素质和办学效益。

第五,学校通过实施教师聘任制,可以为教师营造一种充满竞争与挑战的氛围,积极鼓励和引导教师之间的公平竞争,通过竞争实现优胜劣汰,让教师队伍充满生机和活力。这对于促进学校的可持续发展来说是非常重要的。

2. 教师聘任制的内容

教师聘任制的内容,具体来说有以下几个:
(1)定编与设岗

教师聘任制能否实施好,最首要的问题是科学地进行定编与设岗。学校在定编时,要切实遵循学校办学规律和管理特点来定编;要切实按照国家文件规定的学校生师比的要求来定编;

要切实结合学校学科建设对教师队伍的要求来定编;要切实按照固定编制与流动编制相结合的原则来定编。学校在设岗时,要切实遵循精简高效、总量控制、保证重点、兼顾一般、优化配置、动态管理的原则来设岗;要切实着眼于学校的学科建设和整体发展的需要来设岗;要切实根据学校自身的办学层次、办学类型、办学水平、发展方向和建设目标来设岗。

(2)明晰岗位职责

岗位职责是考核教师履行岗位要求的前提条件,是对教师教学业绩、科研业绩、学术水平、业务能力进行评估的基本依据,明确切实可行的岗位职责是实施教师聘任制的关键。学校在确定各级岗位职责时,应首先明确学校的发展定位和人才的培养目标,再根据教师不同的岗位类型、不同的岗位层次和不同时期的岗位工作重点的变化,确定相应的岗位职责。

(3)实施聘任

学校在进行教师聘任时,需要做好以下几方面的工作:

第一,对教师的任职条件即教师的学历、教师的教育教学水平、教师的职业道德、教师的思想政治素质、教师的科研业绩等进行合理设定。具体来说,设定的任职条件既不能过高也不能过低,要保证大多数的教师都能达到门槛。设定的任职条件要与学校的发展要求、发展方向相符合;设定的任职条件能形成对教师的积极引导;设定的任职条件要随等级岗位的不同而有所不同。

第二,明确聘期。依据《关于在事业单位试行人员聘用制度的意见》(国办发〔2002〕35号),我国教师的职务聘任实行任期制,同时聘期主要有三种:一是短聘任,通常短聘期在三年以内;二是中长聘期,通常中长聘期不超过五年;三是以完成一定工作为期限的聘期,其可以与一个重大项目或是一项课题的周期相同。

第三,管理聘约。学校与教师一旦签订了聘约,便意味着双方劳动关系的形成以及双方都受法律保护,任何一方违反了聘任合同就需要承担相应的法律责任和合同约定的责任。

(4)聘后管理

所谓聘后管理,主要是按照岗位职责要求对所聘任的教师进行评价与考核。进行这一工作,是为了兑现待遇,并作为是否续聘、高聘、低聘、缓聘和解聘的依据;也是为了让教师认识到自己的不足,进而对自己的职业发展进行完善。

3. 教师聘任制存在的问题及完善举措

(1)教师聘任制存在的问题

当前,我国教师聘任制还存在着不少问题,具体如下:

第一,岗位设置过于随意。要在我国各大学校中切实落实教师聘任制度,首先必须要科学合理地设置学校教师岗位。但在我国现代学校中,普遍存在着因人设岗、人浮于事的情况,编制与岗位设置不对称,超编、冗员现象非常严重,以致需要的人才进不来,从而极大地制约了教师人力资源的合理流动,使教师聘任制的落实成了一句空话。

第二,岗位职责不够明确。教师聘任制的实施,是以明确的岗位职位为前提的。也就是说,岗位职责不明确,则教师聘任制的实施就变得毫无意义。但当前,我国学校在岗位职责确立方面存在岗位职责要求普遍过低、重科研轻教学的"唯学术"倾向等问题,从而严重制约了聘任制的作用。

第三,聘期评价与考核的体系不够科学合理,如评价与考核的内容十分狭窄(仅注重教师教学的绩效、科研成果的数量等,对教师超出工作时间以外的劳动和所创造价值等方面则缺乏科学、理性的评价)、评价与考核的标准和方式过于简单(过于重视运用定量的标准和方式进行评价与考核,忽视了定性分析教师的综合素质与能力)等。

第四,教师资源流出机制阻塞。在当前,由于学校用人制度相应的配套措施严重滞后,社会保障体系不健全,再加上传统人事管理观念的影响,教师聘任制的实施并未能形成真正的竞争机制,而且缺乏淘汰,以至于教师流动渠道不通畅,无法形成合理的流动机制。

第五,对教师的聘后管理工作不到位,如对教师的聘后管理未完全脱离计划经济思想的束缚,未能建立一套与市场经济相适应的教师人力资源管理模式;对教师的聘后管理缺乏有效的绩效考核办法和有力的监督力度、监管机制,从而导致教师队伍中频频出现违背职业道德和学术精神的现象;对教师的聘后管理不能有效地做到"有所为、有所不为",从而导致行政干预学术现象的频繁出现等。这些都会制约教师队伍的建设以及学校学术的发展等。

(2)教师聘任制的完善举措

在当前,完善教师聘任制可以采取以下几个有效的措施:

第一,要切实提高广大教职工对推行聘任制的重要性、必要性的认识,只有这样,广大的学校教职工才能更好地接受、适应和拥护教师聘任制改革,也才能使教师聘任制改革得到切实的贯彻实施。

第二,要合理提高教师的薪酬待遇,因为实行教师聘任制之后,教师的岗位失去了终身制的保障,这个变化在一定程度上降低了一部分人从事教师这一职业的热情。在教师岗位失去其终身制的情况下,如果教师的薪酬待遇仍然处于偏低的状态,则必然会对高等教育事业的发展造成不利影响。因此,政府必须合理提高教师的工资水平,并给予其足够的福利待遇,如每年的两次长假以及相关的学术休假权利等。

第三,要加强对教师的社会保障力度,为教师创造一个较为舒适的生活环境和工作环境。只有得到了相应的社会保障制度的支持,我国教师聘任制度才有可能顺利实施。

第四,要建立健全与教师聘任制相配套的监督机制,对教师聘任过程中出现的不公正现象进行纠正,以确保教师聘任制能够得到不断改进和完善。

第五,要建立针对聘后教师的科学、全面、合理的绩效考核机制,以保证教师聘任制得到真正的落实。

二、教师的评价

(一)教师评价的含义

教师评价又称"教师考评",是判断教师工作对社会需要以及个体需要的满足程度的一种活动,也是判断教师工作的现实价值与潜在价值的重要过程。比如,教师通过辛勤的劳动为社会培养了人才,评价教师的工作就是对教师是否对社会做出了贡献以及贡献的大小做出价值判断。

（二）教师评价的作用

教师评价的作用，具体来说有以下几个：

1. 导向作用

教师评价的导向作用指的是通过教师评价可以引导评价对象向预设的目标而不断前进。通常来说，合理的教师评价行为会有明确的评价目的，同时会对评价的指标和标准进行预设、对评价的过程进行严格监督、对评价的结果进行权威论证与发布。因此，通过教师评价，可以帮助教师明确自己在教学工作中所具有的问题，继而积极并及时采取有效的措施对这些问题进行解决，使教学工作和自身都获得良好的发展。

这里需要特别指出，教师评价要想充分发挥导向作用，就必须要跟上时代的脚步，及时了解高等教育改革的理论和信息，对评价的核心内容进行适当的调整，保证教学评价的时效性。

2. 激励作用

教师评价的激励作用指的是通过进行合理的教师评价，可以有效激发评价对象的内在潜能，从而调动其工作的积极性和创造性。具体来说，教师评价的激励作用主要体现在以下几个方面：

第一，在教师评价实践中，评价对象都不同程度地存在着渴望对自己的工作结果进行了解的心理趋向，并会在不自觉中与其他的个体或群体进行比较。从这一角度来说，教师评价本身就具有良好的激励作用。

第二，教师评价的结果往往直接影响到评价对象的心理、形象、荣誉或利益等，因此其总是能够较好地激发评价对象工作或学习的热情、主动性、积极性，激励其不断努力工作。

第三，教师评价作为对学校进行教师人力资源管理的有效手段，往往需要将预定的标准与评价对象进行对比。从这一角度来说，教师评价是具有一定的激励作用的。

3. 交流作用

教师评价的交流作用指的是在教师评价中，所有与其有关的参与者都需要相互之间对信息进行交换。而且，借助教师评价的交流作用，参与者会在相互学习以及自我反思的基础上取长补短，继而共同获得进步。

4. 监控作用

评价是进行组织管理的一种重要手段，因而从某种程度上来说，管理的目标就是评价的指标与标准，或者说评价对管理过程起着一定的监控作用。

这里需要特别指出的一点是，教师评价要想有效发挥自己的监控作用，必须要对教育的规律以及科研活动的规律持高度尊重的态度。

5. 改进作用

教师评价的改进作用指的是教师评价能够评价对象为实现预期目标而不断改进和完善。

教师评价改进作用的充分发挥,需要评价者深入实际,了解真实情况,与被评者相互沟通,帮助被评者研究改进的途径和措施;需要被评价者积极响应教师评价活动,并在教师评价过程中不断完善和优化自己。

(三)教师评价的目的

教师评价的目的,具体来说有以下几个:

1.鉴定教师的教学活动

教师评价的一个重要目的,就是对教师的教学目标的达成程度进行鉴定。具体来说,就是以某种标准或准则为依据,对教师教学活动的结果是否合格以及教师教学的水平、优劣等进行鉴定。

2.诊断教师的教学工作

通过诊断教师的教学工作,可以获取与教师有关的各类信息,发现教师在教学工作上的经验与不足,进而寻找不足的原因并找到解决策略。

3.改进教师的教学工作

通过教学评价,可以使教师依据教学反馈对自己的教学行为进行调节与控制,以促使自己的教学工作不断得到完善。

4.优化教师的知能结构

教师的知能结构,主要包括两个方面的内容:一是教师的知识结构,包括专业知识和教育知识等;二是教师的能力结构,包括教学能力、行为能力、学习能力、创新能力等。知能结构是保证教师成为一名合格教师的重要前提,也是教师不断提高自身专业化的重要基础。对教师进行评价,可以通过对教学过程的有效监控,较为科学而准确地明确教师知能结构的特点与不足,继而激发教师不断对自己的知能结构进行优化。

5.促进教师的专业发展

教师评价作为一种价值判定活动,能够为教师的专业发展提供较强的动力支持;使教师在对自身各方面进行全面、客观认识的基础上,扩宽自己发展的途径;对教师专业发展的内容进行引导等,继而切实推进教师的专业化发展。

6.提升教师的教育理念

教师的教育理念包含的内容是十分广泛的,如教师的教育观、教师的学习观、教师的教育活动观等。教师教育理念的来源主要有两个:一是在自己的教学活动中逐渐形成;二是接受外界或其他教师的教育理念为自己的教育理念。对教师进行评价,能够对其教育理念的形成产生或直接或间接的影响,继而促使其不断完善、更新,提高自己的教育理念。

(四)教师评价的内容

在进行教师评价时,需要包括以下几方面的内容:

1.教师的素质

在对教师的素质进行评价时,必须对教师的思想政治素质(如教师的世界观是否科学、人生观是否积极,教师的政治信仰、理想信念是否坚定,教师对教育事业和学生是否高度热爱等)、专业素质(如教师的师德是否是高尚的、教师的教育思想是否紧跟时代发展、教师的专业知识是否全面扎实、教师的教育教学与科研能力是否较强等)、文化素质(如教师的科学文化知识是否扎实与广博、知识面是否能不断进行拓展等)、身体素质(即教师现有的身体健康状况是否与繁重的教育教学工作相适应)和心理素质(如教师的心理健康状况是否与教育教学工作的要求相符合、教师的性格是否是良好的、教师的自我调控能力是否是较好的等)进行综合评价。

2.教师的工作过程

对教师的工作过程进行评价,主要着眼于教师在教学以及科学工作中所表现出来的外显行为。这有利于促进教师依据评价的结果不断对自己的工作进行改进,以使自己工作的质量不断得到提高。就当前来说,对于教师工作过程的评价,主要着眼于评价教师的教学内容、方法与手段等,对教师科研工作过程的评价则涉及不多。

3.教师的工作绩效

对教师的工作绩效进行评价,主要是对教师的工作进行量化。就当前来说,评价教师的工作绩效主要有两种方式:一是设计量化的教师工作绩效考核评价指标,二是运用岗位目标业绩考评法。

(五)教师评价的原则

在进行教师评价时,需要遵循一定的原则,具体来说有以下几个:

1.客观性原则

在教师评价活动过程中,必须采取客观公正、实事求是的态度,使教师评价工作具有较高的可信度和可靠度,保证评价结果真实有效,这就是教师评价的客观性原则。

在教师评价中遵循客观性原则,需要评价者在制订评价方案标准和指标体系时或在进行价值判断时必须以客观事实为依据,在收集信息时要保证准确、全面,同时遵循一定的规律性要求。

2.全面性原则

教师评价的全面性原则指的是在进行教师评价时要保证全面,既要看到评价对象的优势与特色,也要看到评价对象的劣势与不足,同时不可对某一方面过度强调。

在教师评价工作中,要真正贯彻全面性原则,就必须要保证评价标准的全面性,既要看主要方面,也要看次要方面。此外,还应当运用多种评价方法,在评价中全面、充分地收集各种有用的信息,不能偏听偏信和独断专行。

3. 可行性原则

教师评价的可行性原则指的是教师评价应尽量具有较强的可操作性,从而使教师评价切实可行。从整体上来看,要切实落实教师评价的可行性原则,需要满足以下两个条件:一是教师评价工作应力求简便易行,切忌烦琐,还要保证评价指标体系的正确性和科学性;二是教师评价的对象之间或是评价对象与评价标准之间是可以进行比较的。

4. 多元化原则

教师评价的多元化原则,指的是教师评价的主体、内容、标准、方式方法等是多样性的,而不是单一性的。在教师评价工作中,要真正贯彻多元化原则,需要满足以下三个条件:一是在制定教师评价标准时要充分考虑每个个体的差异,打破单维度,走向多维,在了解个体现状的基础上用发展的眼光对评价对象做出全面的评价;二是在进行教师评价时,要综合运用多种方法,如观察法、谈话法、自我评价法等;三是在制定教师评价体系时,要保证其是多层次的。

(六)教师评价的发展趋势

在当前及今后一段时间内,教师评价会呈现出以下几个鲜明的发展趋势:

1. 教师评价取向人本化

成功的教师评价制度,一是要保持对教师的适当绩效压力;二是要保持对教师的内在激励,促进教师专业成长和发展。长期以来,我国教师评价一直存在"重管理、轻发展"的倾向,将评价的目的局限在对教师的奖惩、晋级和评选上,忽视了评价对教师成长的反馈和激励。作为以培养人为己任的教育工作者来说,以人为本显得更为重要。教师评价的目的是一种价值取向、评价方式方法的选择,很大程度上取决于管理者的评价观念。一旦评价者把自己看成是高高在上的管理者,评价取向必然以奖惩为主。但如果把自己定位为服务者,评价改革必然以人为本,立足教师的长远发展。观念的改造是深层次的根本性的转变。对此,学校管理者应当首先转变评价观念,由高高在上的审视者变成与教师双向互动的倾听者和对话者,由教学成绩的评判者变为教师专业发展的引领者、指导者,关注全体教师的发展,关注教师的全面发展、自主发展和个性发展。

教师评价取向人本化,更具体来说就是要注重发展性教师评价。所谓发展性教师评价,就是依据一定的发展目标和发展价值观,运用发展性评价的技术与方法,对教师的素质发展、工作职责和工作绩效进行价值判断,使教师在发展性教育评价活动中,不断认识自我、发展自我、完善自我,不断实现发展目标。这种评价方式能够在很大程度上满足教师个体的合理需求,继而有效激发与调动教师的工作热情与工作积极性和主动性;也能够消解教师个体需要与学校总体需要的分歧,让教师在自觉追求学校总体目标实现的同时,充分实现自我价值,真正实现教师和学校的发展目标的统一。

这里需要特别指出的一点是,奖惩性评价与发展性评价在教师评价的实践中是相互联系而不是相互排斥的,其评价内容和评价标准可以相互借鉴和使用。从我国目前的国情看,彻底否定奖惩性评价是不现实的。没有奖惩性评价,教师的聘任、解聘、晋升、加薪没有了客观的依据,势必造成一定的混乱。完全采用发展性评价也是不现实的,发展性的指标是软性的,单纯依靠教师个人的积极性,很难达到预期效果。复合型教师评价主张利用业绩评估作为发展性教师评价的有益辅助:一方面,发挥发展性教师评价体系的优越性,客观准确地评价教师,促进教师的主动发展;另一方面,适当吸收绩效考核中奖惩机制的激励作用,奖励先进,激励后进,借外部刺激推动教师的专业成长。因此,在实践中,不妨从以下三个方面进行尝试。首先,在绩效评估中增加发展性内容。业绩评价能对教师产生强烈的激励作用,如果评价体系中包含促进教师成长的内容,则能引导教师更关注自身的发展。其次,在评价方式中增加形成性评价。在把期末的终结性评价作为奖惩依据的同时,把平时的形成性评价用于教师发展需要的评估。最后,把给予教师成长的机会作为奖惩的办法之一。除了续聘、加薪、评优,还可以把提供脱产进修、参加高级研讨班、外出参观学习等作为奖励的办法,把业绩和发展统一起来。

2. 教师评价主体多元化

复合性教师评价提倡评价主体的多元化,建立以教师自评为主,学校领导、同事、家长、学生共同参与的教师评价制度,通过整合多方面的评价力量,全面准确地获得评价信息。多主体评价的优点是可以多渠道提供评价信息,避免由于单一的评价主体造成评价的片面性和偏见,但不同评价主体的角色、地位、能力、经验不同,决定了他们在教师评价中发挥的作用也各不相同。当然,多元评价并不是多个"一元"的相加,而是通过科学的实施策略在各种评价结论中寻找共性的、公认的、一致的看法,使"多元"成为一个整体,达到促进教师主动发展的目的。

在这里,我们着重分析一下教师自我评价。教师自我评价是一种教师自我激励、自我诊断、自我反思、自我调整以及自我提高的评价方法。它是在进行教师评价的过程中对必要信息进行收集的重要途径,而且是教师评价中不可或缺的一个重要方面。教师自我评价的开展,为教师提供了一个充分展示自我的平台或机会。教师通过客观地收集信息、分析信息,能够有效地了解到自己在教学上的影响、价值、成绩,并且对自己的教学和学习进行纵横两方面的比较,进而在观察和反思的基础上,对自己的教学方法的优缺点有一个清楚的认识。同时,在教师自我评价过程中,教师会对自己的教学观以及教学中存在的一些问题进行反思,进而对自己的优势与不足有一个客观的认识,然后改进自己的教学方式,最终实现自我发展。也就是说,教师自我评价是教师实现自我发展的一种手段。不过,教师在进行自我评价时,需要特别注意两个方面:一是尽量避免使用调查表或问卷表的形式。采用调查表或问卷的形式,容易使教师的自我评价流于形式化,继而引发一些问题,使得教师自我评价的结果与现实情况出现偏差。这可能会误导教师只对局部的不足之处进行改进,而非从根本上解决问题。二是要诚实、客观地进行自我评价。教师对评价是十分看重的,而且担心评价的结果会影响到自己的切身利益和前途。这就导致一些教师在进行自我评价时,有意或无意地美化、夸大自己的优点,掩盖、缩小自己的缺点和不足。此外,在教师自我评价过程中,一些不称职的教师通常可能会高估计自己的工作成就;而一些谦虚的优秀教师也有可能因低估自己的能力,被看作不称职的教师。因此,教师在进行自我评价时,必须要做到诚实、客观。

3. 教师评价内容多维化

复合性教师评价在内容上要求克服传统评价内容窄化的弊端,制定全面、完整、系统的评价指标体系。教师评价,既评价教师的教育教学效果,也评价教师的教育教学思想、教学行为、教学方法;既评价教师的教学内容,也评价教师的职业道德和工作态度;既评价教师的业务水平,也评价教师的科研能力和业务培训;既重视教师自我评价的作用,也关注他人评价的导向功能,努力使社会评价标准与个体评价标准趋于协调一致。

4. 教师评价方法多样化

复合性教师评价主张采用多种评价方式,将量化与质化相结合,用动态的、发展的眼光看待教师的劳动。评价既关注教师原有的教学水平,也关注教师教学水平的提高过程;既关注教师的个体发展,也关注社会对教师发展的需求,将教师个人发展与学校发展紧密结合,为教师未来的发展提供有针对性的指导与帮助。就当前来说,常用的教师评价方法有定量评价、定性评价、终结性评价、发展性评价等。

第三节 教师专业发展及其管理策略

一、教师专业发展的内涵

随着社会的不断进步和教育改革的不断进行,教师专业发展逐渐成为教育领域研究的重要课题之一。促进教师专业发展不仅能够培养优秀的教师人才队伍,还能够激发和培养教师的职业道德和专业精神,促使他们实现自身的生命价值,这对教育的发展与改革有着至关重要的意义。

(一)教师专业发展的含义

教师专业发展是指教师个体在其整个职业生涯中,依托专业组织,通过终身专业训练、习得教育专业知识技能、实施专业自主、表现专业道德、不断增长专业能力的过程。在这个过程中,要以教师专业化为目标,以教师个人成长为导向,以教师专业素质的提高为内容。

(二)教师专业发展的特点

教师专业发展具有一定的特点,主要包括以下几方面:

1. 自主性

教师专业发展的自主性特点指的是教师具有自我发展的意识和动力,能自觉承担专业发展的主要责任,通过不断学习、实践、反思、探索,使自己的教育教学能力不断提高,并不断向更高层次的方向发展。教师专业发展的"自主性",主要体现在专业发展的自主意识和自主能力两个方面。教师专业发展的自主意识包括自主发展的需要意识、对自己过去专业发展过程的意识、对自己现在专业发展状态和水平的意识、对自己未来专业发展的规划意识。教师专业发展的自主能力包括教学能力、研究能力、反思能力等。其中教学反思能力是一种较高层次的能力。而科学的教学反思,首先要求具有积极的情感素质,包括科学而坚定的教育信念、不断进取的时代精神、实事求是的工作作风、强烈的职业道德感和合作精神等;其次要具有教师应有的基本知识;最后要具有科学的反思方法,包括找准参照标准、反思日记、交流、行动研究和阅读教育期刊等。

2. 目的性

教师专业发展并不是一个空洞的概念,其常常带有强烈的目的性。其主要目的是使教师职业成为一个成熟的专业,提升教师的地位;使教师成长为一名成熟的专业人员。这一特点要求教师必须不断深化对专业的认识,包括对专业自我、专业知识、专业角色的认识,对教育、教学、学校的理解以及对学生发展过程中的价值认识等。

3. 系统性

教师专业发展是一个复杂的、长期变化发展的过程,也是一个由组织带动个体发展的过程。在此过程中需要关注各个方面、各个层次的因素,如果没有系统化的策略,将难以真正达到教师专业发展的目的。

4. 实践性

教师专业发展的核心内容是发展教师的实践性知识,即增长实践智慧。教师专业发展的标准不是教师取得了多高的学历、发表了多少科研成果、获得了多少荣誉,而是教师实践智慧的不断提升。所谓实践智慧,是在教育实践活动中形成的、有关教育教学整体的真理性的认识,它来源于实践,通过对具体的教育情境和教学事件的关注和反思,将感性的、表面化的经验提升,使其内化为教师的实践能力。实践智慧不等同于教育经验,也不等同于教育理论,而是二者在教育实践活动中的完美结合。

5. 多样性

教师工作包括观察学生、传授知识、创设学习情境、组织教学活动、训练学生、评价学生等多方面的内容,教师的专业发展在这些内容中会得到不同程度的体现,因此可以说,教师的专业发展具有多样性的特点,这种特点要求教师既要注重教育知识和技能层面的发展,同时也要兼顾认知、情境等各方面的成长。

(三)教师专业发展的影响因素

在教师专业发展过程中,会受到诸多因素的影响,对这些影响因素进行了解与分析,有利

于我们寻找相应的应对方法,继而减少或避免某些因素带来的不利影响。具体而言,影响教师专业化发展的因素主要有以下几个:

1. 学校组织文化

组织文化是指组织成员的共同价值体系,它使组织独具特色,区别于其他组织。组织文化代表组织成员的一种共同认识,它能够引导和塑造组织成员的行为。我国的学校组织由于学校的科层化倾向较为明显,不同岗位之间平等的交往机制难以建立。而教师作为学校教育的主体,其需求是多种多样的,并且这些需求会随时间、社会环境的变化而变化。当学校不能满足这些变化了的需求时,教师将会对学校及校长产生不满情绪,由此引发干群之间的对立与冲突,对教师的专业化发展也会产生不良影响。

2. 在职发展机会

机会决定发展,机会决定能力。除了教师的先天禀赋,机会对教师专业发展的影响至关重要。一名教师,如果有强烈的自我发展意识,但是却没有相应的在职发展机会,那么他的专业发展必然会受到影响,这就如同学生没有学习机会就不会进步一样。目前,给予教师的在职发展机会较少,这严重影响着教师的专业发展。首先,教师的日常实践未能为教师的专业发展提供机会。与医学方面的职业实践相比,教师的职业实践缺少促进教师发展的因素,如没有探究、合作等。其次,教师专业发展活动设计极不合理,不能有效支持教师的专业发展。本来专业发展活动的设计就是要为教师专业发展提供机会,但由于设计上的缺陷,这些机会并不适合于教师。最为明显的缺陷就是将专业发展与教师的专业实践分离开来,使教师专业发展活动游离于专业实践之外。虽然新课程给了教师更多的权利,教师因此获得更多的机会,有了更好的发展条件,但是仍旧没能将教师的实践与教师专业发展有机地整合在一起,教师的在职发展机会仍旧没能发挥出其应有的作用。

3. 教师的各种需求、动机

教师的需要是多种多样的,有生理的需要、安全的需要、爱的需要、尊重的需要,更有自我实现的需要。其中尊重的需要和自我实现的需要这两种高级的需要,需要持久的动力。教师关于尊重方面的需要主要表现为自尊心、自信心,对能力、知识、成就和名誉地位的追求,渴望得到组织和同行的承认和尊重;而自我实现的需要则表现为喜欢做适宜的工作,发挥其最大的潜力,充分展现个人的思想、情感、兴趣、愿望、意志、能力,实现自己的理想,并不断地自我创新和发展。教育实践证明,与其他劳动者相比,"期望有较大成就"是教师的普遍心态。而学校所面临的困难是:如何通过有效的措施,驾驭教师个体的独特才干,融合教师个体的需要与学校总体的需要,就是要谋求克服教师个体需要与学校总体需要之间分歧的有效策略,以实现教师和学校的发展目标。

4. 教师的自主发展意识

教师的专业成长最终取决于教师自身,如果一名教师没有自主发展意识,那么即使有良好的发展环境,这名教师也不会有很大的进步。换句话说,为一个成人学习者,教师的成长和发展是自我导向、自我驱动的结果,没有教师的自主参与,教师个体只能获得狭隘的经验。因此,教师的专业发展的自主意识是教师专业发展的关键。

5. 团队伙伴

合作是时代发展的必然产物。许多成功的教育实践经验告诉我们,要想促进教师专业化的发展,需要创建一个有良好协作能力的教师专业发展团队。在关爱中竞争,同时在竞争中成长,在竞争中前进。

6. 教师个人环境

教师的专业发展与教师个人的先前经历、生活环境以及生涯进程有非常密切的关系,这些个人因素会直接或间接地影响教师的学习方式、学习时间、学习动机,进而对教师的专业发展产生重要影响。目前,很多的教师还必须为生存而奔波挣扎,沉重的工作负担使得他们没有时间、没有精力享受生活,紧张的生活甚至对他们的健康产生了不利的影响。在教师的个人生活中,婚姻、孩子出生、亲人去世之类的事件也会对教师专业发展的动力和方式产生影响。因此,在教师专业发展中,教师个人环境因素是一个必须要得到重视的因素。

7. 关键事件

"关键事件"就是指个人工作、生活中的重要事件,教师要围绕该事件做出某种关键性的决策。它促使教师对可能导致教师特定发展方向的某种特定行为做出选择。关键事件对教师的重要意义在于它隐含了教师在经历关键事件时,要做出自我职业形象和自我职业认同的抉择。关键事件给教师创造了选择的机会,让教师确认自己行为或个性中的哪些部分适合于教师角色、哪些不适合教师角色。只有对机遇的到来敏感并善于把握机会的教师,才能利用现有资源实现个人的专业成长。另外,教师经常记录自己认为对专业发展影响较大的关键事件,不仅可以为事后回顾、反思自己的专业发展历程提供基本的原始素材,而且叙述过程本身就是对自己过去的教学经历予以归纳、概括、反思、评价和再理解的过程。专家把这称为"与自我保持专业发展的对话",其实也就是要经常关注自己专业发展的情况。

(四)教师专业发展存在的问题

就当前来说,教师在专业发展的过程中主要暴露出以下几个问题:

1. 优秀教师垄断成长机会

在不少学校中,存在着对教育民主性理解过于片面的情况。不少学校认为,学校要靠优秀教师争取荣誉,对他们当然要多多培养,要让其成为学校的品牌,成为学校的骄傲。于是学校倾尽全力,努力花全体教师的资源去支持个别教师的成长。这样一来,少数教师的成长便垄断了全体教师的成长,其他教师成长的机会和信心则逐渐消失了。这种做法是十分不正确的,因此学校应当尽快建立全体教师的滚动成长机制,促进全体教师的成长。

2. 教师自身心理健康问题

近几年对教师心理健康状况的研究表明,教师的心理健康水平要低于其他职业人群,而且教师的强迫症状、人际敏感忧郁化以及偏执倾向都比一般人群高,具体表现为一些教师有时无法控制自己的想法、与人交往不自在、容易猜疑等。作为教师个体,其专业成长基本前提是应具备积极的心态,在成长中始终体验着痛苦后的快乐、劳累后的欣慰、激动后的幸福,但是教师始终体验着的是痛苦和劳累。在工作上遇到较严重的挫折后,教师会表现出对工作一定程度的反感,情绪低落,工作业绩明显下降。

3. 缺乏足够的资源来激励教师的成长

我们经常会听到教师这样说:奖励名额、晋升职称机会就那么几个,提干机会就那么几个,根本轮不到我!正确做法应是尽管只有一个"甜饼"也要公平分配。不一定要人人、次次平等,但是,每个人每次都要有机会。要让"甜饼"成为教师成长的一种希望,如果这个"甜饼"在天上,那教师对"甜饼"就绝望了。最后,重要的是赶快建立制作"甜饼"机制,制作多样化的"甜饼"促进教师的成长。

4. 只关心形式上的"成长"

形式上成长,就是学校培养教师的工作流于形式,其实教师是原地踏步,却凭空增加了许多工作量。很典型的就是学校对教师读书笔记的检查、对教案的检查以及对各种书面作业的检查,还有对各种会议、讨论记录的检查。学校要想真正促进教师的专业发展,就需要切实关心教师的成长,把检查的时间用在和教师一起深入研究课堂教学,一起研究孩子的成长规律……这样教师才会在工作中成长,教师才会在工作中读书,教师的积极性也才会在工作成长中得以升华。

5. 教师自身素养不高

出于生存、工作的考虑,很多教师终日为了对付应试教育,沉浸在题海中,缺乏起码的人文阅读。一个缺乏人文阅读的教师,怎么让学生成人?高尔基说:"生活在我们这个世界里,不读书就完全不可能了解人。"高尔基所说的读书,主要指的就是人文阅读。教师只有读书才会敏锐地察觉到自己的无知、能力不足和成长极限,才能学会如何在生命中产生和延续创造性张力,诚实地面对真相,看清真实状况的障碍,并不断挑战自己内心深藏的愚昧和偏见,建立起个人愿景。教师除了读专业著作之外,还要多看非专业书籍,广泛涉猎,博览群书,否则,专业的书读得再多,也仍有井底之蛙之嫌。

6. 教师存在职业倦怠的问题

教师难以应付职业对自己的要求而产生的疲倦困乏的身心状态,便是教师职业倦怠。它是个体厌倦和畏惧工作任务的一种心理反应。职业成就感低落、教师角色冲突、教师角色的价值观和个人的价值观的冲突、社会期望对教师要求过高等,都是引起教师职业倦怠的重要原因。教师职业倦怠现象不但极大地危害了无数教师的身心健康和专业发展,而且严重影响教育事业、整个社会的发展。因此,解决教师的职业倦怠问题刻不容缓。

二、教师专业发展的管理策略

对教师专业发展的管理,可以采取以下几个有效的策略:

(一)校长要树立新的管理理念,强化服务意识

校长应具有现代教育意识和理念,具有强烈的服务意识,并以此作为自己专业行为的理念支撑。在新课程改革的背景下,学校的管理要发生相应的变革,要从有利于教师健康有效的发展出发,树立为教师服务的观念,实行人性化、科学性管理。此外,要管理好教师队伍,就要树立管理为教师服务的思想。在制度建设上,既引导教师自我发展,又尊重教师合理需求。让教师共同参与制定既能够制约又能够激励的制度和工作机制。在制度的落实中,尽可能为教师创设和谐的心理时空,及时赞扬教师工作中的成绩,欣赏每一个教师的特长和优势,宽容教师在成长过程中的不足与缺憾。

(二)要积极引导教师提高自身的自主发展意识和能力

客观上来说,教师专业化的实现在很大程度上依赖于教师的自我成长与自我教育。如果教师自身并没有专业发展的心理愿望,那么再好的外部环境和保障条件都难以发挥作用。对于教师来说,自主发展是一个自主学习、自我完善、自我超越的过程,但是并不是说自主发展就完全不需要外部环境的帮助,只是在良好的外部条件下发挥自己的自主意识,更为积极主动地投入到各种有利于自主发展的活动中。相关研究表明,教师的自主发展不仅是一种意识,更是一种教师的发展方式。这种发展方式主要包括学习、研究、实践与反思等核心要素。

(三)要注重完善教师的心理素质和提高教师的生活水平

良好的心理素质和生活水平是教师安心工作的重要前提,也是教师专业发展不可缺少的动力因素。在当前阶段下,有很多教师都容易出现职业倦怠现象,如工作上疲于应付、生活中郁郁寡欢、对学生缺乏热情、对未来不够关心,甚至对前途失去信心等。这些都非常不利于教师的专业发展,因此,学校和教育行政部门必须重视这一问题,从外在和内在两个方面的因素上做工作,来预防教师"职业倦怠"现象的产生。

(四)要积极营造有利于教师成长的环境

要提高教师的整体素质,为其创造良好的成长和发展环境,学校责无旁贷。学校在最大限度地留给教师自由支配的时间之外,应充分利用评价、竞争手段,为教师提供一个宽松和谐的成长环境,并注意搭建教师与领导、其他教师沟通的平台。

(五)积极构建教师发展的新机制

当代教师成长,具有生成的平等性、学习的终身性、回报的倍增性、竞争的激烈性和能力的创新性等特征。我们要正确认识这些特征,努力构筑教师发展的新机制。

(六)引导教师制定个人专业发展规划

教师专业发展规划是对教师专业发展的各个方面和各个阶段进行的设想和规划,内容主要包括教师对职业目标与预期成就的设想、对各专业素养的具体目标的设计以及所采取的具体方法和措施等。如果教师的专业发展缺乏职业生涯规划,其发展过程会是极其缓慢的,也会是盲目的。因此,各级各类学校应当注重教师个人专业发展规划的制定。

(七)建立促进教师实践反思的机制

以往我们在完善教师专业发展方面做了大量艰苦的工作,但是缺乏对一线教师教育教学反思的重视。从心理学上,讲反思是一个能动的、审慎的对个体观念和行为再认知、加工的过程,教师的教育教学反思是教师在工作中对自己思想观念、行动、成功、失败进行审视。许多研究表明,反思对于教师的成长、发展有积极作用。首先,教师通过教学反思可以提高教学技能,促进其改进、完善教学。其次,反思可以使教师个体经验升华到一定高度,对将来工作思想、行为产生影响。基于反思的重要功能,学校要寻求培养教师反思能力的途径和方法,在此基础上将教师教育教学反思活动持续地进行下去。反思方法有对话法、行动研究法、经验反思记录法、档案袋法。其次,如何让教师反思从被动到主动,从外在压力转变为内在需求是校长应当致力于解决的问题。

(八)采取多样化的教师培训方式

我国在推进教师专业化水平的过程中,应当注意采取在职进修、攻读学位、名师指导、社会考察、国内外学术交流等多种培训方式,形成多层次、多渠道、多方位的人才培养格局。也只有这样才能造就一批教育思想先进、学识渊博、教学技艺精湛的教育名师,造就一批理论功底扎实、科研能力强、教学经验丰富、勇于开拓创新、善于理论联系实际的学科带头人。

(九)不断优化教育资源

政府和各级各类学校应当把教师人文素养的培养和道德品质的提高作为全校教师学习的重要内容纳入学校发展规划中,这就需要完善教育资源,通过各种途径为教师提供丰富的学习资源。具体来说,可以通过积极开展文学、历史、哲学、艺术等知识学习,丰富教师的精神世界;还可以组织教师参加以中外优秀文化、科技创新、城市发展为主要内容的参观考察活动,陶冶教师的情操。

第四节 教师薪酬管理与激励策略

一、教师的薪酬管理

(一)教师薪酬管理的含义

教师的薪酬是学校组织支付给教师的劳动报酬,包括工资、奖金、津贴、福利待遇等。教师薪酬与从事其他行业人员的薪酬一样。不过,教师薪酬管理不是简单地将薪酬发给教师或增加薪酬水平的过程,而是学校组织树立先进的薪酬管理理念,运用科学的薪酬管理方法,使薪酬成为留住优秀人才、满足教师需求、激励教师工作积极性和创造性的重要手段。

教师薪酬管理有广义与狭义之分,广义的薪酬管理是国家对教师队伍薪酬的宏观管理;狭义的薪酬管理是指学校组织根据相关政策法规,考察教师提供的劳动服务,以确定他们应得到的报酬总额以及发放形式的活动。

(二)教师薪酬管理的特点

就当前而言,教师薪酬管理具有以下几个鲜明的特点:

1. 多层次性

学校属于事业单位编制,教师的薪酬管理是多层次的,由国家、地方政府、学校共同实施。学校对教师的薪酬管理,主要在"奖金层面""福利层面"上发挥作用,另外层面的薪酬管理,非学校权限所能及,由国家或地方政府管理。

2. 政策性强

教师薪酬管理的这一特点指的是学校的薪酬管理首先必须按国家政策法规办事,违背政策法规的薪酬管理可能会造成对教师权益的损害,理应视为无效。1988年3月颁布的《国家教委、财政部关于加强普通教育经费管理的若干规定》第6条规定:"各级教育行政部门和学校应加强对预算外资金的管理。所有预算外资金,必须专户储存,统一由财务部门进行管理,并按照国家规定的收支范围,切实管好用好。不准将预算内资金转为预算外,也不准将预算外支出挤入预算内开支。"第11条规定:"学校或单位利用勤工俭学等预算外资金给教职工发放奖金、补贴,应按国家有关规定执行。"1997年6月,由财政部、国家教委发布的《中小学财务制度》,对财务的使用与分配有更为详细的具体规定。现在,教师的工资部分由财政统一发放,有的地区学校的经费报销由县(市)经费结算中心统一办理。因此,国拨部分的薪酬各地都不折不扣地执行统一的教师薪酬政策。

3. 自主权少

教师薪酬管理的这一特点,主要是由上一个特点即政策性强决定的。正是由于教师薪酬具有严肃的政策规范,学校对教师的薪酬自主权就极为有限。民办学校由于办学主体及体制的原因,教师使用以及教师薪酬的确定,自主权相对较多,公办学校从理论上讲,可以将国发工资中的30%,根据业绩考核发放,实际执行起来难度不小,只有对"创收"中的部分资金用于分配时,才有自行制订分配方案,且要报送上级教育行政部门审批。

4. 薪酬水平差距小

学校中教师薪酬管理政策性强和学校自主权少的特点,决定了教师薪酬水平不可能相差很大。企业中管理者与下级、核心员工与一般员工,薪酬相差几倍,乃至几十倍的现象司空见惯。学校中教师与教师、即使校长与资历相仿的教师,薪酬拉高一倍已算是悬殊了。

(三) 教师薪酬管理的策略

学校对教师的薪酬管理不如企业的自主权大,并不意味着,学校对教师的薪酬管理就不重要,事实上恰恰相反,由于教师工作性质相似,可比性强,人员结构较稳定,业绩测评相对模糊,教师经济收入不高,政策观念强等原因,对校内分配的薪酬比较敏感,薪酬管理会成为一把"双刃剑",管理得法,可以成为推动教师努力工作的激发器,管理失当,也有可能是教师与教师、教师与学校管理者之间产生矛盾的主要因素。因此,要认真研究教师薪酬管理的策略。就当前来说,可以采用的教师薪酬管理策略有以下几个:

1. 要积极践行全面薪酬理念

在教师薪酬管理中,引入全面薪酬管理的理念和方法,可以使投入较少的管理成本,获得较多的效用。

全面薪酬管理理念源自20世纪80年代中期的美国,当时许多企业都将相对稳定的岗位的薪酬制转向相对浮动的绩效薪酬制,薪酬福利与绩效紧密挂钩。企业组织付给员工的薪酬分成"外在"的和"内在"的两大类。"外在"的激励主要是指为企业为员工提供的可量化的货币性价值,如基本工资、奖金、保险金,以及其他各种货币性的开支,如住房津贴、车贴等。"内在"的激励则是指那些给员工提供的不能以量化的货币形式表现的各种奖励价值,如对工作的满意度、事业成就、为完成工作而提供的先进工具设备、培训机会、个人发展机会、良好的工作环境、人性化的公司文化等。两者的组合,被称为"全面薪酬"。

全面薪酬主要由薪资、福利、事业、环境四个基本部分组成,这四个部分对员工的影响是不同的。薪资是指企业因员工付出的劳动和创造的绩效而提供的货币性报酬,包括基本工资、奖励工资等。薪资部分直接关系到员工的切身利益,是员工价值的最直观表现,因此,最受到员工的关切,也是衡量企业间薪酬水平的主要参照。福利的直接目标不是为了提高员工的工作绩效,而是以此为手段为员工提供某种服务、便利或保障,以吸引和凝聚员工,加强员工队伍的稳定性和向心力,从而提高企业整体和长期绩效水平。福利发放的基本原则是普遍性的,与员工的工作绩效不直接挂钩,具有企业的某种组织成员身份的都可以享受有关福利待遇。将事业作为全面薪酬的一部分,实际上是把工作带给个人能力的提高和事业的成功也定义为全面薪酬的一部分。良好的工作绩效能使人获得满意感,工作绩效本身具有激励意义。工作富有挑战性,能推动员工自我完善和提高;工作富有趣味性,能在工作中获得心理上的满足;工作中有个人成长和发展的机会,能够参与决策管理,获得权威感、责任感,获得事业成功的快乐等,也是一种报偿。环境既指物理环境,也指心理环境。物理环境,如建筑设施错落有致,工作场所窗明几净,宁静优雅。心理环境,如融洽的人际关系,积极向上的精神风貌,文明高雅的处事方式,与外部友善合作关系等。

目前,许多国家的企业都推行这种薪酬方式,并取得了较好的实施效果。因此,学校在进行教师绩效管理时,也可以借用这种薪酬方式。学校管理者在管理实践中实施这一薪酬方式时,首先要突破传统薪酬的观念,不要以为薪酬就是付给教师的工资,或提高福利水平。给教师加薪和改善福利,固然可以调动教师的积极性,当然有必要,但这些都是学校的资金与物质,需要高成本较投入,且都是一次性"交换",对教师的积极行为的促进作用具有即时性,缺乏持久性。应当注重非货币性报酬的支付。设法使工作本身成为教师努力投入的"报酬",引导教师挑战有难度的工作,从教学中发现乐趣,追求事业的成功,增加对培训的投入,提供发展机会,这种薪酬投入成本低,时效长,对教师具有强大的驱动力。为教师工作创设良好的物理环境,虽然要投入一定的资金,但可以使教师感受到自己工作环境的舒适,产生优越感,从而使工作努力自觉,这是一种一次性投入,长期发挥作用的投入,是非常必要的,也是经济合算的。至于学校成员之间,包括管理者与教师之间、教师与教师之间、教师与学生之间的友好关系,更应大力倡导与营造。这是货币报酬都不能取代的。有的教师在待遇低下的山区穷学校,从教几十年,始终坚守;有的教师不为企业高薪聘请所动;所看重的往往就是那份同事之情、师生之情、乡亲之情。每所学校都有实施全面薪酬的条件与能力,每一位教师都不会排斥全面薪酬的实施,学校管理者应当努力创新践行。

2. 要确保薪酬公平合理

在教师的工作中,薪酬能否成为一项重要的激励因素,并不完全取决于其数量,与其分配是否公平合理也有密切的关系。对此,美国心理学家亚当斯根据认知失调理论于1965年在他的著作中提出了著名的公平理论:认为职工被激励的程度不仅受其所得绝对报酬的影响,而且受到相对报酬的影响。这里的相对报酬是指本人的收入与相类似的他人(或自己过去)的收入的比较,即一个人既关心个人的劳动投入和工资等收入的绝对报酬,又关心个人的劳动投入和工资等收入的相对报酬。在日常工作中,人们常常习惯把自己付出的劳动和所得的报酬与别人付出的劳动和所得的报酬进行横向比较,这是最主要的、也是最普遍的比较;也会将自己现在付出的劳动及所得报酬与过去自己劳动及所得报酬进行纵向比较。如果比较的结果认为是公平合理的,那么就会心情舒畅地继续努力工作,如果对比较的结果认为是不合理的,就会产生不公平感,影响其积极性的发挥。

在学校教师中,产生不公平感的现象相当普遍。造成教师不公平感的原因,既有客观因素,又有主观因素。客观因素方面,主要有制度层面的因素和管理者的因素。如果学校自行制定的制度存在分配不公,所引起的不公平感,问题就较多,教师会因不满而直接诉诸种种试图恢复公平的行为。学校制度的不公平性,其基础是做好考核工作,采用多形式、多主体的考核方法,力求客观公正,按绩效的实际大小定报酬。在制定分配制度时,一定要充分发扬民主,让教师参与决策,保证制度的制定及程序是公开的、透明的。这样即使出现偏颇,也容易得到教师的理解。在执行学校制度的过程中,要不偏不倚,公正处事。学校管理者如果工作不深入,

第六章 打造一流师资：教师管理探究

凭主观想象，或凭个人关系的亲疏，厚此薄彼，必然引发教师强烈的不公平感，教师会质疑学校管理者的人品，产生愤慨，工作中出现"负"贡献。在公平问题上还要注意内部公平与外部公平兼顾。内部公平指学校中不同职务所获得的报酬贡献率分配，比值一致。使教师感到自己与同事之间的投入与所获的比例关系合理。一般情况下，教师中的较低收入者，比较关注学校内部人员的投入与获得的比较；较高收入者则比较关注外部的比较，偏好于同其他行业相类似的人员比较，或者其他学校的教师进行比较。所以，在考虑公平问题时，还要关注外部公平性，外部公平性要求学校组织的薪酬标准与其他学校相接近，最好略高于其他学校。如果薪酬明显低于周边学校，教师会感到沮丧，产生埋怨情绪，影响士气，降低学校凝聚力。

引起教师不公平感的因素，也可能来自当事者主观原因。学校中的薪酬制度和执行做到客观公平是教师产生公平感受的坚实基础，但是，事实的公平与当事者的主观认识常常不一致，即使学校真正做到公平，教师未必都觉得公平。所以学校管理者要正确引导比较，即比较也要多角度进行，不能走"边门"，要全面客观，不能用自己的长处与他人的短处相比，要学会换位思考。

3. 要从整体上来设置教师的薪酬体系和分配方案

学校的工作性质决定了教师劳动成果具有多因性、综合性、集体性等特征。教师劳动成果的多因性，指教师取得成果的原因是多方面的，比如一个学生的进步，既可能是教师的教育教学工作所致，也可能是家长教育督促的结果，还有可能是学生本人主观努力、自学发奋所取得的。教师劳动成果的综合性，是指教师劳动所取得的效果是综合的，比如，一个学生的品德素质提升了，他不一定表现在某一特定方面，如自学遵守纪律，也完全有可能表现在积极进取，或乐于助人，或认真学习等方面，现有的教学测评手段难以精确评价。教师劳动成果的集体性，是指学生的成长是多位教师共同努力的结果，很难精确分析哪位教师的劳动最有成效。

基于对教师劳动成果具有多因性、综合性、集体性等特征的认识，在设置教师薪酬体系和分配方案时，不能过分地条分缕析，机械地对照制度条文"按劳付酬"。如果把利益分配规定得太具体、太细碎，看似严格按章办事，实则"只见树林不见森林"，突出了局部，忽略了整体，突出了细节，忽略了根本。如果长期以此为导向，则会引导教师置学校整体工作与利益于不顾，追逐个人的利益，工作时"对号入座"，投入到有较高报酬的事项上去，而不愿从事没有报酬，或少有报酬的工作。并且导致教师对细小问题上斤斤计较，甚至"两两计较"。

二、教师的激励策略

激励是管理心理学的一个概念，指的是"激发人的动机，使人有一股内在的动力，朝向所期望的目标前进的心理活动过程。激励也可以说是调动积极性的过程"[①]。教师管理引入激励理论之后，开阔了教师管理者的眼界，丰富了教师管理者的思想，也改变了教师管理者对教师管理的许多基本看法，并由此而带来了一些新型的教师管理方式。就当前来说，学校在对教师进行激励时，可以采取以下两个有效的策略：

---

① 吴志宏，冯大鸣，魏志春. 新编教育管理学（第2版）[M]. 上海：华东师范大学出版社，2008:166.

(一)要善于抓住教职工的优势需要，实行需要激励

在学校中，不同年龄层次的教职工其优势需要往往是不同的。比如，青年教师刚刚参加工作，一般都有很高的工作热情，希望有业务进修的机会。另外他们也有诸如婚姻、住房、子女入托等生活中的问题。而中年教师工作中积累了一定经验，他们希望自己能做出成绩，并得到领导的认可。老年教师大多希望自己身体健康，并且在学校能得到领导及同事们的尊重等。面对教职工的优势需要，学校领导者应该首先树立服务意识。积极鼓励青年教师参加业务进修，并真心实意地为他们解决生活中的实际问题。为中年教师创造条件，支持他们从事教育、教学改革，支持他们外出学习、交流经验，积极推荐他们的学术论文得到发表。对于能力强、成绩突出的要提拔重用，给他们提供施展能力的机会。对于老年教师要给予一定的照顾。另外要尊重老教师，过年、过节领导亲自到家中去拜访，认真听取老教师对学校工作的意见、建议。

学校管理有其特殊性，如果仅仅用严格的制度或者行政手段去管理学校，往往很难奏效。有人说得好，学校管理不仅要管住而且要暖住，所谓暖住就是要善于进行感情投资，善于抓住教职工的优势需要，从而激发其产生持久的工作积极性。

(二)要积极采取多样化的激励方式

学校在对教师进行激励时，要注意采用多样化的激励方式。就当前来说，学校可以采用的教师激励方式有以下几种：

1. 物质激励

物质激励主要包含两个方面的内容：一方面是通过普遍提高全体教师的经济收入和福利待遇来调动教师的积极性；另一方面是通过建立一定的物质奖励机制。对于工作成绩突出的教师给予必要的物质奖励，以鼓励教师为教育事业做出更大的贡献。

2. 目标激励

目标激励是指通过设置科学合理的学校发展目标，让教师看到未来美好的前景，并将这一前景与教师当前的工作学习和未来的个人发展联系起来，从而激励教师为实现预定目标而积极投身于学校的各项工作。

心理学研究表明，目标是人的需要转化为行为动机的重要条件。一个正确而合理的目标会对人产生巨大的激励作用。实践表明，人在活动中目标越明确，积极性越高，工作效果就越显著。所以在学校管理中，通过设置目标激励教职工的积极性是非常重要的。学校管理者在设置目标时，应注意以下几点：

第一，教师参与目标制定，使组织目标与组织成员个体目标一致。由于教职工的需要存在个别差异，因此组织目标与成员个人目标既有一致性，又有差异性。领导者在制定目标时，应该给教职工参与制定的机会，使成员个人目标与组织目标结合起来，使组织目标包含更多的共同要求，使更多的人能从组织目标中感受到自己的切身利益，从而出色地完成目标。

第二，注意目标的科学性。在一般情况下，目标应适当地高于个人能力与水平，使其带有一定的挑战性。但同时也不能脱离个人能力的实际情况，要有一定的可行性。

第三,目标设置要有阶段性。为增强教职工实现目标的信心,在学校的总目标确定之后,还应制定出各阶段的分目标,把大目标分解成许多小目标去完成,会使教职工心里感觉大目标并非高不可攀,从而一步步实现目标。

3. 制度激励

制度激励是指基层中小学校长通过校内民主制度的建设,充分发挥教代会的作用,使教师有机会参与学校重大决策和工作计划的制订。同时,校长要通过建立沟通制度,经常与教师沟通情况,交流思想,从而激发教师在工作上和思想上与学校患难与共的积极态度。

4. 情感激励

情感激励是指学校领导通过与教师谈心、家访、探病、交朋友与教师建立正式或非正式的情感联系,了解他们的发展愿望和遇到的种种困难,真诚地帮助他们解决问题,使教师可以心情舒畅、情绪高昂地投入教育教学工作之中。

5. 榜样激励

榜样激励是通过领导者的以身作则和率先垂范或通过发现、总结和宣传校内先进人物的典型事迹,为广大教师提供积极工作、努力进取的参照和范例,从而激发教师为效法榜样而奋发向上。

6. 信息激励

信息激励是通过组织教师外出参观先进学校、请外校教师来学校传授经验,以及向教师推荐报纸杂志有关教改的信息资料,使教师在不断的信息交流中,体会社会变化之迅速和教育改革之紧迫,由此而促进教师产生抓住机遇、奋起直追、力争上游的积极心态。

上述种种教师激励方法反映了领导者从不同的角度、不同的侧面来调动教师积极性的手段与方法。它们之间不是完全割裂的,而存在着互相交叉甚至部分的互相包容。因此,在教师管理的实践中,往往需要领导者根据不同的情况,综合运用各种教师激励的策略,才能收到预想的效果。

第七章 提升教学质量：教学管理探究

学校是培养人才的专门教育机构，教学是学校完成培养人才任务，实现教育目的的基本途径，在学校各项工作中处于中心地位。由于教学工作在学校的各项工作中处于中心的地位，所以在学校管理工作中，教学工作的管理占据十分重要的位置。本章即对教学管理的相关内容进行简要阐述。

第一节 学校教学管理的基本任务与原则

一、学校教学管理的基本任务

教学管理是学校为了有效地实现教学目标，按照教学规律和特点，通过计划、组织、指挥与控制等过程，协调教学系统的各个要素，以实现教学工作高效率运行的一种学校教育管理活动，它是学校教育管理工作的重要组成部分。教学管理的具体任务包括以下几个方面：

（一）树立正确的教学观

所谓教学观，是人们对教学工作的基本认识，是人们把教学工作与学校中其他工作，如学生的发展与精神生活、教师与学生、学校与家庭、社会等方面结合起来认识，形成的一套指导教学的观念体系。教学观是教育工作者的社会观、价值观、质量观、智育观、学生观的综合体现，并随着时代的变化发展而发展的。它支配着教学及教学管理的行为，决定着教学人员和管理者对教学工作的态度和工作方式。

正确的教学思想应当是符合社会主义的办学方向，符合教与学的客观规律的。当前，在教学观念上，还存在着一些与社会主义现代化建设的要求不相适应，与教学的客观规律相违背的现象。学校管理者不仅要做到头脑清醒，方向明确，并且还要帮助学校全体人员树立正确的教学观念。

（二）制订和实施教学工作计划

依据国家编制的教学计划、课程标准和教科书的要求，结合本校的人才培养目标和办学功能定位，制订学校学年或学期教学工作计划，确定课程开设方案，编排课表和教学进度表，组织、指导、检查、督促全校师生员工认真执行教学计划。

(三)建立教学的组织系统

由于教学是一个由许多基本要素构成的、多因素的、复杂的系统,因此要有效地进行教学工作的管理,就必须有一个健全的组织系统,各机构要有明确的管理范围和职责,要充分发挥各机构的职能作用。

教学过程是一个多序列、多层次、多因素共同活动的动态过程,它们之间是互相联系、互相制约、互相促进的。教学管理从实质上说,就是对教学过程的管理,就是对影响教学的各种因素,以及各个因素之间的相互关系的管理过程。

教学过程是一个连续的、不断发展的过程,对发展过程的各个环节及不同阶段的指挥、控制、协调,是教学工作管理十分重要的内容。不论是指挥还是协调、控制,都必须把握教学的大量反馈信息,通过对反馈信息的及时收集和处理,实现对教学全过程的各因素、各环节的最优化控制。

(四)加强教学思想管理

教学工作的灵魂是教学思想。任何教学活动都是在一定的教学思想的支配下进行的,有什么样的教学思想,就会有什么样的教学行为和教学管理行为。所谓教学思想,就是指教师和教学管理者对教学系统的内部结构、内部诸因素、运行规律及其与外部关系的基本观点和看法,它是一种对教学行为和教学管理行为起着导向作用的教学观和方法论。当教学思想正确时,教学管理者和教师才会自觉地进行自我调节、自我控制、充分发挥主动性和创造性,使教学工作向好的方向发展,教学质量就会得到不断提高。因此,学校必须将加强教学思想管理纳入到学校教学管理的主要任务中。

(五)加强教学质量管理

提高教学质量是教学管理的出发点和归宿。质量是教学的生命,教学质量管理就是通过抓质量,对教学实施管理。具体地说,它包括质量标准的确定、质量检查与质量评估、质量控制、质量分析等内容。其中的难点是质量标准的确定,由于教学质量标准具有模糊性、综合性的特点,很难完全用数字来表示。因此,实施教学质量管理,首先要研究质量标准的确定;其次是教学质量控制,即采取各种措施,对教学过程和教学效果的质量进行必要的控制。最后是教学质量评估,即对教学过程和成果的质量的总检验,是衡量质量控制成效的工具。

(六)重视教学环境管理

任何教学活动都是在一定的教学环境中进行的。教学环境会对教和学产生影响,并从某些外部特征上把教学活动导向不同的境界。尽管这种影响有时只是潜在的,但不能忽略它的重要性。在现代条件下,随着社会生产力和科学技术的飞速发展,学校物质条件不断改善,社会信息量成倍增加,教学环境日益复杂,它对教学管理的影响作用也更加突出。因此,怎样正确认识教学环境在教学中的作用,以及如何成功地创造良好的教学环境,使之更好地适应和促进教学,就成为现代教学管理必须认真研究的一个重要问题。

（七）开展教务行政常规管理工作

教学管理者应依据学年或学期教学计划，制订周计划，合理调度控制教学进程；建立健全学生学籍卡片，做好学籍的常规管理；建立健全教师业务档案，及时地掌握和科学地考核教师的业务水平状况；引导教师积极开展教育科研，有效地组织和安排教师的专业进修与提高；做好教务文档管理工作，分类保管上级文件、教学计划、试题试卷及各种教学统计资料等。

（八）检查和指导教学进展情况

学校领导及教学管理人员要经常性地深入教学一线，通过兼课、听课、蹲点、巡视、检查、调研等，了解实际的教学进展和运行情况，评估教学质量，对于教学工作中存在的各种问题进行及时的解决，并有效指导和推动教学工作顺利开展。

（九）开展教学研究

教学研究是培养教师、提高教学水平、改进教学工作的重要途径。学校领导和教学管理人员应及时洞悉和研究国内外教改动态，掌握兄弟学校的教改信息，并以教育科学理论为指导，根据各科教学工作特点，善于总结、提炼校内教师成功的教学经验，有计划、有步骤地探索教学规律，促进教学改革。

二、学校教学管理的基本原则

学校教学管理的基本原则主要包括以下几方面：

（一）能级分明的原则

能级分明原则是依据管理学的能级性原理提出的，其中，能是指事物做功的本领；级是指不同事物做功的大小是有层次级别的。客观来说，一定的管理结构必然是由不同层次、不同能级的要素所组成的复杂系统。在这样的系统中，每一个要素都根据其本身的特性而处于不同的地位，以此来确保系统结构的稳定性和有效性。依据能级性原理所提出的能级分明的管理原则，要求管理者把本系统内的人力、财力、物力等管理要素和机构、法人等管理手段，按照其能量的大小进行明确分级，从而使各要素、各手段动态地处于相应的能级岗位之中。在此基础上，还应当制定出每个能级岗位所对应的行动规范和操作标准，从而建立管理系统的稳定结构，进而确保系统整体目标的实现。

（二）依法治教的原则

在教学管理实践中，必须要按照党和国家制定的教育方针政策、法律法规等办事，需要恪守和遵循政府为开展教学管理活动所制定的各种法律规则，这就体现了教学管理工作中依法治教的原则。依法治教原则所涵盖的内容范围相对较为广泛，除了涉及对党的教育方针的遵循,涉及对各级政府所制定的教育政策、规章的遵循,涉及对国家立法机关所颁布的教育法律法规的遵循以外,同时还涉及各级各类学校如何制定校内管理规章制度,如何提高管理的规范化水平等。

(三)系统有序的原则

教学管理的系统有序原则是根据管理学领域的系统性原理所提出的。管理学中的系统性原理重点揭示了管理对象领域中系统与环境、要素与要素之间的必然联系。系统是由若干个相互作用、相互依赖的要素结合而成的、执行特定功能、达到特定目的的有机整体;同时,系统具有相关性、结构性、整体性、目的性等客观属性。按照系统性原理,当代教学管理活动应当坚持系统有序的原则,即一定要有系统思维,统筹观念,并且要按照系统的相关性、目的性、整体性和结构性等属性开展教学管理工作。从客观角度来说,任何管理对象领域都可被看作一个系统。

(四)弹性灵活的原则

教学管理工作中所遇到的问题,可能大多数都是千丝万缕、错综复杂的,而且其内部条件和外在环境皆处于动态的变化之中。因此,在制定、实施任何一项教学管理决策或者措施的时候,都必须要保持一定的弹性,以保证伸缩回旋的余地。唯有如此,才能使教学管理系统在动态运行中保持平衡和适应机制,以实现和达成既定的目标。

(五)动力激发的原则

动力激发原则源自"以人为本"的教学管理规律,其也称为调动人的积极性原则。从本质上来说,在教育管理、特别是教学管理的诸多要素中,教师是最为活跃、最为积极、最为根本的因素,教师积极性的发挥程度与教学管理活动的动力和效益呈正相关。因此,在办学的过程中,学校管理者必须牢固地树立以教师为本的思想,最大限度地调动教师的积极性,以便激发他们在教育、教学、管理等工作中的能动性、创造性。行为主义理论认为,人的积极性或者行为动力通常来自人类的三大基本需要,即物质需要、精神需要和信息需要。所以,要调动教师的积极主动性,就需要充分地激发广大教师的物质动力、精神动力和信息动力。

(六)反馈调节的原则

所谓反馈,就是指信息指令中心对输出的指令信息的执行情况的再回收。客观来说,一个系统要维持其正常运转,就需要对其组成各个要素的运动情况随时加以协调与控制,从而完成协调与控制的基本条件。在教学管理活动中,想要较好地完成既定目标,就必须要切实贯彻反馈调节原则。在教学管理实践中,要真正贯彻反馈调节原则,就必须要有一个教学管理反馈机制。这就需要做到以下两点:

第一,要改变教育督导机构与同级教育行政部门之间的隶属或从属关系,使其机构、权力和责任能够相对独立出来,即从中央到地方建立起一个纵向垂直领导的教育督导体系。各省的督学由国家总督学委派进驻各省,仅接受国家督学的领导,而不接受各省级教育行政部门的领导。只有这样,才能够确保各级督学或者督导机构的监督反馈职能真正得到发挥。

第二,要加强教育信息情报机构的建立。在当前阶段下,我国从中央到省、市、县都分别建有教科所或者教研室。教科所或教研室除了要继续加强教育理论研究、指导所属学校的教育教学工作的职能以外,同时也要进行教育情报信息搜集、整理、加工、过滤、反馈,并且向上级和同级教育行政部门提供教育决策的信息,从而发挥思想库、情报部和信息库的功能。

第二节 学校教学管理的规律与意义

一、学校教学管理的规律

通过对教学管理活动现象进行分析,以及对历史与现实中教学管理实践经验进行进一步的总结归纳,我们可以看出,教学管理规律主要包括以下几个方面的内容。

(一)学校教学管理活动受教育规律与管理规律双重制约

学校教学管理活动属于管理活动的组成部分,其必然要受到一般管理规律的制约,因而必须遵循现代管理学所揭示的管理活动的一般规律。与此同时,学校教学管理活动作为管理领域中的教育活动,其同时也要受到教育规律的制约。这就意味着,学校教学管理活动还必须遵循并服从于当代教育学所揭示出的人类教育活动的基本规律。

总之,只有遵循教育与管理的双重规律,才能积极高效地开展学校教学管理工作,取得学校教学管理活动的成功。这也充分反映出"教学管理受教育规律与管理规律的双重制约"是存在于教学管理活动中的重要的客观规律。

(二)学校教学管理过程由四个基本环节构成

从整体上来看,教学管理活动主要是由计划、实行、检查、总结四个基本环节构成。具体来说,计划为教学管理过程的起始环节;实行为教学管理过程的中心环节;检查主要是对计划进行反馈、对实行进行监督的必不可少的中间环节;总结则是对上一轮管理周期的终结环节与新一轮管理周期的准备环节。在教学管理活动中,计划、实行、检查、总结这四个环节循序运行,周而复始,螺旋式上升,共同构成了教学管理活动运动过程的基本规律。

上述四个环节作为教学管理活动的基本规律,其主要是基于以下两个原因:

第一,各级各类学校的教学管理活动过程都应包含这四个基本环节,且必须依次有序运行,不能颠倒各个环节之间的顺序,其很有可能会导致教学管理活动的最终失败。

第二,这四个环节客观存在于教学管理活动的整个过程之中,并形成了教学管理活动过程中内在的、本质的、必然的联系,且这种过程的结构与联系都具有一种深刻的客观性,这是不以人的意志为转移的。

(三)学校教学管理活动与一定社会的经济、政治与文化相适应

教学管理活动主要是对学校教育事业的管理。在人类社会中,教育事业是一种有组织、有目的、有计划地培养人的社会活动,其必然会受到特定社会的经济、政治与文化的制约。教学管理活动是规划、组织、协调与控制教育事业发展的行为,其应当与一定社会的经济、政治与文化相适应。这是贯穿于教学管理活动之中、不以人的意志为转移的客观规律。

(四)教学管理活动始终贯穿"以人为本"的教育思想

这里所说的以人为本,是人本主义哲学对人类管理实践活动规律的认识与揭示,其强调在教学管理活动中要关心人、尊重人、理解人、爱护人,同时还要将调动人的积极性、发挥人的能动性与创造性,始终作为管理活动的关键。从教学管理活动的内在属性与基本特征出发,更要严格遵循"以人为本"的规律。这主要是由以下两个方面的原因决定的:

一方面,教学管理活动的全过程都是由人进行的。在教学管理活动的整个过程中,学校管理者如校长、教学主任等,被管理者如教师、学生等,都是由人所组成的,其涉及了人的全面参与,这也就决定了"以人为本"规律在教学管理活动中的普适性与特殊重要性。

另一方面,教学管理活动的成效与人的积极性、能动性与创造性的发挥程度成正比关系。教学管理主要是对人类精神领域里的教育教学活动与科学研究活动所进行的管理活动。在这种管理活动中,无论是教师的教学行为、育人行为还是科研行为等,其结果与成效从根本上取决于教师、学生主体能动性的发挥程度,同时也取决于他们心灵深处的自觉程度、思维及行动的程度。

综上所述,我们可以看出,在教学管理活动中,决定教学管理质量的关键在于能否坚持"以人为本"的思想理念,能否充分调动师生的积极主动性,发挥他们的聪明才智。

二、学校教学管理的意义

(一)有利于保障学校教学工作秩序

在当今和谐社会的大背景下,很多活动都要求和谐有序。学校教学管理也不例外。和谐有序的管理格局能够有效突出学校教学工作的重点,使得各项工作职责明确,人际群体舒畅愉悦,情绪和行为形成良性互动,创造良好的工作氛围。

学校的教学工作和对教学工作管理的工作是相互交错、相互影响的。它们共同构成学校工作的两条主线。学校教学工作不仅内容多、耗费时间长,而且综合性强、难度大、影响范围广。它不仅要反映知识性、教育性,还要关注培养学生的个性发展和创新能力。学校教学工作的复杂性与特殊性决定了它在学校工作中的核心位置和引领作用。教学工作只有在科学的管理之下,才能有条不紊、井然有序地运行。可见,教学管理显然有利于保障学校教学工作秩序。

(二)有利于教师专业素质的提高

严格的教学管理会对教师的教学态度、教学行为等提出相应的要求,这就会促使教师

不断提高自己的专业素质,以适应教学管理的需要。俗话说"实践出真知""实践练干才",在科学的教学管理下,教师才会在自己的教学实践中不断前进,不断提高自己的专业水平和业务能力。

(三)有利于促进学生的发展

学生在学校中的主要活动及主要任务就是学习。当然,学生的学习并不是一件独立的活动,其需要通过学生的学与教师的教的双向互动来实现。这种互动作用不是自发形成的,而是学校管理者通过精心设计与安排形成的。在科学的管理下,教与学才得以正常进行、协调发展。因此,教学管理的合理与否关系到学校能否为学生提供有利于他们发展的环境空间。学校管理者只有以促进学生发展为教学管理的第一目的,从多方面入手,为教学活动的顺利进行提供各种必需的资源,才能最终保证教学工作目标的实现。

(四)有利于不断提高教学质量

教学质量的高低虽然是多种因素共同作用的结果,但是在众多的因素中,教学管理是不容忽视的。对教学管理来说,提高教学质量是其重要的管理内容之一,因此,科学的教学管理会促使教学质量的提升。

(五)有利于带动学校其他各项工作的顺利开展

教学在学校工作中处于中心地位,只有把中心工作安排好、协调好,其他各项工作才能有条不紊地跟进和实施。教学管理就是专门协调教学工作的,教学工作进入了正轨,自然就会带动学校其他各项工作的顺利开展。

由于教学是学校的中心工作,因此,不论是对教育行政管理人员还是对教学管理工作人员来说,教学管理都具有十分重要的意义。

第三节 学校教学管理的组织系统及其构建

学校教学管理组织系统能够把学校教学的组织、机构和有关人员组成一个有机整体,使每个与教学有关的人员都能够协调一致、积极负责地为提高教学质量充分发挥作用。因此,健全的学校教学管理组织系统,需要教学管理者切实做到以下几点:

第一,及时、灵敏、准确、全面地掌握教学工作的情况、动态和发展变化及原因。

第二,正确、及时地做出指挥决策,提出指导教学工作的意见。

第三,保证学校教学指挥渠道畅通,做出的决定能够迅速、准确下达,不受到任何的梗阻和干扰,即便受到干扰,也能及时排除。

第四,及时获得指挥效果的反馈信息,并对指挥效果做出准确判断,以不断调整、改进教学管理工作。

第七章　提升教学质量：教学管理探究

一、学校教学管理组织系统的类型

当代学校教学管理组织系统主要有以下两种类型：

（一）垂直型教学管理组织系统

垂直型教学管理组织系统主要是指学校通过设置若干级正式的教学行政管理机构，使其行使教学管理的基本职能，来维护正常的教学秩序。该系统具有很明显的强制性。这种教学管理组织系统通常有两种模式：一种由四级管理机构组成，即校长室—教务处—教研组—教师；另一种由三级管理机构组成，即校长室—学科组—教师。这种垂直型的教学管理组织系统虽然有利于学校常规教学工作的落实，但也容易导致教育风格雷同，使学生个性发展单一。

（二）咨询—监督型教学管理组织系统

咨询—监督型教学管理组织系统主要是指学校设置教学咨询、监督机构，邀请学生家长和社会知名人士参与其中，以改善学校的教学工作质量。与垂直型的教学组织管理系统不同，这种教学管理组织系统主要靠教师的自觉性维持。它最大的优点就是管理灵活，有利于教学创新。不过，在这种管理组织系统下，教学质量不能得到有效保障，容易使那些责任心和能力不强的教师常常不知所措。

在实际教学管理中，上述两种教学管理组织系统并不冲突，它们是可以兼容的。学校教学工作的管理既要充分发挥垂直管理的功能，又要充分发挥咨询—监督的作用，以便充分实现学校教学管理的合理分工和责任制，形成渠道畅通、制度完善的教学管理系统。例如，图7-1就是很多现代学校所创建的教学管理组织系统。

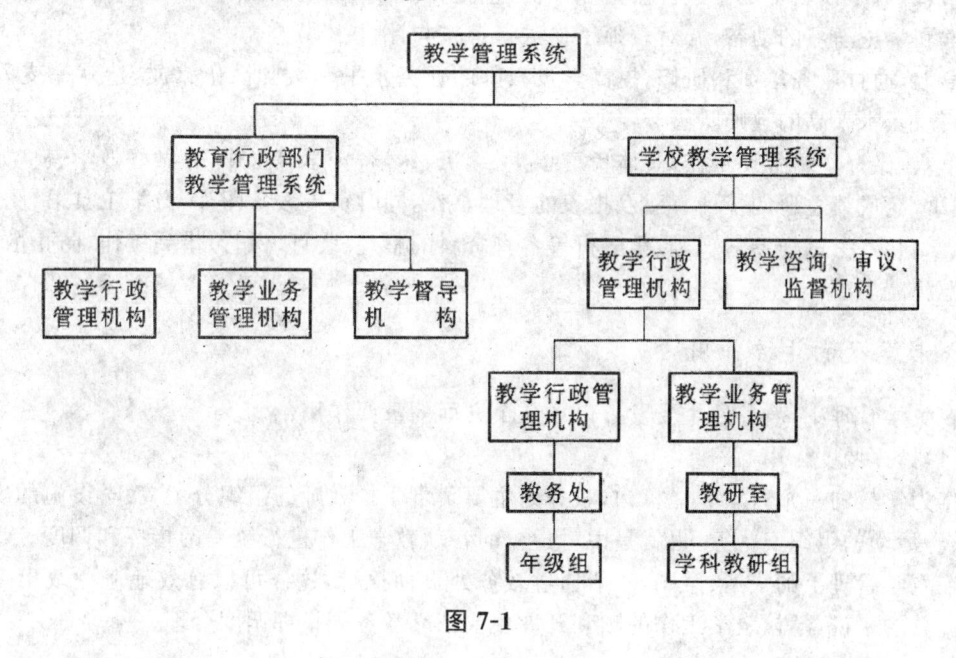

图 7-1

二、有效教学管理组织系统的构建

学校教学组织系统是学校教学管理得以运行的基础,一个有效的教学组织系统能够发挥上情下达和上情下达的作用。

(一)充分发挥教务处的作用

教务处是学校教学管理组织系统的中枢,直接担负着学校教学工作的组织、指挥、协调、检查等职责。一般来说,学校教务处设置教务主任1人,副主任1~2人,一般教务人员以及教务处所属各部门人员若干名。

1.教务处的具体职能

第一,根据国家课程计划、课程标准编排课程表、作息时间表和课外活动表,提高教学效率,减轻学生的课业负担。

第二,协助校长贯彻党和国家的教育方针政策,具体组织学校日常教学工作,制订学校教学工作计划,并进行定期检查和总结。

第三,了解全校教师的思想动态,了解每位教师的业务水平和专长,依据教师的特点安排相应的教学任务。

第四,组织开展教学研究工作,通过集体备课、教学观摩、校本研究、撰写论文等方式,提高学校教师教学的反思能力和教研水平。

第五,负责学校教学仪器设备的管理、学生课外活动的组织与管理等工作。

第六,对学校教学工作进行监控和评估,包括检查备课、上课、作业和考试的情况,了解教师教学和学生学习的动态,并对教师工作进行考核与评价。

第七,通过业务培训和研修,提高学校教师的业务水平和教师队伍素质,造就一支爱岗敬业、业务精、水平高的教师队伍。

第八,做好学籍管理工作,具体负责招生、编班、休学、转学等工作,并做好教学表格如学籍卡、健康卡、成绩总册的统计、汇报、报表的管理工作,同时负责教学图片、教学工具书、图书、仪器、教学刊物、考试样卷、教学质量分析等各种资料的整理、装订、保管、借阅工作,防止散失,保证教学所需。

2.教务处的主要作用

在教学管理中,教务处主要发挥以下几个方面的重要作用:

(1)指挥调度作用

作为学校的一个行政职能机构,教务处主要负责学校教师的组织分工、教学设施的安排使用、教学活动的组织安排等,也就是说对学校的各项教学工作进行统一的指挥和调度。学校管理者在教学管理上的决策、意图,一般通过教务处贯彻执行,这样可以有效地避免政出多门的现象。总的来说,学校教学工作的顺利开展主要依靠教务处指挥调度合理。

(2)决策参谋作用

教务处与各学院、各专业教师联系密切,对学校教学工作情况最清楚。因此,它可以为学校管理者的决策提供大量信息资料,避免学校决策失误。同时,教务主任也参与制订学校教学工作计划和有关教育教学管理的决策活动。

(3)指导服务作用

教务处除了指挥和检查督促学校教职员工的工作外,还要对他们进行相应的工作指导,帮助他们解决工作中遇到的困难,还要在思想上、组织上、物质条件上为学校教师的教学工作和学生的学习提供各种服务,有效保证教学任务顺利完成。例如,对文化素质和业务能力比较差的教师,对刚走上教育工作岗位的青年教师,教务处应通过"以老带新"、入职教育、员工培训等途径帮助他们提高自身的文化水平和业务能力。

教务主任是在学校校长的领导下,具体负责组织学校教学、教务的行政职能机构的负责人,是校长领导教学工作的主要助手。其主要职责是负责学校的教学工作,协助校长制订学期或学年教学计划以及学校发展预测及长远规划,并经常检查计划的执行情况;组织、领导教研组和各专业任课老师的工作;组织、领导学校教务工作,包括学生的学籍、招生、编班、升留级等工作,负责课程表、作息时间表的编制,负责学校教师考评等;组织、领导学校体育卫生工作;组织、领导思想政治教育工作,协调各方面的教育力量,使之相互配合,做好学生的思想政治教育工作。

3. 加强教务处的建设

从上述教务处的职能和作用可以看出,教务处的教学管理工作非常细致,涉及学校教学工作的各个方面。因此,加强教务处的建设工作,应着重从以下两方面入手:

(1)建立一支精干的、权责明确、合理分工的教务处管理队伍

学校教务处的工作极其繁多而复杂,涉及范围又十分广泛,既要协助校长保证学校教学符合国家教育方针和课程计划,同时又要组织好日常教学工作和教研工作,而且还要组织好学校教师考核和学籍管理等各项工作,任何一个环节出问题,都可能影响到学校教学管理的全局。因此,学校必须建立一支精干的、权责明确、合理分工的教导人员队伍。只有这样一支队伍才能使教务处职能得到强化。

(2)做好教务主任的选拔和任用工作

在教务处,教务主任是很重要的人员。其直接对校长负责,同时直接组织各专业教师开展教学工作,必须要有较高的业务素质。因此,管理者一定要做好教务主任的选拔和任用工作。

在选拔和任用教务主任时,必须坚持公开公正的原则,并充分听取教职工代表大会和全体教职员工的意见和建议,通过公开招聘的方式将有能力、有群众基础并且有意愿的优秀教师选拔到教务主任的岗位上来。

(二)强化教研组的建设

教研组也称为学科组,是教师研究教学问题,开展学科教学研究活动的基本组织形式,是学校培养教师的主要阵地。它虽然是学校教学管理系统的基层组织,不属于行政机构,但是承担一定的行政管理职责。在通常情况下,教研组以学科为单位进行设置,同一学科教师在三人

以上,即可设教研组,不足三人,则可联合相近学科成立教研组。在规模较大的学校里,如果同一学科教师人数较多,则可在教研组内,按年级设立备课组。教研组的主要任务包括以下几方面:

1. 制订教研组工作计划

教研组的负责人应当组织本组教师学习本学科教学大纲,明确本学科的教学任务、各年级教学内容和要求。然后根据学校教学工作的计划安排,经教师讨论研究,制订出教研组工作计划,并要求各位教师制订好教学进度计划。

2. 组织本组教师学习国家教育方针政策和教育理论

为了提高教师对教育方针政策的理解水平,提高教育理论水平,引导教师自觉贯彻执行党和国家的教育方针政策,遵循教育规律来开展教学工作,教研组负责人要组织本组教师学习国家教育方针政策和教育理论。

3. 协助教务处开展工作

首先,教研组要督促备课组开展每周一次的集体备课活动,并协助教务处检查备课组活动和教师的备课情况。其次,教研组要协助教务处组织教师具体做好期中、期末试卷的命题、评阅、分析工作。最后,教研组还要协助教务处进行各种教学检查。定期检查教学工作计划执行情况,掌握本学科各班的教学进度。正常检查上课、学生作业的布置与批改情况,了解教学效果,发现问题及时解决。

4. 关注教师发展

首先,教研组要关心教师的思想、生活和身体健康。主动了解教师的思想、生活和身体健康状况,及时向学校领导反映教师的意见和要求,便于学校领导改进工作。

其次,教研组要关心教师的专业发展,指导教师制订个人专业成长计划,运用多种形式帮助教师提高文化知识和教学业务水平,支持教师在职进修。

5. 开展教学研究活动

开展教学研究活动可谓是教研组的一个工作重点。教研组应当在学期初从学科教学和本组教师实际出发,安排好研究专题和具体活动计划,然后按计划上好"研究课",或开展专题研讨、学术讲座等活动,注意积累资料,总结经验。

6. 开展课外活动

教研组要指导与本学科相关的各种课外活动,举办学科知识讲座、知识竞赛,组织兴趣科技小组活动,办好学科知识板报。

(三)优化配置教师资源

教师是办好学校的基本依靠力量,是学校最为核心的资源。不同教师在工作年限、能力水平、业务专长、思想状况等方面都存在着明显的差异。因此,学校教学管理的一项重要工作就是根据不同教师的差异,结合实际教学要求合理分配教师的工作,使每个教师的业务水平得到充分发挥,扬长避短,提高学校教学管理效能,这就是教师资源的优化配置。建立高效的教学管理组织系统,一定不能忽视这一点。

一般来说,同一专业的教师配备要注意教师的年龄搭配问题,发挥老教师传、帮、带的作用,促进中青年教师的业务成长;中年教师有一定教龄,业务熟练,精力旺盛,是提升学校教学质量的中坚力量;而青年教师刚刚入职,缺乏教学经验,教育教学业务也不熟练,这时学校要创造条件帮助他们熟悉业务,并对他们进行工作指导,为其创造较为宽松的工作环境,加快其专业成长。

第四节　学校教学管理的组织系统及其构建

一、教学计划管理

教学计划管理是学校教学管理工作的首要任务,它是明确学校教学工作的方向,保证学校教学工作协调有序地运行,顺利完成学校教学任务,进而实现培养目标的保证。学校教学工作是一项复杂的系统工程,对其教学工作实施计划管理,必须建立教学工作的计划体系。学校教学工作计划体系是分层次的,不同层次的计划具有各自的特点和作用范围。当前,学校教学工作计划体系主要由学校教学工作计划和学校教师教学工作计划两个层次构成。

(一)学校教学工作计划

学校教学工作计划,是学校整体工作计划的主要组成部分。一般是由校长亲自主持、教务处主任协助制定。学校教学工作计划主要包括以下几个方面的内容:

第一,改善和加强教学工作管理的措施。
第二,加强师资队伍建设、提高师资水平的措施。
第三,加强课外学习活动的措施。
第四,改进课堂教学、提高教学工作质量的措施。
第五,加强学生学习指导、改进学习方法、提高学生学习积极性的措施。
第六,开展教学研究、促进教学改革的措施。
第七,完善教学管理制度、稳定教学秩序的措施。
第八,加强实验室建设、改善教学工作的设备和条件、充实现代化教学手段、做好物质保证及服务工作的措施。

(二)学校教师教学工作计划

学校教师教学工作计划是学校教学工作计划管理的基础。它的制订必须充分依据学校教学工作计划来进行。学校教师教学工作计划主要涉及以下一些内容：

第一，上学期学生学习专业课程的基本情况的分析，包括掌握基础知识、基本技能、能力发展水平、学习态度和学习方法等。

第二，本学期本课程、本专业的教学目的、任务和教学要求。

第三，本学期本课程、本专业教材内容的分析，包括基础知识、基本技能方面的内容，思想教育与能力培养方面的内容，教材的重点、难点，教材体系结构及各部分教材之间的相互关系等。

第四，在本学期改进教学、提高教学质量的具体措施。

第五，本学期教师个人进行教学研究的课题以及业务进修提高的计划。

第六，对本学期的教学进度进行安排，标明章节、课题、所需课时、时间安排以及实验、实习、参观等教学活动的内容和时间等。

二、教务行政管理

教务行政管理是一项极为细致、极为复杂的管理工作，它也是教学管理中非常重要的一个内容，对办好学校、保证正常的教学秩序、提高教学质量等都起着至关重要的作用。学校教务行政管理主要涉及以下一些方面。

（一）学生学籍管理

学生学籍管理是指教学管理者根据国家对学生德、智、体、美、劳全面发展的要求，按照一定的原则、方法和程序，对学生学习和各方面的表现，进行阶段和全程的质量考核、记载、评价和处理，并按照有关政策、规章的要求，对学生入学、变迁、毕业等进行控制。它是教务行政管理的一项重要内容。

学生学籍管理的工作内容主要是建立学生学籍档案，学生从入学到毕业，应有关于其全面情况的系统记载。例如，学生在校期间上课、自习、参加学校规定的活动的情况；学生每学期的操行评语；学生在校内外、课内外活动中的表现；学生在平时参加的测验或考试的成绩等。学生学籍管理能够更好地考察、了解、教育学生，同时也为更高一级的学校选拔合格新生，或者为用人单位选用劳动后备力量而提供一定的参考。

在学生学籍管理中，管理者要特别注意学生学籍档案的建立。学籍档案主要由学籍登记表、毕业生登记表、学生体质健康记录等构成。在每学期结束时，管理者都要注意将学生学习成绩、出勤情况、奖惩情况、操行评语等逐一登记在学籍表上。一旦有学生因故休学、复学、退学、转学等，就应及时注明。需要注意的是，学生学籍管理工作极为严肃，任何一个学生的学籍变更都应按照特定的程序进行。

（二）班级编制

班级是进行教学的基本组织形式，属于学校的基层组织。合理的编班工作对于形成一个良好的班集体，树立良好的班风，更好地开展班级工作，促进学生德、智、体、美、劳全面发展等，都具有重要的现实意义。这项工作主要在学校招生工作后和新学年开始时进行。在班级编制

过程中,管理者需要重点考虑以下几个方面:

1.合理的男女学生比例

在编班过程中,管理者要尽量确保一个班级中的男女生数量接近。这是因为男女生往往在性格、爱好、心理和体力等方面存在较大的差异,一个班级中的男女生数比例接近,有利于班级活动的顺利开展。当然,在大学中,由于专业的限制,男女比例不协调的现象是在所难免的。

2.适当的班级学生人数

一个班的人数过多,容易出现教师难以照顾到每个学生的情况,从而不利于管理与教学质量的提高。相反地,一个班的人数过少,又容易造成教育资料的浪费,难以符合经济效益的原则。因此,在班级编制工作中,应当注意使每个班的人数大致相等,一个班级中的人数不多也不少。在我国,小学每班以30~40人为宜,中学以40~50人为宜。大学主要按照招生人数来编班,依据教育部《普通本科学校设置暂行规定》和《专科学历教育高等学校设置标准》规定,生师比不应高于18∶1的标准,按照高校一般要求教师教学课时量每周7课时和学生课时量为每周21课时的规定,合理的班级规模应该是生师比规定中的学生人数的3倍,也就是54人。

3.班级的稳定性

班级一旦被编制好,就应尽量保持相对稳定,不随便调班。具体来说,就是班级人数、任课教师、班主任和教室都不要轻易进行变动。这有助于稳定教学秩序,培养良好的班风,形成十分融洽的师生关系。

4.优劣搭配

每个学生的情况都多多少少有些不同,并存在一些优劣因素。这些优劣因素是能够互相转化的,进行优劣搭配主要就是为了利用积极因素来克服消极因素,从而使消极因素转化为积极因素。因此,在编班工作中,管理者应全面考察学生的品德、健康和成绩等,将优秀者与后进者均匀分配到各班。此外,对于学生干部或具有文体特长的学生也应当保持各班的基本均衡,从而让不同的学生在一个班级中充分发挥其优势和长处。

(三)课程表编排

课程表是教育教学过程的组织标志,也是整个学校教学、生活秩序正常运行的重要保证。它具体规定了教学科目的安排、实施程序等。课程表编排得合理与否在很大程度上影响着学校教学管理的效果。因此,管理者一定要重视这一管理任务。编排课程表时,一定要遵循教育的基本规律和学生身心发展的规律,从而全面贯彻执行党的教育方针和国家教学计划。具体而言,编排课程表需要考虑以下几方面的内容:

1.充分考虑学生的学习时间和精力

学生学习通常都会存在一个最佳时间段,在该时段内,学生精力旺盛,学习能力强,学习效率高。因此,那些需要多用脑、费精神的科目可安排在最佳时段内,如小学的语文和数学,中学的语文、数学、外语、物理、化学等可安排在上午的第一、二节课。从一周时间来看,重要的课程可安排在星期二至星期四。

此外,考虑到学生的体能。在体育课、劳动技术课上,学生的体力消耗往往一般比较大。因此,体育课、劳技课尽量不要排在同一天。另外,到上午或下午最后一节课的时候,学生的体能也已消耗较多,因此在学校的师资、场地、器材条件等各方面允许的情况下,尽量上午或下午的最后一节课不安排体育课。

2. 均衡学生的学习负担

每一学科的性质及其在教学计划中的地位不同,学生在进行各科学习时的实际负担也会相应地不同。例如,语文、数学、物理等学科的书面作业量往往较大,而历史、地理等学科的书面作业量却相对较小。因此,管理者应将同一天内书面作业量大、学生学习负担重的科目不多排;如果实在无法错开之时,则可以在作业量大的科目比较多的当天安排一些自习课,从而使学生每天的学习负担相对均衡。

3. 间隔编排性质不同的学科

从心理学角度来看,前后学习的材料性质类似,或难度相当,容易因相互干扰而造成遗忘。因此,在课程表的编排中,应注意文科与理科、基础文化知识课与技能课的交叉间隔,以产生相互调节的作用。首先,性质相似科目的课程应当交错开来;其次,统一科目的两节课不应集中在上半周或下半周,更不能安排在相邻的两天。

4. 充分考虑教师的时间和精力

编排课程表时,教师的时间和精力也应当得到充分的考虑。

第一,应尽量给教师一些完整的时间来集中精力备课、处理学生作业、参加教学研究活动或自学进修。

第二,对于同一学科教师的课,应尽量错开编排。这样便于教师互相听课,互相学习,也便于有教师缺席时教研组、教务处安排临时代课的教师等。

第三,应给予由特殊困难的教师一定的照顾。例如,对于一些年老体弱、精力不济的教师,他们的课不宜编得太集中,因此对其所任课程应分散编排;对于怀孕、哺乳、家庭离校较远等情况的教师,在编排课程表时应尽可能少排或不排在第一节课或最后一节课。

(四)教务档案管理

教务档案即学校教学事务的真实记录。对教务档案进行管理就是指对教务文件和表册进行管理。良好的教学档案管理,有助于加强学校的领导工作,提高学校教育管理水平,改进教育教学等。因此,教务档案管理不容忽视。具体来说,教务档案管理主要包括以下一些内容:

第一,教师的教学工作计划和总结,教研组组织的教学交流报告、工作计划和总结;有代表性的教案,以及教师的各项教学科研成果等。

第二,国家教育行政部门颁发的教学计划、教学大纲、全国统编教材、教学参考资料以及省市自治区组织编写的一些地方性教材和教学书、资料等。

第三,教师自己准备和编写的教学参考资料、复印资料、试题的题库,每次考试的分析报告等。

第四,学生、家长及社会各界对学校教学的反映,整理存档。

第五,先进教学经验和方法的宣传、推广情况、效果报告。

第六,学校与外校进行教学经验交流所获得的资料,整理成册。

(五)教务统计管理

教务统计管理工作主要包括以下一些内容:学生基本情况统计、考勤统计、各科成绩统计、学习负担情况的统计、教学计划完成情况的统计和升留级学生人数的统计等。

教务统计管理有助于学校管理者掌握学校教学基本情况和发展动态,从而及时采取相应的管理措施。因此,学校管理者也要做好教务统计管理。

三、教学过程管理

(一)备课管理

备课是整个教学过程的总设计。它不仅能够加强教学的针对性和预见性,从而充分发挥教师的主导作用,同时也是教师不断提高自己专业素质的有效途径之一。备课的重要性是不言而喻的。另外,由于学生的情况、教材内容、社会对学生的要求等都是在不断发展变化的,因此教师的备课就更是要与时俱进,充分应对一切变化。把好教师的备课关,教务管理者应当从个体和集体两方面来做好备课管理工作。

1. 教师个体备课管理

(1)提供充足的条件给备课教师。

备课是需要在一定的条件下进行的,教务管理者应当为教师的备课提供充足的条件。

第一,管理者必须为教师准备充足的备课时间以及提供必要的备课物质条件,如工具书、参考资料、教具等。

第二,管理者要给备课教师一定的指导。例如,引导教师重视平常的长期准备,将平常的长期准备与课前备课有效地结合起来。

第三,管理者要制定人性化的备课要求。例如,对一般教师来说,教案要精简扼要、因人而异、详略得当,要求不必过严,以免教师将主要精力完全放在教案上;对于一些教学经验不足的年轻教师而言,还是要求他们写得尽可能详细。

(2)定期或不定期地检查教师的备课情况。

教师个人备课情况需要由其编写的学期教学进度计划、课题计划、课时计划等综合表现出来。一般来说,学校检查教师个人备课情况要由教务处定期对以上三项材料进行抽查,并将检查结果记录存档。抽查时间往往设在开学前期、学期中间和学期结束三个时间段。

除抽查教师的教学进度计划、课题计划、课时计划外,学校管理者还可以通过和教师谈话的这一方式,重点检查某些教师的备课情况。检查前,学校管理者需要对教学情况应有一定的了解;检查时,要按照教师的实际备课情况进行有重点的深入检查——不仅要了解教师备课的经过,同时也要了解教师备课所存在的困难;检查后,应及时向全体教师通报情况,表扬一些备课好的教师,同时批评一些备课不认真的教师,并指出备课中所存在的共性问题,提出一些相应的改进方法。

2. 教师集体备课管理

集体备课是指同年级、同科目的任课教师在一起就同一教学内容进行备课。集体备课往往有助于集思广益,从而使个人难以解决的问题通过集体备课而得以快速有效地解决。同时,集体备课可以使新老教师互相学习、彼此配合、加强团结、形成教师集体的一种良好形式。在集体备课管理中,管理者通常要注意以下方面:

(1)发挥教研组作用。

教研组负责制订本年级教学进度计划。因此它能够组织教师在个人独立备课的基础上集体钻研教材,分析学生的学习特点,进行教学经验的交流,反映教师教学上的要求,帮助教师解决备课中的一些困难,进而提高全体教师的教学业务水平。很显然,要做好教师集体备课管理工作,应当充分发挥教研组的作用。需要注意的是,教研组应挑选业务、组织能力强的骨干教师担任教研组长。

(2)备课、教研相结合。

在教师集体备课管理工作中,管理者还应当引导教师在教学工作中将备课与教研有机结合起来,不能偏废其一。

(3)做好教师指导工作。

教务管理者可以按照自己的专业特长或工作需要,分头参加教师集体备课活动,并且亲自对教师备课进行指导、督促备课组有效地开展备课活动。

(二)授课管理

在教学过程中,授课是一个核心环节,其他教学环节都是直接或间接地围绕着授课来进行的。因此,授课管理就成为教学过程管理中的关键部分。学校必须重视授课管理,以提高教学质量。

1. 授课管理的内容

(1)督促教师执行教学计划。

教学计划是课程安排的具体形式,是学校办学的基本纲领和重要依据,同时也是上级教育行政部门制定的相关学校教学教育工作的指导性文件。其对学校的教学、生产劳动、课外活动等方面做出了详尽的安排。因此,学校管理者应当督促教师严格执行教学计划,不擅自增加主要课程的教学时数而减少其他学科的教学时数;不挤占自习课、体育课等时间进行补课;不加班加点给学生上课等。

(2)建立健全课堂教学常规。

在当前学校中,课堂教学常规的内容主要包括按时进入教室,备好学习用品保持安静,不迟到,不早退和任意缺课;上课专心听讲,积极思考,发言先举手,答问要起立,不随便讲话;上下课师生相互问好;值日生课前要擦好黑板;上课衣着要整齐等。

科学、合理的课堂教学常规能够让整个课堂具有稳定、正常的教学秩序。因此,学校管理者一方面要建立健全课堂教学常规并保持相对稳定,另一方面也要督促师生严格贯彻执行。

(3)制定并引导教师达到优课标准。

优课的基本标准一般包括:教学目的明确、教学内容准确、教学方法得当、教学艺术性强、教学组织严密、教学效果好等内容。在授课管理工作中,管理者应当按照本校实际联系现代教学理论,组织教师制定出优课的基本标准,从而使之成为广大教师追求的目标和学校管理者考核教师上课质量高低的衡量尺度。这种做法其实是一种导向管理,它能够有效提高教师的上课质量。

2. 授课管理的有效形式

为了能够有效地做好授课的管理工作,学校管理者必须深入课堂听教师讲课,做具体的检查和指导。显然,听课和评课就是授课管理的两种有效形式。

(1)听课。

听课是教学管理者准确了解教学情况、检查和指导教学工作最为有效的途径。作为学校管理者,必须具有听课和分析指导课的能力,并时常深入课堂听课,不断提高这种能力。实施听课,管理者须注意以下几方面:

①有目的、有计划地安排听课活动。

管理者一般都是根据听课的目的来选择时间、地点和对象等。管理者只是随心所欲地进行一些听课工作,虽然这样可以了解一些实际的教学情况,但往往收效甚微。所以,作为学校管理者,应依照实际情况,全面地安排一个学期的听课计划,从而做到有目的、有准备地听课,以取得最佳的效果。否则,学校管理者的听课到最后只能沦为形式。

学校管理者听课的目的有多种,听课的目的不同,听课的计划和方式也就不同,听课的类型也就不同,如一般性听课、总结推广性听课、研究性听课、诊断性听课、督促性听课等。

②注重听课的步骤与方法。

第一,学校管理者在进行听课之前须做好充分的准备。首先,在听课之前,听课者先要向授课教师了解相关的教学进度和教学的一般情况,并了解学生的学习情况和学习水平以及学生对教师的评价和意见等。掌握这些情况有助于提高学校管理者自身听课的针对性和目的性。其次,听课者也要研究相关的教学资料,查阅自己过去的听课分析记录,选读一些教学理论和教学经验指导性文章。

第二,学校管理者在听课时,不仅要全面观察师生的双边活动和课堂教学气氛,同时也要注意学生的反应、反馈,及时记录教学的进程和教学内容。

第三,听完教师的课后,学校管理者可当场进行教学效果的初步检查。例如,可通过与学生进行谈话、提出几个有代表性的问题等进行检查。

(2)评课。

评课,是指对教师的课堂教学做出客观的价值判断,并分析其中的原因。科学化的评课对提高教学质量、提升教师教育教学素养、进一步加强和深化课程改革有着巨大的现实意义。因此,学校管理者应对授课教师的授课情况进行相应的评课。管理者在评课过程中应注意以下两个方面。

第一,评课需要从实际情况出发。在评课过程中,学校管理者应当辩证地对教师的授课活动进行分析和评价,做到公平、公正。一方面管理者要充分挖掘授课教师教学的优点,把该教师的教学风格与特色和所听课的特征,分析得鲜明、突出,并从教育理论的高度加以分析肯定;另一方面,管理者对该教师在课堂上的不足之处,要及时指正,但不应求全责备。

第二,评课须有重点。教师授课的效果受多方面因素的影响,如教师对教材的理解和加工,教师在教学方法的取舍与应用,教师对课堂纪律的管理等。因此,对于教师的授课活动,学校管理者可评论的内容极其之多。面对这种情况,学校管理者不能"眉毛胡子一把抓",要按照教师授课的目的、课堂类型以及自己的听课目的等,抓住主要问题和课堂的主要特点进行评课。

(三)作业管理

作业的布置与批改是教师巩固教学内容、了解学生学习效果的重要手段。作业管理需要注意以下一些方面的内容:

第一,指导教师提高作业的有效性和针对性。例如,不盲目布置大量作业,针对教学内容适当拓展作业范围,使作业真正成为补充和优化教学的重要手段。

第二,创新布置作业形式。随着课程改革的不断进行,作业形式不应当仅仅是做习题这样简单,还应当采取准备演讲、开展调查研究、手工制作等多种形式,来提高学生的综合能力。

第三,督促教师及时批改、反馈作业。作业的批改必须讲究时效性,学生完成并提交作业之后,教师要在第一时间完成批改,及时把批改情况反馈给学生。批改完成后,教师要对学生作业的整体情况进行分析,找出作业中的共性问题,并向学生集体讲解;对于作业中出现的个性问题,要采取面对面的方式帮助学生分析问题,促进学生了解和掌握所学知识。

(四)辅导管理

在教师的教学工作中,辅导也是重要的一环。它不仅是对授课的一种必要补充,同时也是贯彻因材施教原则的重要措施之一。通过辅导可以有效弥补课堂集体教学的不足,帮助学生查缺补漏。因此,学校管理者必须重视并加强教师对学生辅导工作的管理。辅导管理的内容通常包括以下几点:

1. 指导教师正确认识辅导工作的性质

一般来说,管理者应指导教师明确以下一些对辅导工作性质的认识:

第一,辅导只是授课的必要补充和辅助活动,而不是授课的再继续或重复。

第二,辅导既可以在课堂上进行,也可以在课外进行。

第三,辅导不是专门针对差生而进行的,教师不能认为只有成绩差的学生才需要辅导。

第四,辅导是针对学生的个体差异所进行的指导,主要解决课堂上个别学生没有解决或解决不彻底的问题,而不是加重所有学生的负担。

2.引导教师端正辅导态度

在辅导工作中,教师一定要端正自己的辅导态度。一般来说,教师在辅导时应注意提高学生的积极性,对于学生提出的各种问题,教师都需要用和蔼、耐心的态度进行辅导,而不能予以挖苦、讽刺或置之不理。特别是对于一些学习成绩差的学生来说,教师更应当耐心、细致地进行讲解,并不断鼓励他们丢掉思想上的包袱,克服自卑心理,敢于提出自己想问的问题。而对于一些学习成绩较好的学生,教师一方面应肯定他们努力学习所取得的成绩,另一方面也要教育他们不能因成绩好而过度骄傲。

3.督促教师制订辅导计划

教师的辅导一般既有个别辅导,也有集体辅导。辅导的内容一般包括答题、补课、指导作业、讲授学习方法、启发思维等。辅导的重点对象分为差生和优生。在辅导管理工作中,学校管理者需要积极督促教师制订辅导计划。

(1)组织教师对学生进行归类分析。

管理者组织教师对学生进行归类,主要是为了让教师进行教学反馈,从而充分把握辅导学生的"突破口",为制订辅导计划提供重要依据。一般来说,教师可着重根据以下一些要素来确定对学生的辅导。

第一,知识,学生掌握知识的准确、熟练、牢固的程度和系统性,技能的熟练程度。

第二,学法,学生的学习方法、思想方法。

第三,能力,学生的观察能力、记忆力、想象力、思维能力、运算能力、表达能力、动手操作能力等。

第四,学风,学生的学习动力、学习意识、学习作风。

(2)引导教师制订切实可行的计划。

辅导计划一定要切实可行。具体来说,管理者要引导教师在计划中确定好人、时、内容。在辅导差生时,需要对差生做作业时遇到的困难进行指导;对差生平时作业中出现的错误或在掌握知识方面有缺漏者进行辅导;在复习考试期间,对差生在复习中发现许多不懂的问题进行辅导。而在辅导优生时,应提出高于班级教学内容的问题,选择难度较大的题目,或介绍参考书目,任其自由选学,逐步培养其自学能力,鼓励拔尖。

4.指导教师改进辅导方法

管理者应当组织教师学习和掌握各种辅导方法的性质和功能,从而使教师能按照学生的不同特点,采用灵活多样的辅导方法。例如,对于学习较差的学生的辅导,除了教师自己辅导,还可适当组织学生互相辅导。学生之间朝夕相处,有相似的经历与共同语言等,因而同学间的相互辅导比较方便,问题也能及时解决。而对于一些成绩较好的学生来说,辅导其他同学也是一种自我提高的过程。

(五)成绩考核管理

成绩考核管理是检查教学效果、进一步改进教学工作的重要手段。通过对学生的成绩进行考核,一方面能够不断督促学生努力学习,使教师及时获得教学反馈的真实信息,从而积极调整与改进教学工作;另一方面还能让学校管理者更好地掌握教师和学生的教学质量状况,从而有针对性地加强教学工作的领导与组织。成绩考核管理的主要任务有以下几个方面。

1. 试题编制管理

试题编制的科学与否,往往决定着学生成绩考核的信度。因此,管理者应当组织教师参加科学编制试题的培训,以掌握相关的编制试题知识,并严格要求教师按照编制试题的基本程序进行命题,并在试题编制过程中注意遵循科学性的基本原则。

(1) 试题编制的原则。

第一,全面性。试题要有较大的覆盖面,能全面反映教学目标各个方面和层次的要求,能考查学生运用观察、分析、测量、计算、表达等方式解决问题的能力。

第二,基础性。尤其是在基础教育中,基础性是最本质的一个属性。因此,教师编制试题时应从"人的发展"的角度出发,多方位地、较全面地构筑"基础"的框架:知识与技能基础;过程与方法基础;能力基础;情感、态度、价值观基础。

第三,客观性。试题一定要客观可行,要让不同的教师在评阅同一试卷是否达到教学目标的要求时,能够得出一致或相似的结论。

第四,经济性。教师所编制的试题应使学生答题的时间既经济又有效,不应让学生耗费太长的时间进行阅题,而是让他们把时间主要用在思考问题上。

第五,高信度。试题要可以提供足够的资料来反映学生对待定教育目标的掌握情况。同时,这些资料必须是一致的、稳定的。

第六,高效度。试题必须以教学大纲所要求学生达到的教育目标为标准,而且题目的范围和难度不能超"纲"超"本"。

(2) 试题编制的步骤。

教师在编制试题时,应严格按照以下编制试题的程序来进行:

第一,明确考试目的。

第二,明确所要考核的能力。

第三,明确考核的教学内容。

第四,设计"双向细目表"。

第五,确定试题形式。一般来说,试题包括客观性试题和主观性试题两种。

2. 阅卷评分管理

所谓阅卷评分,就是教师对学生的答卷进行批改,并最后给出分数。它是检验、评价教师教学和学生学习质量的过程。只有正确地阅卷评分,才能有效地发挥考试的作用。因此,学校管理者应当高度重视和认真组织阅卷评分工作,严格要求教师全面、客观、公正地评定分数。

在阅卷时,教师要检查学生掌握所学知识的数量和质量,检查学生理解和掌握知识的完整、牢固的程度以及运用的具体情况。在评分时,教师不仅要注重答案的正确性,同时还要注重学生的解题思路,发现学生有创造性的思路应给予一定的鼓励。

3. 试卷分析管理

分析试卷主要是为了找出学生学习质量有高有低的根本原因，进而发现教师本身的教学指导思想和教学方法方面的优点与不足，借以总结经验教训，从而不断改进和推动学校下一阶段的教学和学习。因此，学校管理者也要注重去指导教师合理地分析已经批阅的试卷。

试卷分析的内容一般包括以下几方面：学生对教材中的重点、难点掌握的具体情况；学生对知识的理解、巩固、运用的情况；统计试题的信度和效度情况；各科及格率、优秀率和提高率；各个题目、各类知识的正、误人数以及平均及格率。

分析上述内容后，教师还需要进一步分析产生某种结果的原因，即具体分析教学工作的各种因素与教学质量之间的关系，并作具体的说明，从而为进一步修改教学计划、改进师生的教和学等提供客观、合理的依据。

4. 预防与控制学生考试作弊

考试作弊的现象在学校中是经常有的事情。这是一种非常不好的风气。考试作弊严重违背了学校的教育宗旨，是一种投机取巧的不良行为，会对学校纪律造成严重的破坏。因此，学校管理者在学生成绩考核中必须重视这种现象，并与教师一起加强对学生考试作弊行为的预防和控制。

第一，加强宣传教育，使学生正确认识考试的作用。具体来说，要让学生认识到参加考试的过程是加强自我认识的过程，依据考试反馈的信息，可以了解自己的学习成效，领会所学知识、技能服务社会的意义和价值，强化自己的学习动机。

第二，帮助学生树立正确的是非观，使其充分认识考试作弊的危害性。学校管理者一定要让学生认识到，通过作弊取得的成绩是一个虚假信息，只有通过自己真实水平发挥得到的考试成绩才能使自己正确认识到自身知识、能力的水平，找出学习上存在的问题，从而进一步提高自己，才能使教师正确评价自己的教学质量，从而改进教学，提高教学效果。

第三，培养学生的意志力。作弊行为通常与学生的意志力有很大关系。因此，管理者要多组织各项实践活动，给那些意志力不强的学生布置有一定难度同时又力所能及的任务。当他们在活动中遇到困难时，要给予鼓励和指导，逐渐增加其承受能力，增强他们在各种情景下的抗诱惑能力。

5. 严格控制考试次数

当前，虽然在素质教育的大力推行下，考试不再像以前那样被认为是管理教学工作与提高教学质量的唯一途径，但还是有很多学校依然很注重考试，并大量安排学生考试。其实，考试频繁往往会在很大程度上干扰学校正常的教学秩序，破坏教学工作的内在规律，还会增加学生的学习负担。因此，管理者必须严格控制考试次数，明确规定平常考查成绩和期中、期末考试成绩在学生学期或学年的学业成绩中的合理比例。

一般来说,学生成绩考核要坚持期中、期末与平时相结合的原则,平时成绩在考核中占一定比例;平时成绩考核内容、记录与报告应具体详细,以便全面反映学生学习知识、技能与能力发展情况。

第五节 学校教学质量及其科学管理

教学质量管理就是指对形成教学质量的全过程以及各个环节进行管理,同时将有关人员组织起来,另外还要将影响教学质量的多种因素进行调控,从而保证在形成教学质量的过程中减少差错,并且逐渐提高教师教和学生学的质量。由此我们可以看出,进行有效的教学质量管理是提高教学质量的一个重要途径。

一、学校教学质量的特征

对于一所学校而言,要想有效地实施教学质量控制与管理,就必须首先认识到教学质量的性质与特点。从根本上来说,教学质量就是一所学校所培养出的人才质量。而人才作为学校的"产品",与物化部门的产品质量相比是有本质区别的。以下是学校教学质量所体现出来的特征。

(一)内隐性

一般来说,工业生产的质量可以通过其产品的质量得以检测。例如,生产一块玻璃砖,可以通过技术手段检测其承压力、透明度、光滑度、耐磨度等来反映质量。而以培养人才为标志的教学质量,就难以做出明确的、直观的判断,也难以用有效的技术手段进行测量得出结果,尤其是人的政治思想、道德品质、心理素质等更是难以量化。因此,教学质量具有潜伏性、内隐性和难以检测性。

(二)灵活性

教学质量的灵活性是针对教学质量的形成过程而言的。教学质量的形成是没有固定单一的模式可以遵循的。教育者必须针对不同学生的年龄特征和个性特点,机动灵活、有的放矢地因材施教。正因为如此,整个教育教学过程充满了创造性和灵活性。

教学方法是多种多样的,但并不存在一种适合任何教学情境和教学内容的教学方法。从这个角度来看,如果教师能够恰当灵活地选取适当的教学方法,就更容易取得良好的教学效果。例如,在语文识字教学中,有的教师采取"分散识字法"取得了良好的效果,有的教师采用"集中识字法"取得了良好的效果,还有的教师采用"注音识字法"也取得了良好的效果。

综上所述,我们可以看出,教学质量的形成并非只有固定、单一的途径。从复杂性理论的视角来看,教育是人类社会特有的更新再生系统,是一个由有序性和无序性、线性和非线性、理性和非理性相互交织而构成的复杂的巨系统。在教学质量的形成过程中,同一种方法可能会引起不同的结果,不同的方法也可能会导致同一个结果。

(三)不可贮存性

物质产品的质量可以通过种种技术手段的处理,如控制空气、温度、湿度等外在条件,而相对地得以存贮和保持,而人的质量却不能这样。

由于影响人的存在因素具有开放性、广泛性和变化性特征,因此人的身体、思想、观念、心理、知识、技能、智力、品德等,都会处在不断的变化之中。尤其当人所处的环境发生变化时,人自身更是会随之而变。因此,人经过一段时间教育培养和环境影响所形成的人的质量与物质产品的质量是有着本质区别的,它不具有贮存性,不可能一成不变地被封闭或贮存起来。

由此可知,教学质量具有不可贮存的特征。某个学生已经形成的品质不可能被贮存起来,不再发生变化。

(四)综合性

教学质量的综合性是针对教学质量的影响因素来说的。学生是社会中的人,其始终是在开放的社会环境下成长的,因而影响学生质量形成的因素十分广泛复杂,其不是学校单方面就可以控制的。具体来说,学生身心发展质量的形成是遗传、环境、教育以及学生自身主观努力等多种因素交互作用、耦合而成的结果。从这个角度来看,影响教学质量的因素具有综合性的特点。

二、学校教学质量管理的模式

学校教学质量管理也是一个系统性的工程。管理者不可盲目进行,应按照一定的模式进行。学校教学质量管理模式根据不同的质量目标、质量标准、质量方针及其实施策略等可以分为多种。从目前来看,教学目标管理模式、全面教学质量管理模式和走动式教学管理模式最为典型。

(一)教学目标管理模式

目标管理的概念是从 20 世纪六七十年代开始被引入学校教育领域的。到了今天,教学目标管理模式已经被成功地运用到了教学质量管理实践中。所谓教学目标管理模式,就是指以学校教学所预期的最终成果为标准,并以目标责任制的方法而对学校的教学工作的质量进行科学的考核和有效的监督,从而激发学校管理者和广大教职工的工作积极性,最终提高教学质量的管理模式。教学目标管理模式的核心是设定教学目标。这种模式的管理能够为教学工作确定一个总体方向,使学校形成一个较科学的教学质量目标系统和实施流程。

1. 教学目标管理模式的特点

与传统的教学质量管理模式相比,教学目标管理模式具有以下三个突出的特征:

(1)重视建立目标体系和责任制。

在学校教学目标管理模式下,管理者往往是通过一定的设计而将学校整体目标逐级分解,从而转换为各班级、学科、各个教师的子目标。在教学整体目标分解的过程中,管理者则非常注意,明确教学过程的权、责、利,同时各个子目标必须保持方向的一致性,做到相互配合,形成协调统一的目标体系。

(2)重视教学成效。

学校教学目标管理模式始终围绕目标来进行各项教学工作的管理。它以制定目标为起点,并以教学目标的完成情况为评价的终结,同时按照每个教职员工所完成任务的程度、情况等而进行考核与奖惩。在这一过程中,教学成效始终是被充分重视的。

(3)重视教学质量管理过程中人的因素。

学校教学目标管理模式是一种民主的、参与的、自我控制的管理模式,同时也是一种把个人需求与组织目标结合起来的管理模式。在这一模式下,上级与下级的关系往往是平等、尊重、依赖、支持的;而下级在承诺目标和被授权之后则是自觉、自主和自治的。

2. 教学目标管理模式的有效实施

(1)建立目标体系。

教学目标管理模式的实质,就是学校所有的部门及所有成员致力于实现总体目标,并在实现总体目标的过程中实现各个部门的具体目标和个人目标。因此,实施目标管理模式,首要的就是建立一个完善的目标体系。

通常,学校的教育目标被分为四个层次:第一个层次是国家的培养目标,即培养全面发展的、符合社会发展需要的人才;第二个层次是学校的培养目标;第三个层次是各个专业、各学年、各学期的培养目标;第四个层次是单元、课题、课时的教学目标。

管理者只有明确了上述这样一个目标层次,才能与教师一起积极投入到目标体系的建构之中。在建立目标体系的过程中,管理者还应与教师一同制订相应的工作规范和工作质量评价方法,以使教学工作得以规范化、制度化、标准化。

(2)实施人本管理。

由于教学目标管理十分重视教学过程中人的因素,所以其在设定了科学、客观的教学目标之后,往往会重点实施过程中的人本管理,即充分调动教师依照目标进行自我管理的主动性、积极性。具体而言,在实施目标量化评估的过程中,学校管理者须做好教师的思想工作,注重教师的内在需求,激发其工作的主动性、积极性。

(3)完善管理机制。

目标管理的一个基本原则,就是以所设定的目标为基本参照,适时监督和反馈教学任务的完成情况,以实施动态教学管理。因此,学校管理者应建立高效、公正的管理机制,对教师完成任务的进度和质量进行公平、公正的考核,随时考查目标管理活动的运行状态是否与确立的目标体系相符。

(4)实施发展性评价。

发展性评价就是旨在促进被评价者不断发展的评价。在实施教学目标管理的过程中,虽然注重行动的结果十分重要,但一定不能因此而忽视行动的过程。这就需要管理者积极运用发展性评价。具体来说,实施发展性评价,管理者须做到以下几点:

第一,采用工作过程中的日考查、周积累、学期统计的方式,动态跟踪教学过程,并充分运用所收集到的数据资料来对教学过程进行灵活调控。

第二,针对不同水平、不同特点、不同专业的教师而采用完全不同的评价标准,以便于形成不同水平层次的教师自信、自律、自强的良性循环。

第三,对于教与学的考核评价不但要看学生学习的整体情况,同时更要具体分析学生取得的进步以及取得进步的原因,并针对每个学生实行增值性评价。

(二)全面教学质量管理模式

全面质量管理高度重视人力资源的开发和利用,强调在尊重人的前提下,注重战略规划、全员参与、团队精神和协调工作,其目的在于通过顾客满意及本组织所有成员受益而达到长期的成功。

全面教学质量管理模式就是全面质量管理理论在教育领域中的应用。

1.全面教学质量管理模式的特点

全面教学质量管理模式的特点集中体现为教学质量管理和控制的全面性。这主要体现在以下三个方面:

(1)重视工作全局管理。

客观来说,教学质量管理涉及教学工作的方方面面,是对教学工作全局的管理。因此,全面教学质量管理模式非常重视工作全局管理。具体来说,其要求管理者不仅要妥善安排好以教学为中心的各项学校内部工作,建立教学工作协调机制,避免工作中的冲突和摩擦,减少教学管理中的内耗等,而且还要综合分析家长状况、社区背景以及地方教育行政管理状况等因素,争取家长、社区和教育行政部门的理解和支持,为提高学校的教学质量提供良好的外部环境保证。

(2)重视全员管理。

全面教学质量管理涉及教学系统内的每一个成员,是全员性管理。全面教学质量管理模式非常重视全员管理。人的主观能动性及潜能的发挥,是质量制胜的关键。

对于学校管理者来说,其必须充分挖掘每一名教师和学生的潜在力量,使教师的主导作用和学生的主体作用得到充分发挥。同时,管理者还应当为每一名教师制定出明确的质量责任,要求他们对自己所做的工作负责。

(3)重视教学全程管理。

全面教学质量管理涉及教学工作的每一个程序,是对整个教学过程的管理。在全面教学质量管理模式下,教学管理者要充分重视每一个教学环节,只有各个教学环节的质量上去了,学校教学的整体质量才能得到充分的提高。

在教学全程管理中,学校管理者应建立一套完善的激励和监控制度,根据教师的能力与专长、所教学科的特点以及生源质量等方面的因素,有针对性地提高各个教师在教学过程各环节的工作积极性和工作质量,实现教学过程的最优化。

2.全面教学质量管理实践

在实施全面教学质量管理模式的过程中,学校管理者应当着重抓好影响教学质量的各个因素、各个环节和各个方面。具体而言,管理者应做好以下几个方面的工作:

第一,做好学生的预习、听课、复习、作业和考试。

第二,不断推进教学手段、方法和设施的改进与完善。

第三,做好教学工作中的计划、组织、实施、检查和总结等工作。

第四,做好教师的备课、上课、课外辅导、作业批改、考查评定等工作。

第五,不断强化广大教师的质量责任意识,增强他们为提高教学质量而不断做出努力与探索的主观能动性和创造性,并从管理制度层面使各个部门和各个成员都明确自己的质量责任目标,并各司其职。

(三)走动式教学管理模式

走动式管理是一种新型的管理模式,其应用于学校管理领域的时间并不是很长,但是其具有非常重要的意义。

1. 走动式管理的概念

美国管理学者彼得思与瓦特门于 1982 年在《追求卓越》(*In Search of Excellence*)一书中首次提到了走动式管理(MBWA, management by wandering around)的概念。走动式管理主要是指管理者不应再局限于办公室,而应该深入管理基层,到处走动,以了解更丰富、更直接的员工工作问题,并及时找出解决所属员工工作困境的策略,最终提高组织的工作效率。

在学校管理领域,走动式教学管理是通过学校管理者直接与一线教师的接触和了解,收集最直接的教育信息,以弥补学校正式组织渠道的不足。事实上,学校教学管理系统是一个层级的结构,上情下达与下情上达都要经过一系列的组织环节,而信息每经过一个环节都可能会在一定程度上被扭曲或衰减。走动式教学管理有利于弥补正式组织中信息传递时出现的信息衰减、过滤和扭曲的问题;有利于学校管理者在第一时间发现教学中存在的问题,并通过及时沟通尽早发现并解决问题,从而有效地改进教学质量。

2. 走动式教学质量管理的原则

学校管理者在实施走动式教学质量管理时,必须要遵循以下几项基本原则:

(1)直接接触原则。

这里所说的直接接触原则,就是指学校管理者在走动式教学质量管理中要保持与教师、学生的直接接触。具体来说,学校管理者不能仅以办公室为其活动区域,还要经常到教室、操场、食堂、宿舍等处走动。从某种意义上来说,我们可以把走动式教学质量管理看作一种"看得见的"管理方式。毕竟学校管理者与教师、学生面对面接触、交谈,才能够及时了解一线教学的真实情况。在实施走动式教学质量管理时,学校管理者最好随身携带笔记本之类的工具,以便及时记录观察到的现象、发现存在的问题等。

(2)倾听原则。

在走动式教学质量管理中,学校管理者与教师、学生之间是一种建立在相互尊重基础上的平等关系。学校管理者是以一个服务者的身份倾听意见、建议,而不是凌驾于师生之上的视察或考核。从这个角度来看,学校管理者实施走动式教学质量管理时必须要遵循倾听原则,即在与师生沟通、交流的过程中,学校管理者要体现出热情的关怀和和蔼可亲的态度,要做一个耐心的倾听者,从而及时获得第一手的信息。

(3)不定期原则。

学校管理者在进行"走动"时往往需要有一个大致的周期,但并没有完全固定的时间。例如,学校管理者一有时间就可以到处走走,观察课堂教学、体育活动、实验教学等的开展情况。这就是不定期原则。学校管理者只需要在教师常态教学情况下,走进课堂听课,课后与教师一起分析上课的具体情况、收获和存在的不足。

3. 走动式教学质量管理的实施要点

在实施走动式教学质量管理模式时,学校管理者最应当注意的就是做好指导与协助这两个方面的工作。

(1)指导。

在走动式教学质量管理中,学校管理者扮演着指导者的角色。因此,其必须放下自身居高临下的领导者地位,切实去指导教职员工做好各项教学工作。当发现一些教学工作中的问题时,要能够平心静气地帮助教职工人员查原因、找症结,并给予必要的指导,而不是大呼小叫,指责或惩罚出现问题的人。

总之,走动式教学质量管理就是要通过有意识地指导、引领的方式来进行,而不应以简单粗暴的命令形式来干涉甚至是剥夺教师的教学自主权的方式来解决问题的。

(2)协助。

在走动式教学质量管理中,学校管理者除了要给予教职员工一定的指导外,还应当为教职员工的各项工作提供必要的协助。走动式教学质量管理的本质在于通过获得真实信息,与教职员工共同分析和解决问题,提高学校教学管理的效能。因此,当教师遇到问题需要解决时,学校管理者要作为教师的参谋,在充分信任和发挥教师自主权的前提下,协助教师及时、有效地解决问题。

三、学校教学质量管理的过程

(一)决策与计划

具体来说,在决策与计划阶段,教学质量管理工作要依次做好以下几个环节的工作:

1. 决策

(1)发现问题。

一般来说,在质量管理工作中,决策工作往往是从发现问题开始的。问题能否被发现,不仅仅是业务水平的问题,而且还是政治思想水平问题。从根本上来说,教学质量管理中的问题是能否贯彻执行国家的教育政策方针的问题,是能否为社会主义建设培养合格接班人的问题。

在当前阶段下,我国各级各类学校的教学工作中和管理工作中还存在各种各样的问题,而且管理者往往不能及时地发现、解决这些问题。之所以存在这种情况,一个十分重要的原因就是学校领导缺乏应具备的业务水平和政治思想水平。即便他们发现了问题,也常常束手无策。因此,为了促进学校教学质量管理的发展,领导层一定要拥有善于发现问题的能力。

总而言之,学校管理者都必须要明白,现在的学生终将会成为建设社会主义的生力军;要明确我国综合国力、经济发展能力的提升,是取决于劳动者本身的素质;必须改革那些不适应时代发展和需要的教育思想、教育体制、教学方法和管理思想、管理体制、管理方法等。只有这样,才能真正满足为社会主义现代化建设培养人才的需要。

(2)确定准则。

从整体上来说,各级各类学校教学质量管理的准则应当包括学术价值、社会价值和经济价值。其具体内涵如下所述:

所谓教学质量管理的学术价值,就是指实现学校教学目标的具体措施、方法、途径等是否符合教学客观规律和教学基本原则,是否达到了同类型学校中的先进水平,是否符合现代科学管理等。

所谓教学质量管理的社会价值,就是指选择某个学校发展方案之后所产生的社会影响、社会效益等是否有利于培养社会所需要的人才。

所谓教学质量管理的经济价值,就是指是否符合勤俭办学的基本原则,能否充分利用本校的器材设备。另外,在人力资源安排、物力的使用上,能否做到人尽其才、物尽其用。

(3)确定目标。

在当前阶段下,我国各级各类学校有着明确的教育目标,即培养有社会主义觉悟的、有文化的、身体健康的劳动者,有理想、有道德、有文化、有纪律的一代新人。为了最终实现这一教育目标,学校管理者都必须要按照国家的相关规定,制定每个学年、学期提高教学质量的具体目标。

由此我们可以看出,在教学质量管理过程中,从校长、教务主任到教职工,每个人都应当制订个人目标,以切实保证教学质量的提高。

(4)拟订多样化方案。

拟订多种方案,就是指各个方案之间需要有一定的区别,当然也不只是有细节上的差异。在制订方案时,创造性的见解往往是十分重要的。水平高、能力强的管理工作者应该在这方面得到充分的体现,从而促进决策的多种选择性。

对于各级各类学校而言,其内部的学科、专业之间具有显著的差异,不同学科、专业的教学方式也表现出显著的区别。因此,在实施教学质量管理时,各级各类学校必须根据本校的实际情况,采取不同的教学质量管理方案。

(5)分析评估。

具体来说,分析评估工作就是对之前制订出的各项方案的利弊得失进行全面的分析与比较,从而有利于优化决策,选择出最为合适的方案。我们可以请校内外的专家教授组建专家组,对不同的方案进行评价,择优使用。

(6)方案选优。

方案选优并不意味着只取其中的一种方案,也可以在综合几个方案的优点之后,在原有方案的基础上做出一个切实可行的更加优秀的方案。一般来说,选择多种优秀方案并对其进行综合,比只选择一种方案的效果更好。

(7)试点。

在选定某一方案之后,为了证明方案的可行性,可以进行局部试验试点。既然被称为试点,那么这个"点"就需要在全校具有较强的典型性,绝不能允许试点存在过多的特殊条件。

需要指出的是,在进行试点工作时,选择的"点"不能过于优秀,以证明领导者的决策英明。这样的做法本身就是一个错误的,不论最后试点的结果是成功还是失败,都没有任何实际的意义。

在教学质量管理实践中,对于上述决策的程序步骤绝对不能生搬硬套,而应当依据学校的实际情况进行取舍。决策工作的成效关键要看学校领导是否善于走群众路线,能否激发教师的聪明才智,从而群策群力、集思广益。如果能做到的话,那么即便是决策程序步骤当中较为困难的几步,也能轻松走好。如果不能做到的话,那么即便是拿出一个所谓的"方案",也不过是生搬硬套的,没有任何的选择余地,只能是说空话,走形式。如此一来,学校领导的思想作风如何,就可以在这个问题上充分反映出来。

一般来说,经验丰富、水平较高的学校领导干部往往能够将教学质量管理的决策工作做得十分顺畅,并能够把工作中出现的问题当作工作反思的镜子,自觉地提高思想水平,改进管理工作。

2. 计划

(1)发动群众,统一认识。

在制订计划时,有时正确的意见或措施,往往在最开始不为人们所接受。不过,经过发动群众进行充分的讨论,尤其是经过实践的检验,正确的意见最终会被承认、接受和支持的。因此,有效地发动群众(即学校的管理层、教师及其他员工),从而统一大家的认识,有利于明确具体实施教学质量管理计划。

(2)有的放矢,重点突出。

总而言之,学校的教学工作可谓千头万绪,错综复杂。即便是办学条件好的学校,每个年级、每个学科的发展状况也不总是较为平衡的。因此,在一系列的工作过程中,要选准最为薄弱的环节,组织力量重点进行突破。

(3)上下结合,协调全局。

在学校教学质量管理工作中,上级部门布置的任务必须和本校的实际情况相结合。具体来说,对学校领导的要求必须与对各个职能部门、各个教研组、各个教师的要求相协调。对于教师来说,要求其能够从学生的实际情况出发,并化为学生的自觉要求。

具体来说,教师必须要认真学习并且正确领会上级指示的精神实质,对教学工作的实际情况、基本经验、主要问题等进行深入的调查和研究,从而了解各项工作的全貌。否则,教师在制订计划时就容易犯主观主义、教条主义的错误。

(4)远近结合,统筹安排。

如果有长远计划和近期目标,那么工作的方向就会非常明确,视野也随之十分开阔,能够加强工作的系统性和继承性,从而有效地避免盲目性、滞后性等问题。一般来说,学校管理者在制定学校教学工作的长远计划或近期目标时,必须要做好以下几个方面的工作。

第一,制订出逐步改善学校设备的计划或方案。

第二,确定学校在近几年里教学质量提高的幅度和相关措施。

第三,依照人口数量、城市或者农村的规划建设、教育事业的相关发展规划,确定每年的招生人数。与此同时,还要保证每年应届毕业生在德智体美多个方面能够达到基本的要求。

第四,确定近几年内学校领导和教职员工需要解决的问题和解决的相关途径,让其尽快适应变化发展的需要。

客观来说,远近计划的结合可以使计划的方向更为明确,有助于稳扎稳打逐步实现目标。通过不断的实践,可以总结出各种各样的成功经验,有利于处理好所出现的问题,为计划的最终实现提供相应的保障。

(二)组织与实施

1. 安排好教务处工作

在具体安排的过程中,学校管理者需要做好以下几个方面的工作:

第一,针对一些教务工作职责不明的情况,重新组织或调整教务工作人员队伍,且实行岗位责任制。

第二,校领导要高度重视教务工作,认识到其是教学质量管理体系当中不可缺少的部分。

第三,想方设法提高工作人员整体的思想水平、业务水平、文化水平,让他们明确工作质量标准,进而提高工作效率。

第四,明确教务处是两个反馈的中心。在学校内,由教务主任联系教研组以及班主任这两条流水线,让教学的相关信息渠道得以保持畅通。而教务工作人员需要及时将反馈信息传递给决策层。除此之外,教务工作人员也要收集、整理、分析来自校外的反馈信息,同样做好信息反馈的工作。

第五,校领导要针对教务工作制定相应的奖惩制度,克服平均主义思想,表彰先进、鞭策后进。

第六,解决分工合作问题,也就是将教务工作人员,全部组织到教学质量管理系统当中来,由教务处主任统一进行组织、调度、指挥、监督其工作。

2. 调配班主任

在各级各类学校的教学工作过程中,离不开班主任(辅导员)的教导。学校教学质量的管理工作需要班主任(辅导员)的积极开展,配备一定数量的班主任(辅导员)也是教育部16号文件规定的重要内容之一。在日常教学实践中,为了做好班主任工作,必须要做到以下几个方面:

第一,班主任必须有高尚的道德品质,崇高的精神境界,能够真正做到为人师表。

第二,班主任工作与教学工作一样,也要采取"以老带新"的基本方法,促进新班主任的健康成长。

第三,班主任本身应具备德才兼备的条件,才能够更好地引导学生向德才兼备的方向发展。此外,班主任有责任培养本班学生良好的学习习惯和学风。

第四,教导主任需要及时组织班主任进行经验的交流、总结,让他们相互学习,从而取长补短。对于新班主任而言,应着重帮助他们树立工作信心,掌握科学的工作方法。

第五,学校的思想政治教育必须落实到各个教学环节当中。这就要求班主任深刻了解、掌握思想政治教育的过程与规律,使班主任工作和思想政治教育工作相辅相成。

3.稳定秩序

这里说的稳定秩序包括两个方面的内涵,一是稳定工作秩序,二是稳定教学秩序。

(1)稳定工作秩序。

根据学校内部各个方面、各个部门的职责任务,将党、团、工会的工作,以及校长室、教务处、体育室、图书馆、校医院等行政系统的工作,全部纳入以教学为中心、全面贯彻国家教育方针政策的轨道。同时,各个方面或部门需要互相配合,协调一致,防止各自为政的现象出现。

(2)稳定教学秩序。

稳定教学秩序是一项较为复杂的系统工作,其具体内容非常琐碎、复杂。具体来说,学校管理者要稳定教学秩序,就需要重点抓好以下几个方面的工作。

第一,将思想政治工作、教学工作以及各种活动统一安排到总课表上,防止出现各自为政的现象。

第二,及时公布课程表、作息时间表、校历表等重要信息,并将每周会议活动的安排提前公布出来,便于相关人员做好准备。

第三,各个教师必须要充分调动学生的学习积极性和主动性,有意识地培养学生对学习的兴趣爱好,满足学生的求知需求。与此同时,大胆放手地培养学生的自主精神和自控能力。如此一来,学校教学秩序就能够得以稳定下来,为提高教学质量打好坚定的基础。

第四,由校长宏观上统一调度,教务处负责具体组织教师开展工作,及时处理好收费、注册、发书、编班、排课、作息时间安排、各项活动等工作事宜。

第五,学校的全体教职员工,尤其是政工干部和班主任,要在每学期开学伊始,通过思想政治工作将学生的思想和精力快速引导到迎接新学期的学习任务上来,从而有助于各个年级教学秩序的稳定。对于新生还要统一向他们介绍学校的总体概况,明确校纪校规和学生守则。在当代社会中,一些学校进行的"入学教育"就是很好的办法。

第八章 学术自由：教育科研管理探究

教育科研管理也是学校教育管理中的一项重要内容。为了高效率地完成科研任务，投入尽量少的时间、金钱和精力，取得尽量多的高质量的有用的成果，并在成果的运用与推广过程中提高教育质量和效益，促进学校的发展，学校就必须重视这一管理内容，同时要以新的管理理念来进行管理实践，尤其要重视人的能动性与积极性。

第一节 学校教育科研管理的内涵与意义

一、学校教育科研管理的内涵

（一）学校教育科研的含义

教育科研是指科研人员在一定的教育理论之下以有价值的教育现象为研究对象，运用合适的科研方法，进行有目的、有计划地探索教育规律的创造性认识活动。学校教育科研是教育科学研究的一个特定领域，它具有教育科研的一般特点，具体是指学校教育工作者在教育科学理论指导下，运用科学方法，有目的、有计划地认识教育事实，揭示教育规律或遵循教育规律解决问题的创造性活动。这里的教育工作者主要指教师、教研人员、教育行政工作者等。教师是最重要的教育科研主体。

教师可以在实际教育教学情景中，针对具体现象自行进行研究，并将研究结果在同一情景中加以应用。例如，教师可以针对学生的早恋现象、网恋现象、厌学现象等，利用所学的知识和经验，进行研究、探索，给予解决，并建立自己的理论和观点。教师还可以利用自己所学知识和工作经验探索出好的教育教学方法，如学生的特长培养、学生动手操作能力的培养、阅读理解能力的培养、如何提高学生学科竞赛成绩、如何提高学生自我管理能力等。

以下是对学校教育科研所做的更为细致的理解，有助于我们更好地把握这一概念。

第一，学校教育科研是在已有教育科学理论指导下进行的。这些内容大部分在师范院校中学过，包括教育学、心理学、教育管理学、教育社会学、德育论、学科教学论、行为科学、美学、未来学。这些以先进的教育理念作支点，并可以指导学校教育科研的方法，为怎样设计、组织实施，怎样总结研究的成果提供依据。

第二，学校教育科研主要是应用性研究，研究对象就是教育事实，可以是教育的过去、现在

第八章 学术自由:教育科研管理探究

和未来。它把教育基本理论转化为应用性科学和实际教育技能,如大家最关心的"课堂教学中如何操作才算是创新""怎样做才是素质教育""素质教育的核心是什么"等问题。

第三,学校教育科研要运用科学方法。基本方法是辩证唯物主义方法论、科学方法论,即科学研究的一般方法,运用到学校教育科研中形成的研究方法。如观察法、调查法、实验法、经验总结法、行动研究法等。

第四,学校教育科研是有目的、有计划地进行的。这是学校教育科研科学性和教育性的体现,即不随意性。从提出研究目标(课题),明确目的,到为实现目标有步骤、有计划地去进行。

第五,学校教育科研是创造性的认识活动。如探求学校教育各方面的未知,发现新规律,求得新结论,创造出更科学的新的教育方法,继承和发展前人的研究。现在学校存在很多问题,人人谈论的问题,如减负、素质教育、创新等有的就是重要的研究课题。

(二)学校教育科研管理的含义

学校教育科研管理,是以现代管理科学的基本原理为理论基础,遵循教育科研规律,运用决策、计划、组织、控制等基本管理职能,用科学方法管理学校教育科研工作,有效地发挥人、财、物、信息等要素的作用,从而实现学校中教育科研目标的活动过程。加强学校教育科研管理不仅是促进教育科研事业健康发展的需要,也是优化教育科研资源配置、调动教育科研人员积极性、充分发挥教育科研社会效益的需要。因此,一定要重视学校教育科研管理,并尽可能地提高管理效果。

(三)学校教育科研管理的要素

1.机构和体制

学校要建立科研管理的组织机构——教育科学研究室(处),这是学校领导抓教育科研工作的具体执行部门。很多学校在设置了教科室后,教育科研工作都有了较大的进展。有了组织机构,还要理顺体制,落实教科室的建制、归属与职能,否则也很难对教育科研工作进行有效的管理。

2.政策和办法

为了使学校教育科研管理活动正常运转,信息、人、财、物能够合理流通,必须有一系列的政策和办法。

3.管理者

要搞好学校教育科研管理工作,必须要有称职的管理人员。教科室要配备专职或兼职的教科室主任和一定数量的管理人员,他们要具备高度的事业心和良好的道德品质,以及学校教育科研能力和组织能力,并拥有必要的权力,承担相应的责任。

4.被管理者

在学校教育科研管理中,被管理者主要就是那些愿意参与学校教育科研工作的教师。对于他们,学校应注意调动和激励他们进行学校教育科研的积极性,普及科研的基础知识,培养和提高他们的科研能力。

5. 信息

信息是管理工作的重要财富。学校教师搞不好教育科研,一个重要原因就是缺乏科研信息,不善于收集信息、传递信息、储存信息和运用信息。学校要搞好硬件建设,建设好图书馆和资料室,组织专题情报资料库,采用灵活多样的方式和途径传递信息,做好档案存储工作。同时,又要注意软件建设,调动教师查阅文献资料的积极性,提高他们收集信息、分析信息、运用信息的能力。

6. 物质条件

教育科学研究相对某些自然科学研究来说,在仪器设备等物质条件上要求并不很高,但资料储存和一些计算机设备等还是要具备的。

7. 时间

教育科学研究需要时间。学校教师教育教学任务繁重,很难像专业研究人员一样有专门时间来进行研究。在时间的安排上,既要结合自己的工作,又要制订必要的研究计划,严格按照时间安排执行,避免"明日复明日,明日何其多"的现象。不要形成学校教育科研"软任务"的思想。

8. 经费

学校应该有科研经费。科研经费不是奖金,而是进行学校教育科研必须使用的开支。学校应舍得在这方面加大投入,同时要教给教师如何使用科研经费,将经费用于该用的地方。同时要制定必要的规定和措施。

9. 效率

要想提高学校教育科研管理的效率,一方面要注意节约时间,另一方面要注意尽可能地提高工作的质量。

(四)教育科研管理的原则

1. 科学性原则

在学校教育科研管理中,我们既要遵循教育科学的规律,还要遵循管理科学的规律,要努力通过科学化的管理来提高教育科研方法和成果的科学化水平。在管理过程的每一个环节上都要坚持科学的标准,尤其是在检查指导和评估验收这两个环节上,更要把科学性这一标准放在重要位置。

2. 实事求是的原则

对于学校教育科研管理实践,我们既要坚持科学的标准,又不能犯教条主义的错误,正确的做法是从本校的实际情况出发,具体问题具体对待。

3. 全面性原则

教育科研需要的是全过程全方位的管理。在科研管理中,既要管课题的立项与研究过程,还要管科研成果的鉴定与推广;既要管人、管物、管钱,还要管工作作风和科研态度;既要管教师之间的合作,还要管教师的科研培训及其素养的提高。

4. 为提高教育质量和效益服务的原则

学校教育科研是要探索我们还未掌握的教育工作的性质和规律,以便更好地运用这些性质和规律来提高教育教学的效率和水平,深化教育教学改革,提高教育教学的质量和效益。进行教育科研管理工作,一定要把端正科研态度放在首位,加强宣传与正确引导。

二、学校教育科研管理的意义

学校教育科研管理是为了指导、规范和发展学校教育科研而进行的一种管理活动,也是学校教育科研规范化、科学化的重要标志。它对于帮助学校教育科研走上健康持续发展的道路具有特定的意义。具体表现在以下几个方面:

(一)有利于教育科研工作的规范化

教育科研管理必须要制定一系列的管理法则或条例,这些法则或条例对于营造教育科研的氛围,建立教育科研机构和网络,有效开展教育科研工作,合理使用教育科研经费,正确评估教育科研成果等都会有极其重要的规范作用。

(二)有利于提高教育科研工作的质量

教育科研管理的目的,就是通过科学的方法和手段,有效地组织广大教育人员参加教育科研。近年来,我国教育科研发展迅速,人们对它的期望也越来越高。通过加强对教育科研工作的管理,有利于我们扩大教育科研队伍,统一规划科研课题,使教育科研的目标更明确、更突出,从而促进教育科研工作整体效益的提高。

(三)有利于提高学校教育质量

学校进行教育科研是法律所倡导的行为,也是学校的基本权利之一。《中华人民共和国教育法》第十一条第二款规定:"国家支持、鼓励和组织教育科学研究,推广教育科学研究成果,促进教育质量提高。"在现代社会,学校要提高教育质量,就要有意识地研究如何提高教育质量。这就要求学校教育工作者具有问题意识,学会系统分析影响教育质量提高的各种因素,追踪教育过程中的前沿信息,以此保证教育的超前发展。这是社会所需要的,也是学校自身发展所需要的。学校如果不以质量作为维系教育的根本动力,就无法在与学校教育相竞争的各种形式的教育的包围中生存和发展。所以,学校应当正确行使法律所赋予的教育研究权利,并采取相应的手段和措施,管理好教育研究工作,使其为提高教育质量发挥更大的作用。

(四)有利于提高教育工作者的科研积极性

现代管理科学理论认为,管理具有激励的功能,竞争是激励的一种手段。有效的管理可以通过强化激励功能调动被管理者的积极性和创造性。教育科研管理也是如此。教育科研工作是一种特殊形态的劳动,其成果往往需要研究者投入大量艰苦的劳动,倾注心智和体力而获得,有些成果甚至是殚精竭虑,倾注毕生心血而换取的。加强管理,注重激励,正是为了调动广大教育工作者持久的科研积极性,并构成其积极参与科研工作的良好心理动因。

(五)有利于推进学校教育改革

教育改革是学校教育的永恒课题,学校要协调教育与社会、教育与人的身心发展的相互关系,不改革就不能在动态环境中实现教育、社会与人的发展之间的协调统一。改革中,学校要关注社会的发展对教育提出的新要求,但又不能做社会发展的机械追随者,因为每一所学校及学校中的每一个成员都有各自不同的特点,学校间的差异、学校成员个体间的差异,决定了学校教育改革必须根据学校自身的特点有选择地进行。选择是要充分进行研究的,没有研究,改革就会成为盲目的追随、机械的照搬。为此,学校要了解教育改革的动向,掌握各种改革信息,分析教育改革重点,然后根据学校的实际情况和需要,确定其改革的重心,选择改革的课题,从而有计划、有组织地开展学校教育改革工作。

第二节 学校教育科研管理的思路与过程

一、学校教育科研管理的思路

(一)提高学校领导者的科研意识

教育科研管理是学校领导者的重要职责之一。随着教育科研对学校和教师的重要性的提升,教育科研管理也越来越成为学校领导者和其他管理者的重要工作内容。我们完全可以说,有怎样的学校领导者,有怎样的科研管理者,就有怎样的学校,也就有怎样的学校科研。所以,学校领导者要了解科研、参与科研、指导科研和保证科研。

了解科研是指学校领导者要充分认识教育科研在提高教育质量中的重要意义,认识到开展教育科研是学校发展的内在动力,把教育科研放在重要地位。同时还要了解当地教育发展的状况、教育科研的热点和重点问题,以及这些问题的解决与学校发展的关系。这是学校领导者领导学校教育科研的前提和基础条件。

参与科研是指学校要有教改的项目,学校领导者要有研究的课题,带头参与学习教育理论和科研方法,并用于指导学校教改的研究。学校领导者参与教育科研,不仅在全体教师中起良好的表率作用,有利于学校形成教育科研的氛围,更重要的是有利于将研究课题与学校带有全

第八章 学术自由:教育科研管理探究

局性(关键性)的教改项目有机地结合起来,使这些问题能在科学研究的基础上得以有效地解决,使"科研兴校"真正成为现实。参与研究,还能使学校领导者对如何有效地研究问题获得亲身的体会和感觉,为指导好学校的教育科研提供经验。

指导科研是指学校领导者,第一要宣传教育科研的意义,和教育科研与办好学校、提高教育质量的关系,参与教育科研与教师自身素质提高的关系,动员教师参与教育科研;第二要宣传学校教育科研的特点,教师研究与选题材的方向以及适合学校特点的研究方法,帮助教师选取好课题,参与研究;第三要指导教师边研究边学习,不断提高研究水平和能力,总结出研究的成果,并从中引出新的课题,使研究持续地发展。总之,指导是全过程的、不断发展的,只有这样学校的教育科研才能不断向前发展。

保证科研是指学校领导者要在人力、物力上对学校教育科研管理进行支持与保证,尤其是对参与科研的教师在物质上、信息资源上、学习交流上提供必要的支持。例如,学校要订阅必要的教育科研方面的期刊、报纸,有条件的还可以上网,更广泛地吸收研究信息,在教师研究需要时,提供调查与实验方面的物质支持等。此外,教师参与研究时必要的学习、访问和参观等活动所需要的经费,学校也应在可能的范围内给予支持。

学校领导者在舆论、职称评定、评先进、园丁奖等方面,都要把积极参加科研作为一项重要因素加以肯定,推动教师的参与。对于教师参加学校设定的影响学校全局性的研究课题,还要能给予时间上的保证,有条件的,还可以计算一定的工作量。

实际上,学校领导者要带头积极开展教育科研,创造新的经验,以便更有效地指导全校的教育科研,由"经验型"转化为"学者型"。做学校教育科研的带头人,应努力做到以下三点。

第一,增强教育科研的意识。学校领导者带头搞教育科研,需要有强烈的教育科研意识,在学校教育管理过程中使每项重大决策都有一定的理论依据,并通过实际调查、实验研究、筛选经验和科学论证,实现学校管理工作的科学化。如果学校领导者坚持把教育科研工作作为领导工作的一部分,他的教育视野和办学成就就会高人一等;他带领的教师队伍就更敢于探索,勇于创新,更有助于改变当前师资水平不高的状况,甚至可望涌现出一批既有教育理论修养,又有丰富实践经验的教育行家。

第二,培养教育科研的能力。学校领导者要想切实加强教育科研管理,做学校教育科研的带头人,必须努力提高教育科研能力。学校领导者培养自身教育科研能力的基本要求是:坚持学校教育科研的正确方向和科学态度;熟悉并遵循教育科研的步骤;掌握并熟练地运用教育科研的基本方法。从每个人的工作实际和自身特点出发,从小到大,循序渐进,抓好当前,着眼未来,力求每个学校领导者都具有把教育科研知识运用于教育科研各步骤中的实际操作能力(主要包括选题、查阅文献、取样、运用科研方法、整理分析资料和撰写报告等能力),以便掌握学校教育科研管理的主动权。

第三,指导教育科研的实践。学校领导者在教育科研管理过程中,要始终站在前沿,在本校建立教改实验点,亲自参与研究,加强指导。这种在一般学校常态下进行的教改实验,能树立起面向多数、有普遍意义、可望又可及的典型。学校领导者要同教师一样选定教育科研课题,保质保量地完成科研任务。尤其是对教育科研还较为生疏的学校领导者,要从总结经验入手,亲自"下水"总结自己的学校管理经验或本校教师的经验,经过筛选验证,逐步上升为规律。学校领导者参加科研,不仅可以用自己的行动影响、带动教师投身科研,更重要的是通过教育科研,促进学校领导人员改进工作方法和工作作风,有利于掌握第一手资料,用科学的方法分析和解决具体问题,这比一般号召具有更大的说服力。

(二)培养良好的科研氛围

学校教育科研工作往往受到一定的学校文化环境和学术环境的影响,因此,在学校教育科研管理中,培养良好的教育科研氛围是很重要的,尤其是培养良好的观念氛围和良好的活动氛围。

1. 培养良好的观念氛围

观念通常决定着学校教育研究者的态度、情感、毅力和成就。当前,影响学校教育科研改革与发展的不良观念有教育科研神秘观(即把教育科研神秘化,认为搞科研是专家学者的事,对于学校教师是"高不可攀"的)、教育科研恐惧观(即怕影响升学率,怕影响教学质量,怕担风险,不敢开展教育科研)、教育科研名利观(即认为学校教师搞科研写文章是"不务正业",或说是"个人图名图利")、教育科研无用观(即认为学校教育科研"可有可无","搞不搞无关大局,照样办学教书")等。对此,学校领导必须改变教师对教育科研的不良心态,引导教师弄清四个关系,树立四个新观念:一是明确教育科研与振兴教育的关系,树立"科研兴教"的观念;二是明确教育科研与教育改革的关系,树立"教育要改革,科研须先行"的观念;三是明确教育科研与提高教学质量的关系,树立"向科研要质量"的观念;四是教育科研与教师的关系,树立"教师是教育科研主力军"的观念。学校领导和广大教师应真正达成共识:没有教育科研意识的领导,不是开拓创新的领导;仅仅会教课而不会搞教育科研的教师,也不是新时期的合格教师。

2. 培养良好的活动氛围

科研活动多对于培养良好的科研氛围也有很大的帮助,因此学校领导者应采取有效措施积极地开展各种丰富多彩的科研活动。例如,健全学校的教育科研管理机构;掌握校内师生教学、研究动态;搜集校外兄弟学校教改经验和国内外有关教改的最新动态,及时向校内教职员工介绍最新教研信息;组织学生思想政治工作研讨会,教师教育教学论文交流会,不定期地举办社会名流论坛和学生论坛;举行教育科研成果评选和成果展览,创办学术刊物等。使学校的教育科研持之以恒,有声有色,形成浓厚的学术空气,造就一定的群众性的科研环境;使教师感到搞科研不神秘,选题并不难,研究课题就在自己的教育活动之中,每人都有搞教育科研的任务,每人都有搞科研的能力,只要不断努力探索,都能取得研究的成果;使大家真正领悟到,没有教育科研活动氛围的学校,不是一所健全的学校。

(三)培养教育科研积极分子

就当前的实际情况来看,学校教育科研都不大可能是学校全员性的工作,不大可能全体教师都能积极参加。所以,学校要抓骨干,典型引路,建立、扩大学校教育科研群体,以带动学校教育科研工作。

第八章 学术自由:教育科研管理探究

关于教育科研骨干力量的培养,学校学校领导者可着重从以下三个方面入手:

1. 发挥教育科研先进分子带动作用

鼓励学校教育科研的先进人物,通过传、帮、带的方式来培养本校的科研骨干。即使在一个科研空气淡薄的学校,也一定有热心教育科研的教师。对于这种典型,领导者要善于发现,积极扶植,大力宣传,用他们现身说法,带动广大教师。具体可通过合作项目、协作项目、集体攻关项目等方式,由水平高、有经验的、教育科研中取得过一定成绩的教师带动,指导缺乏理论知识和方法技能的教师。此外,学校还可以采取"走出去、请进来"的办法,引导教师学习先进科研典型经验,开阔眼界。依靠典型启发,形成良好的教育科研气氛。

2. 通过系统培训进行培养

学校领导应当把培养教师的科研能力提到重要的议事日程,举办多种形式的讲习班或培训班,力求学练结合,先进行有关的教育理论知识和方法技能的讲授,接着由学员按照讲授的理论和方法进行研究实践(例如选择课题、研究设计、定量定性分析等)的训练。如果针对即将开展的课题研究举办讲座、学习班,学员可直接把有关理论、方法应用于实际研究中。另外,对于较大型的集体攻关项目,在实施研究计划之前,也需要对研究者进行必要的培训。系统培养的一个更高目标是培养学者型教师,开展定向研究。这里有学科定向问题,也有课题定向问题。例如语文教师可以把语文教材教法作为自己的定向研究;班主任教师可以把学生的德育工作作为自己的定向研究;学校管理人员可以将管理科学作为自己的定向研究,等等。

3. 鼓励教师积极参与实践锻炼

学校领导要在提高广大教师对开展教育科研活动的必要性和可能性的认识基础上,选择一些力所能及的研究课题,吸引教师参与科研实践活动,加强指导,使他们获得成功,以提高他们的兴趣和信心。尤其是当他们遇到困难时,要予以热情帮助和指导,使其尽量不走或少走弯路。最大限度地保护他们的科研积极性,并在教育科研实践中提高科研素质,特别要通过下达具体的研究任务和目标要求,促使承担任务的教师在完成任务的过程中接受锻炼,获得经验,增长才干,最终发挥模范带头作用。

(四)将教育教学与科研结合起来

在学校教育科研的对象上,学校科研工作者应以研究教育实际问题为主,从实际出发,从自己的教育实践中找课题,注重应用和实践,使学校教育科研能见到实效,解决教育教学中的实际问题。所以,坚持科研与教学结合,以教育教学工作带动科研工作,以科研促教育教学工作是必须要走的一条路。科研选题还应该从教师的基础和已有条件出发,从范围较小的、比较容易解决的问题开始,逐步提高,既能让教师尝到成功的喜悦,又有利于教师教学工作中的问题得到解决。具体来说,将教育教学和科研结合起来,可抓住以下一些有效经验。

(1)干什么研究什么。这就是说科研工作者要把教育教学工作中的难题作为研究课题。

(2)研究什么学习什么。这是指结合自己的研究课题学习相应的教育理论,既有针对性,也有趣味性。这比让教师枯燥地学习教育理论效果要好得多。

(3)研究什么调查什么。调查是一切研究的基础,对于教师来说,进行调查既有实用价值,又实施方便。

(4)紧密结合教育教学工作计划和课题研究方案。把研究与教育教学密切结合在一起,既提高了教师设计研究方案的能力,又不会增加负担。

(5)紧密结合工作过程和课题研究试验过程。工作过程就是研究过程,研究过程也是工作过程。

(6)紧密结合工作总结和撰写研究报告或研究论文。这既能提高工作总结的科学性,又能锻炼研究者撰写研究论文的能力。

(五)科研方法上循序渐进

在学校教育科研方法上,一方面应该根据课题的需要,另一方面也要结合教师的实际,循序渐进,不能一开始就追求高、精、深。可以先搞教研,即从在实践中应用的教育规律和教育理论入手搞研究,也可以进行教育经验总结,进行个案研究。

研究可先从使用观察法、调查法、文献资料研究法开始,在此基础上逐步学会用教育行动研究方法进行研究。在提高了研究能力,熟练掌握了这几种研究方法之后,再进行教育实验研究。最后还可进一步进行理论研究。这样一步一步地由浅入深,积累经验,才能够大大提高研究水平。

(六)重视科研成果的评价

学校教育科研成果的评价,是学校教育科研管理中的一种导向机制。从管理学的理论来看,如果方向不正确,工作效率越高,工作成效就越差。所以,对于学校教师的科研工作来说,一定要重视科研成果的评价这一导向机制。由于学校的教师往往对教育科研的含义与过程并不是很了解,通过科研成果的评价,就可以向他们提供重要的反馈信息,告诉他们什么是科研,应该怎样去进行研究,什么是好的、优秀的科研成果。如果学校教育科研的管理者,也就是科研成果的评价者本身不了解什么是科研,什么是科研成果,不掌握学校教育科研评价的原则和标准,把工作总结、体会、建议、感想以及"浅谈"之类都看成科研成果并给予很高的评价的话,就很难将科研引上良好的道路。在导向上差之毫厘,在实践中就会谬以千里。因此,在学校教育科研管理上,必须重视科研成果的评价工作,评价得正确、科学,就能引导学校教育科研工作正确开展,取得应有的效益。

(七)重视学校教育科研情报信息资料"软""硬"件的建设

对于学校教育科研来说,学校教育科研情报信息资料有着相当重要的作用。如果学校教师缺少学校教育科研情报信息资料,那么就很难出好的教育科研成果,甚至根本不能进行科研工作。一般来说,教师长期工作在教育教学第一线,积累了大量实践经验,而这些经验是进行学校教育科研的第一手材料。可是只有这些材料还不够,一个科研工作者除了具备教育基础理论和学校教育科研方法等知识外,还应对宏观的背景材料、情报信息有较全面的了解。所以,学校教育科研管理的一个基本思路就是要重视学校教育科研情报信息资料"软""硬"件的建设。所谓"软"件,指的是调动教师查阅资料的积极性,并制定一些制度,为教师查阅资料提供便利条件。所谓"硬"件,就是指学校中图书馆、资料室、档案库的建设及计算机的联网,使教师有资料可查。

在"软件"建设上,学校应建立相关的制度和奖励机制。可以要求教师必须定期去查阅资料,检查教师记录的资料卡片,规定固定的学习、查阅时间,培训教师上网等。

在"硬件"建设上,学校一方面要加大投入,想办法购置与收集新的书籍、报刊、情报资料,另一方面也要充分挖掘和利用现有的文献资料,使沉睡于学校图书馆、资料室的文献资料被激活,使保存于个人手中的文献资料得到共享。选择称职的图书管理员和资料管理员,他们不仅要负责购置、收集图书与情报资料,还应负责定期出版报和专栏,宣传最新信息,推荐图书,简介重要文章的主要观点。为各教研组配各书柜和文件夹,用于书籍、资料档案的保存等。

二、学校教育科研管理的过程

(一)制订教育科研计划

学校要开展教育科研活动,首先要进行的工作就是制订教育科研计划。教育科研计划按时间划分,有长期计划,也有中、短期计划。在我国,长期的带有宏观性质的教育科研计划一般是每五年制订一次,由全国教育科学规划会议或有关的专家委员会最后确定,并以书面形式向全国教育科研单位和各级教育机构公布。长期计划是教育科研发展的战略性规划,对今后几年的教育科研带有普遍的指导意义。中、短期计划是教育科研计划的主要部分,一般来说,地区性教育科研计划采取中、短期计划形式,时间为一到三年。中、短期计划较具体地向教育科研人员提出了课题研究的任务、方法和要求,具有较强的操作性。

我国学校教育科研计划往往以课题指南的形式呈现。所以,制订教育科研计划时,课题指南的确定受到极大的重视。确定课题指南,一是为了更好地落实教育科研的指导思想,使富有理性的指导思想通过明确而具体的课题指南得以体现;二是为了突出重点,确保急需解决的项目放在显著地位供人选择;三是便于组织教育科研人员或基层教育组织申报课题。

(二)教育科研课题的申报、评审和立项

1. 课题申报

目前,我国学校教育科研课题的申报主要采用三种形式:一是推荐申报的方法,即由各级学校或教育科研机构组织人员自由申报课题,然后经初步筛选后向上推荐;二是招标的方法,由各级教育科研部门提出选题范围和选题原则,发布课题指南,然后由教育科研人员投标;三是指定专门单位申报,即把有关课题交给相关的单位或人员去实施。而不管采用上述哪种形式,申报者都应尽可能做到:计划周密、要求明确、填表严谨、程序规范。

此外,教育科研课题的申报要尽可能体现"源于学校,服务学校"的原则。学校可由教师个人根据自己在教学实践中存在的问题提出课题方案,经学校教研组共同讨论,明确其研究的价值、意义及操作过程后,由教研组推荐到学校教科室参与校级课题的申报立项。我们主张,基层学校的教育科研课题,要以校级课题为基础,在校级课题层次的基础上,逐步发展成区(县)、

市、省、国家级的课题。鉴于目前很多中小学在教育科研方面尚在探索阶段,最好鼓励教师们进行"小课题"研究,即研究目标明确、研究内容具体、研究范围较小、研究时间较短的课题。某师大附中推行的"教学一得""低起步、有后劲"课题申报经验很值得我们借鉴。

2. 课题评审

课题评审是指课题评审部门组织专家,按照规范的程序和公允的标准,对课题进行的咨询和评判活动。课题评审的过程可以分为以下三个程序:

(1)组成课题评审专家组。课题评审专家组的组成,必须充分考虑课题评审专家的代表性和互补性。课题评审专家组的人数、专业特长应科学合理。

(2)设计课题评审方案。在设计课题评审方案时,必须明确评审的目的、范围、内容、程序、方式、评审专家组人数、评审纪律、保密规定、评审意见的格式和要求、评审意见的用途和公开范围等。

(3)评审所申报的课题。评审的标准主要看课题的学术价值、社会价值及可行性。在确保课题的科学性、前瞻性的基础上,要看研究者的研究能力是否能完成本课题研究,本课题研究所需的人、财、物条件是否具备,本课题研究结束后预期为教育实践、社会发展带来的成效。一些重点课题的评审要经过资格审查和分类、活页匿名初评、会议综合评审等程序。

(4)确定评审结果。评审结束时,评审专家必须向有关部门提交书面课题评审意见。如果有必要,可先要求评审专家分别提交自己的书面评审意见,然后经评审专家组组长汇总形成评审专家组集体意见。集体评审意见中除体现专家的共同意见外,还必须对专家的不同意见做出说明。基层学校的校级课题评审主要由教科室和学校科研评审委员会承担。学校科研评审委员会一般不是常设机构,其主要职能就是协同教科室承担校级课题的申报、立项、论证和科研成果的鉴定评审、学校科研规划的制定等工作。学校科研评审委员会由学校领导、教科室人员、科研骨干、校外专家等组成。

3. 课题立项

课题评审专家组对所申报的课题进行评审后,就可以对课题立项。立项一般采取与研究者签订科研合同或协议书的方式予以确立。在课题立项过程中,要做到突出重点,统筹兼顾。一方面对教育发展过程中的一些重大问题、前沿问题重点扶持;另一方面要做好课题立项的综合调控,尽量不出现有的研究领域无人问津、有的研究领域课题重复的现象,使课题立项的整体布局趋于合理科学。在基层学校的课题立项过程中,更要做到统筹兼顾,重点扶持。

此外,学校在课题立项的过程中,要注意形成课题立项的不同层次。既要有基于本校教师工作实际的可操作的课题,这些课题直接指向解决教育教学中的具体问题;也要有上级教育行政部门和社会关注的热点问题、前沿问题,它不一定切合学校的实际,但是对学校科研发展的一种导向,也为学校一些科研基础好、乐于科研的教师提供挑战自我、向更高层次发展的平台。

(三)教育科研经费的拨付和管理

教育科研经费是指通过各种渠道获得的、用于开展教育科研活动的经费。它包括科研事业费(含人员经费、公用经费和专项经费等)和科研基本建设费(包括设备购置)等。其主要有四个来源:一是国家财政拨款,包括中央和地方财政对"教育事业费"拨款中的"科学研究经费",以及分配到学校的"教育事业费"中用于科研部分的费用;二是科学基金,如自然科学基金、社会科学基金以及其他专项基金等;三是科研协作费,即教育科研单位与其他部门横向合作开展科研活动,由委托方按协议拨给受委托方的经费;四是开展有偿服务,如教育科研部门的应用研究、开发研究成果进入市场,转化的资金再服务于学校的教育科研工作。

一般来说,当课题被正式立项后,就进入了核准和拨发教育科研经费环节。教育科研经费的拨付与管理,一般采取一次核定,分期拨款,单独建账,专款专用,节余留用,超支不补的办法。各级教育科研管理部门在实施经费管理的时候,要认真做好预算、决算和各项开支的分析工作,保证教育科研经费的专款专用,提高教育科研经费的使用价值和教育效益。由于目前国家教育经费总体水平较低,用于教育科研的经费十分有限,因此,教育部门除力争国家逐年增加教育科研经费外,还要积极开辟社会投资渠道。例如,有些地方教育行政部门,把通过社会渠道争取到的资金加以集中,设立教育科研基金,附设在市人民教育基金内,每年下拨若干资助教育科研,凡立项为市级课题的拨给经费,同时要求所在学校拿出一定比例予以配套。这就是保障教育科研经费的好办法。

(四)教育科研成果的鉴定、评选和奖励

1.教育科研成果的鉴定

所谓教育科研成果,是指教育科研人员通过研究所取得的具有一定社会和学术价值的知识产品,其具体表现形式有专著、科研报告、论文、资料汇编、音像资料等。其中科研报告包括观察报告、调查报告、实验报告以及经验总结。教育科研课题按期完成后,即成为教育科研成果。科学地评价教育科研成果,对于完善和推广教育科研成果,改进教育科研工作,推动教育科学和教育实践的发展,有着十分重要的意义。

教育科研成果原则上均须通过相关部门鉴定。鉴定一般是在研究课题完成后,课题负责人及其所在单位及时向组织鉴定单位提出成果鉴定申请,填报教育科研成果鉴定申请表。鉴定教育科研成果,一般来说可从两方面入手,一是看其社会价值,二是看其学术价值。社会价值是指教育科研成果对当前教育改革和发展的积极作用,主要表现在为教育部门提供某一教育问题的理论和解决某些教育问题的建议、方案和方法,并在实践应用中取得了一定的社会效益或经济效益。学术价值是指科研成果在学术上的贡献,主要表现在理论和方法应用的深度、广度,理论观点上的创新,研究方法上的突破,某些学科领域空白的填补,以及对其他学科的借鉴、启迪意义等。

目前,我国教育科研成果的鉴定是按照课题的来源和成果的重要性及涉及面的大小,由相应的课题主管部门组织鉴定的。具体来说,一是由全国教育科学规划领导小组办公室负责组织和委托有关单位对社会科学国家重点研究项目、国家社会科学中华基金资助项目和青年基金项目、全国教育科学规划部级重点项目、部级青年专项项目等进行鉴定;二是由国家各部委负责组织或委托有关单位对列入全国教育科学规划部委级项目的成果进行鉴定;三是由各省市、各高校科研部门负责组织本地区、本单位教育科研规划项目的成果鉴定工作。

教育科研成果的鉴定主要采取专家评议的方式。根据科研成果的重要性程度和经费等具体情况,可采取会议鉴定和通讯鉴定两种评价形式。鉴定组专家一般为5～9人,本着科学的精神,坚持实事求是、精简节约、讲求实效、公平合理的原则,对照课题申请书预期达到的目标,对科研成果提出客观、公正、全面的鉴定意见,并由鉴定组组长形成鉴定组集体意见。最后,由鉴定单位发放教育科研成果等级证书。

2. 教育科研成果的评选和奖励

为了发现和肯定优秀课题成果,提高教育科研的水平,全国和地方教育科研规划小组和其他教育科研单位都会定期或不定期地对教育科研成果进行评选和奖励,并在此基础上推广。课题成果的评选要坚持公正、公开、公平的原则,组织有关教育科研专家严格按照评选标准和评选程序评审,并对评选出来的优秀课题成果进行物质上和精神上的奖励与表彰。目前我国虽没有这方面的专门规定及操作条例,但1994年国务院颁发的行政法规《教学成果奖励条例》可作为参考。以教学成果奖为例,可视其对提高教学水平和教育质量,实现培养目标产生的效果,分为国家级和省(部)级两种。申请的条件是:国内首创的;经过两年以上教育教学实验检验的;在全国产生一定影响的。奖项一般分成特等奖、一等奖、二等奖、三等奖等。凡获奖者,有关方面给予相应的证书、奖章和奖金,其成果可作为评定职称、晋级增薪的依据。目前,国家级的教学成果奖每四年评审一次。

(五)教育科研成果的推广应用

教育科研成果的推广应用是指有组织、有计划、有步骤地将教育科研成果的思想、内容和方法进行传播,并在一定范围内运用,使之转化为教育效益的过程。这一过程具有以下几个方面的重要意义:

(1)它是教育科研效益的直接体现。通过科研,科学地揭示教育的内在规律,使成果物化为教育效益,这对提高教育教学质量,促进教育事业的发展是极为有利的。

(2)它有助于进一步检验该成果的科学性、适用范围和可行性,并丰富和发展教育科研成果的理论观点和方法。

(3)它有利于普及科研知识,提高教师素质,扩大科研队伍。实践证明,教育科研成果的推广应用,对于初涉教育科研的学校领导和教师来说,是学习现代教育科学知识,熟悉科研方法,开展教育科研的有效途径,同时它也能增强广大教师的科研意识,扩大学校科研队伍,形成一种浓郁的学校教育科研氛围。

教育科研成果推广应用的内容主要有以下三方面:一是教育科研成果中所反映的先进的教育理念、教育思想,这些理念和思想,对于更新教育观念,改革教育制度、教学方法等有着极其重大的促进作用;二是教育科研成果中揭示的教育规律或改进建议,这对于具体的教育教学工作有明显的指导意义;三是教育科研成果中总结出的新方法和新技术,这有利于教学方法的改进和教育技术水平的提高。没有这三方面内容的推广应用,教育科研的价值就难以得到体现。

为使教育科研的成果得以推广应用,需要建立一套行之有效的制度。从近年的实践来看,由教育行政部门、教育科研机构和基层学校三者合作的运行制度效果较好。教育行政部门站

第八章　学术自由：教育科研管理探究

在全局的角度，对科研成果的推广应用起领导和决策作用，同时能调动推广所必需的人力、物力和财力。教育科研机构了解教育科研成果的价值，能为领导推广应用成果的决策提供依据，当好参谋，同时对基层学校担负必要的解释和指导任务。基层学校处于教育第一线，最了解教育的问题与需求，是教育科研成果的直接受益者，同时也是成果推广应用的主力军。所以，教育行政部门、教育科研机构和基层学校三者的有机结合，是教育科研成果推广应用的有效组织保证。

（六）教育科研的情报与档案管理

在学校教育科研管理中，教育科研的情报与档案管理是非常重要的内容之一。

情报资料是开展教育科研不可缺少的条件，在课题研究中，研究者及时准确地掌握教育科研情报，可防止重复无效的劳动，也能增强科研信心。目前，中央、省、市（地）、县各级教育科研机构都在陆续建立和充实自身的教育情报资料中心（室）和教育图书馆（室），形成了全国性的教育资料交流服务网络。随着现代科学技术的发展，特别是计算机进入管理领域后，管理工作的效率大大提高。我国从20世纪90年代初开始应用计算机进行科研课题管理，之后又运用计算机进行滚动课题的评审立项工作，并建立了行之有效的覆盖面广的课题数据库，实现了教育科研管理的信息化流程。近年来，中央教科所及有关单位为适应教育改革的发展，运用计算机网络技术建立了"中国教育文献数据库"，并通过电子邮件向全国提供教育信息检索服务，有力地促进了各地教育科研活动的开展。此外，教育科研部门还注重加强国际信息交流，参加国际性的教育情报会议，同国外有关教育情报机构、教育科研机构进行信息交换和交流合作，为提高我国教育科研的水平提供了广阔的前景。

科研档案是人们从事教育科研活动中形成并经过整理的科研文件材料，是反映本单位科研活动的真实历史记录。所以，在加强情报资料管理的同时，各级教育科研部门还要注重科研档案的管理。教育科研档案主要有：课题档案、科研成果档案、成果推广档案、学校科研组织和科研活动档案等。任何一项教育科研课题，不论是基础理论研究还是应用研究，从选题、调研、实验、出成果到科研文件的整理归档，是一个完整的过程。通过实施科研档案管理，就可以全面反映科研活动的过程，同时也为后人检索资料提供方便。

第三节　学校教育科研管理的现状与创新

一、学校教育科研管理的现状

当前，我国很多学校的教育教学发展得都比较好，而教育科研却未能发展起来，教育科研对教学实践的指导意义更是没有充分发挥出来。这与学校教育科研管理方面还存在较多问题有关。以下对学校教育科研管理的一些现状进行描述。

（一）教师从事教育科研的情况

学校教育科研的主体是广大的一线教师，只有大部分教师能够主动、积极地进行教育研究，才能充分发挥教育科研的作用。而从当前学校教师的积极性来看，有不少教师的积极性较低，这在中学中更为明显。原因是：有的教师认为教育科研的门槛太高，教师理论知识薄弱、科研方法缺乏；有的教师则抱怨平时工作太忙，没有时间从事教育科研；有的教师则觉得科研与实际工作不能达到有效结合，教育科研所发挥的实际效果不大。

从教师的职称和学科分布来看，大部分具有中级职称的教师积极性较大，这反映出一个问题，就是教师从事教育科研具有一定的功利性。而高级职称的教师由于到了高原期，动力不足。刚工作的教师主要精力在教学上，从事教育科研的比例较低。从学科分布来看，语文学科的教师参与教育科研最多，而体育、美术、劳技等科教师的参与者极少。可见，教育科研在一线教师中涉及面较窄，语文教师成为学校科研的主力，这容易让人产生错觉：只要笔头好，就能做好课题。这种教育科研的偏文性，容易淡化科研的实证性、严谨性、逻辑性。

从教师对教育科研的认识来看，大部分教师认为课题研究是教育科研的最佳方式，其余教师则认为案例、课例、论文、反思等是较好的学校科研的方式。可见，课题作为教育研究的主要方式已深入人心，甚至不少教师把课题等同于教育科研。而对于很多一线教师而言，案例、课例研究、教育叙事、教育反思等形式更容易被接受，如何处理课题研究与其他形式研究的关系，如何在中学、小学、幼儿园呈现适合学校环境的不同研究方式，这些问题值得探索。

就教师科研选题的情况来看，有一些教师盲目追求课题的大、全、高，总想课题怎么看起来漂亮怎么申报，超出了自己的能力范围。由于和自己的教学工作联系不大，又有一定的理论水平要求，往往需要花费大量的时间精力，而研究的效果却不尽如人意。时间一长，教师们的积极性也被挫伤了，对科研的热情也会降低。经调查，一线教师课题研究存在以下问题：（1）课题求大：如《打造高绩效的现代学校》，试图通过研究达到全面、整体上的根本改变，而从一般课题要求一年结题以及理想和现实的差距看，以上课题要达到预期目标很困难。另外，大的课题让人感觉空洞，可操作性差、不利于进行具体的实践研究。（2）课题求新：如《城乡教育"托拉斯"的构建与运作研究》等，希望通过创新以体现课题的价值。创新无疑是课题研究的核心，而创新如果仅仅停留在名词的改变，往往给人华而不实的感觉。正如某些专家对这些课题的评价：从题目看好像很好，从内容看似乎并无新意。（3）课题求难：如《幼儿创新思维习惯培养的研究》，基层学校与大学里的教育研究还是有本质的区别，部分课题设计者希望以难度取胜，而忽略了基层学校的研究能力，同样也很难达到预期效果。

（二）学校科研管理者的基本情况

教科室主任作为学校教育科研的管理人员，是基层学校进行教育科研的骨干力量，其工作成效直接影响了学校教育科研的发展水平。有研究者对学校教科室主任的基本情况进行调查与统计后发现，教科室主任的基本素质较好，学历、职称和荣誉上看都比较理想，能够在学校的教育科研等方面起到引领作用。当然，也存在一些问题：（1）学校教科室工作的独立性问题：全区有独立办公室的学校很少，大部分教科室与其他科室合并，教科室主任兼职较多，工作繁杂，个别学校管理教科研工作的教师并不是中层干部。（2）人员比例问题：在教科室主任里，女性的比例和语文教师的比例较大,语文教师在课题、论文的撰写上有优势,在教育研究注重实证、数据、分析等方面有欠缺。(3)岗位更换问题:任职一年的教科室主任比例较大,每学年有三分之一左右的教科室主任更换。作为教科室主任,一年的时间太短,很难有什么作为,而由于频繁换岗,学校科研的衔接工作不够及时,这也是某些立项课题流失的原因之一。(4)教科室主任自身研究能力:小学教科室主任无论在立项和成果上都有比较明显的优势。幼儿园在课题研究上的热情比较高涨,而成果获奖方面比较薄弱。中学教科室主任在立项和成果上都较弱,这与初中教科室主任兼职较多,初中升学压力大等有关。另外发现,教科室主任的一项重要任务是作为学校大课题的执笔,因此,他们往往是成果的第二作者。调查中还发现,部分科研室主任教育科研知识欠缺,教育理论及管理理论基础不扎实,对教育科研的认识和评价也发生偏颇,如,在科研课题的选定中过分重视上级部门制定的选题,而忽视了适合学校自身发展的研究;将搞教育科研作为教师职称评定硬性条件,忽视教师的兴趣、专业发展和教育科研改进教育实践、提高教育质量的作用等。

(三)学校科研管理制度以及实施

从学校对教育科研的重视程度来看,各学校对教育科研普遍比较重视,许多学校领导亲自参与课题研究,带动全校研究氛围,而这些课题也成为"大树型课题",分很多子课题,吸引许多教师参与。学校都投入了一定的科研经费,但校际差距较大,区域内均衡度不够。

从学校对教育科研的常规管理来看,大部分学校各级课题的档案管理、资料收集等比较到位,做到一个课题一个资料袋;大部分学校都有相应的管理办法和激励机制。但如何发挥网络在科研管理的作用还需要加强。

从学校在教育科研方面的激励机制来看,相当一部分教师是迫于领导压力和职称的评定而进行科研,许多学校缺乏一套行之有效的激励机制来激励教师的科研积极性。教师不仅需要物质上的激励更需要精神上的激励,科研成果得到大家的认可比物质奖励更为重要。

从教育科研成果的运用上来看,有的教师认为科研成果较好地应用于教育教学实践;有的教师认为科研成果只能部分地用于实践;还有不少教师认为教育科研成果基本不能用于教育教学实践,其中少数教师对有哪些科研成果并不知晓。可见,教育科研与实际工作的脱节是比较普遍的现象,这与成果的推广力度不够有很大的关系,大部分成果在本校内有些影响,而跨校在区、市等更大范围的推广就很少。这使得很多教师看不到教育科研带来的实际效果。

从科研氛围来看,超过半数的教师认为学校的科研文化氛围较差,大部人不愿意把自己的经验拿来与他人交流和共享,教师之间互相学习的氛围差,互相攀比的情绪却很高。大部分教师采取独立撰写论文的方式进行研究,这就使得科研局限于研究者本人的知识面和经验积累,难以发挥其真正的价值。

(四)教育科研管理部门的管理情况

从当前学校相关教育科研管理部门的管理来看,主要存在指导不力的问题。

首先,指导不实。调查发现,相关教育科研管理部门缺乏深入基层指导解决实际问题的过程,往往以下发"指导性"红头文件进行发号施令,缺乏应有的上下相互沟通。因此,基层学校在缺乏新的教育理论指导具体的实践导航的情况下,绝大多数的学校教育科研都是基层学校自行艰苦探索,往往是有始无终,有终无果。难怪基层教师不时发出"学校教育科研对于教学有什么用"的疑惑感言,从而证明学校教育科研管理工作是十分不落实的。

其次,督查不实。在过程管理中,针对基层学校确立的研究课题,相关管理部门缺乏及时的督促检查,导致基层课题研究工作出现"课题研究并不难,临时突击还超前"的现象,造成形式主义的不实学风的泛滥。

最后,自身学习不实。客观地说,有的课题研究管理者自身缺乏必要的理论修养,与时俱进的学习研究精神,无法正确指导基层学校的课题研究工作,使基层教师研无头绪,学无比照,丧失了学校教育科研的信心,这也是导致学校教育科研无疾而终的一个重要原因。

二、学校教育科研管理的创新

学校教育科研的管理是一个新的管理领域,加之不断变化的内外部环境,要求学校的管理者要有新的管理思想和管理方法。所以学校教育科研管理的创新也是必须重视的一个方面。当前,很多学校所探索出了不少学校教育科研管理的好途径。以下就是两个比较重要的创新:

(一)教学教研一体化

针对当前很多学校教学与教研"两张皮"的现象,很有必要切实地推行教学教研一体化这一策略。其实质就是解决教学与教研的分离问题。教学与教研在实际中之所以会分离,有下面一些主要原因:第一,从教育研究的定位来看,将教育研究等同于理论研究,常常导致研究的抽象化、复杂化;第二,从教育研究的选题来看,脱离教师在实践中遇到的问题,常常使教师感到研究力不从心或没有意义;第三,从教育研究的导向来看,将研究成果作为教师晋职的基本条件,常常使教育研究成为甄别教师能力的手段,冲淡了教育研究内在的激励意义;第四,从教育研究的目的来看,有的学校领导者将拥有研究课题作为学校自我宣传的条件之一,但研究什么、怎样研究、研究得如何,领导者却常常不去关注。

教学与教研的分离状态归根结底是对教研缺乏正确认识的结果。教师将教研视为负担,学校领导者将教研视为考核教师或宣传学校的手段,使教研失去了应有的价值。实际上,教研应当是源于教师教学生活的理性思考,这种思考不应成为客观上教师必须作研究的压力,而应当是主观上教师想要作研究的动力。因此,学校教育科研管理要从教师教学的内在需要出发,为教师创造将教研与教学融为一体的条件,使教师在教学过程中自觉地发现需要研究的问题,主动地分析产生问题的原因,智慧地寻找解决问题的途径。

关于如何实践教学教研一体化,一般应注意以下几点:

1. 以激励为重点的认识提升

学校管理要促进教学教研一体化就要从根本上提升对教学与教研关系的认识。教学与教研是教师职业生涯中不可或缺的两翼,一位优秀的教师,只要全身心地投入到教学中,就会以研究者的姿态感受到教学过程中的无比乐趣,这种乐趣来自教学的内容,来自教师与学生的交流,来自教师对自我提升的感悟。而教师的快乐体验和感悟是教师经过理性思维与身体力行得到的收获,这种收获在客观上验证了教学与教研无法分开的事实,教研是对教学内容与教学

第八章 学术自由:教育科研管理探究

行为的思考,教学是在教研指导下的自觉行动。既然如此,学校管理就没有理由将教学与教研相分离,或者将教学与教研指标化,并以此作为教师等级化管理的依据。否则,学校教研管理就失去了教研具有激励教师发展的真正意义。因此,教学教研一体化是由二者的内涵决定的,学校管理要以发挥二者的内涵空间为重点调动教师教学教研的积极性。

2. 将教学中的问题作为教学与教研协调统一的契合点

教学是为学生提供知识积累、能力提升、情感陶冶、价值提升等机会的活动过程。在这一过程中,教师需要针对学生不同的学习基础、不同的心理特点、不同的社会背景等状况,有针对性地选择适当的教学原则、教学内容、教学方式,以适应不同学生的要求。这种选择实际上是教师发现问题、认识问题、解决问题的过程,而其中的问题也就是学生实际与教学目标之间的差距,对差距的理解和发现、认识和解决,则是教师的行动研究。任何一位教师都需要在教学过程中拥有这种最基本的教学素养和研究素养,这种素养的拥有不能简单地靠教师的经验积累和顿悟,还要靠学校领导者有意识地通过管理对其提升。因此,教学中的问题就是教师提升教学素养与研究素养的桥梁,也是教师教学与教研协调统一的契合点。

3. 注重反思与教学研究管理

学生的培养不具有可逆性,不允许有任何的差错和失败,教师必须不断反思自己的教学设计,以研究者的姿态投入到教学过程中,反思与学生交往中的问题。但教师的反思能力具有较大的差异性和动态发展性,需要不断地提升,这就为学校有组织地进行教学研究活动提出了要求。教学研究管理可以提高教师反思能力,组织教学研讨,交流教学经验,在教学研究活动中培养教师自觉反思的习惯,使教师的每一个教学设计都能有意识、有理性、有依据地进行,能充分体现教学的针对性、科学性、可行性、有效性。所以,教师的经常性反思与科学的教学研究管理非常重要。

(二)建设教研共同体

建设教研共同体,可以为教师提供相互学习、共同提升的机会,实现知识管理的共振效应。在我国,教研组是早期出现的教研共同体,但对于这种组织形式,学校管理并未能从理论上深入探究其影响力,以至于教研组的发展未能表现出较大的飞跃。与之相应,在学校外部通过行政手段组织一定区域内的教师集体备课也体现了教研共同体的基本精神,但仍未能从理性上思考集体备课的真正意义。

建设教研共同体有着较多的理论支持。根据学习型组织理论的观点,在现代组织中,学习的基本单位是团体而不是个人。通过团队学习激发群众智慧,是发展团体成员整体搭配能力和提高实现共同目标能力的过程。教师团队学习是以系统观点看待组织发展的要求。教师个体是学校组织成员之一,从动态平衡的视角分析学校的发展,则需要每一位教师都能在学校组织中发挥作用,并能使教师的整体力量实现最大化。这是教师智慧互补的过程,需要教师在团队中找到自己的位置,找到个人与组织之间的关系,并能平衡这种关系,发挥个人在组织中的作用。

作为学校教育科研的组织形式,教研共同体强调的是成员对共同体的依赖性,目的在于增强教育科研的整体效应,促进每个成员的专业发展。按组织形态来分,教研共同体可被分为正式的教研共同体和非正式的教研共同体。学校管理要有组织地建设正式的教研共同体,包括校内教研共同体和校际教研共同体,同时也要支持非正式的教研共同体的发展。

1. 组织校内教研共同体

校内教研共同体是学校教育研究的正式组织,可以按学科结构、年级结构、年龄结构、性别结构等不同的标准进行划分,但无论怎样划分都要有利于教研共同体成员的相互交流和相互促进。因此,在组织教研共同体时,学校应注意以下几点:

第一,确立组建标准,将能够在教研共同体中发挥优势或能从教研共同体中受益的成员组织在一起,以充分发挥教研共同体的作用。

第二,要有计划地组织教研共同体开展活动,如按学科组织的教研共同体,其活动就不能简单地等同于教研组活动,还需要针对教研共同体的缺失,有计划地设计解决教研共同体的缺失的活动。

第三,多组织教研共同体之间的沟通交流活动,使之相互学习,共同提高。

第四,组织教研共同体总结自己的成长经历,展望未来的发展进程等。

2. 组织校际教研共同体

由于学校之间以及不同学校教师之间存在一定的差距,所以学校可以打破界限,与其他学校合作,组建教研共同体,扬长避短,优势互补。校际之间组建教研共同体既可以是以学校为单位的,也可以是以校内不同成员为单位的,如相同学科教师组建的教研共同体,青年教师组建的教研共同体等。为平衡学校之间的差距,有的教育行政部门也会通过组织共同体等形式,促进校际之间的交流,实现资源共享。学校领导者需要创造条件,充分利用共同体的各种资源,主动做好共同体的各项工作,促进教师教研能力的提升。

3. 支持非正式的教研共同体

除正式组织的教研共同体之外,还有教师等人员自发组织的校内教研共同体或校际教研共同体。它们虽然是非正式的教研共同体,但是这样的教研共同体如果组织得力也会促进教师教研能力的提高,所以学校对此应予以支持。学校的支持可以表现在许多方面,如为他们提供时间、经费,尊重他们自主管理,参与他们邀请的活动等。因为自发组织的教研共同体可能是由于共同体成员有着较强烈的教研需求,而学校对此不能满足,所以学校可以通过对自发组织的教研共同体的支持,一方面,满足教研共同体的需求,另一方面弥补学校在教研活动方面的缺失。

第九章 全面提升：教育专项管理探究

在教育管理领域，管理者每天都在和学校各种各样的专项工作打交道，他要去过问、领导，甚至直接解决诸如德育管理问题、心理健康教育管理问题、安全管理问题、后勤管理问题、项目管理问题和资产管理问题等，正是这些专项工作的管理，构成了教育管理活动的最主要内容。

第一节 德育管理与心理健康教育管理

一、德育管理

（一）德育管理概述

德育工作管理就是在国家教育方针、政策、制度等的指导下，遵循德育工作的基本规律，对学校德育活动进行规划、组织的过程，目的是实现学校德育的目标，提高德育工作的质量。德育工作管理是学校管理必不可少的组成部分，它为学校德育的顺利开展提供了保障，也为学校管理活动的有序进行奠定了基础。

德育工作管理与德育有着密切的联系。二者的根本目标是一致的，都是为了培养学生具备合乎社会规范的个性品质，但二者的属性不同，德育是一项教育活动，而德育管理是一项管理活动，故二者相互依存，相互影响。无德育，德育管理就失去了管理对象；而无管理工作的支持，德育活动也就无法正常开展。可以说，德育是一项由众多因素构成的、复杂的、塑造健全人格的教育活动，其最终结果是诸多因素综合影响的产物，而德育工作管理正是将这些诸多因素形成合力以达成德育目标的过程。

具体来说，学校德育工作管理主要表现为三方面的作用：第一，保证社会主义办学方向。我国的学校德育工作管理具有鲜明的目的性，要求学校管理者引导广大教师在其教育教学过程中对学生进行社会主义现代化教育以及共产主义理想教育，教育学生把自己的理想、抱负与祖国的前途、民族的命运紧密地联系起来，从而促进学生健康成长。第二，摆正德育工作的位置。德育是学校教育的重要组成部分，但是德育的重要性在实际工作中能否体现，很大程度上取决于德育工作管理的力度。在实践中存在的德育"说起来重要、做起来次要、忙起来不要"的现象告诫人们，如果忽视德育管理，德育工作的时间、空间就有可能被挤占，德育的地位就难以真正落实。还需要指出的是，摆正德育位置还包括协调好德育与其他各种教育的关系，努力形成德、智、体、美各育和谐发展、相互促进的局面。第三，协调德育工作的各内部因素。德育的实施涉及学校各个职能部门和各种活动途径，德育管理的职能就在于对德育活动所涉及的各类因素加以协调统筹，使之形成强大的教育合力，发挥德育工作的整体效能。

（二）德育管理的任务

根据学校德育工作的特点，德育管理的任务主要是如何科学地、有效地组织和指挥德育工作的贯彻实施，以提高这项工作的质量和效能。具体来说，德育管理担负以下任务：

1. 加强德育工作队伍的建设，建立健全德育工作管理机构

学生的德育工作，党支部要管，校长、教导主任要管，学生组织和家长以及社会各界也要管。要能有效地进行德育工作，必须要有健全的管理机构，使德育工作从组织上得到保证。必须采取有效措施，改变目前中小学德育工作人员数量少、质量偏低、青黄不接、思想不稳的状况，充分调动广大中小学德育工作者的积极性，鼓励他们发扬献身、创造精神，做好工作。

德育工作是一门科学，有其规律可循，只有提高德育工作者的素质和管理水平，充分调动每个德育工作者的积极性和创造性，增强责任感，才能保证德育工作的顺利进行。

2. 建立健全德育管理的规章制度

规章制度是德育管理有效运行的保证，建立健全德育管理规章制度，使德育工作有章可循，有法可依，有利于培养师生自觉运用规章制度来规范自己的行为，养成良好的习惯，促进德育工作的规范化和制度化。

在学生行为准则方面，《中小学生守则》是对学生进行教育管理的总则。学校可围绕《中小学生守则》，联系学校实际情况制定一些规章制度。例如，《学生一日生活常规》《课堂常规》《文明礼貌规约》《爱护公物公约》《操行评定制度》《奖惩制度》等。在对学生制定规章制度的同时，也要使教师职责明确，做到有章可循，有规可依，使德育工作制度化、常规化，例如，制定《班主任工作职责》《值日制度》《家访工作规定》《为人师表规约》《班务工作交接制度》等。

3. 提高全体教职工对德育管理意义的认识，树立正确的指导思想

树立正确的德育管理的指导思想是搞好德育管理的前提。在德育管理中要求教职工提高对德育管理工作的认识，端正指导思想。要根据社会主义市场经济理论的实际情况，赋予德育具有时代气息的新内容和新方法，并从人力、物力、财力等方面保证德育工作的开展。此外学校也要形成对德育工作齐抓共管的良好风气，促进德育工作的顺利进行。

青少年正处于长身体、长知识的时期，是形成良好品德和行为习惯的最有利的时期。小时候形成的良好品德能使人终身受益。抓紧这一时期的教育效果很大，也可以说是功德无量。所以，德育在中小学教育中占有重要的地位。德育渗透于智育、体育、美育和劳动技术教育之中，贯穿在学校教育的全过程和学生日常生活的各个方面，它与智育、体育、美育等有相辅相成的关系，在促进素质提高、保证人才培养的正确方向和学校社会主义性质方面起着主导的决定性作用。

4.协调德育与其他工作的关系

正确处理和协调德育与其他各项工作的关系是德育管工作的一个重要问题,它直接关系到德育工作整体功能的发挥。学校德育管理工作是由各个方面、各种因素组成的互相联系、互相促进、互相制约的有机整体,各个部分、各个方面互相协调、互相配合,就能产生"整体大于部分之和"的功能。反之,则产生整体小于部分之和的负功能。这就要求中小学德育管理的各个部门,都必须在统一的目标指导下,互相协调、互相配合,形成德育的合力,发挥德育管理的整体功能。

(三)完善德育管理的方法

1.完善制度建设和加强组织领导

要进行德育管理工作的实践,建立一定的德育工作制度是其首要条件。因此,在某种程度上说,德育工作制度是一种管理制度。它不但具体规定了学校德育工作的大致方向和基本框架,而且对学生的精神面貌和道德要求做出相应的规定和指示德育管理制度可以指挥、组织、协调、指导和管理相关人员的工作,最终完成德育任务;为抽象的德育工作提供具体的、正确的、实用的、有针对性的,具有针对性和权威性的实践指导;从体制上保证学校德育目标的实现,避免学校德育管理工作中出现的主客体错位;避免产生德育管理流于形式和缺乏针对性以及走向功利化的趋势。

正因为德育工作制度如此重要,所以在德育实践中,必须建立健全德育制度,以本校学生的发展特点、教育培养目标,各部门的任务、分工,办学特色和切实可行的措施为依据,有针对性地制定出学校德育管理工作制度。

这里应该指出的是,制定出的德育制度还应该关注培养学生的自律意识和自我规范能力,弱化他律的作用,尽量避免出现强制的手段;使学生学会独立成长和不断挖掘自身的潜力。任何制度若是没有监督的内容,制度的实施最终就会走向混乱,使人们的行为具有随意性和主观性。因此学校在制定德育工作制度时,必须规定监督的有关内容,避免德育管理工作空喊口号而实际的作为。

2.提高工作队伍的质量

管理最终是由人来实施的,德育管理也是如此,而且德育管理工作对工作队伍的质量提出了较高的要求。要达到这一要求,可以吸纳、挑选学校各个组织部门的优秀人员,如党政干部、德育课教师、班主任、共青团优秀干事、班级优秀干事等为本校的德育工作发挥骨干作用。德育管理工作,是学校所有教师都应该负有的责任,不容相互之间推诿。学校要建设一支高质量的德育工作队伍来实施工作。需要注意以下几点:

(1)要注重学校党政干部、共青团干部队伍的建设。

党政干部和共青团干部在德育管理工作中,主要负责组织、协调、实行思想道德教育。各学校以及相关的教育行政部门,要加强团组织和团干部队伍的建设,充分发挥其在学生思想道德教育方面的模范和带头作用。以"党建带团建",在党建工作的总体格局中应该纳入团建工作,使党建工作机制不断完善;党政干部要对共青团的工作进行领导和指示;完善共青团组织建设工作,对表现出色的团干部进行选拔和培养,争取达到"校校有团委"的目标和"班班有干部"的水平。

(2)要注重班主任(辅导员)队伍的建设。

班主任的责任重大,对学生的思想、学习和生活等各个方面都要进行帮助和指导。所以,学校在选择班主任时,要从思想素质、身体素质、业务水平、职业精神等方面出发,任用适当的人选。班主任的绩效工资分配要有适当的增加,使他们能够全身心地投入到自身的工作中去。适当地对班主任进行培训,为他们的思想和工作不断注入新的活力和力量,提高班主任队伍的质量和素质。建立健全优秀班主任的表彰奖励体系,以班主任的业务水平为参考,以此来决定班主任的聘任、晋升。在聘任高级教师时,应该适当优先考虑优秀班主任。

(3)要重视德育课教师的队伍建设。

德育课教师是负责对学生进行德育教学的专业人员,是对学生进行德育的专门力量。他们根据课程内容和特点,将德育的相关知识传授给学生。学校要高度重视德育课教师的设置,严格依据德育课的课时需要和教学任务,设置足够的德育课教师;定期进行培训工作,提高德育教师的专业水平和教育教学能力,不断创造条件,加强德育课教师自身的思想建设。通过不断努力,使培养出来的德育教师队伍教学能力强,思想觉悟高。

3.建立科学德育评价体系

在德育制度和德育过程中,德育评价作为其中的基本要素之一,对德育工作起着导向、监督、调节作用,并推动工作的不断发展和取得进一步的成果。道德评价能力的发展是道德观念形成的重要组成部分。

为了改变长期存在的形式主义通病,德育评价需要有正确的标准和科学的态度。德育管理工作要想取得更好的实效,院校必须改革德育评价体系,探索进行德育评价的新方式。高等职业教育所具有的职业性特征是其与其他教育类型相区别的重要标志。这一特点决定了其德育教育需要重视学生个人品质、精神、素养等情感道德方面的状况,摆脱以考试成绩评价学生的错误模式。因此,高等院校应该要注重培养学生良好的职业道德,使他们爱岗敬业,工作踏实、勤恳,具有诚实守信的品质。另外,德育工作者要注重发展学生的个性,充分考虑学生的个体差异和发展的不平衡性,恰当、公正地给学生进行德育评价。

德育工作者除了要建立科学的德育评价体系,在引导和培养学生时,还应该有正确的教育思想和方法,也就是需要德育工作者树立长期的目标。在评价工作中具有较强的耐性和细致的工作态度,从细微处着手,通过小的细节找到突破口;有计划、有步骤,由浅入深,循序渐进,切忌急功近利,妄想一步登天,揠苗助长;以学生的长远发展为着眼点,以鼓励学生为主导思想,坚持以正面教育为主,以表扬为主,采用正面积极的方法激发学生的自我教育能力以及学习的主动性,促进学生的长足发展;在工作中,要善于发现,鼓励学生,使学生树立自尊心和自信心,充分肯定自我。

在学校的德育管理工作中,职业道德教育占据重要地位。通过职业道德教育学生与社会职业的接触更为明显,对促进学生的就业具有重要意义。

二、心理健康教育管理

在现代社会生活中，只要留心，我们便不难发现，在我们周围，可谓时时、事事、处处充满着心理健康教育。在现代教育教学活动中，心理健康教育也是十分重要的一环，对学校心理健康教育进行管理，保证其科学、有序的实施也是推动现代教育发展的一项重要举措。从其内容上来看，学校心理健康教育管理主要包括心理健康教育课程的组织与实施、心理健康教育管理机构的设置、良好校园文化环境的塑造等，由于校园文化的塑造会在本书的其他章节有专门分析，因此这里主要分析一下前面两方面。

（一）心理健康教育课程的组织与实施

学校心理健康教育课程的组织与实施，即为完成特定的心理健康教育任务，教师组织学生进行活动。通常而言，心理健康教育课程的教学组织与实施主要包括以下几个环节：

1. 课前准备

上课之前需要做好充分的准备，不仅需要准备好课程单元设计中所规定的物质方面，还应做好以下几方面的准备：

（1）掌握知识技能。

教师应了解学生的心理发展特点以及心理教育的相关知识，如了解学生心理发展的情况，了解心理健康教育的基本原理和方法、心理卫生学和团体动力学的有关知识等。

（2）了解学生背景。

了解学生是教育好学生的重要前提。一些优秀教师常说，"备课不仅要备教材，而且要备学生"。教师只有对学生有一个充分的了解，才能有针对性地设计教学活动，得心应手地驾驭教学过程，从而实现教学的最优化。了解学生的背景，主要包括姓名、年龄、智能状况、人格特点、家庭状况、在校表现、教师评价等。

（3）与学生进行课前交流。

在课程开始之前，教师与参加心理健康教育课程的学生进行交流是十分必要的。一方面，教师要对学生有一个深入的了解，不仅要了解学生的背景，还应了解学生的心理特点、心理矛盾、心理期待等。教师可以通过个别谈话、小型座谈、问卷调查等方法，对学生与将要上的课程内容相关的情况有一个深入的了解，从而为提高教学效果提供依据。另一方面，教师要尝试与学生建立良好的关系。课前师生面对面的交流，有助于课程教学活动的开展。

（4）选择学生助手。

在课程开始之前，教师可在班级中选择一名学生作为自己的助手。助手主要负责帮助教师活跃团体气氛，协助教学活动的顺利开展，及时处理一些突发事件。

（5）组织适当团体。

团体是心理健康教育课程教学的基本单位。团体既可以是整个班级，也可以是学生小组。划分学生小组的方法有很多种，可以用全班报数的方式划分小组；可以按教室的位置来划分小组；也可以让学生依自己的意愿选择小组。每一小组的人数不宜过多，以 6～8 人为宜。

2. 组织教学

心理健康教育课程实施得是否成功,主要取决于教师对教学的组织。具体而言,心理健康教育课程的教学环节主要有以下几点:

(1)教学导入。

在教学导入环节,教师首先应明确教学的目的,通过生动地讲述充分调动学生学习的兴趣,增进彼此之间的了解。例如,在心理健康教育课程中,通过唱歌、跳舞等游戏活动进行热身,能够有效调动起学生参与活动的积极性。为此,在座位的安排上,可采用圆形的座位排列方式,使学生进行面对面的交流,从而有助于产生团体动力。

(2)教学展开。

与学科课程不同,心理健康教育课程教学主要是通过教师与学生的共同活动来进行的。在心理健康教育课程的教学过程中,常用的教学方法主要有心理测量、学生自述、游戏等。

心理健康教育课程设置的根本目的,并不是让学生单纯地掌握心理知识,而是通过对心理知识的掌握来认识自己,促进自己心理的认知发展。运用心理测量的方法,既可以帮助学生了解自己,又可以激发学生认识自己的心理、提高自身心理素质的兴趣。因此,可以在教学过程中,让学生做一些智力、气质、性格等方面的心理测验,帮助学生对自己有一个科学全面的认识,以促进学生的自我发展。

学生自述,即让学生自由地表述自己的心理状况。这种教学方法的运用同样可以激发学生运用心理学知识认识自己的兴趣。学生自述可以有效弥补心理测量的不足,测量手段是有限的,运用起来又有着较高的要求,而学生自述则容易实施。需要注意的是,在运用这一方法时,教师既要引导学生表述自己的内心,同时也要尊重学生的人格,不触及学生的个人隐私。

游戏不仅可以给学生带来欢乐,而且也可以促进他们智力、情感、社会性等的发展。需要说明的是,在心理健康教育课程中,究竟选用哪些方法为佳,需综合考虑课程内容、学生的年龄特征以及学校和班级的条件、时间、地点等诸种因素。

(3)教学过程结束。

在教学过程结束时,教师可采用以下三种方法:

回顾与反省:师生共同对进行过的活动进行回顾,对心得体会进行交流,并提出合理的意见。

计划与展望:师生共同讨论今后的打算,对未来进行展望,并制订切实可行的计划。

祝福和道别:师生之间、同学之间可以自制一些小礼物互相赠送,也可以彼此祝福、道别,以维持和增进相互间的友谊。

3. 课程评价

心理健康教育课程作为学校课程系统的重要组成部分,当然有必要对其进行评价。通常来说,心理健康教育课程评价应注意以下几个问题:

(1)评价的目的。

作为一门课程,心理健康教育课程评价的最终目的,是促进教师教学水平和学生心理素质水平的提高,这也是其不同于学科教学评价的独特之处。

(2)评价的原则。

心理健康教育课程评价应遵循以下几点原则:

第一,客观性原则。评价应做到客观公正,不能主观武断、掺杂个人情感。

第二,发展性原则。评价应以促进学生的不断发展,教师教学能力的不断提高为主要目标。

第三,指导性原则。评价不仅仅要对学生的情况进行点评,还要对学生的发展进行指导。

第四,计划性原则。评价应有计划地开展,为教师和学生提供教与学的反馈信息,以便对教学活动进行调节和改进,提高教学质量。

总之,学校心理健康教育课程的评价,应使学生看到自己学习的成果和心理上取得的进步,使其产生学习的兴趣,提高学习的自觉性,确立进步的目标。

(二)心理健康教育管理机构的设置

学校心理健康教育管理机构的设置是学校心理健康教育科学施行的重要保障,这里以高校为例分析一下心理健康教育管理机构的设置。一般来说,高校心理健康教育管理机构主要有领导机构和工作机构两部分。

1.高校心理健康教育管理的领导机构

针对我国高等教育领导体制、内部管理体制及其运行实效的特点,结合大学生心理发展的实际需要和我国德育工作体系的运行机制,我们认为,高校心理健康教育领导机构的建设必须注意以下几个问题:

(1)主管学生工作的校(院)长或主管思想工作的党委书记应该亲自挂帅,兼任领导机构的负责人,以便在管理工作中发挥政治核心作用、行政保障作用。营造政策环境,排除工作阻力。

(2)主管学生工作的职能部门领导兼任领导机构的第一副主任或副组长,具体指导全校心理健康教育工作,以便在管理工作中发挥上下纽带作用、左右协调作用、行政指导作用和业务保障作用。

(3)学校党政有关职能部门(如宣传部、团委、教务处等)领导、相关业务部门(如教育系、心理系、医院、德育部等)领导、各系(院、部)党总支学生工作领导参与领导机构,以保障业务工作的行政支持和高效运行。

(4)工作机构负责人参与领导机构,便于加强与领导机构成员的联系,了解和熟悉领导机构成员的工作意图和要求,同时也便于争取学校各级领导和部门对学校心理健康教育工作的关心和支持。业务负责人必须积极开展工作,充分发挥机构的领导优势和政策优势,防止领导机构变成空架子。

2.高校心理健康教育管理的工作机构

学校心理健康教育指导委员会或领导小组下设工作机构——心理健康教育指导中心。工作机构挂靠学工处(部)。工作机构负责人由业务人员担任。工作机构成员由热心于心理健康教育事业的心理学工作者、医务工作者、德育工作者、学生工作者、班主任代表等组成,专兼职相结合,多学科相结合。高校可根据工作规模和工作需要,在学校心理健康教育指导中心下设综合职能部,以及学校心理咨询部、院(系)心理教育部和班级心理辅导部。之所以设置后三者,主要是出于这样的考虑,即与高校的学校—院(系)—班级的三级管理体系相对应,高校的心理健康教育也应相应地区分为学校心理咨询—院(系)心理教育—班级心理辅导的三级功能单位,具体如图9-1所示。

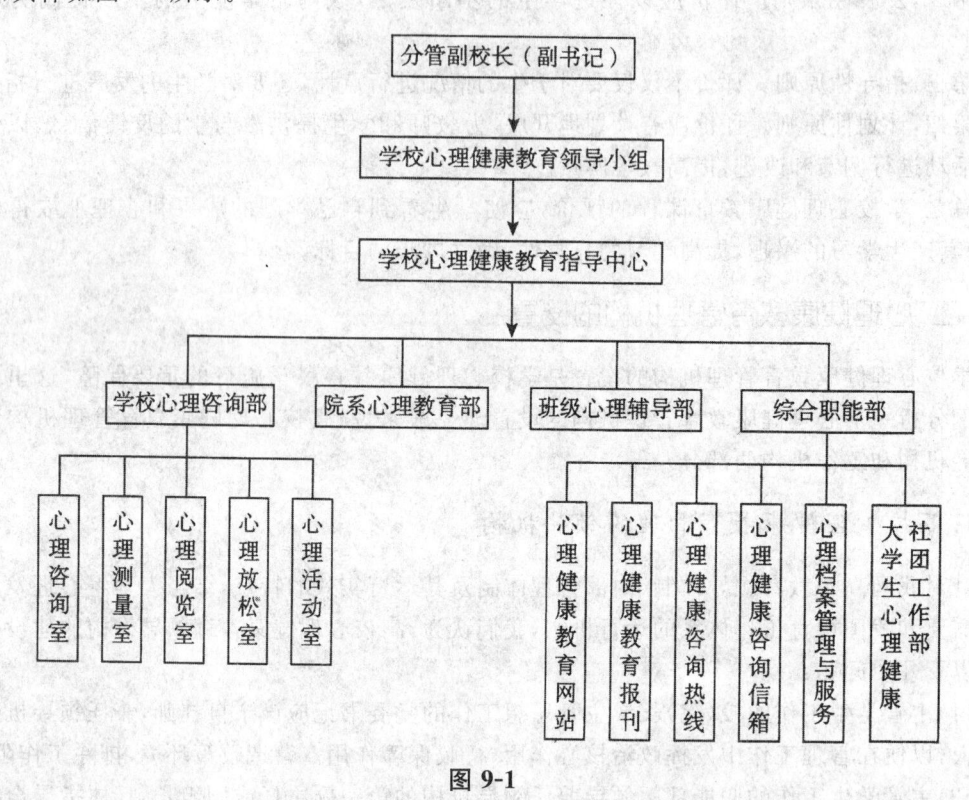

```
                    分管副校长(副书记)
                            │
                    学校心理健康教育领导小组
                            │
                    学校心理健康教育指导中心
          ┌─────────┬─────────┼─────────┬─────────┐
     学校心理咨询部  院系心理教育部  班级心理辅导部   综合职能部
    ┌──┬──┬──┬──┬──┐              ┌──┬──┬──┬──┬──┐
    心  心  心  心  心              心  心  心  心  社
    理  理  理  理  理              理  理  理  理  团
    咨  测  阅  放  活              健  健  健  档  工
    询  量  览  松  动              康  康  康  案  作
    室  室  室  室  室              教  教  咨  管  部
                                    育  育  询  理  大
                                    网  报  热  与  学
                                    站  刊  线  服  生
                                            信  务  心
                                            箱      理
                                                    健
                                                    康
```

图 9-1

其中,在学校的层面上,高校应该根据实际情况,设立心理咨询部(根据学校规模的大小,可以设一至数个咨询部)。学校心理咨询部由心理咨询室、心理测量室、心理阅览室、心理放松室、心理活动室组成。学校心理咨询部的主要工作对象是在适应和发展方面有某些心理困扰或轻、中度心理障碍的在校学生,其功能重在心理障碍的预防与矫治。同时,作为高校心理健康教育的专业职能部门,心理咨询部也接待学校教职工有关心理健康方面的咨询。由于心理咨询是一项专业性非常强的工作,因此,咨询员必须是受过临床心理学或学校心理学方面的专业训练的人员。就其一般意义而言,学校心理咨询部实际上是社会性的心理咨询机构进驻学校的结果,因而其管理机制与社会上业已存在的各种心理咨询机构的管理机制大体相似,其运作方式也都应以咨询契约为依据。正是从这个意义上讲,我们认为,应该按照标准的心理咨询机构的要求,规范化地改造我国高校目前的心理咨询部,从而使它在其本来的意义上更好地服务于高校的心理健康教育。

院(系)心理教育部一方面是依据各院(系)学生的心理年龄特征和他们所面临的人生发展课题,具体地规划各院(系)的心理健康教育工作,开发心理健康教育的校本课程(主要形式是心理健康或心理卫生方面的专门课程或专题讲座,课程性质为必修课)。同时,它还应根据所开发的校本课程组织实施心理健康教育的教学工作。另一方面是设置院(系)心理辅导站,配备心理健康教育教师,专门开展学生心理辅导工作。院(系)心理辅导站是学校心理健康教育中心的延伸,心理辅导站的心理健康教育教师需定期将本院(系)学生特别是表现异常学生的心理健康状况向校心理健康教育中心上报,同时在自己力所能及的范围内,为有需要的学生提供帮助,并积极配合中心关注问题学生。

班级心理辅导部是以班级为单位、以班主任为主导开展心理辅导的部分,各高校应该在心理健康教育指导中心下设立班级心理辅导的职能部门,一方面加强对班主任开展心理辅导工作的培训、指导和管理工作,另一方面,选拔心理素质优秀的学生担任班级心理委员,以信息收集为主要目的,通过举办培训班,让他们掌握学生心理健康问题的简单判别标准、朋辈心理咨询的技巧,并能及时了解、反映本班同学的心理保健需求和心理健康问题,以及在力所能及的范围内调控学生的心理困扰问题。

综合职能部是一个辅助性部门,高校可以在心理健康教育指导中心下设立一个综合职能部门,以加强对心理健康教育网站、心理健康教育报刊、心理健康咨询热线、心理健康咨询信箱、心理档案管理与服务、大学生心理健康社团工作部等的管理。

第二节 安全管理与后勤管理

一、安全管理

当前,我国正处在深化改革的关键时期,社会治安形势总体上保持稳定,但也不断出现新的情况。呈现出如下特点:一是刑事发案始终在高位徘徊,刑事案件发案率同比有所上升;二是重大恶性案件时有发生,放火、爆炸、绑架、杀人等八类刑事犯罪案件同比也有所上升;三是暴力恐怖活动的现实威胁不断加大。社会治安形势的这些特点直接影响着校园的安全。在这种情况下,加强校园安全管理十分重要。具体来说,加强校园安全管理可从做好学生伤害事故的处理与预防、做好学校突发事件的处置和预防两方面入手。

(一)做好学生伤害事故的处理与预防

《学生伤害事故处理办法》第二条指出,学生伤害事故是指在学校实施的教育教学活动或者学校组织的校外活动中,以及在学校负有管理责任的校舍、场地、其他教育教学设施、生活设施内发生的,造成在校学生人身损害的事故。

1. 学生伤害事故的处理

学生伤害事故的处理,主要包括善后处理与责任追究两个方面。《学生伤害事故处理办法》第十五条规定,发生学生伤害事故,学校应当及时救助受伤害学生,并应当及时告知未成年学生的监护人;有条件的,应当采取紧急救援等方式救助。伤害事故发生后,学校应做的第一件事就是对受伤学生进行及时抢救,与此同时,应该尽快通知学生的监护人。在抢救的过程中,要注意保护现场,这是事后分清责任的重要证据。如果是一般的伤害事故,学校应有专人负责处理;如果是比较严重的学生伤害事故,学校应成立专门的领导小组负责处理。

学生伤害事故中,归结法律责任的根本原则是过错责任原则,即将加害人是否有过错作为归结法律责任的第一要件和最终要件。《中华人民共和国民法通则》第一百零六条第二款规定:"公民、法人由于过错侵害国家的、集体的财产,侵害他人财产、人身的,应当承担民事责任"。这就是我国对于侵权行为应该承担过错责任的条款的一般规定。最高人民法院《关于审理人身损害赔偿适用法律若干问题的解释》第七条规定:"对未成年人依法负有教育、管理、保护义务的学校、幼儿园或者其他教育机构,未尽职责范围内的相关义务致使未成年人遭受人身损害,或者未成年人致他人损害的,应当承担与其过错相适应的赔偿责任。第三人侵权致未成年人遭受人身损害的,应当承担赔偿责任。学校、幼儿园等教育机构有过错的,应当承担相应的补充赔偿责任"。最高人民法院《关于贯彻执行〈中华人民共和国民法通则〉若干问题的意见(试行)》中第一百六十条也规定:"在幼儿园、学校生活、学习的无民事行为能力人,受到伤害或者给他人造成损害,单位有过错的,可以责令这些单位适当给予赔偿。"由此可以看出,学生伤害事故的归责原则一般是过错责任原则,这也是很多国家处理这类问题遵循的原则。

2.学生伤害事故的预防

学生伤害事故应该遵循预防为主原则。学校应当对在校学生进行必要的安全教育和自护自救教育;应当建立健全安全制度,采取相应的管理措施,预防和消除教育教学环境中存在的安全隐患。

(1)重视安全教育。

学校的所有教职工都必须参与学生的安全教育,应该定期对学生进行常规的安全教育,不定期地针对学校存在的安全隐患或学生的危险行为进行相应的教育,做到安全教育不留死角。2008年5月的汶川大地震中,安县桑枣中学创造了学校师生无一伤亡的奇迹,就是学校校长叶志平坚持对学生进行安全教育和每学期组织一次紧急疏散演习的结果。《中小学幼儿园安全管理办法》第三十八条规定,"学校应当按照国家课程标准和地方课程设置要求,将安全教育纳入教学内容,对学生开展安全教育,培养学生的安全意识,提高学生的自我防护能力。"

(2)健全安全制度。

《中华人民共和国教育法》《中华人民共和国义务教育法》等法律高度重视学校的安全,从学校建设、学校周边秩序、学校应当建立健全安全制度和应急机制等多个方面做出专门规定,以确保学校的安全。但是真正要将这些法律落实到位,还得仰赖学校根据自身的实际情况制定或健全各方面的安全管理制度,将这些法律条文细化、具体化。因此,学校必须从自身实际出发,制定切合学校实际的各方面的安全制度。

(二)做好学校突发事件的处置和预防

学校突发事件是指在学校或学校周边地区突然发声的,造成或可能造成对师生生命健康、学校财产、正常教育教学秩序甚至社会秩序构成威胁,急需采取措施处理的事件。

第九章 全面提升:教育专项管理探究

1. 学校突发事件的处置

一般来说,处置学校突发事件有以下几个十分重要的环节:

(1)向专业部门报警。

突发事件如果超出学校自身处置的能力之外的,应该在第一时间向专业救援部门寻求救援。根据突发事件的种类,学校应该及时拨打110、119、120、122等专业救援部门的电话,向这些专业救援部门详细准确地报告事件发生的时间、地点、性质、规模及人员伤亡或财产损失情况,以便其根据事件的实际情况尽快启动抢救工作。

(2)学校先期进行处置。

一旦学校突发事件发生,学校尽快启动应急预案。在专业救援队伍到达之前,学校根据自身的实际条件和事件的性质及严重程度,在确保救援人员自身安全的前提下,根据各工作小组的分工,可以组织学校的专兼职救援人员开展施救,如控制危险源,抢救受伤人员。如果事件非常严重和危险,学校自身无法施救,应该尽快组织师生员工撤离危险区,切不可盲目冲动救援,避免无谓和不必要的损失。专业救援队伍到来后,学校应该做好道路引领、秩序维护和后勤保障工作,密切配合专业人员的救援工作。

(3)报告突发事件信息。

《中华人民共和国突发事件应对法》第三十八条规定:"县级人民政府应当在居民委员会、村民委员会和有关单位建立专职或者兼职信息报告员制度","获悉突发事件信息的公民、法人或者其他组织,应当立即向所在地人民政府、有关主管部门或者指定的专业机构报告"。根据这一规定,学校可以建立专职或兼职的信息报告员。第三十九条规定:"有关单位和人员报送、报告突发事件信息,应当做到及时、客观、真实,不得迟报、谎报、瞒报、漏报"。《学生伤害事故处理办法》第十六条规定:"发生学生伤害事故,情形严重的,学校应当及时向主管教育行政部门及有关部门报告;属于重大伤亡事故的,教育行政部门应当按照有关规定及时向同级人民政府和上一级教育行政部门报告。"第二十二条规定:"事故处理结束,学校应当将事故处理结果书面报告主管的教育行政部门;重大伤亡事故的处理结果,学校主管的教育行政部门应当向同级人民政府和上一级教育行政部门报告。"

(4)做好应急处置后续工作。

当突发事件应急救援基本结束,学校应将工作重心转移到恢复和重建上来。如果突发事件应对的恢复和重建工作做好了,不仅可以将突发事件的损失及负面影响降至最低,甚至可以为学校的发展提供新的转机。应急处置后续工作首要的还是人的恢复。突发事件对当事人的心理或生理都会造成不同程度的伤害和影响,生理上的伤痛不应该随着应急处置而结束,而应该继续接受专业医护人的治疗,心理上受惊、恐惧、内疚等不良情绪也应该得到及时的危机干预。此外,学校也应该积极配合政府有关部门对学校的恢复重建工作,如事件现场的清理、学校的选址、建筑物的重建或维修、仪器设施设备的维修或重置、水电网络的通畅等。

2. 学校突发事件的预防

面对突发事件,我们必须树立"预防第一""预防比处置更重要"的观念。学校突发事件虽然具有突发性、不确定性、不可预测性,但是针对自然灾害、事故灾难、公共卫生事件、社会安全事件的特点和发生原因,只要我们管理做到精细化,防患于未然,仍然可以杜绝一些突发事件的发生或者减少已经发生的事件的损失。如当学校发生传染病时,只要我们切断传染病的病源,就可以有效防止疾病的传播;只要学校食堂食品采购、储藏、加工、制作和发放等环节严格按照国家的法律、法规来做,就可以有效杜绝食物集体中毒事件。地震等自然灾害虽然无法彻底预防,但如果国家、社会和学校做好防震等自然灾害的各项准备工作,就会大大减少地震所造成的损失。预防学校突发事件,主要集中在两个方面:一方面,必须制订学校突发事件应急预案;另一方面,学校必须根据应急预案,做好制度、信息、人力、物力、财力、资源等多方面的准备工作。

二、后勤管理

后勤工作是学校进行教育教学和各项工作的物质基础。后勤部门理好财、管好物,改善办学条件,可以从物质设施上保证学生受教育的权利和教师履行教育的职责,有效实施教学计划。因此,后勤管理在学校各项管理工作中也占据着十分重要的地位。

(一)学校后勤管理的要求

1.要为教学服务

后勤部门的各项工作都是为教育教学工作的顺利开展服务的,因此,学校开展后勤管理必须要经常了解教学的需要,主动为教学工作提供物质条件。这就要求后勤部门一方面要掌握教学的"季节性",使学校的后勤工作走在教学工作的前面;另一方面要主动与教务处密切配合,根据教学需要做出计划,对学校购置设备、设施给予经费支持。

2.要为师生的生活服务

除了要为教育教学工作服务之外,学校的后勤管理还应以为师生的生活服务,搞好师生的生活为内容,做好师生生活的各项服务工作,减轻他们的生活负担和后顾之忧,使他们有更充沛的经历去教学和学习。

3.要健全制度,科学管理

后勤工作具有事杂、量大的特点,为了使千头万绪的工作安排得井井有条,应有明确的分工,建立和健全必要的规章制度,做到事事有章可循,人人照章办事,这样才能切实发挥后勤保证的作用,而不使其工作陷入一片混乱之中。

(二)学校后勤管理的重点

1.健全规章制度

后勤工作涉及钱财与物品、安全与卫生,必须制定相应的规章制度,做到有章可循,照章办事,才能堵塞漏洞,防止发生贪污和浪费现象。例如,制定关于财产管理、出借、赔偿等制度,应包括以下内容。

(1) 认真做好校产、校具登记保管工作,要做到账物相符,定期清点。

(2) 新购置的固定资产,必须符合审批、采购、验收、报销手续,经会计和使用单位按发票登记固定资产账后,方可使用。

(3) 固定资产确系因年久损坏,无法修复,要办理报废手续,由经管人填报废单,经教导处或后勤处签意见后,报主管校长审批。

(4) 财产在使用过程中发生损坏,凡不是因公造成的损失,要负责赔偿;因公损坏,要查明原因,按照责任大小进行教育处理。

(5) 学校的仪器设备等教学用品,一律不得随便借给私人,特殊情况必须借用,须经主管校长批准。外单位借用,要有正式介绍信,经校长批准。校内借用,要有正式借条,并按时归还。如有损坏丢失,须照价赔偿。

(6) 学校水电要有专人管理。学生宿舍必须禁止乱接电线和使用电炉等易产生火灾的电器。

2. 明确岗位职责

学校后勤工作不仅涉及面广,战线长,而且具体烦琐、矛盾交织。以下的顺口溜是后勤工作的真实写照:"上管天,下管地,中间管空气,吃喝拉撒都管齐,水电煤气全靠你,生老病死不缺一,采买收支加修理,安保环卫须切记。"一所现代学校的后勤工作,已经分为多个职能机构来履行:如后勤集团、保卫处等,有一支数十人的职工队伍。即便是规模较小的全日制小学,后勤工作也很复杂。特别是在国家发展寄宿制中小学和提高中小学现代化水平以后,后勤工作人员规模变得更加更杂。要切实发挥这支队伍的作用,必须从后勤副校长到后勤主任以至每个职工都有明确的岗位职责。

3. 搞好绩效管理

后勤工作虽然是后勤服务性工作,但是,它却能够直接影响甚至阻碍教育教学工作的正常开展,影响学生的健康成长。除了要求后勤工作人员有奉献精神、服务意识和负责态度以外,必须有科学的激励机制和良好的绩效管理体系。

学校后勤工作的绩效管理是整个学校绩效管理的重要组成部分。它是以后勤工作机构和人员的岗位职责、规章制度、年度后勤工作目标为基本依据,以定期或不定期考核评估为主要手段,以工作绩效(数量、速度、质量、能耗、用户满意度)为核心指标,以物质激励与精神激励为奖惩机制的管理体系。在以往的学校管理中,师生员工对后勤工作的意见,往往是由于缺乏行之有效的绩效管理体系所致。

4. 突出阶段重点

后勤处许多工作是有周期性和阶段性的,要按照一定的阶段要求来突出重点进行,否则就会贻误教育、教学工作。开学前要重点做好准备工作,主要是物资供应工作和仪器设备检修维护工作,例如,教室是否够用,课桌椅是否配足,课本、练习本、教师用书以及其他教学用品是否齐全,仪器设备是否运转正常,学费收取,食堂开伙,住读生住房分配是否安排到位等,以保证开学第一天就能秩序井然地上课。

学期中后勤处要配合教导处做好考试所需要的文具纸张的供应工作,以保证考试的顺利进行。后勤工作系统内部,则要检查半个学期来工作计划的执行情况,对不切实际的地方要进行修改;对全处人员的工作要进行考核,工作好的要表扬,工作差的要查明原因;对危房要立即采取措施;对重要物资设备要进行清点。

学期末时后勤处要主动配合教导处做好学期结束工作,要保证期末考试所需要的文具纸张的供应,对公物要进行全面检查和清点。借出去的公物要收回,要搞好处内的总结工作,并对处内人员的工作情况进行评定,要体现奖优罚劣的精神。寒暑假时后勤人员在寒暑假中仍然很忙,既要做好学期结束时的遗留工作,又要做好下学期的开学准备工作。例如,学校的安全保卫工作,妥善安排留校单身教工和学生的食宿问题。特别是维修工作,如校舍的维修、课桌椅和门窗玻璃的维修,以及教学用品的添置,仪器设备的及时购置等,都要在假期做好,这样才不致影响正常的教学秩序。因此,后勤人员在寒暑假内不应像教师一样离校休息,而应采取分班轮休的办法。

(三)后勤管理社会化

长期以来,一些人习惯了以往传统的计划经济的管理模式,对学校的后勤管理形成了一种思维定式。他们认为,学校后勤就是一种消费性、依附性和福利性事业,学校师生的生活应当由学校完全统一包揽下来。这样一种"学校办社会"的观念和体制,对学校而言,其实是一个很沉重的负担,并直接制约着学校的发展,导致了各种问题的发生。例如,"学校办社会""小而全"的观念和体制,让学校领导者变成了一个"全能型"的领导,即事事都抓,但事事都没有抓好。这种模式下的校长,有时更像一个后勤部长。但是,精力再充沛的校长,在这种情况下,也几乎很难能有其他时间来用于教学研究管理和学校发展战略的思考。因为,为了改变这一现状,人们提出了后勤管理社会化的概念。

学校后勤社会化管理,主要是指其相对于学校后勤服务的校园封闭性的单位化以及行政化而言的,是让学校后勤服务成为整个社会服务的一部分,让学校的后勤服务都能够实现现代社会所要求的后勤服务的社会内容、社会目的,以及解决问题的基本方法、实施管理的目的。

在后勤社会化管理中,学校可以借助一些社会力量来学校开展某些服务,从而承担学校后勤某方面的服务职责,从而促进后勤工作的完善。而在具体的后勤社会化过程中,学校也要做好管理工作,具体包括以下两方面的内容。

1. 健全校产问责制,不断进行改革创新

建立和健全各种财产管理的责任制,是管理好校产的有效途径。所有校产都要建立账卡或者登记簿,分门别类登记造册,进出库均应严格执行制度,力争做到手续完备、账目清楚、账物相符,杜绝贪污和浪费现象的发生。这项工作须仔细踏实地做好,不能粗心大意。除此之外,校产管理员还要与会计、各处室、各班组的负责人密切配合,保证学校财产安全、完整、有效。当前,一些学校采取"学校总管、包干负责、分兵把口、定期核对"的方法。实践证明,这是一种十分有效的方法。

随着科学技术的发展,对校产管理的要求也在逐渐提高。校产管理绝不是一个墨守成规

的工作,需要校产管理员勤于动脑、努力创新,提高校产管理方式方法的科技含量,改善校产管理工作的质量和效益。例如,使用计算机进行账务管理,协助做好校产管理工作,就是一种符合当下发展潮流的改革创新。

2. 采取刚柔并济的管理策略

从学校内部管理体制改革的实践而言,纯粹的刚性管理或者柔性管理都有利有弊。而经验告诉我们,规章制度等约束手段固然重要,但是管理发展的趋势,是越来越依靠人们的内在精神动力、依靠人们职业道德水平的提高、依靠学校文化力量,从而实现自我约束、自我规范。所以,学校内部管理改革要深化,应真正地"以法治校""以人为本""以德治校"。

在用人制度上,学校管理人员要善于优化配置人才资源。而在分配上,要能够真正地打破平均主义,奖优罚劣,在保证学校利益的基础上,稳定骨干,调动后勤职工的积极性。平时,学校要组织后勤职工学习,提高他们的思想文化素质和现代操作技能,以适应学校服务育人的需要。另外,也要加强他们的思想政治工作,制定岗位文明服务规范,加强职业技能培训进修,并且定期进行考核,促使后勤职工以自己良好的职业道德、职业纪律、服务技能和文明行为影响熏陶学生,以发挥服务育人的作用。

第三节 项目管理与资产管理

一、项目管理

项目管理就是把各种知识、技能、手段和技术应用于项目活动之中,以达到项目的要求。世界著名项目管理专家、美国管理技术大学学术校长J·D.弗雷姆博士在其所著的《组织机构中的项目管理》一书中说,项目管理最根本的目的是"如何有效地利用时间、技术和人力"。项目管理并不针对哪个专业领域,是一种通用的管理方法。学校项目管理就是将项目管理的方法和技术应用于学校的工作或活动之中,以达到特定的目标。

(一)项目管理的基本特点

(1)目标的明确性。项目管理实际上就是一种目标管理。每一个项目都有明确的目标,目标的数量可能是多个。当项目目标一经达到,项目也就进入收尾阶段,项目管理也会随即结束,所以项目管理的目标是非常明确的。

(2)过程的唯一性。由于项目具有一次性的特点,所以项目管理具有唯一性。例如学校同样是举办大型运动会,但今年的运动会和去年的就是两个不同的项目,教师、学生、场地、运动项目等都发生变化了,今年的运动会已经是一个新的项目了。项目的结果是不可逆转的,不论结果如何,项目结束了,结果也就确定了,所以项目管理过程也就成了唯一的。

(3)组织的临时性。项目管理可能涉及多个部门和众多人员,这就需要将具有不同经历、来自不同组织的人员有机地组织在一个临时性的组织内,共同实现项目目标,当项目结束后,大家各回各处。

(4)运行的周期性。项目管理的本质是计划和控制一次性的工作,在规定期限内达到预定目标。一旦目标满足,项目宣告结束,项目组织就失去其存在的意义而解体。因此项目运行具有一种可预知的生命周期。

(二)学校项目管理的意义

项目管理是以项目为对象的系统管理方法。把项目管理的思想和方法引入学校,对提高学校管理水平和推动学校整体发展有着重要意义。

1. 学校项目管理有利于提高学校管理的效率

首先,作为项目团队的成员,虽然来自不同的职能部门,但为了共同的目标,必须团结合作,这就解决了跨部门合作较难的问题。其次,项目负责人直接面对项目组成员,减少了管理层,有利于沟通。另外,项目团队有高度的自主权,在项目实施时学校的行政职能部门对项目不进行直接管理,而主要是对项目团队进行管理和评价,由对单个教师的管理变成对团队的管理,使管理趋于简化,有利于提高管理效率。最后,由于项目目标明确,时间有所限定,所以更易于达成,这样便有利于提高学校管理的效率。

2. 学校项目管理有利于激发参与者的主动性和创造性

学校工作以常规性、重复性的教育教学工作为主。在职能式管理模式中,学校管理人员主要是上传下达,按照上级部门的规定管理学校,教师按要求工作。而在项目模式中,参与者是项目活动的策划者、实施者,教师直接承担着责任,这就更易于调动起他们的积极性,并可以最大限度地发挥他们的主动性和创造性。参与者可以根据学校的项目目标,在既定的时间内发挥自己最大的创造力去完成它,随着学校管理自主权的加强,随着课程改革的推进,学校中非常规性的工作将会越来越多,而对非常规工作进行项目管理将更易于激发参与者的想象力,更能够推陈出新。

(三)项目管理的实施过程

单个学校项目管理的一般过程,可以分成五个过程组进行管理。如某学校举行百年大型校庆活动,该项目可按如下程序依次展开:

1. 启动

项目启动过程中主要的工作内容:制订项目章程;编制项目初步范围说明书。首先,由校长提出准备举行百年校庆活动,经行政会讨论一致认为这项活动具有积极意义,同时提出校庆活动总的构思,并成立校庆筹备委员会。接着学校组织师生对庆典活动提出自己的建议和想法,进行征集和整理。最后通过讨论形成一个初步的实施方案(项目章程及项目初步范围说明书)。方案中明确了校庆的意义、目的、庆典的时间、筹备组织和任务等。方案的形成和组织人员的落实标志着项目的启动。

2. 规划

项目规划是实施项目的基础。虽然有了校庆实施方案,要想具体落实还需要制订更详细的项目计划,使项目目标更明确、更具体,具有可操作性。重点应从以下几个方面考虑:(1)明确各项任务的范围;(2)确定负责任务的全部人员;(3)确定各项任务的时间进度;(4)明确各项任务所需的资源(人、财、物),做好预算;(5)进行风险的识别、估量,并制订对策。

3. 执行

在项目执行过程中,不仅要按照项目管理计划统一实施项目活动,而且还需要协调人员和其他资源。其主要内容包括:项目计划的执行;项目团队的组建和建设;实施质量保证;信息传递;询价及货源选择等。其中,最重要、最基础的工作就是项目团队的组建和建设。校庆活动是个大型的项目,包含若干个子项目,涉及学校的方方面面,必须建立合适的项目团队,明确分工,各司其职。

4. 控制

项目控制过程是通过定期测量项目的执行绩效,以便识别项目管理计划在执行过程中的偏差,识别出潜在的问题,并在必要时采取纠偏措施。项目控制主要内容包括:实施情况报告、全程变化控制、范围变化控制、进度控制、成本控制、质量控制、风险对策实施控制等。

5. 收尾

项目收尾过程是指移交成果正式结束项目,是全过程的最后阶段,包括行政收尾和合同收尾。主要工作是客户对成果进行验收,项目组发布项目正式结束的信息,收集档案、总结经验,遣散项目团队成员等。

(四)项目管理的模式

在实施项目时,离不开高效的项目组织,也就是项目团队。项目组织的效率直接决定了整个项目的实施效果。项目组织按结构划分,主要有三种结构模式,分别是职能式、项目式和矩阵式。

1. 职能式

目前,大多数学校的管理模式,是校长负责制的职能式管理模式。这种管理模式是一种金字塔型的层次性的组织结构(图9-2)。其优点是:以职能部门为主体,资源相对集中,便于交流和相互支援;政策、工作程序和职责规范明确。缺点是:当项目涉及多个职能部门时,跨部门的合作会比较困难;当一个部门管理多个项目时,在资源使用上也可能造成冲突,不容易把握项目间的平衡。职能式结构模式在学校中通常有四个管理层次,分别是:校长和副校长、教务处和政教处(教务主任和政教主任)、教研组和年级组(教研组长和年级组长)、教师。这种管理结构模式适用于业务单一的、规模较小的项目,由一个部门就可以完成的工作任务。

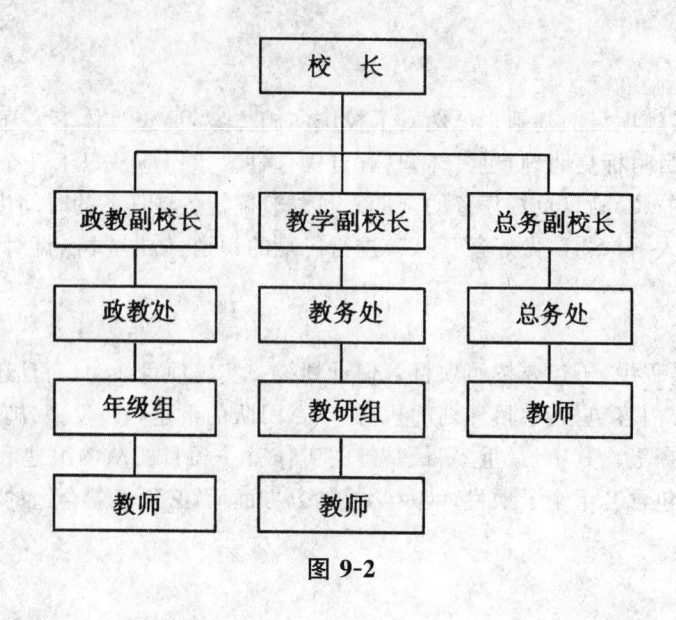

```
              ┌──────┐
              │ 校 长 │
              └───┬──┘
      ┌───────────┼───────────┐
┌─────┴────┐ ┌────┴─────┐ ┌───┴──────┐
│政教副校长│ │教学副校长│ │总务副校长│
└─────┬────┘ └────┬─────┘ └───┬──────┘
┌─────┴────┐ ┌────┴─────┐ ┌───┴──────┐
│  政教处  │ │  教务处  │ │  总务处  │
└─────┬────┘ └────┬─────┘ └───┬──────┘
┌─────┴────┐ ┌────┴─────┐ ┌───┴──────┐
│  年级组  │ │  教研组  │ │  教师    │
└─────┬────┘ └────┬─────┘ └──────────┘
┌─────┴────┐ ┌────┴─────┐
│  教师    │ │  教师    │
└──────────┘ └──────────┘
```

图 9-2

2. 项目式

项目式是依据项目而设立的项目部门，具有独立、完整的项目团队，项目负责人（项目经理）对项目团队有完全的控制权（图 9-3）。其优点是：以任务为中心、以目标为导向，关系简单、独立性强，是最有利于项目管理的组织结构。缺点是：一个项目就需一班人马，人员、设备等不可避免地存在重复设置的现象，资源使用率低；项目完成后，在下一个项目开始前，会造成一段时间内资源的闲置。这种管理结构模式适用于复杂的、规模大的、有一定工作难度的项目，需由一个专门的组织来完成的工作任务。

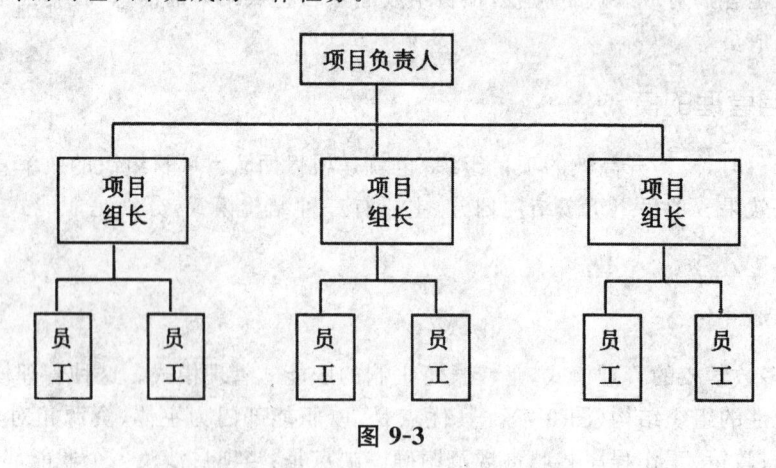

```
                    ┌──────────┐
                    │项目负责人│
                    └────┬─────┘
          ┌──────────────┼──────────────┐
     ┌────┴───┐     ┌────┴───┐     ┌────┴───┐
     │项目组长│     │项目组长│     │项目组长│
     └────┬───┘     └────┬───┘     └────┬───┘
       ┌──┴──┐        ┌──┴──┐        ┌──┴──┐
    ┌──┴┐ ┌─┴─┐    ┌──┴┐ ┌─┴─┐    ┌──┴┐ ┌─┴─┐
    │员工│ │员工│    │员工│ │员工│    │员工│ │员工│
    └────┘ └───┘    └────┘ └───┘    └────┘ └───┘
```

图 9-3

3. 矩阵式结构模式

矩阵式结构模式是职能式模式和项目式模式的结合体，它是由多个部门抽出相应的专业人员组成一个项目团队（图 9-4）。这种结构模式适用于复杂的、规模比较大的、涉及多个专业、多个部门的项目。它发挥了职能式和项目式两种结构模式的优势，又在一定程度上克服了两者的缺点。既有项目负责人直接负责,又可共享不同职能部门的资源,使成本最小化。专业人员在技术上可互相支持。另外,项目团队的成员在组织上仍然归属各职能部门,这样在项目结束后,员工就可及时"各回各家"。在学校跨越部门的项目管理中,可采用矩阵式的项目团队结构模式。

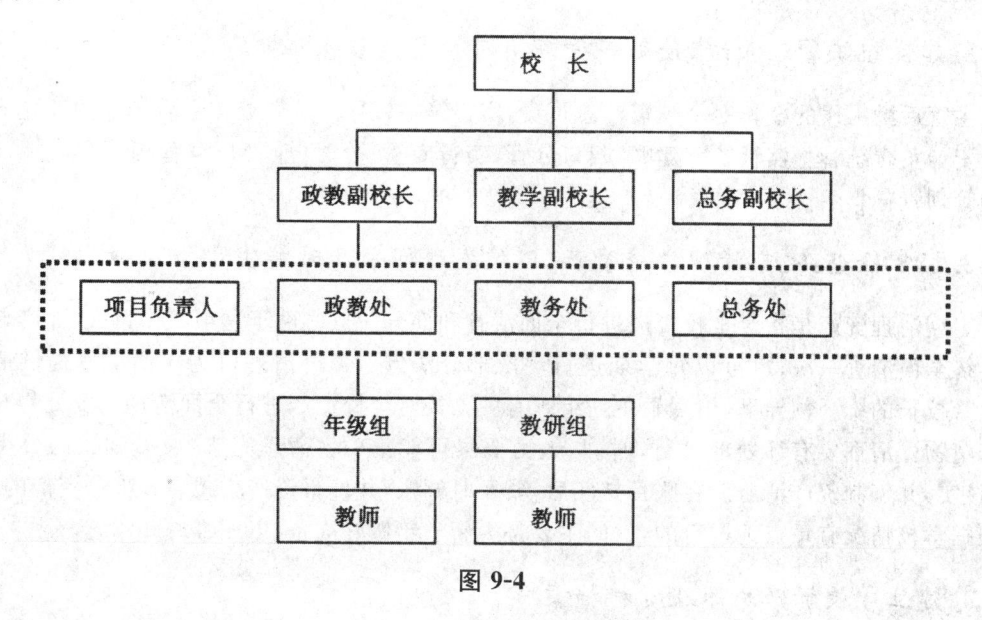

图 9-4

二、资产管理

学校资产属于国有资产的一部分,是我国教育资源的重要组成部分,是学校从事教学、科研、培养人才等各方面工作的物质基础,是学校赖以生存和发展的基本条件。学校资产具有所有资产的共同属性和特点,是应当能以货币来计量的,而且这项资产应当为学校所拥有或控制,具有排他意义。此外,学校资产应包括各种财产、债权和其他权利,既可以是有形的,也可以是无形的。

(一)对固定资产的管理

固定资产是指使用时间较长,单位价值较大,并在使用过程中基本保持其原有实物形态的物质资料。认定固定资产的标准一般为:第一,使用时间在一年以上;第二,单位价值在50元以上的成批财产。学校固定资产主要有房产、家具设备、教学设备、实验仪器与设备、文体设备、炊具器皿、文物陈列品、医疗器械、办公与事务用品、生产劳动设备等。对这些资产进行管理需要做好以下几方面的工作:

1.建立并严格实施学校资产管理制度

规章制度是管理学校资产的保障。健全的规章制度标志着学校资产的管理水平,也是发动广大师生员工参与管理的基础。规章制度一旦宣布就应具有权威性,管理人员在工作中要以此为依据,师生员工也有章可循。学校资产管理制度主要包括:《学校资产管理制度》《班级资产管理制度》《学校资产领用、借用、赔偿制度》《设备、物品购置制度》《各类器材使用维修制度》《图书管理制度》《实验室操作制度》《校车使用制度》《学校资产管理员岗位责任制》《爱护公共资产的奖励制度》等。学校领导要教育全体师生员工尊重各级资产管理人员，自觉遵守各项管理制度。

2. 建立组织管理系统，使财产管理有可靠的组织保证

主管后勤工作的校长对全校资产总负责，实行统一领导。后勤处在主管校长的领导下，对全校资产负责统管。实行统一建账，归口分管，实行专管、分管（兼管）、群管相结合，并明确具体的管理责任。

3. 经常检查，定期清理学校资产，以便发现问题及时解决

定期清理资产是指对全校资产进行全面清查和部分清点。由于这项工作量大、面广，一般在年终全面清查一次；也可以每学期进行一次部分清点。年终清理可为年终决算提供情况。在主管校长的统一领导下，由后勤主任组织有关人员对全校资产进行全面清理。要见物对账，按账清物。清理要有计划地进行，时间、人力要尽可能集中。清理完毕，应做细致的分类、统计、核实，并编制资产清册。在账目核实后，要及时调账，并填报资产增减表。部分资产的清点是根据学校情况有重点地进行的，目的主要是为新学年做好准备，以便维修和添置。

4. 建立学校资产总账及资料档案

建立资产总账，由学校总管理员和学校会计统管，即按照规定设置固定资产科目和资产资金情况表。总管理员还要建立资产明细账，对全部资产予以登记；学校会计要记载资产总值和资产资金活动情况。各分管理员要用统一的账簿设置分类账，管理记载要与实物要符合，并要与总账相符。

5. 严格学校设备、物品购置的管理

严格学校设备、物品购置程序，把有限的教育经费花在实处。学校设备物品的购置决定着为教育教学以及其他工作服务的程度。教学设备和物品的购置，学校后勤部门一定要和教学人员相结合。一般由教学人员提出项目，经主管教学的校长同意，由主管后勤的校长根据经费情况签字批准后方可购置。对于大型设备还要召集有关人员进行论证。设备和物品决定购置后，要及时落实，一定要把住质量关。

（二）对无形资产的管理

无形资产是指能够长期使用，但没有实物形态的资产，它们代表拥有者的一种法定权和优先权，或者是具有高于一般水平的获利能力，是一种重要的经济资源。一般来说，高校作为知识密集型事业单位，无形资产在学校资产中占据着更大的比重，因此，加强对高校无形资产的管理十分重要。

从内涵上讲，无形资产是一种不以载体形态进入高校运行，能够为高校运行所利用，其产出能带走但在刚带走时又不会使得原有无形资产得以减少的一种教育投入形态。从外延上

讲,高校无形资产除了具备企业形态的无形资产之外,还包括关于大学的校风、校园文化、学校的传统、学校毕业生在社会各领域中取得的重大成就而形成影响等方面的非物质形态的资产。对高校无形资产的管理可从以下几方面入手:

1. 健全法律法规体系,促进高校内部管理制度建设

市场经济的发展对我国政府建立、健全无形资产法律法规体系提出了更高的要求。当前,每年仍有大量的无形资产在高校校园内"沉睡",因此,如何促进高校无资产的转化率、不断提高我国高校的无形资产管理水平和尽快出台完善无形资产转化方面的法律法规,是目前无形资产管理工作的首要任务。使无形资产为高校创造更多价值,为社会经济发展做出更大的贡献,高校无形资产管理制度是高校进行无形资产管理的基础。高校应重视学校无形资产的管理与保护,推出系列切实可行的有效措施,着力构建一套无形资产管理与保护长效机制,促进学校依法行政、依法决策、依法管理。一方面应健全管理机构,可以实行学校、二级单位(包括学校的各类研究机构、二级学院等)和课题组三级管理,学校成立无形资产工作领导小组,依托科研处设置专门的学校无形资产管理办公室,负责全校的无形资产管理工作,各二级单位由其主管领导负责管理,重大项目课题组应指定专人负责;另一方面高校内部应尽快出台各类学校无形资产管理办法。

2. 建立科学的无形资产评估体系,强化高校资产管理职能

高校在无形资产评估管理上存在的诸多问题主要源于尚未建立资产评估体系,而高校无形资产评估体系的建立将会有助于高校更好地开展无形资产管理,因此建立高校无形资产评估体系也是建设高校无形资产管理体系的一个重要内容。具体来说,建立高校无形资产评估体系可以从内外部两方面入手,即完善高校无形资产评估的内外部环境。

从内部来说,建立科学的无形资产评估体系需要做好资产评估人员的素质培养。在当前阶段下,我国注册资产评估师考试不分专业、不分类别。针对这种情况,应该根据现行资格考试的特点,将其作为注册资产评估师考试的一级平台,然后再将注册资产评估师按专业侧重知识划分为各类具体专业的评估师,并颁发相应的专业资格证书,作为无形资产评估师考试的二级平台。

从外部来说,完善高校无形资产评估的外部环境需建立无形资产评估市场规范。在市场经济条件下,政府应该为高校无形资产评估业建立一个公平竞争的市场环境,如在制定高校无形资产评估机构跨地区开展业务的规则,引进外资参与我国高校无形资产评估业的原则要求等,形成无形资产评估工作的竞争机制,以促进高校无形资产评估业的健康发展。

强化高校无形资产管理职能,应在校长统一领导下,在校财务部门的监督指导下,设立高校无形资产管理机构,配备专职管理人员,根据各项高校无形资产的不同特性,制定各项管理制度,对高校资产进行有效的监督和管理。

这里需要特别指出的是,针对高校无形资产的评估,需要做好以下几个方面的工作。

首先,完善无形资产的取得、分期摊销和对外投资收益的分配等财务核算制度,确保无形资产的账面价值与实际情况相符,确保其投资收益合理分配,以调动科研开发人员的积极性。

其次,应当建立严格的审查和产权转移批准制度,不允许任何单位和个人非法占有。

再次，要建立高校专利申报管理制度，采取措施统一代理发明创造者进行专利申报有关事宜，提高申报效率，保护申报者的积极性。

最后，对学校所拥有的无形资产建立档案，凡进行产权转移的，诸如投资入股和校办企业股份制改造等，学校均应进行科学评估。

3.强化保护意识，建立高校无形资产保护制度

无形资产不具有实物形态的特点，导致高校内部忽略对其的管理。高校应加强无形资产的知识宣传和普及，建立健全保护制度。对于高校领导干部，应加强对无形资产重要性的认识，并将无形资产管理纳入高校工作日程；对高校的科研管理人员来说，通过对高校无形资产的内容和特点的学习研究，应制定保护制度，明确各无形资产的产权归属，减少因人才流动造成的无形资产流失。例如学校向外单位派出的进修人员、合作研究人员应事先与学校签订书面协议，约定其在外单位完成的智力劳动成果的知识产权归属；对于教师和学生，要加强学习，树立无形资产保护意识，注重无形资产的开发和利用，防止无形资产流失。

第十章 文化育人:学校文化构建探究

学校文化是学校人在学校管理、教育、学习、生活过程中的活动方式和活动结果,这种活动方式和活动结果以具有学校特色的物质形式和精神形式作为其外部表现并影响和制约着学校人的发展。学校文化建设得如何,将影响着师生的价值观念、道德意识、审美情趣和行为准则,是学校兴衰成败的重要标志。学校应着力于学校主体文化的建构,不断充实、发展内涵,以鲜明的文化特色来提高教育质量,提高学校的核心竞争力,使学校更好地成为培养人才的摇篮,成为社会主义精神文明建设的坚强阵地,具有重要的作用和深远的意义。

第一节 学校文化的内涵

一、学校文化的概念

每一个人都有个性,一所学校同样也有自己的个性,这种个性在管理学上被称为组织文化。所谓组织文化,就是组织成员所共有的信念、期望及价值体系。"在每个组织中,都存在着随时间演变的价值观、信条、仪式、神话及实践的体系或模式,这些共有的价值观在很大程度上决定了雇员的看法及对周围世界的反应。当遇到问题时,组织文化通过提供正确的途径来约束雇员的行为,并对问题进行概念化、定义、分析和解决。"①组织文化对于一个组织的发展壮大有很大的影响力。健康向上的组织文化,能激发组织成员的斗志,提高劳动生产效率;反之,消极颓废的组织文化,则会压抑组织成员的士气,降低劳动生产效率,甚至会拖垮一个企业。将组织文化的有关理论运用于学校管理实践,就有了学校组织文化,即我们通常所说的校园文化。所谓校园文化,就是学校全体员工在学习、工作和生活的过程中所共同拥有的价值观、信仰、态度、作风和行为准则。校园文化主要通过下述要素表现出来:学校历史、学校的形象标志、学校建筑、内部机构设置、学校管理制度和管理行为、校风、学风、学校的活动仪式(如开学或毕业典礼)、师生关系、校园环境、学校绿化、学校办学思想、管理观念、员工的工作态度、士气、生活方式等。在所有这些要素中,有些是显性的,有明确的外在形式,如学校建筑、学校规章制度、学校绿化等;有些则是隐性的,无明显的外在形态,必须通过其他载体体现出来,如管理观念、员工士气、校风等。

---

① [美]斯蒂芬·P.罗宾斯.管理学[M].黄卫伟,等译.北京:中国人民大学出版社,1997:59.

所有组织文化的形成都有一个一般模式,校园文化的形成也不例外。借鉴组织文化形成的大致过程,我们可以把校园文化的形成过程描述如图 10-1 所示。

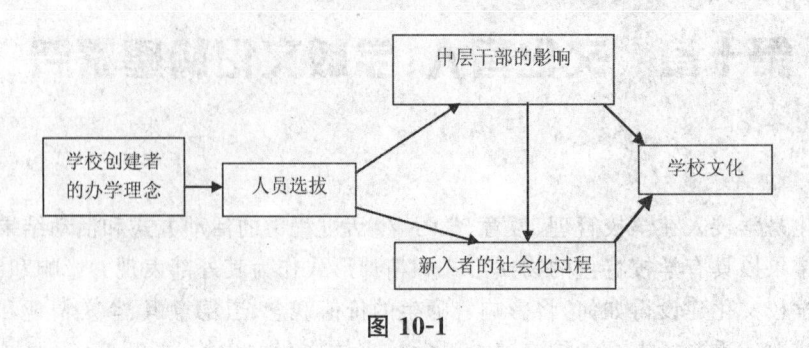

图 10-1

(1)学校创建者的办学理念。一般来说,一所学校的创始人对一所学校早期的校园文化形成具有至关重要的影响。这些创始人不为传统所束缚,敢于提出自己新颖的教育理念,并竭力把这些理念灌输给学校的广大师生员工。例如,蔡元培在北京大学倡导的"兼容并包"的办学理念;陶行知创办学校时所坚持的"捧着一颗心来,不带半根草去"的奉献精神以及"学生自治"的治校信念;孙中山为中山大学题写的"博学、审问、慎思、明辨、笃行"的校训;等等。直到今天,人们参观一所学校,也依然会听到学校人员介绍该校首任或前任校长的办学思想和事迹,说明学校创建者对学校文化起着重要的影响,他们实际上是一所学校的历史和传统的见证人。

(2)人员选拔。为了维系和巩固校园文化,学校领导者总是希望所提拔的干部或从人才市场招聘来的新教师在观念和行动上能与原来的学校文化模式相融合、相匹配,有基本一致的价值观。尤其是在今天市场经济的条件下,校长们有了一定的用人自主权,在这方面就更有了条件和可能。

(3)中层干部的影响。学校中层干部的言行举止对校园文化的形成也具有巨大的影响。任何一位校长都不会容忍这样的现象产生:当其不遗余力地推行校园文化的时候,其他干部却在一旁无动于衷,甚至唱对台戏。因此,校长肯定会首先在中层干部中间加强宣传,统一认识,然后对他们提出要求,并通过他们去进一步扩大和巩固原有的校园文化建设。

(4)新人者的社会化过程。对新来的师生进行教育,让他们适应并接受原来的校园文化模式,这在管理学上被称为是一种人的社会化过程。这一过程也可分成若干个阶段,先是原有价值观念和精神状态与新的价值观念和精神状态的摩擦、碰撞,然后是自身行为的调整,最后是融入新的文化氛围之中。

以上仅仅是学校文化形成的大致过程,当然由于各个学校的情况不同,会有不同的形成过程。

二、学校文化的特点

(1)共性与个性同在。全面贯彻国家的教育方针是所有学校共同的准则,但每所学校具体的办学理念可能又不一样。例如,深圳清华实验学校中学部的校训是"自强不息,厚德载物",天津南开中学的校训是"允公允能,日新月异"。所以,各个学校的文化都有自己的特色。

(2)教育性与实践性。学校文化是在校园这一特定环境中的文化现象,始终与该环境中的生活成员发生密切联系,参与学校文化活动的人是受教育的主体,相对而言,学校文化作为客体存在,它随时都发挥着显性或隐性的作用。这是学校文化的本质所在。学校文化是学校和社会的结合,它应当表现社会的本质特征即实践性特征。此外,学生时期是人生"好动"的阶段,亲身体验的欲望强烈。在学校的各种活动中,学生有目的、有组织地为自己创造条件,开展各种喜闻乐见的体验活动,在实践中体验生活的乐趣、价值,培养良好的社会道德和精神。同时,学校文化活动又具有一定的社会性,使学生在活动中增长社会知识和交往能力,这种实践性为学生的理论与实践之间架起一座桥梁,使理论和实践有机地结合,达到全面发展的目的。

(3)创造性与辐射性。创造是学校组织文化的灵魂,没有创造便没有学校组织文化的生长和发展。学校是知识分子相对集中的地方,文化层次普遍较高,他们对社会文化的发展和走向表现出明显的注意,并创造出许多形式多样、内容丰富的校园文化活动。师生在创造多姿多彩的校园文化活动中,不仅丰富了学校文化的内涵,提高了文化意识,而且为师生员工的创造性思维提供了广阔的空间。这种创造性将社会文化中对人才的要求、社会观念、政治原则与价值规范体现在自己的传统结构中,通过课堂传授,学校机制的约束,校风、教风、学风的熏陶和潜移默化,形成了自己创造性、超前性、辐射性等特点,从而形成对整个社会文化的示范和"导航"作用,为社会不断孕育出新的思想观点、理论学说和精神食粮,为社会提供新的文化规范和输送大批有较高文化素质的人才,推进社会文化的进步。

(4)单项与综合交织。所谓单项,是指通过学校文化的某一系统,对师生的思想、行为的某一方面进行教育。所谓综合,是指学校文化可以从德智体美劳诸方面对学生进行全面、和谐的教育。只有全面理解学校文化的内涵及其层次,正确把握它的体系及其教育特点,通过"共同愿景引领—制度保障—环境熏陶—实践活动锻炼—校本课程深化"的协调配合,才能搞好学校文化建设。

(5)继承与原创互融。学校文化并非都是每一任学校执政者自行创造的,它应在继承学校原有文化的基础之上,创生学校新的文化亮点,形成新的文化氛围。这种继承与原创互融方式所构成的学校文化,其生命力将永不衰败。

三、学校文化的功能

(1)导向功能。通过各种文化要素集中、一致的作用,对学校组织整体和每一个体的价值与行为取向产生引导作用,使之符合学校所确定的目标。

(2)规范功能。学校文化对每个学校人的思想、心理和行为具有约束和规范作用。当然,这种约束和规范是通过营造一定的思想氛围、道德氛围和行为氛围,影响学校人的价值观、道德观和行为心理间接地、软性地实现的。

(3)凝聚功能。当以学校精神为核心的价值观被学校全体师生员工共同认可时,就会产生强烈的认同感和归属感,使个人的信念、感情、行为与学校的目标有机统一,形成稳定的文化氛围,凝聚成一种合力和整体趋向,从而产生一种巨大的向心力和凝聚力。

(4)陶冶功能。学校文化之所以具有陶冶功能,首先在于它创造了一个陶冶人们心灵的精神环境,以校风、学风、文化传统、价值观念、人际关系等方式表现出来的观念形态的文化,对学校的各个方面起着指导与影响的作用。其次它创设了一种与其观念体系相适应的优美和谐的物质环境,对每一位校园人起着陶冶情操和规范行为的作用。优美的校园环境可使学生的审美观得以启发和感染,激发其产生一种自觉的内在驱动力,主动地去完善自我,由外而内塑造自己完美高尚的人格。

(5)创新功能。学校文化本身所蕴含的创新因素及其对生活在其中的成员的创新意识、创新潜能、创新方法的萌动、激起和开发,昂扬着探索进取的开拓精神,激发着生活于其中的成员的创造灵感。

(6)辐射功能。学校文化一经形成便成为较固定的模式,它不仅会在校园内发挥作用,而且会与家庭、社区产生互动,通过各种渠道对社会产生影响。"学校文化场"对社会的辐射具有其他文化无法比拟的功能优势。

四、学校文化的作用

作为一种特殊的文化现象,学校文化在学校的德育、智育、体育、美育各方面都可发挥自身所特有的教育作用。

(1)深化品德教育。德育的根本任务是立德树人,学校文化建设也同样为完成这样的任务而服务。学校文化建设的根本目的是教育、引导广大师生员工,以社会主义核心价值观为引领,提高师生员工的思想道德素质和科学文化素质,努力培养更多的德、智、体、美全面发展的社会主义事业的建设者和接班人。

(2)提升智育水平。智育是教师有目的、有计划、有组织地向学生传授系统的科学文化知识,培养基本的技能技巧,发展学生智力的教育活动。智育担负着传授知识、培养技能、发展智力的重任,它对人的全面发展和社会的文明进步都具有重要的意义。学校文化本身包含着较强的智育功能。学校文化的部分活动属于课堂教学。课堂教学直接传授系统的科学文化知识和技能。在这一过程中,根据教学相长的原则,师生双方通过课堂教学的形式,巩固和传播着人类的知识文明。此外,学校文化的丰富性和灵活性为兴趣不同、爱好广泛的同学提供了学习的场所和施展才能的机会,使他们的直接经验与间接经验得以结合,思维能力得以锻炼,使学有余力者能够按照自己的成长目标学习新的知识,发挥自己的优势和专长,弥补课堂教学的不足。

(3)促进体育发展。学校文化中所包含的体育运动是增强学生体质的基本途径。学校按照教学大纲的要求及学生身体发育的特点,科学设置了一定的体育运动课程,安排固定的时间、场地、器材,配备专任的教师,有针对性地对学生进行系统的体能训练。首先,这既增强了学生的体质,又教会了学生体育技能及运动训练的方法,对学生的身心发展起到了不可替代的作用。其次,学校文化的文体活动为学生的身心健康发展提供了愉悦舒畅的环境。紧张的学习求知过程对学生的身心发展来说是沉重的负担。过分紧张的学习必然影响学生的身心健康,如果让他们在紧张学习之余适当地参加学校文体活动,可以使他们快速解除疲劳,始终以旺盛的精力投入学习中。可见,积极组织学生开展校园文体活动,科学地调节学生的生理及心理,使他们妥善地处理学习与健康的矛盾,才是正确贯彻落实党的教育方针的有效途径。此外,学校文化的愉悦作用能较好地调节师生的心理健康。组织丰富多彩的校园文化娱乐活动,吸引师生主动参与其中,使他们在集体活动的欢乐中体验和享受师生之间、同学之间的真情与友谊,从而缓解疲劳及紧张情绪,消除心理障碍,促进工作与学习,同时还能够陶冶性情,愉悦身心。

(4)让美育更完美。美育是全面发展教育的重要组成部分,它以美学作为理论指导,以教育作为载体。学校文化活动作为美育的重要途径,具有突出的美育功能,如它可以引导受教育者的审美活动,满足他们的审美需要,促进他们形成心灵、语言、行为、形体的美,提高他们的审美意识、审美能力,使他们为维护和创造美好的事物而做出不懈的努力。学校文化中的行为文化作为校园文化的动态层面,包括教学科研活动、组织管理工作、课外文化活动及后勤服务等,体现着学校文化的独特风貌,成为实施美育的最佳渠道。

第二节 学校文化的结构分析

一、学校文化的层级类型

学校文化结构包括观念文化、精神文化、内隐文化、外显文化、组织文化、行为文化、管理文化、制度文化、物质文化等方面。学者寿韬认为:"现实的学校文化是立体的、开放的、丰富多彩的,不是平面的、封闭的、单调规则的,学校中任何一个文化现象都是学校文化要素综合的结果。……清晰地了解和掌握校园文化的层次结构,有利于促进校园文化实践的有效性。"并进而提出,"从校园文化的质态结构,主体结构,职能结构和时间结构几个方面分析校园文化,就可以对校园文化的结构状况有一个比较完整的了解。"[①]

二、学校文化的质态结构及其关系

寿韬在《大学校园文化的设计与实践》(中国林业出版社)中认为,从学校文化质态构成看,学校文化可分为观念文化、制度文化、物质文化和行为文化四个层次,并按相互间的支配与被支配、作用与反作用的关系,形成以观念文化为核心,向外依次是制度文化、物质文化、行为文化的同心圆结构(图10-2)。

---

① 寿韬.大学校园文化的设计与实践[M].北京:中国林业出版社,2004:38-50.

图 10-2

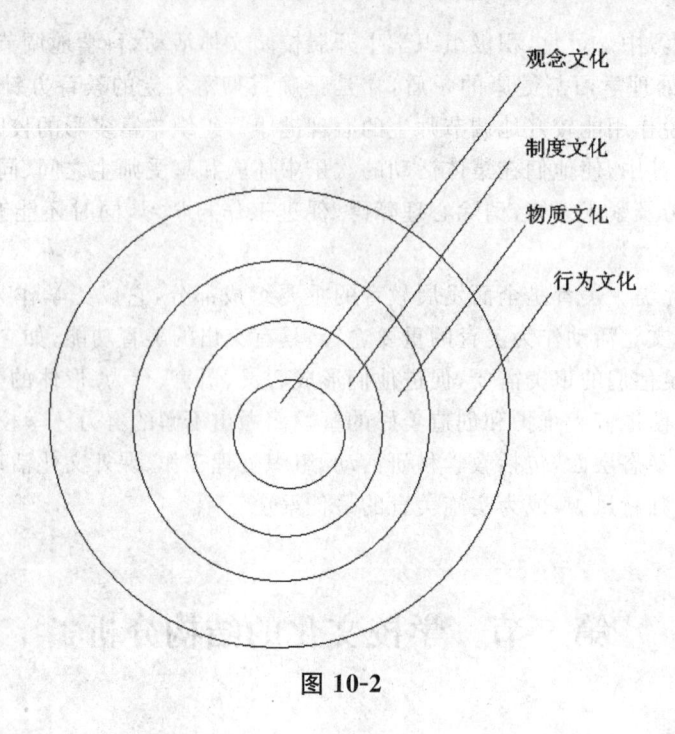

(一)学校观念文化

学校观念文化主要以思想观念形态表现出来。观念文化从学校文化的内在结构上,决定了学校文化发展的方向和学校文化发达的程度。观念文化包括思想意识、价值观念、生活信念等,是潜在于高校内部的属于意识形态的部分,反映着一个学校的传统价值、现实风格和精神面貌。学校观念文化从深层影响着学校全体成员的理想、信仰、意志、情感及行为。在学校观念文化层次中,最重要的内容是一所学校独具特色的学校精神。学校精神是学校文化的核心,处于学校观念文化的核心位置。

(二)学校制度文化

学校制度文化层次主要是指以文字形态表达的学校的规章制度及由规章制度固定的体制所体现的文化和以风气、习惯、传统所体现的文化。学校的规章制度及由规章制度固定的体制,一般称为正式规则,如学校自己制定的章程、条例、规定、办法、公约、实施细则等制度。学校的风气、习惯、传统一般称为非正式规则,如校风、教风、学风。正式规则和非正式规则共同起作用保证学校秩序的正常运行,规范学校全体成员的行为和作风。制度文化是观念文化最直接的物化形态,是学校文化精神在学校管理中的具体体现。观念文化内容转化到制度文化层次的内容,既标志着先进的学校观念文化的有效传播,又标志着学校文化创新的落实。

(三)学校物质文化

学校物质文化层次主要指学校的教学设施、生活设施、校园自然生态环境等以实物形态表现出来的内容。它们既是学校文化活动的物质保障,又在一定程度上制约学校组织文化活动的规模甚至质量。物质文化是学校文化的形象化和实物化,是观念文化按照一定的规则经过实践改造以后的积淀,是学校文化最直观的内容。在校园的整体布局、校园建筑结构风格、校园自然生态环境等物质建设上,通常凝聚了一定时代一所学校全体师生的文化思考,是反映学校积淀怎样的文化内涵的特征之一。

学校物质文化处于观念文化、制度文化的外层,一方面是因为在校园的整体布局、建筑结构风格、自然生态环境等物质建设上,积淀着师生的审美价值;另一方面是否自觉接受先进观念文化的指导,在学校物质形态上所承载的文化含义是完全不同的。物质文化既具体体现了一定的办学价值理念,又成为环境育人的重要手段。

(四)学校行为文化

学校行为文化主要通过师生的活动形态表现出来,是学校日常生活中人们最经常、最直接感受和表达的学校文化形态。相对于行为文化来说,学校观念文化、制度文化、物质文化三个层次便有了资源性的或环境性的作用,从内部支撑着学校行为文化,并形成学校跨文化交流的活跃界面。由于学校行为文化处于学校组织文化的最表层,因此它比内层文化更具开放性、更加多元化。

学校行为文化包括学校师生的日常言行和开展的各种娱乐性、学术性活动。学校行为文化一方面要受支撑它的内层文化的影响和支配,另一方面又接受社会大文化的影响,对内层文化有反作用,它总是在承受现存的内层文化的基础上对内层文化有所改变。学校文化正是内外层文化这种承受与改变的交互活动过程的产物,并不断在各层次间内在的矛盾运动中获得发展动力。学校文化中现存的观念文化、制度文化、物质文化是师生感性与理性思维的重要资源,它促进了师生的自我改变。而自我改变着的师生又同时通过一定的行为推动学校文化的再创造,赋予观念文化、制度文化、物质文化新的内容。学校行为文化是活文化,师生行为中变化着的生活方式、消费方式、学习方式、工作方式等,不断生产和反映着变化的价值观念与文化氛围。

三、学校文化的主体形态结构及其关系

学校文化是学校自我实现的环境和过程,因此学校师生是学校文化的主要载体,是活力最强的学校文化构成要素。学校每一位师生都是学校组织文化的主体,但是,在学校组织文化的实践上处于不同位置和不同岗位上的人,对学校文化自觉认识的深度和广度客观上存在差异,因此他们的主观努力对学校组织文化的形成、发展和稳定在某种状态上所起的作用和影响也有差异,并且这种作用和影响的差异主要不是以个体的形式出现,而是以群体的形式表现出来。从学校文化的主体考察,学校文化客观上存在领导干部文化、教师文化、学生文化三个层次。学生文化处在学校组织文化的最表面、最活跃的层次,教师文化处在中间的、稳定的层次,是学校组织文化的主导方面,领导干部文化以学校决策管理层为代表,处在学校组织文化的核心层次,是学校组织文化整体自觉发展、主动创新的源头。领导干部文化、教师文化、学生文化客观上存在着差异,它们既以学校的办学理念为共同的基础,统一于共同的学校精神,又各有自己的特色和侧重,因此,它们的结构是一种偏心圆式的结构。

(一)领导干部文化

学校领导团队对学校组织文化有预见的倡导和长期培育是形成特色鲜明的学校文化的重要源泉。作为学校组织文化中起主要作用的主体,学校的领导团队不仅要有清晰的办学理念和领导能力,而且要有强大的人格魅力。在学校文化塑造和发展中,领导人的道德修养和精神境界具有很强的示范性和导向性。

(二)教师文化

教师文化的主体是学校的教师与科研人员。这部分人构成了学校的精华,是一所学校的形象、荣誉所在,是教学、科研和社会服务的主角,因此,也是学校文化的主导力量。一方面教师的思想道德、文化修养、学术水平及生活态度、一言一行无不对受教育者产生着深远影响,另一方面教师在教学、科研和社会服务中的活动,也影响着学校领导层的决策,他们在各种活动中传递的信息是领导层决策的重要依据。一所学校的文化是否有活力主要表现在校风上,而构成校风的最主要的两个方面是教师的教风和学生的学风。教风反映的是学校教师的学术态度和职业道德,学风反映的是学生的学习态度和意志,一般认为学风受教风的影响,好的教风才可能形成好的学风。教师的学术态度、教育理念、教学方法、师德人格对学生的知识水平、心理素质和精神面貌都会产生重大影响。教师的身教比言传更有影响力,对学生发挥着"其身正,不令而行"的作用。所以学校文化建设应充分发挥教师的主体性作用。

(三)学生文化

学生文化的主体是学校各办学层次的所有学生。学生既是学校组织文化的主体,又是学校文化塑造的主要对象,是学校文化的重点受体。学生在学校的主要任务是在教师和行政管理人员的指导和影响下,通过学习获取知识,培养能力,养育品德,全面发展素质。学生文化在教师的这种指导和影响下形成、开展和传播是学生文化的主要形成方式。学生文化又最丰富多彩和形式多样,它会表现在教学、科研、社团、文艺、体育、日常生活等学校的一切方面。正因为学生文化的表现人多面广,因此很多人就把学校文化仅仅局限在学生文化层次或校园文化。学生文化的特点是自由、开放,作为学校文化塑造的主要对象的学生有受学校传统、办学理念和办学精神的影响一面,而作为学校文化的主体之一又有强烈的时代要求和创造的一面。因此,学生在学校文化活动中的主体性表现出复杂的、多元的、多层次的状态。

四、学校文化的时间形态结构及其关系

从文化演变的时间过程上看,学校文化可以分为传统文化、现代文化两个层次。

(一)学校传统文化

学校传统文化是指学校发展过程中形成的习惯、历史记录、传统的体制机制和文化心理等,它是学校发展史上被广大师生认同的东西。比如,学校一直延续的办学方式与教学方式,专家、学者治学育人的事迹,教学科研中的成就,档案资料,甚至于办学的条件等,它们积累着学校广大师生的思想观念、行为方式、校风学风、风土人情等文化内涵。传统文化作为一种历史的积淀,对现实产生了基础性的影响和作用。现实的学校组织文化总是在传统文化的继承与发展中呈现出来,学校精神往往首先浓缩在传统文化中,并在不断吸收现代文化中变得更加丰富。因此在内容上传统文化是学校组织文化的主体。

(二)学校现代文化

学校现代文化是指具有时代特色的、在文化交流中出现和形成的思想观念、管理制度、言行变化等,诸如校园网及网络文化、精英教育向大众教育转变后的观念方式变化与体制机制变化、对校园生态环境建设的重视与生态环境观念的变化、适应市场经济的道德观念和言行、现代高新技术的出现及年轻专家学者的大量涌现等。

现代学校文化与传统文化有着密不可分的联系,学校文化正是在现代文化与传统文化的不断融合中走向文化的新领域,形成新的文化范畴和文化精神,使学校师生在道德观念、生活态度、思维方式、行为模式、心理发展、价值取向等方面表现出新的发展与提升。传统文化与现代文化共同构成现实的学校文化。传统文化是学校文化发展的基础,现代文化是学校文化发展的方向,它们的相互融合是学校文化的传承,它们的相互冲突则是学校文化的发展。比如,网络文化是一种开放的超越学校与社会界限,甚至于超越民族和国家界限的文化,作为现代化的象征,它为校园文化发展带来了大量有益的东西,丰富了知识创新和人才培养的手段和方式,同时又对传统的教育模式、教育内容和教育观念产生巨大的冲击,甚至于挑战人类文明与社会发展的主流。

五、学校文化的职能形态结构及其关系

按照学校文化的职能特征,可以分为决策管理文化、教学学术文化、生活娱乐文化三个层次。

(一)决策管理文化

决策管理文化是指学校决策与管理的理念,以及相应的制度、方式和行为。不同理念、制度、方式和行为下形成的决策与管理,反映出来的价值观念与文化意义是完全不同的,对学校文化的形成、发展的结果也完全不一样。透过学校的决策与管理,人们可以清晰地感受到一所学校的文化品位和学校精神。因此从职能上,决策管理文化不仅是一个独立的学校文化层次,而且居于学校文化的核心地位,并统揽学校组织文化的全局。

(二)教学学术文化

教学学术文化是在教学科研的行为、结果和制度上透射出来的学校办学理念和办学精神。教学学术文化是学校文化的主要内容,也是学校文化区别于其他文化的重要特征。教学学术文化是学校文化的关键层次和建设主题,良好的教学学术文化对于高校提高办学层次、办学水平和保证办学质量都是必要的条件,也是学生学习创新,提高素质,建设良好学风的强大精神动力。

(三)生活娱乐文化

生活娱乐文化是在师生工作学习之外,在全体师生员工的生活方式与业余娱乐活动中表现出来的文化现象,是学校的价值取向对生活娱乐活动影响的结果。它处在学校的主流文化的外层,与决策管理文化、教学学术文化既有相关性,相互间的作用又不十分紧密。它是学校中存在最广泛的一种组织文化形式,表现在各种有组织的或自发的活动之中,有很大的随意性、松散性。学校生活娱乐文化与社会大众文化在本质特征上没有区别,但它又是学校文化中不可缺少的层次和内容,是有机的组成部分。

第三节 学校文化的建设与管理

一、学校文化的建设

学校文化建设是当前学校改革特别是中小学校改革的新主题,引起了广大教育工作者和教育媒体的广泛关注和持续讨论。在学校文化建设中,必须始终坚持以格调高雅的学校环境熏陶人、以丰富多彩的学校文化活动教育人、以蓬勃向上的学校精神激励人、以规范科学的学校制度约束人,使学校文化起到规范、引导和塑造的功能。

(一)学校文化建设的重要意义

学校文化建设的重要意义在于,它是促进社会主义精神文明建设的需要,是全面提高教育质量的需要,是优化育人环境的需要。

1. 促进社会主义精神文明建设的需要

学校文化是整个社会文化的重要组成部分,是社会主义精神文明的重要内容。加强学校文化建设,不仅可以为广大师生营造一个良好的学习、生活、工作环境,陶冶师生高尚的道德情操,培养积极向上的人生精神,而且可以通过学校辐射社会、示范家庭,积极推动整个社会精神文明建设。

2. 全面提高教育质量的需要

学校文化是学校整体育人环境不可分割的重要组成部分。加强学校文化建设,有利于提高学生的审美意识;有利于培养学生良好的行为习惯,提高学生道德素养;有利于丰富学校生活,培养学生创新精神和实践能力。

3. 优化育人环境的需要

随着改革开放的不断深入,社会文明呈现多元化发展态势,对学校文化产生了重要影响。

加强学校文化建设,有利于弘扬社会主义主流文化,抵御各种消极、颓废文化对学生的侵袭,发挥环境育人的积极作用,确保中小学生健康成才。

(二)学校文化建设的内容

现代学校文化建设是发展先进文化、支持健康有益文化,传承优秀传统文化,融合多元文化,改造落后文化,抵制腐朽文化。具体建设的内容很多,但至少应包括如下五个方面:

(1)学生文化建设。学生文化建设内容包括:学生文化丰富的表现形式方面的建设,如学生的价值追求、民族精神、学习观念、思维方式、日常行为方式、人际关系、礼仪、待人接物、衣着、饮食、消费等;文化多样性与学生应有主导价值观的理解与认识方面的建设,如学生价值观发展的引导,对社会倡导的主导价值观认识的提升,对传统价值观的传承,对西方价值观的融合,对新的价值观的生长;社会转型时期学校价值观教育与学生主导价值观的构建方面,以及学生主导价值观的评价方面等。

(2)课程文化资源的开发。课程文化是"按照一定社会发展对下一代获得社会生存能力的要求,对人类文化的选择、整理和提炼而形成的一种课程观念和课程活动形态"[①]。课程文化资源开发的内容包括学校课程文化的基本内容,即蕴含于文本课程、综合活动课程、选修课程、实验等课程中的仁爱与情感、人与自我、人与人、人与自然的和谐、信念与价值等为标志的现代课程内容文化的挖掘和优化;不同类型的学科课程文化的特点分析,如语文学科阅读教学强调的理解与交流、批判性思考、审美体验,数学学科强调的理性思考、审美体验、实践创造等;学校课程文化建设的多样表现形式,即学科渗透、专题性研究、学校文化建设新课型以及开放式教学等。

(3)基于网络教育文化资源的开发。基于网络技术的教育资源的开发,即学校网络课程文化,是人们在基于网络技术的课程中进行学习、交往、沟通等所形成的活动方式和它所反映的价值观念。具体建设内容涉及多媒体技术与网络文化背景下教与学的审美性、生活性、理解性、开放性等特点的分析;网络环境对学生价值观发展的提升;网络文化对学生学习方式变革的促进等。

(4)学校物质文化建设。学校物质文化是学校文化的物质形态,可分为基础设施文化、自然人文环境文化等,是现代学校文化的硬件,包括学校的建筑物与布局及其风格,文化设施,学校内部的陈设与布置,学校的绿化与美化等。如果学校的这些硬件都具备独特的风格和文化内涵,就能潜移默化地影响学校群体成员的观念与行为。学校物质文化建设内容具体包括学校建筑文化的建设,学校绿化与美化,内部陈设布置,学校传播设施等。

(5)学校制度文化建设。学校制度文化相对于物质文化与精神文化,是学校在日常管理要求或规范中长期逐步形成的管理机构和规章制度、条例、措施、规定、行为规范等,体现学校个体特有的管理理念、人文精神、发展目标、运行效果等。学校制度文化建设的重点是尊重与参与、学习与创新、发展与诚信价值观的确立,服务、激励、保障等学校制度文化的构建,具体包括对学校制度文化建设的认识,师生工作学习主动性、创造性和实效性制度的激活,富有人文情

---

① 侯岩.学校文化研究概论[M].郑州:河南人民出版社,2008:46.

怀、创新活力与团队精神的学校部门群体的制度,学生教育管理制度,班级管理制度,教师教育教学管理制度等的文化建设。

(三)学校文化建设的原则

学校文化建设,应遵循"四个统一"原则、"四项原则"和"人本"原则。

1. 学校文化建设的"四个统一"原则

(1)表层形式与深层内涵的统一。学校文化最核心的是基本的办学思想理论,其次是价值层面,再次是行为规范和行为方式,最表层的是学校文化的各种表现方式。我们既要避免宽泛的无目标指向的形式主义活动,又要避免单调、枯燥的各种说教,力求形式与内涵的和谐统一。

(2)文化创新与文化传承的统一。随着社会的不断发展变化和教育改革的不断深入,学校之间的竞争更加激烈,不断发展和创新学校文化是学校提高核心竞争力的基础和关键。但创新不是建立在空中楼阁的基础上,必须与传承优秀文化统一起来。

(3)文化个性与文化规范的统一。学校文化不是孤立存在的,它受时代和社会的经济发展水平、政治需要、法律法规和文化背景的限制。但学校文化不是将某种社会文化在学校实践中简单应用,它有其相对独立性,是学校在某一社会文化背景下,将学校发展阶段、发展目标、发展策略、学校内外环境等多种因素综合考虑而确定的独特的亚文化。所以,学校文化没有标准统一的模式。因此,学校应在遵守社会道德规范、法律法规,服从国家需要的前提下,进行丰富的、深刻的、富有个性化的文化建设。

(4)多元文化与主流文化的统一。文化的本质是开放的,其生命力来自于包容。随着社会的进步和人们思想的解放,学校文化必将呈现出更大的开放性和适应性。因此,建设有高水平的学校文化必须使学校与社会充分接触,为师生的发展提供较大的自由空间。但同时,学校是育人的场所,学校文化不能等同社会文化,必须保证学校文化主流的正面性、先进性,落实教育方针,完成培养合格劳动者和优秀人才的时代重任。

2. 学校文化建设的"四项原则"

(1)方向性原则。学校文化建设要牢牢把握先进文化的前进方向,坚持马克思主义、毛泽东思想和邓小平理论的指导地位,用"三个代表"、科学发展观、习近平新时代中国特色社会主义重要思想统领现代学校文化建设,体现时代精神特征,建设先进的学校文化。

(2)整体性原则。学校文化建设是一个系统工程,具有层次性、具体性、全面性等特点,所以学校文化建设要坚持统筹兼顾、整体规划、分步实施,规划要体现精品意识,使学校显性文化和隐性文化相辅相成,又各有特征,以发挥综合功能和整体育人效应。

加强学校文化建设,既要抓硬件建设,又要抓软件提高,促进学校文化建设全面、协调地发展,才能树立学校完整的文化形象。要在学校的办学定位和发展目标、管理层次和管理机制上大做文章,突出特色,正确处理好阶段性和长期性的关系。

(3)主体性原则。学校文化本质上是师生文化,学生和教师均是学校文化建设的主体,他们既是学校文化建设的设计者、组织者,又是学校文化建设的参与者和实践者。现代学校文化建设要全心全意地依靠师生员工,增强他们的主人翁意识,尊重他们的民主权利,听取他们的

第十章 文化育人:学校文化构建探究

意见,反映他们的利益,充分调动他们参与建设学校文化的主动性,发挥他们的创造性,使现代学校文化建设富有生命力和活力,取得扎实的成效。

(4)选择性原则。学校文化是一种开放文化,面对着传统文化与现代文化,东方文化与西方文化,主流文化与非主流文化,本土文化与外来文化。直面这样复杂的社会文化,学校进行文化建设必须根据社会对人才培养的要求,进行必要的过滤和选择,汲取先进的社会文化精华,进而内化、提炼、生成学校特定的文化内容,形成富有个性的文化系统,并且不断调整、充实和发展,以适应社会文化的时代要求和现代学校文化主体的内在要求。

3.学校文化建设的"人本"原则

现代教育是让受教育者通过接受教育,实现自我教育而成为有生命价值和真正意义上的个体人。在这一思想下,现代学校文化其实就是生命文化,具有生命本质的学校文化重建必须遵循"以人为本"的原则。

(1)人的教育原则。这是学校之所以为学校的根基和标准,也是学校文化的精髓之所在。自古以来,学校的崇高使命就是育人,在传承文明中发展人类,使人享受做人的尊严与自信,而不是目前一些学校流行的对人"育分"。离开了育人专事育分,也就离开了学校的本意和存在价值,自然也就谈不上真正意义上的学校文化。

(2)人的主体性原则。学校文化是一种动态的存在,是一个历史的进程。既具有相对的稳定性,又在个体—学校—社会三维互动中不断发展变化。因此,现代学校文化建设,必须重视学校组织成员生成、创造的主体作用。对于个体而言,学校文化既是先在的,又是生成的。特别是历史悠久的学校,师生一方面传承学校已有的文化,另一方面与之互动,在互动中碰撞、融合生成围绕现代个体的独特的学校文化。因此,建设学校文化,应坚持人的主体性原则,在传承与生成中,用动态的、发展的、互动的理念替代以往用静态的观点来看待学校文化的理念,突出学校组织中个体人的主体生成作用。

(3)人的独立精神原则。优秀的学校文化是学校个性的体现。在学校文化建设中,只有基于学校的具有学校个体独立精神的文化,即校本文化,学校文化才会在学校的发展中带来无限的"文化力"。一方面,行政主管部门放手放权给学校自主育人的空间,学校要从过去习惯于在上级既定任务中管理学校走向张扬自我个性和特色;另一方面,学校文化本身的特点要求我们做细节上的一点一滴的经营和积累,而不是将一种外来的文化细胞移植于学校体内,应突出本校特色,创建特色文化。

(四)学校文化建设的实施策略

学校文化建设的实施策略,可从以下几点入手:

(1)进一步提高对学校文化建设必要性和重要性的认识,是学校文化建设的前提。学校文化是在一定社会文化大背景下,学校内影响和制约师生活动和发展的各种文化因素总和,是一种无形的、巨大的教育力量,也是教育成功的重要基础,对学生的健康成长有着不可替代的作用。各校要统一思想,提高学校文化建设的重要性的认识,把加强学校文化建设作为全面贯彻党的教育方针、实施素质教育和事关学校发展的大事来抓。

(2)加强物质文化建设,美化校园环境,是学校文化建设的基础。物质文化的建设及管理直接地反映出学校的办学水平。加强物质文化建设,一是要按照"三个面向"思想的要求,体现出"四性",即科学性、教育性、艺术性、经济性。做到因地制宜、因时制宜、因校制宜,且经济、实用。二是校园环境建设要做到"四化",即绿化、美化、净化、静化。努力做到"春有花、夏有荫、秋有果、冬有绿",将学校办成"花园式"单位。校园美化不仅应体现在物质文化层面上,还应表现在全校师生的共同思想、共同情感、共同的审美观等精神文化上,如办公室、教室的布置,科技长廊、学生园地、艺术作品展示等。

(3)加强制度文化建设,强化管理机制,是学校文化建设的保证。第一,要建立健全各项规章制度,使学校各项工作有章可循,体现依法治教、依法治校精神。第二,要不断改进管理方法,提倡民主管理、自主管理,体现以人为本的精神。第三,学校重大事项的决策和实施,要按章办事、不徇私情,体现公平、公正、公开的原则。第四,要形成既有统一意志,又有个人心情舒畅的生动活泼的制度环境,促进广大师生形成良好的行为习惯,健康文明的生活方式,高尚的道德情操和积极向上的精神风貌。第五,要建立一个完善的管理网络,以确保各项制度的贯彻落实。成立以党支部书记挂帅,主管校长负责,工会主席、政教主任、团委书记等组成的领导小组,实行"四线"管理。

(4)加强课余文化建设,丰富校园文化生活,是学校文化建设的载体。学校应精心组织多种形式的校园文化、社会实践及社区服务活动,促使学生在紧张的学习之余尽情释放潜能,展示特长,实现自我发展。"学校搭台"给予必要的行为指导和物质支持;"学生唱戏"成为学校文化活动的组织者和参与者。

学校开展丰富多彩的校园文化活动,需遵循自主性、实践性、愉悦性、发展性、教育性的原则,活动内容既要具有思想性和知识性,又要具有娱乐性和实践性;活动范围既要体现全员参与,又要不乏个性展示。活动方式以倡导式、诱导式、参与式为主,引领学生自己组织,主动参与,寓教于乐。

(5)加强舆论文化建设,形成优良校风,是学校文化建设的核心。加强学校舆论文化建设,真正做到"以正确的舆论引导人"。第一,加强德育工作,注重养成教育,通过校会、晨会、级会、班会,组织学生认真学习政治文件、法规制度、道德修养等文章,提高学生的思想认识水平及明辨是非的能力。第二,加强爱校教育,培养学生的母校意识。通过成立校史展览室,设计校旗、校徽,制作校歌等,促使学生自然生发出强烈的荣誉感、自豪感,从而产生凝聚力,形成学校精神。第三,强化学校的"三风"建设,即领导的作风、教师的教风、学生的学风。第四,要抓好宣传阵地,充分发挥电视台、广播室、阅报栏(室)、宣传窗、名言警示牌的作用,扶正祛邪,净化校园,引导正确舆论,促进优良校风的形成。

(6)创造和谐的人际关系,优化人际环境,是学校文化建设的关键。师生关系是学校教育过程中最基本的人际关系,师生间只有建立融洽和谐的关系,才能取得最佳教育效果,"亲其师"才会"信其道"。学生间的人际关系,既影响着学生的健康成长,也影响优良集体的形成,教师要有目的地加以引导,强调同学间的人际关系应遵循守纪、理解、团结、互助的基本原则,克服嫉妒、自卑、自傲、自私的不良心理。提倡同学间学习上互帮互学,纪律上相互督促,思想上互相交流。同时要重视学生的心理疏导,正确引导学生中的非正式群体。

(7)依托网络资源,不断更新学校文化信息,是学校文化建设的有效途径。随着校园网络的出现,学校文化已逐步体现出网络化、信息化、多元化的特点。同时,丰富多彩的网络资源,包罗万象的信息高速传输、网络交互性、实时性等正悄然改变着师生的生活、学习和工作方式，逐渐成为学校文化生活的重要组成部分。因此，要加强以体现信息化、人文化为主要特征的学校文化建设，引导学生正确看待网络，积极运用现代信息技术去学习知识、体验生活、感悟人生，自觉成长为一个具有健康人格、社会责任感、创新能力的现代人。

(8)营造班级文化，创建班级特色，努力营造人格培养的良好氛围。营造班级文化，创建班级特色应立足于培养学生健全人格的总体目标，在全面执行学生日常行为规范的基础上，结合班情，选择行为规范的某一方面，道德观念、心理素质的某一侧面作为突破口，定目标，层推进，深化细化教育要求。

(9)打造人本化的学校文化，是促进学校教育可持续发展的有效途径。在学校文化建设中，注入人本观念，以教师的发展为根本，无疑是一所学校发展与成功的关键。基于此，打造以师为本的学校文化，应成为学校努力践行的奋斗愿景。

总之，学校文化是一种无声的思想工作，能使人们在不知不觉中，自觉自愿地接受教育，这便是"此时无声胜有声"的教育艺术力量。当然，还应认识到学校文化与社会文化的关系，学校是社会的敏感区，社会文化的变动都会波及学校。在当前改革开放经济转型的新时期，各种形形色色的思想都在影响着学生。教育工作者在学校文化建设方面更要依据一定的教育目的，精心组织和管理，决不可放任自流。

(五)学校文化建设的步骤

(1)对现有学校文化及其发展环境进行诊断。第一，要了解现行学校文化的内容。学校现在的目标、价值观是什么，学校领导、教师的理想、信念如何，他们的人性观、管理观、学生观、教育观、人才观怎样，在此基础上对学校文化内容进行分析判断，如考察其功能发挥，从时代的眼光看，其适合性如何，从发展的眼光看，有没有生命力，等等。第二，对学校文化发展的环境分析。对于学校文化来说，其发展环境主要有国家政治文化、传统文化、外来文化。其中，国家政治文化是指直接、实际指引学校行动的政策、法令、规定、规划等，这是学校文化发展的主导性思想模型。

(2)选择价值标准，构想新的文化，强化师生的认同。学校是一个多层面、多要素的复合体系，而价值标准是学校文化的核心，学校文化构建的首要一环是学校价值标准的选择和内化，根据价值标准的要求，进而构想学校文化系统的内容。

(3)适应环境变化，发展学校文化。学校文化并不是一成不变的，会随着学校内外环境的变化而不断发展和完善。

(六)学校文化建设中的误区

(1)将学校文化等同于学校精神，使学校文化脱离学校管理。这种理解是片面的。学校文化是在学校发展和对学校组织进行管理的过程中提炼出来的，是教育经营理念、教育价值观念及由各种表现方式所构成的属于某个学校自己独特的管理理论的积淀。所以，要塑造学校文化，首先要研究学校在发展过程中所依据的教育理念及所确定的共同的教育价值观，并在此基础上确定学校的管理理论。

(2)将学校文化视为社会文化在学校中的应用，使之标准化、模式化，忽略了学校文化的个性。这种观点认为,学校文化就是以文化来管理学校,就是社会文化在学校管理中的应用。应该说,学校文化是在某一文化背景下,将学校发展阶段、发展目标、发展策略、学校内外环境等多种因素综合考虑而确定的独特的文化管理模式,而不是将社会文化中的某一学说在学校管理中的简单应用。因此,学校文化的形式可以是标准化的,但内涵却是丰富的、深刻的、个性化的。

(3)注重学校文化的表层形式,忽视了学校文化的深刻内涵。有些学校热衷于搞各种活动,有些学校热衷于搞形象设计。这就给人一种误导,似乎学校文化就是学校开展的文化活动或学校形象设计。实际上,位于学校文化最核心的是基本理论,其次是价值层面,再次是行为规范和行为方式层面,最表层的才是学校文化的各种表现方式。学校文化通过与教师、学生的交互作用,使自在的环境变成能动的环境,转化成为教师和学生的自觉意识。

二、"学校文化场"的建设

"学校文化场"是学校特定的文化环境和氛围,是教师和学生的主体精神,学校管理模式、学校的形象对"学校文化场"的形成有重大影响。"学校文化场"一旦形成,就具有激励和凝聚、熏陶和潜移默化、自律自省和约束、扩散与辐射的功能。

(一)学校管理模式对"学校文化场"形成的影响

学校的管理模式有刚性管理、柔性管理和刚柔并存三种,不同的管理模式对"学校文化场"风格的形成起着十分重要的作用。

(1)刚性管理。就是严格按照各种规章制度进行管理,用规章制度去约束人、规范人的行为。这种管理是依靠制度实施严格管理,实行严格的奖惩措施,对管理混乱、秩序不好的学校,通过这种刚性管理扭转学校教学秩序混乱、管理松散的局面,具有见效快的效果。这种管理的优点是学校的教学秩序井然,学生行为规范统一;缺点是管理过于僵硬和整齐划一,容易抹杀人的个性和创造精神,人们受到的约束较大,缺少自主性和主人翁的责任感,容易引发一些不满情绪。

(2)柔性管理。柔性管理主要不是依靠严格的制度、规范,而是依靠行为科学,依靠人的关系的和谐,依靠人们的情感交流来实施的管理,自觉遵守各种规章制度已经成为人们的自觉行为和理念。柔性管理是通过"管是为了不管"达到"无为而治"的管理境界,是学校管理的最高境界。学校的管理是以人为中心的管理,强调的是校园文化场环境的建设,要特别重视的是学校形象的塑造。在柔性管理中充满着互相尊重、理解、信任、奉献等人文精神,有着团结、合作、支持、创新和宽容的学术氛围。人们能够在心情舒畅、民主自由、崇尚科学、乐于奉献、尊重个性的环境中追求创新和创造。这种管理适用于办学多年、具有优良的校风和办学特色的学校,特别是一些著名的高等学校的管理。现在西方一些中小学也是普遍采用这种管理模式。但是,如果搞得不好,会给人一种杂乱、松散的感觉和印象。

(3)刚柔相济。这是介于刚性和柔性管理二者之间的管理。既有严格的管理制度,又能管而不死,最大的特点是活而有序,能够较好地调动学生和教师自我教育、自我管理的积极性和主动性,因而管理的效果也是很好的。在校风比较好的中小学实施这种管理是比较理想的。

多数管理基础比较好的学校可以采取这种管理模式。

(二)树立良好形象,建设强大的"学校文化场"

构成"学校文化场"的因素很多,其中学校形象建设极为关键,这里着重讨论的是由于学校在长期的办学过程中积淀而形成的形象对"学校文化场"的作用。学校形象涉及很多方面,主要是外表形象和内在形象。

1. 学校外表形象的建设

外表形象主要指学校的校门、教学楼等建筑物的风格,校园的绿化美化、文明整洁和浓郁的文化氛围,给人以良好的有自己学校特色的感觉和评价。对于校园外表形象的设计和建设,一般要遵循以下原则:

(1)学校建设布局的整体性原则。校园外表形象作为校园文化的一部分,既有学校自己的鲜明特性,也会受到学校所处的社会文化环境的影响和制约,因此,在学校的建设中,一定要考虑到校园环境与周围的社会文化氛围的整体统一和谐,对校门、实验楼、图书馆、教学楼、宿舍楼、食堂、操场都要从设计的合理性、布局的整体性、建筑的艺术性以及绿化、美化、知识化等方面进行整体考虑,特别是新建的设施要十分注意同已有设施间的相互联系和搭配,做到建筑风格相近,浑然一体。

(2)学校校园风格的高品位原则。校园外表形象建设,要看成是一种文化建设,是一种美学的建树,是一个完整的立体艺术品,反映了一所学校的文化和审美水准。在具体设计和布局中,一定要遵循高品位原则,尽量做到设计式样新颖、制作工艺精细、布局合理、格调高雅、赏心悦目、寓意深刻、美观实用、便于教学和维修。特别是像学校的校门、国旗台、图书馆、教学楼、实验楼应具有较高知识含量和艺术水准,从中渗透出这所学校的高雅文化和艺术品位。

(3)校园建筑设计安全性原则。学校特别是中小学和幼儿园是未成年人高度聚集的场所,保证他们在其中学习和生活的安全,是每一所学校的第一位大事。所以,保证学生的安全,防止发生意外事故,避免学生受到无谓伤害是校园一切建筑必须首先考虑的原则。

2. 学校内在形象的建设

学校的内在形象是指学校在长期的办学过程中给社会留下的印象,如社会对学校的教育质量和办学水平的评价,教师的素质,师生的仪表、精神风貌、文化素养,学校的校风、教风和学风等。要想使学校树立良好的内在形象,主要应该抓好以下几点:

(1)树立良好的校长形象。校长是学校的一面镜子、一块牌子,是学校形象的象征。一个好的校长不仅是一个事业心强、人品高尚、能够善于调动全体教职员工积极性和创造性的教育管理上的行家,还应该是一个懂得教育,有自己的教育思想,至少要能上好一门课且教学业务精湛的教学上的专家,在教育和管理上能够独树一帜,有一定的社会知名度,有一种学才、长者的风范。校长要特别注重校风的建设,校风主要是指一所学校的风气,它反映了一所学校在办学指导思想、培养目标、精神面貌、育人环境、学术氛围等方面的特色,校风好,教育的水平就高,培养的人才质量高,社会的评价就高。

(2)树立良好的教师形象。教师形象是教师人品、学识、能力和外表的综合外在表现,而人品、学识、能力是形象的主体。教师要塑造德高者的形象、博学者的形象、外在美的形象。德高者是指师德、人品的高尚,有良好的品德修养是教师形象的关键;博学者是指教师的教学能力等业务素质要过硬,学识水平高,这是树立良好教师形象的极其重要的基石和主要内容。同时,学校必须要有一支师德过硬的教师队伍,以形成良好的教风。

(3)良好的学生形象。每一个学生都是学校的一面镜子,在他们身上会折射出学校的教育质量和办学水平,是学校全部教育成果的集中体现。因此,学校特别要注重抓好学风的建设。学风正、学习的风气浓,学生的学习积极性就高,学习就刻苦,学习成绩就好,反之亦然。好的学风,在学生身上主要体现在有远大理想和志向、刻苦读书、勤于思考、敢于质疑、大胆创新、坚韧不拔、谦虚好问、团结进取、互相帮助、全面发展等。而且,学生的外表形象也是很重要的,学生必须要注重仪表和外观形象,学校要对学生的仪表、着装、行为等有所要求。

(4)凝练出有自己学校特色的校训。校训是指学校为了树立优良的校风、教风和学风而制定的要求全体教职员工共同遵守的行为准则、训率与道德规范。它是学校富有个性的教育思想的高度提炼,它向社会昭示了一所学校的办学指导思想、办学宗旨和追求,体现出学校的办学特色,体现出一所学校的文化素质和品位,是"校园文化场"中不可缺少的组成部分,对师生员工有着一种潜移默化、陶冶情操的教育功能和无形的鞭策激励作用。校训是经过多年办学经验的积累、办学传统的积淀、办学特色的凝聚而产生的,体现的是学校的追求和办学的特点。一般来讲,制定校训要从正面提出要求,能抓住学校富有个性的教育思想的核心,力求内涵大、寓意深,最好要有我国传统文化的根基。所以,制定学校的校训时,要认真研究学校的办学历史和特色,认真研究学校的教育思想和目标,制定出有自己学校特色的、有一定的文化品位的、寓意深刻的、对人生有激励和启迪作用的、表述简明扼要的校训,使校训作为一种校园文化的力量、师生的人生追求、学校的教育传统,激励和鞭策师生员工奋发向上,自律、自强。

三、学校文化管理

学校文化管理,通俗地讲,就是用文化的手段来管理学校,最终形成独特的学校文化,它既是一种管理思想,也是一种管理模式和管理方法。

(一)学校文化与学校管理的关系

学校是文化的集中地,是讲真理、重科学的地方,故学校文化不是为文化而文化,而是为管理而文化,为发展而文化。它既是一种文化现象,又是一种新的学校管理模式。这种模式的基调是"人",内容是"文化",核心是"价值观",法则是"软性管理",目标是"学校人的发展"。从学校管理学的角度来看,学校管理的核心是"人",其生存在校园文化的显性文化中,而主导人的行为的"心",则隐含在校园文化的隐性文化中。如何对待有形的人和无形的心,是学校文化的功能效应,是学校管理工作的出发点和落脚点。因此,我们应当充分发挥学校文化的功能,在学校管理中,用正确的思想教育人,用切实目标鼓舞人,用科学的制度管理人,用积极的舆论引导人,用真情实感调动人,用完美形象感召人,用廉洁务实取信人。学校文化的教育功能是区别于其他文化的一大特色,它以静态教育为起点,逐步上升为动态教育,在潜移默化中使教书育人、服务育人、管理育人、环境育人、文化育人的功能充满了校园时空。它创造了一个陶冶人

第十章 文化育人:学校文化构建探究

们心灵的场所,以校风、学风、人际关系、价值观念、教育理念等方式表现出来,对学校各个方面的工作起指导性作用。

(二)学校文化对学校管理的影响

学校文化对学校管理的影响可从以下几个方面体现出来:

(1)学校文化是学校管理最直接的环境,是学校管理的基础。学校管理总是在已有的学校文化中进行的。学校管理要利用学校文化的组织机构来发挥管理的计划、协调、控制等职能,保证学校这个"机器"的有效运行。学校管理要利用学校文化中的规章制度来规定人们可以做什么,不可以做什么,从而保证师生行动一致。学校管理要利用学校文化中的校训、校风等使师生明确学校的工作目标。学校管理要利用校园文化中各种各样的文化活动来教育师生,实现学校的工作目标。从某种意义上说,学校管理本身也是学校文化的重要组成部分。

(2)学校文化影响学校管理者的伦理观、价值观和思维方式,从而深刻地影响着学校目标的确定、管理方法和措施的采取。人虽然不能说是环境的产物,但环境对人的发展所产生的重要影响却是无可非议的。长期处在某一学校文化环境中的师生,在这独特的学校文化的熏陶下,会形成一定的价值观念、思维方式,如有的学校管理者追求奉献、进取,思维方式上能做到整体思维、发散思维;有的学校管理者追求功利、名声,思维方式上总是局部思维、线性思维。所以,学校管理者的价值观念、思维方式对学校管理文化的影响是至关重要的。

(3)学校文化电影响学校被管理者的思想和职业道德,从而制约着他们的行为能否去实现学校的目标和实现目标的程度。正如学校管理者的思想受学校文化的影响一样,被管理者也毫不例外。在不同学校文化中的教师的精神风貌是不一样的,去实现学校目标的程度是有很大差异的。

学校文化管理的核心是基于价值的管理。学校文化管理摒弃经验管理的人治和过于强调规章制度的法治,以"人本管理""能本管理"理念为基本特征,是一种基于价值的管理,通过形成组织的共同价值观实现文治。学校文化管理的核心在于形成共同价值观,形成特有的学校组织文化。但无论从管理科学的发展规律,还是从文化管理本身的内在需求,以及我国学校的教育管理的实际来看,学校实行文化管理都必须以学校物质文化、精神文化和制度文化建设为基础。

(三)学校文化管理的关键

就学校文化管理而言,践行文化的管理是关键。任何一种文化只有源于实践、高于实践,又回归实践、指导实践,才有其存在和传承的真正价值,离开了实践,文化则是无本之木。践行文化,实质上是一种行为文化,是学校文化的一种实践回归,不用"行为",而用"践行",则更能体现其实践探索的过程和效能,更能体现回归并指导学校教育教学实践的真正意义。同时,学校文化并不是"贴标签",践行文化重在以实践标准对传统文化和现行文化的反思与完善,更是把社会的满意度作为衡量教师发展、学生发展、学校发展的重要标尺。从另一个角度看,学校的物质文化、精神文化、制度文化都不能也不可能离开践行文化而存在与发展,否则文化只能是学校的"衣冠"而不能成为学校的"气质"。学校文化是"做"的学问,而这个"做"字却涵盖了践行文化的全部要义。说白了,践行文化的机制及其所产生的学校办学效能和质量效益能否被社会所公认,正是现代学校文化管理的一个极其重要的关键所在。学校践行文化的管理主要在于教学、德育、团队这三个方面。

教学质量,既是学校文化最为本质的体现,又是评价学校办学质效的重要指标,学校的一切管理必须以教学为中心。教学文化是在教学过程中师生知识、情感、行为等多种元素互动并相长所显现出来的学校物质文化、精神文化和制度文化的结晶,也是学校文化特质的精髓,更是学校确立品牌效应、提升发展品质的根本。教学的主体,既是教师又是学生,都是生命的主体,让教学充满生命的活力无疑是教学文化管理的基点。教学文化的管理并不是孤立的,可以说是牵一发而动全身的系统工程,但在新课程改革的背景下。一般更多地关注课堂与课程两个平台上的文化重构。

德育是素质教育的核心,当然也是学校文化的核心,但德育的本身就是文化,并具有很强的渗透性。教育教学围绕德育核心,德育又渗透于学校教育教学之中。系统论表明,整体各要素只有在控制条件下排除干扰,各自按自身规律协调和谐地运行,才能实现整体优化效应。从此意义上说,德育文化的基础在于创设健康和谐的育人环境,保证在于加强制度文化建设,动力在于创新德育模式,关键在于课堂教育与课余文化实践活动相辅。

学校团队文化,是学校作为一个学习、工作、生活共同体的全体成员共享并传承的共同愿景、价值观和使命感的集中体现,代表了团队中被广泛接受的思维方式、道德观念和行为准则,反映了团队成员共同的理想追求。一方面,在构建可持续发展的和谐学校教育的背景下,团队文化的逻辑起点和归宿在于积极倡导并践行以人为本、团结协作、勇于创新、发展共享的组织文化,成为学校凝聚力、向心力的黏合剂;另一方面,团队文化以行动、服务和创造体现自身的价值,并努力追求价值的最大化,其本身也需要一定的动力性驱动。

第四节　学校文化的转型与重构

一、学校文化的转型

学校文化的转型涵盖学校主体文化、学校观念文化、学校制度文化和学校环境文化的转型这四个基本维度。

(一)学校主体文化的转型

学校文化的转型首先是学校的主体文化转型,包括管理者文化的转型、教师文化的转型、学生文化的转型和课程文化的转型。

(1)管理者文化的转型。管理者文化的转型就是把事必躬亲、"一言堂"的管理者文化转型为权力下放、责任到人、集思广益、兼收并蓄的管理者文化。管理者文化的转型是学校文化转型的关键所在。

(2)教师文化的转型。教师文化的转型就是把自闭、保守的教师文化转型为开放、合作的

第十章 文化育人:学校文化构建探究

教师文化。教师文化的转型是学校文化转型的核心内容。

(3)学生文化的转型。学生文化的转型是指把"精英主义"的学生文化转型为"大众主义"的学生文化。学生文化是学校文化的另一重要组成部分,学生文化的转型是学校文化改革的落脚点。从文化的视角来看,一方面,这是对精英主义的、竞争的学生文化进行改造;另一方面,也是倡导体现合作和交流的新型学生文化。

(4)课程文化的转型。课程文化包括学生在学校情境中获得的一切经验的过程,它包含课程物质文化、课程制度文化和课程精神文化三个层面,其核心是课程精神文化。学校的教育理念、课程观念、价值取向、思想观点等,是制约课程改革最深层的因素。课程改革是一项系统工程,它不仅是教材、教学内容的改变,而且是整个学校从内部组织结构到思想观念一系列的调整与变革。

(二)学校观念文化的转型

学校观念文化的转型,是指对学校看法的转变,主要包括两个方面,即"工具性学校"的观念转型为"生命力学校"的观念;学校"单位本位"的观念转型为"研究共同体"的观念。

(1)"工具性学校"的观念转型为"生命力学校"的观念。必须重新认识学校的生命本质,使课程改革摆脱工具主义的束缚,使课程从工具形态走向生命形态。学校应体现出人的价值和意义、情感和体验、交往与实践,体现出全体学生的和谐发展和精神生活的充实。生命化教育把每个人都视为一个运思和创意的原点,把每个人都视为一个知识和灵感的凝视中心,它从关注和尊重每一个学生开始,从满足每一个学生的需求开始。

(2)学校"单位本位"的观念转型为"研究共同体"的观念。真正的名牌学校是靠学校内部系统长期地努力,累积深厚的文化底蕴,逐渐地扩大自己的影响,而得到社会的普遍认可。简而言之,真正的名牌学校不是经过外封而成,而是通过内炼而就。以研究共同体为基础的不同学校之间的交流,可以避免"单位本位"思想所带来的经验主义和形式主义,有利于思想的碰撞、异质经验的交融与辉映。

(三)学校制度文化的转型

学校制度文化的转型,是指把单一化、监控和惩罚性的制度文化,转型为人性化的促使学生自主管理的制度文化。首先,以人为本,变"严格的监控和惩罚"为"重视学生的各种需要,充分尊重学生的人格和权利";其次,以校为本,变"外控式管理"为"学校自主管理";最后,以学校的发展规划为中心,重组学校的课程资源,彰显学校的个性和特色。

(四)学校环境文化的转型

学校环境文化属于表层的学校文化,是学校的建筑、设施、校内各种标识、校园绿化等方面所体现出来的价值观念和教育理念。过去所强调的校园环境,更多的是关注其美学价值,而忽视其暗含的教育理念。事实上,学校环境是一种潜在的课程,任何环境的设计,均暗含一定的教育思想和教育理念。因此,学校环境的创设,应该上升到教育思想转变的高度。适应新课程的学校环境文化,不仅具有美学价值,更应该具有浓重的育人价值。

二、学校文化的重构

学校文化建设是一所学校的历史积淀,体现学校的精神,是反映学校办学水准与文明程度的重要标志。从一定角度讲,新课程改革也是一种文化创新,新课程改革存在的最大问题,也是最根本的问题,即课程参与者的思想观念、价值取向与思维方式难以转变,而这一问题的核心就是学校新旧文化之间的冲突、碰撞与转变。可见,学校文化这一内隐性的因素已经在新课程改革的推行中产生了重要的制约作用。因此,以新课程改革为契机,重建学校文化,具有重大的实践意义。

(一)学校文化重构的切入点——学校文化品性的缺失

学校是实施课程改革的主要基地,而新课程要求有新的学校文化,单一地把一套新课程嵌入旧的学校文化的做法,是很难实现预期的改革目标的。品性是学校文化的内在特点和性质,它规定着学校文化的外在表现形式,影响着学校文化建设与实施的道路和方向。因此,必须对现有学校文化品性的缺失进行探讨,以寻求学校文化重建的切入点。

(1)学校文化主体性的缺失。由于长期受制于国家与上级部门的统一要求和规范管理,以及学校自身在建设、管理、创新等方面能力的欠缺,学校文化缺乏一种自主建设、能动变化、创造更新的特点。

第一,教师文化主体性的缺失。在传统的学校管理体制下,教师作为学校的主体之一难以拥有发言权与自主权,很少有机会向学校上级反映自己的要求和愿望,表达自己的想法与观点。在以往的教学过程中,教师只能按照课程教材研制者的指示向学生传达书本上的知识。

第二,学生文化主体性的缺失。在许多学校中,学生的主体地位并未真正体现。在课堂教学中,学生只是听从教师的安排,不能提出自己的观点和想法,难以自主地建构文化、生成文化。

第三,课程文化主体性的缺失。从历时性看,课程文化仅是传统文化精华与内核的浓缩,缺乏批判与超越,缺乏与现代文化的融合。从共时性看,课程文化还只是主流文化、本土文化的体现,缺乏对国际文化、多元文化、区域文化的反映,尤其是社区文化与学校的整合,使得课程设置难以反映不同地区、不同学校的要求。

(2)学校文化多元性的缺失。随着全球化与一体化趋势的加剧,文化的发展呈现出开放性、民主化、多样性的特征,多元文化的冲突、融合与价值选择,已成为世界各国面临的重大问题。随着我国基础教育课程改革的推进,学校改革也面临着复杂的文化形态与文化价值选择的问题。然而,目前许多学校尚未认识到文化多元化所带来的机遇与挑战,缺乏主动应对多元文化的意识与观念。教师缺乏对文化多样性的价值信念与敏感性。学生既缺乏对异文化的认知、欣赏和尊重,对世界文化的判断、选择和认同,也缺乏对民族文化的理解、接纳,更缺乏对丰富文化资源进行选择的能力和跨文化的交流能力。课程文化则仅限于对主流文化、本土文化、大众文化以及东方文化的选择、内化和建构,缺乏一种科学主义与人文主义相结合的课程文化观和多元文化的课程价值取向。

(3)学校文化开放性的缺失。学校文化建设是一个系统工程,可以从宏观、中观、微观三个层面来检讨学校文化开放性的缺失。从宏观层面上看,学校文化作为社会文化的亚文化未及时向社会文化开放,仅局限于学校的围墙内。从中观层面上看,学校文化建设的内部子系统之间应相互开放,但学校文化建设未能使这些内部子系统之间进行有效沟通与联系,相生互动。从微观层面上看,学校里的每一要素、组成部分都要具有开放性的特征。例如,校长的办学思想、领导的管理风格、教师的教学理念、学生的学习方式、校园环境的布置等,然而学校文化并未使其真正体现出来。

(4)学校文化合作性的缺失。由于长期以来强调升学率,学校内部以及学校之间形成了一种激烈的竞争局面,缺乏合作的意识与氛围。就学校内部而言,学校缺乏一种和谐、融洽、合作的氛围。另外,学校的教师、物质、课程、文化等资源与社区的自然资源、政治经济文化资源等之间未能进行彼此共享。

(5)学校文化生成性的缺失。文化是一个动态发展的过程,它总是随着社会的变化而发生变化。学校文化虽然是相对稳定、持久的,但是随着社会文化的变迁以及教育改革的需要,学校文化这个开放的系统也必须处于不断地选择、转化、更新的动态发展之中。可见,学校文化具有一定的生成性,学校文化建设是一个不断生成的过程。然而,现在许多学校文化建设缺乏与时俱进的精神,还停留于传统的、守旧的、与新课程格格不入的学校文化层面。

(二)学校文化重构的理念及策略

随着新课程的不断深入发展,学校文化必须进行重建。依据新课程的理念确定学校文化重建的理念,从而寻找学校文化重建的策略。

1.学校文化重构的理念

通过以上对学校文化品性缺失的分析,可以看出,新课程发展中的学校文化蕴藏着全新的内涵和要素,即一种学习、对话、开放、探究型的学校文化。

(1)学习型的学校文化。新课程提倡学习型的学校和学习型的学校文化,要求广大干部教师把自己置于学习者的角色,通过营造浓厚的学习气氛,使教职工凭借创造性的学习来更新教育教学、科研管理的观念,改变传统的教育教学方式和经营管理方法,从而大幅度提高办学效益,实现个体价值,培养全面发展的高素质人才。

(2)对话型的学校文化。新课程强调一种共建—共享的对话合作型的学校文化,专家、领导、教师、学生及其家长、社会人士都是合作共同体的一分子。具体说来,师生之间、生生之间应该形成平等、尊重的交往对话关系,才能实现新课程要求的学生学习方式由单一、被动向自主、合作、探究的转变,才能培养学生的实践、合作、创新能力,才能真正实现学生主体性的解放。

(3)开放型的学校文化。在社会急剧变化的时代,随着现代传播手段的普及,学校的封闭性日益突破,学校教育也要遵循教育社会化趋势,学校与社会的联系将会越来越紧密。因此,建立一种开放型的学校文化是迫切需要的。开放型的学校文化与新课程提倡的诸如强调课程内容与学生生活实际和现实社会的联系,倡导利用校内外各种有效资源进行课程开发等理念也是相吻合的。

(4)探究型的学校文化。就课程来说,从课程目标的确定、内容的选择与组织、实施到评价,需要不断地探究才能做出课程的决策。就教学来说,面对一个个具体的人和不确定的教育情境,教师需要去探究。就改革本身而言,改革是改变以往的观念和生活方式,重新确立新的价值观念和行为方式的过程。因此,学校应该形成一种学习、探究、反思、创新的文化氛围,为新课程改革提供文化土壤和精神动力。

2. 学校文化重构的策略

学校文化重构应该以新课程的基本理念为指导,以价值观念和教育理念的变革为核心,以行为方式和生活方式的转变为落脚点,从学校实际出发寻找策略。

(1)树立以人为本的理念,进行人本化管理。学校文化建设必须树立以人为本的理念,充分发挥教职员工的积极性、主动性与创造性,使学校文化建设成为学校的一项群体性活动,并放手让其参与学校文化的建设和管理,尊重其民主权利,听取其意见,反映其利益,发挥其潜能和创造力,使学校文化建设突出生机与活力。

(2)开发优质的、具有特色的校本课程。从本质上讲,课程是一种文化,校本课程就是一种学校文化,因此,开发校本课程是学校文化建设的重要内容。

(3)不断生成富有特色的学校文化。学校文化的建设包括选择、提炼、创造三个过程。一是根据育人目标对其进行必要的选择和过滤,吸取精华,去其糟粕,将先进文化内化为特定的学校文化内容;二要根据学校目标、教学目标以及课程目标的价值取向,将所选择的学校文化内容进行提炼与转化;三要通过再创造与创新,营造与生成学校特色文化,形成富有个性的文化系统。

总之,学校文化建设本身就是一个不断发展变化的动态生成过程,校长要有敏锐的洞察力,随时根据社会文化的时代要求、学校文化主体的内在要求、教育教学以及课程改革的客观要求对学校文化系统不断地进行调整、充实与完善。

(三)学校文化重构的内容

新一轮基础教育课程改革,其本质是学校文化的重构,由此可见,学校文化重构在课程改革中具有全局性和根本性的重要意义。学校文化重构的内容包括以下几点:

1. 重构学校观念文化

学校观念文化是学校文化精髓,要抓好学校文化建设,必须首先抓住学校观念文化即学校精神文化这一核心,它对形成学校教师群体积极向上的思想行为将起到不可替代的作用。学校精神文化的重构,就是要反思、检讨和甄别学校已有的传统文化基础,结合时代发展和社会进步的要求,以现代教育理念为指导,进行取舍、继承、充实、发展和创新,加强校风、学风、教风建设,体现学校精神文化的科学、民主、人本、团队等精神内涵,使学校焕发出时代生机和活力,并统领整个学校文化的重构工作。

在建构学校精神文化层面上,学校办学理念和价值观的确立非常关键。适应时代发展和教育改革的需要,学校文化建设要从考试文化转向个性全面发展文化。尽管人们对生命力长达1 300年的科举制褒贬不一,尽管今天对考试内容、方式和标准有很大的改革,但"学而优则仕"的传统读书价值观仍流传至今,应试教育热有增无减。考试本身无可厚非,但在精英教育思想下却出现了严重异化的考试文化,表现为各种考试的功能陷入了严重误区。教师的教学为学生考试服务,考什么学什么,学习内容和学习方式均带有明显的考试预备性和服从性,以升学率和培养少数"尖子"作为判断教育价值和质量的基本尺度,过分强调考试的甄别、选拔功能,学生的质量异化为考试成绩。在这种考试文化引导下,不但学生成绩成为评价教师的唯一标准,而且许多学校也让教师成为考试的一员。这种异化的考试文化导致学校从教育思想到培养目标,从课程安排到教育方法都带有较强的功利主义色彩,严重损害了学生的个性。

个性化教育是当代国际教育思想研究的重要内容之一。现代社会不仅需要严守规则的公民,更需要敢于挑战权威的、具有鲜明个性和批判精神的公民。因此,从考试文化向个性全面发展文化的转变,成为学校组织文化建设的必然选择,只有这样才能既符合社会发展的需求,又能满足学生自由充分发展的愿望。学生合理的文化挑战也会引起学校进行反省和完善学校主流文化,改变学校和教师对待学生的态度和方式。教师对待学生越采取人性化的态度和方式,越有利于建立良好和谐的师生关系,越有利于学生人格的培养。

2. 重构学校制度文化

重构制度文化,一是要认识和分析现行教育制度文化,研究有形制度文化的不同方面以及它们之间的关系,研究组织内制度文化与外部制度文化的关系,发现改革的突破点,如教师评价制度、晋升制度、学生管理、校长任用制度、教育教学管理等;二是要研究学校中不成文的、无形的学校传统、风气、行为形态等,一个学校在长期办学过程中逐渐形成的各种传统和习惯对学校组织的运行和发展非常重要,是学校的宝贵财富,制度文化建设一定要继承优良的传统、风气;三是制度文化要体现现代教育理念和对师生员工的生命关怀,富有人文性、教育性和弹性;四是要获得广大教职员和学生的积极参与,并塑造专业领导形象。

此外,要注意抓住制度文化的核心——教研文化。学校教研文化的重建就是要把教学研究的重心下移,建立与新课程相适应的以校为本的教学研究制度。要形成教师个人的自我反思、教师集体同伴互助、专业研究人员的专业引领构成三位一体的研究体系,充分发挥教师这个蕴藏着无穷智慧和巨大力量的群体作用,把学校建成教师实现其生命价值的场所。

3. 重构学校环境文化

环境文化被称之为无声的思想工作。学校优雅、健康、奋发向上的环境建设与学校各种设施设置有直接关系,并且它是人们看得见、摸得着的、比较直观而固定的。为此,学校的环境设计是集思想性、情感性、艺术性的统一体。设计者们既要有整体统筹安排,又要注重局部的精雕细刻,让每一处环境都起到潜移默化的熏陶作用。重塑学校环境文化,应充分体现人文关怀和人文精神,赋予学校环境生命性。构建美丽校园要规划校园、净化校园、绿化校园、美化校园。

4. 重构学校课程文化

学校课程文化是推进创新教育的一个突破口,是全面培养与提高师生综合素质和能力的有效载体。学校课程文化主要包括文化课程及其延伸部分,如各种课外活动、艺术体育活动、各类主题教育活动、团队活动以及社会实践活动等。课程文化重在"以人为本",课程文化的构建应侧重从课程的主体性、多元性、开放性、生成性、合作性出发,以动态发展的、立体多元的、个性选择的方式给师生提供学习、成长的舞台。

5. 构建学校网络文化

学校网络文化是在校园环境下,"学村"人依托网络共同学习、工作、生活,解决问题和面临挑战时所形成的价值取向、心理倾向和行为方式。学校网络文化建设的目标是建设现代领先、文明健康的网络文化,改变教师的教学方式和学生的学习方式。学校网络文化建设的内容包括强化网络德育、网络法律和网络资源意识,抵制消极文化影响,引导积极的价值追求;开发优良的教学平台和丰富优质的网络课程,探索网络环境下的多种学习方式。

6. 构建学校行为文化

行为文化是学校在教育教学管理中产生的动态文化,它作为学校文化的重要组成部分,是学校树立形象、开拓学校文化的信誉保障。因此,学校应定期或不定期开展丰富多彩的学术、科技活动,开展活动的过程实际上也就是学校文化建设的行为过程,这个过程不仅仅是传授知识的过程,更是陶冶情操、磨炼学风、提高素质的过程。

总之,一个学校只有具备了深厚且富有活力的学校文化,才能使学校每一个师生员工尽快融入文化的氛围与空间当中,产生持久不衰的工作热情,学校才能保持持续发展的后劲,并逐渐形成独特的风格。

参考文献

[1]张云鹰.开放式教育(第2版)[M].北京:教育科学出版社,2016.
[2]吴宏超.学校管理学[M].北京:清华大学出版社,2015.
[3]张光义.学校文化建构与践行[M].重庆:西南师范大学出版社,2015.
[4]曾天山,褚宏启.现代教育管理学[M].北京:教育科学出版社,2014.
[5]闫德明.现代学校管理学(第2版)[M].北京:人民教育出版社,2013.
[6]吴志宏,冯大鸣,魏志春.新编教育管理学(第2版)[M].上海:华东师范大学出版社,2008.
[7]萧宗六.学校管理学(第4版)[M].北京:人民教育出版社,2008.
[8]陈孝彬,高洪源.教育管理学(第3版)[M].北京:北京师范大学出版社,2008.
[9]刘诚芳.现代高校教师人力资源管理[M].北京:民族出版社,2007.
[10]石玚,等.学校管理的规范与创新[M].重庆:重庆大学出版社,2010.
[11]胡永新.教师人力资源管理[M].杭州:浙江大学出版社,2008.
[12]仲耀黎.高职院校教育教学管理[M].合肥:中国科学技术大学出版社,2010.
[13]朱孔军.大学生管理理论与方法[M].北京:人民出版社,2010.
[14]储祖旺.高校学生管理教程[M].北京:科学出版社,2009.
[15]漆小萍.中国高校学生管理[M].广州:中山大学出版社,2011.
[16]教育部人事司.学校管理理论与实践[M].北京:北京师范大学出版社,2002.
[17]陈家麟.学校心理健康教育原理、操作与实务[M].北京:教育科学出版社,2010.
[18]赵敏,江月孙.学校管理学新编[M].广州:广东高等教育出版社,2008.
[19]杨德广.高等教育管理学[M].上海:上海教育出版社,2006.
[20]赵香瑞.学校资产管理[M].沈阳:辽宁人民出版社,2009.
[21]常思亮.教育管理学[M].长沙:湖南大学出版社,2006.
[22]张东娇,徐志勇,赵树贤.教育管理学[M].北京:高等教育出版社,2011.
[23]沈百福.地方教育投资研究[M].北京:北京师范大学出版社,2003.
[24]金芳.高等教育投资体制效率的研究:从利益视角的探索[M].济南:山东教育出版社,2010.
[25]司晓宏.教育管理学论纲[M].北京:高等教育出版社,2009.
[26]王世忠.教育管理学[M].北京:科学出版社,2011.
[27]徐金燕.高等教育管理研究[M].北京:石油工业出版社,2008.
[28]冯文全.现代教育学[M].北京:北京师范大学出版社,2012.
[29]王德清.学校管理学[M].重庆:西南师范大学出版社,2011.
[30]孙菊如,等.学校教育科研[M].北京:北京大学出版社,2007.

[31]杨颖秀.学校管理[M].北京:北京师范大学出版社,2012.
[32]侯岩.学校文化研究概论[M].郑州:河南人民出版社,2008.
[33]孙庆珠.高校校园文化概论[M].济南:山东大学出版社,2008.
[34]仲耀黎.高职院校教育教学管理[M].合肥:中国科学技术大学出版社,2010.
[35]邬志辉.现代教育管理专题[M].北京:中央广播电视大学出版社,2008.
[36]寿韬.大学校园文化的设计与实践[M].北京:中国林业出版社,2004.
[37]赵国忠,李添龙.提高学校规范化管理的质量[M].合肥:安徽人民出版社,2012.
[38]黄崴.教育管理学[M].北京:中国人民大学出版社,2008.
[39]李楠,陈幼实.中国古代教育[M].北京:中国商业出版社,2015.
[40]刘兆伟,等.中国教育管理史[M].哈尔滨:黑龙江人民出版社,2002.
[41]黄仁贤.中国教育管理史[M].福州:福建人民出版社,2003.
[42]续润华.外国教育史导论[M].哈尔滨:黑龙江人民出版社,2016.
[43]车丽萍,等.管理心理学(第2版)[M].武汉:武汉大学出版社,2016.
[44]孙培青.中国教育管理史[M].北京:人民教育出版社,1996.
[45]〔古希腊〕色诺芬.回忆苏格拉底[M].吴永泉,译.北京:商务印书馆,1984.
[46]赵祥麟.外国教育家评传(第2卷)[M].上海:上海教育出版社,1992.
[47]〔美〕R.欧文斯.教育组织行为学[M].孙绵涛,等译.武汉:华中师范大学出版社,1987.
[48]〔美〕斯蒂芬·P.罗宾斯.管理学[M].黄卫伟,等译.北京:中国人民大学出版社,1997.
[49]金哲民.当代校长的职责与使命:学校管理的理性思考与智慧方略[M].上海:上海社会科学院出版社,2016.
[50]周剑.学校教育科研及其管理现状的调查分析[J].课程教育研究,2013(6):78—80.
[51]李晓靖.教育管理的人文定位[J].教学与管理,2015(21):13—15.
[52]谢剑雄.新建学校校园文化建设之"人文管理"智慧[J].中学课程辅导(教师教育),2015(13):8.
[53]李保俊.发展性教师管理的基本策略[J].广东教育学院学报,2004(1):2.
[54]黄永林.新中国60年教育经费筹措与管理体制与机制的改革与创新[J].教育财会研究,2009(10):3—4.